ORGANILEC

ORGANIBAC

organisation, méthode et savoir-faire dans les études

Collection dirigée par Pierre KARDAS,
professeur de lycée

PHILOSOPHIE

Classes terminales : toutes sections
Classes préparatoires, concours, facultés
Formation continuée (initiation à la démarche philosophique)

par Andrée POUYANNE,
agrégée de Philosophie, enseignant en lycée,
avec la participation de Pierre KARDAS

Editions MAGNARD

Les auteurs témoignent leur gratitude à tous ceux qui ont travaillé pour que ce livre vienne au jour, et tout spécialement à :
Isabelle CHOTEL : coordination
Christian SCHEID du Studio JP
Françoise NARTI et Christian LIMOUZY : documentation
Annick LE GALLAIS : coordination
Pierre LANSELLE : cartographie
CHROMO-REPORT : photogravure
Grâce à leurs soins attentifs et à leur goût du bel ouvrage, ce volume a pu être construit et perfectionné.

Le professeur ne doit pas apprendre des pensées… mais à penser. Il ne doit pas porter l'élève mais le guider si l'on veut qu'à l'avenir il soit capable de marcher de lui-même.

Annonce de M. **Emmanuel Kant** sur le programme de ses leçons pour le semestre d'hiver 1765-1766.

TABLE DES MATIÈRES

PREMIÈRE PARTIE
COMMENT TRAVAILLER EN COURS D'ANNÉE

DEUXIÈME PARTIE
LES ÉPREUVES

TROISIÈME PARTIE
REPÈRES ET RÉFÉRENCES

COMMENT ACCÉDER RAPIDEMENT

- AUX CONNAISSANCES
- AUX ENTRAINEMENTS

} que vous recherchez ?

Si **un terme** vous est inconnu ou mal connu, reportez-vous au :

- VOCABULAIRE (pages 388 à 408)

Si **un nom de philosophe** ne vous dit rien ou pas grand-chose, consultez :

- RÉPERTOIRE DES AUTEURS (pages 374 à 387)
- QUELQUES MAITRES PENSEURS (pages 309 à 373)
- L'INDEX DES NOMS PROPRES (pages 409 à 411)

Ne restez jamais dans le vague : en philosophie la rigueur s'impose encore plus qu'ailleurs !

Si vous cherchez à vous entraîner à **tel ou tel type de travail,** consultez :

- L'INDEX DES SAVOIR-FAIRE ET DES MÉTHODES (page 412)

Si vous cherchez des **sujets d'examen** en rapport avec telle ou telle question du programme ou des éclaircissements sur **une notion**, utilisez :

- L'INDEX DES NOTIONS (pages 413 à 415)

ORGANIBAC

« La plupart des gens regardent les choses comme elles sont et se demandent : « Pourquoi ? ». Moi, je regarde comme elles pourraient être et je me demande : « Pourquoi pas ? ».

Robert Fitzgerald Kennedy

« Le meilleur charpentier est celui qui fait le moins de copeaux ».

Proverbe allemand.

mieux lire...

APPRENDRE A TRAVAILLER EFFICACEMENT

N'avez-vous pas eu trop souvent l'impression que vos efforts s'étaient dépensés en pure perte parce que **la clef,** c'est-à-dire la bonne méthode vous faisait défaut ?

apprendre à chercher...

N'avez-vous jamais « flotté », incapable de discerner **les objectifs** centraux de votre apprentissage et d'en réaliser posément **les étapes ?**
Si tel est votre cas, vous tenez aujourd'hui dans vos mains l'outil décisif, l'ouvrage **pratique** qui va vous montrer COMMENT ON S'Y PREND pour mieux penser et mieux exprimer sa pensée.

Vous allez mettre toutes les chances de votre côté en travaillant de manière **plus méthodique**. Avec « Organibac » vous apprendrez progressivement à :

mieux rédiger...

- **mieux organiser votre temps et vos efforts** (voir notamment le « calendrier de travail ») ;

- **mieux organiser vos connaissances,** c'est-à-dire les choisir, les classer, les relier de façon à pouvoir y faire appel de la manière la plus productive au moment d'un travail écrit ou oral.

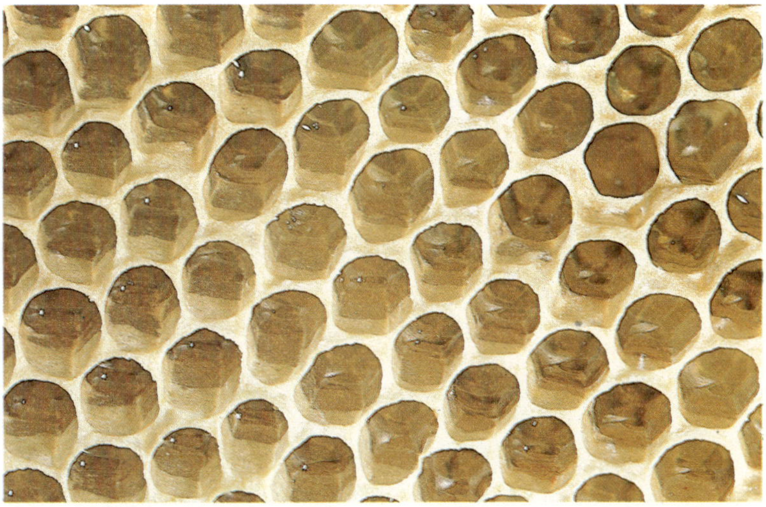

« Organiser ses connaissances. »

VOUS ALLEZ POUVOIR EXPLORER LE CORPS DES CONNAISSANCES FONDAMENTALES TOUT EN APPRENANT A LES STRUCTURER, A LES DOMINER, A LES MÉMORISER.

La présentation attrayante et aérée de ce livre a dû vous frapper :

- Sa **clarté** est un gage d'intelligibilité et une invite à la netteté.
- Ses amples marges vous permettent de l'annoter : « Organibac » est **votre outil.**
- Le rythme et la variété résultant du jeu des couleurs et des caractères signifient qu'il existe **une joie d'apprendre et de progresser,** que le plaisir et l'effort peuvent se rejoindre.

Prenez l'initiative, lancez-vous dans le jeu qui consiste à surmonter une difficulté après l'autre : devenez des gagnants.

Pierre KARDAS, professeur
Louis MAGNARD, éditeur

Ire PARTIE :

COMMENT TRAVAILLER EN COURS D'ANNÉE?

CHAPITRE 1 : L'ANNÉE DE PHILOSOPHIE

SECTION I : CARACTÈRE PARTICULIER DE CETTE DISCIPLINE

REMARQUE PRÉLIMINAIRE

• ***Examinons d'abord une idée que vous avez dû discuter bien souvent avec vos camarades :*** en philosophie, tout (et vous entendez par là la note de baccalauréat) dépend de l'opinion du correcteur; si je « tombe » sur un examinateur qui a les mêmes idées que moi, tout ira bien, dans le cas contraire, peu importe ce que j'écrirai.

Vous reconnaîtrez sans peine que vous ne pensez pas de la sorte lorsqu'il s'agit d'un devoir de mathématiques ou d'anglais. Cette idée concernant l'appréciation d'un devoir de philosophie autorise tout bonnement à croire que l'on peut rejeter la nécessité d'un travail suivi et se reposer sur l'inspiration du moment. Laissons de côté le cas réel mais fort rare du correcteur partial : une telle croyance résulte en fait d'une erreur de jugement sur ce que l'on attend d'un élève de terminale dans cette discipline. La philosophie n'est pas une connaissance plus ou moins superficielle d'une suite de doctrines étudiées dans leur ordre chronologique à l'aide de tel ou tel résumé — ce qui permettrait de voir en elle un catalogue plus ou moins arbitraire d'opinions : si tel était le cas, pourquoi vous demanderait-on de substituer l'opinion de **Platon** à celle de **Kant** ou celle de **Marx** à la vôtre propre? De plus, vous n'êtes pas sans avoir remarqué que les systèmes philosophiques sont divers, voire contradictoires; alors, quel principe adopter pour les utiliser dans une dissertation? Voyons la chose de plus près.

• ***Vous avez, d'une certaine façon, pressenti que l'on n'étudie pas la philosophie comme on peut apprendre un énoncé mathématique ou une liste de mots dans une langue étrangère :*** vous avez raison, car « on apprend seulement à philosopher ». Qu'il soit nécessaire de travailler pour cela, vous en conviendrez aisément — c'est vrai pour tous les métiers, toutes les disciplines, et un philosophe le faisait remarquer d'une façon ironique et très parlante : on croit pouvoir philosopher sans rien apprendre, disait-il, puisque l'on possède une faculté naturelle de penser : mais si cela suffisait, n'importe qui devrait pouvoir être capable de fabriquer des chaussures sans avoir appris le métier de cordonnier puisqu'il possède, à l'évidence, deux pieds!

Le philosophe et le cordonnier.
voir page 206

L'ANNÉE DE PHILOSOPHIE
SECTION I
CARACTÈRE PARTICULIER DE CETTE DISCIPLINE

LA PHILOSOPHIE ET L'OPINION

• ***Vous êtes prêt à admettre qu'il faut étudier.*** Mais alors, que faut-il étudier ? Sans doute la philosophie se trouve-t-elle dans les œuvres des philosophes, et vous le savez ils sont fort divers ; comment choisir parmi eux et quel argument donner pour faire accepter la nécessité de cette étude ?

Le philosophe et Charlot

Une comparaison éclairera ce point : chacun a vraisemblablement déjà réalisé des photos, et dans bien des familles, il existe une caméra qui enregistre diverses scènes de la vie quotidienne que l'on prend plaisir à revoir de temps en temps. Pourtant, ces photos et ces films ne s'adressent qu'aux intimes : premiers pas et premiers sourires n'intéressent que les familiers : pour des étrangers, ils ne sont qu'anecdotes plus ou moins dérisoires. Par contre, un effet bien différent sera provoqué par le cinéaste de talent : il peut, lui aussi, choisir un sujet tout-à-fait prosaïque, mais il saura, par sa manière de le traiter, émouvoir un large public. On sait bien que l'intérêt d'un film n'est pas lié au sujet choisi, mais à la manière, au style. Les sujets peuvent être quelconques et ne provoquer dans la vie courante qu'indifférence ou dédain. Pensez par exemple à la manière dont Chaplin fait saisir de l'intérieur le travail à la chaîne dans « Les Temps Modernes », ou à l'intérêt que nous prenons à la « Journée particulière » de gens plus ou moins quelconques lorsque E. Scola les fait vivre devant nous. Il en est de même pour le peintre et l'écrivain. ***Ce qui compte ici et là, c'est la façon dont l'auteur s'adresse à notre intelligence et parvient à émouvoir notre sensibilité.*** Ce style est présent dans leurs œuvres les plus diverses et permet de les identifier.

C. Chaplin « Les temps modernes » (1936).

Le philosophe et le peintre

• ***La philosophie et l'opinion entretiennent des rapports analogues à ceux de l'anecdote et de l'œuvre d'art :*** chacun a, sur l'existence, ses croyances propres, mais elles sont fragmentaires, disparates souvent, et il est bien difficile de les tirer au clair. L'étude d'une œuvre philosophique permet de ***prendre conscience de ce que jusque-là nous pensions implicitement,*** et cela, que nous adhérions à cette philosophie ou que nous la rejetions. Proust faisait très justement remarquer que sans les peintres, nous ne pourrions jamais savoir comment les autres voient le monde. Par suite, la connaissance et l'appréciation de leurs œuvres éclairent notre champ de vision ; de même la connaissance et l'appréciation des œuvres philosophiques, qui renvoient à toutes les prises de position vis-à-vis de l'existence, nous éclairent sur la nôtre propre.

Sa conception de l'existence dépend pour un philosophe de bien des facteurs : son milieu culturel, l'organisation de la société, l'état de la science, etc. Il ne pense pas dans une tour d'ivoire, sa pensée est liée aux vicissitudes de son temps, à sa psychologie propre ; c'est à partir de tous ces éléments qu'il va construire un modèle du monde dans lequel, malgré des différences multiples, nous pourrons nous reconnaître. L'idéal serait alors de trouver le philosophe avec lequel nous avons le plus d'affinités pour, nous aussi, nous mettre sur le chemin de la pensée.

L'ANNÉE DE PHILOSOPHIE
SECTION I
CARACTÈRE PARTICULIER DE CETTE DISCIPLINE

LE CHOIX D'UNE ŒUVRE PHILOSOPHIQUE

Du principe de réalité au principe de plaisir

Partons de la remarque suivante : tout individu éprouve de l'intérêt, voire de la passion pour certains sujets : les relations avec autrui, le bonheur, la politique, l'éducation, l'histoire, la religion, etc. L'intérêt pour ces sujets a une origine bien différente pour chacun : histoire familiale, rencontres, télévision, professeurs... ***Il convient donc de tirer au clair ce qui, pour vous, est réellement important,*** ce qui est en jeu dans ces questions et les solutions possibles aux diverses interrogations qu'elles suscitent. Le programme de philosophie constitue d'ailleurs une liste de telles questions, et vous n'êtes pas sans avoir remarqué, lors des cours que vous suivez, que tel sujet éveille et conserve votre attention, tel autre, au contraire, vous rebute, et cela quel que soit le talent de votre professeur.

Le cours de philosophie est d'ordinaire composé de l'étude d'une notion, étude appuyée sur des textes philosophiques. Or ces textes avec lesquels vous vous familiarisez peu à peu provoquent en vous des réactions : ou bien ils vous laissent indifférents, ou ils vous enthousiasment, ou ils vous déplaisent fortement, quant à leur contenu, aux idées qu'ils expriment, et vous repérez assez rapidement les textes et donc les philosophes avec lesquels vous vous sentez en sympathie. Il en est de même, du reste, lorsque vous étudiez la littérature ; en histoire aussi certaines périodes, certains personnages, fascinent, d'autres rebutent.

Pourquoi, alors, ne pas vous faire plaisir : ***vous allez choisir de lire les œuvres du philosophe que le hasard vous a montré comme le plus propre à stimuler votre réflexion.***

Donner 3 ou 4 œuvres à lire au choix
→ fiche de lecture
→ échange

Ce sera là un travail de base pour diverses raisons : d'abord par l'accès à une pensée systématique qui cependant reste ouverte, parce qu'il est impossible qu'une œuvre dont le but avoué est de saisir le sens ultime de l'existence puisse être close. Ensuite, cette pensée se développe par rapport à (ou en opposition avec) d'autres pensées qui, elles aussi, ont une tendance à l'universel, ce qui vous ouvrira tout le champ des possibles. Et enfin, puisque l'œuvre philosophique a une visée universelle, tous les sujets de réflexion (et donc votre programme) en recevront un éclairage particulier.

C'est en effet selon leur problématique propre que les philosophes envisagent les rapports de l'homme et du monde, de la connaissance et de la raison, de la pratique et des fins et nous avons là un fil directeur sans lequel les notions du programme de philosophie risqueraient fort de ressembler à une collection de formules hétéroclites réunies au hasard ou selon le bon plaisir d'une autorité quelconque.

SECTION II : PROGRAMMES COMMENTÉS

PROGRAMMES DE PHILOSOPHIE DES SÉRIES A, B, C, D, E, F11, F8 - G - H

Selon l'arrêté du 1er octobre 1973, complété par l'arrêté du 5 juillet 1983 en ce qui concerne les séries F, G, H, le programme se compose pour les séries A, B, C, D, E, F11.
— d'une liste de notions suivie de questions au choix ;
— d'une liste d'auteurs.

Pour les séries F8 - G - H
— d'une liste de notions

I. NOTIONS

Série A

L'homme et le monde

La conscience.
L'inconscient.
Le désir. Les passions.
L'illusion.
Autrui.
L'espace. La perception.
La mémoire. Le temps.
La mort. L'existence.
Nature et culture.
L'histoire.

La connaissance et la raison

Le langage.
L'imagination.
Le jugement. L'idée.
La formation des concepts scientifiques (un exemple).
Théorie et expérience.
Logique et mathématique.
La connaissance du vivant.
Constitution d'une science de l'homme (un exemple).
L'irrationnel. Le sens. La vérité.

La pratique et les fins

Le travail. Les échanges.
La technique. L'art.
La religion.
La société. L'État.
Le pouvoir.
La violence.
Le droit. La justice.
Le devoir. La volonté. La personne.
Le bonheur.
La liberté.

Anthropologie. Métaphysique. Philosophie

Série B

L'homme et le monde

La conscience.
L'inconscient.
Les passions.
Autrui.
L'espace.
La mémoire. Le temps.
L'histoire.

La connaissance et la raison

Le langage.
Théorie et expérience.
Logique et mathématique.
La connaissance du vivant.
Constitution d'une science de l'homme (un exemple).
Le sens. La vérité.

La pratique et les fins

Le travail. Les échanges.
La technique. L'art.
La religion.
L'État.
La violence. Le droit. La justice.
La personne.
La liberté.

Anthropologie. Métaphysique. Philosophie

Séries C, D, E, F11

L'homme et le monde

La conscience.
L'inconscient.
Les passions.
Autrui.
Le temps.
L'histoire.

La connaissance et la raison
Le langage.
Théorie et expérience.
Logique et mathématique.
La connaissance du vivant.
Constitution d'une science de l'homme (un exemple).
La vérité.

La pratique et les fins
Le travail.
La technique. L'art. La religion.
L'État.
La justice.
La liberté.

Anthropologie. Métaphysique. Philosophie

Séries F8, G, H

L'homme et le monde
La nature.
L'histoire.

La connaissance et la raison
Le langage.
La vérité.

La pratique et les fins
Les échanges. L'art. La religion.
Le droit.
La liberté.

La philosophie

Série F12

Nature et histoire - Langage et vérité - Le droit - La justice - La liberté - L'espace - La perception - L'imagination - L'art - La religion - La philosophie.

Séries F_1, F_2, F_3, F_4, F_5, F_6, F_7, $F_{7'}$, F_8, F_9, F_{10}, G, H

La nature - L'art - La technique
L'histoire - Le droit - La liberté
La conscience - La raison - La vérité

Dès la rentrée 1983, ces programmes entrent en application pour les classes terminales conduisant aux baccalauréats de technicien F_5, F_6, F_7, $F_{7'}$. Dans les terminales F_1, F_2, F_3, F_4, F_9, F_{10}, la mise en application de ces programmes sera fixée ultérieurement.
Vous devez donc vous renseigner auprès de votre professeur.

L'ANNÉE DE PHILOSOPHIE
SECTION II
PROGRAMMES COMMENTÉS

Ces notions sont groupées par thèmes fondamentaux.
Certaines peuvent du reste trouver place au sein d'autres groupements. Par exemple « l'illusion », située dans « l'homme et le monde », pourrait être placée dans « la connaissance et la raison » ; de même : « l'histoire » pourrait être étudiée aussi bien dans « la connaissance et la raison » ou « la pratique et les fins ».

L'étude de ces notions — les instructions officielles sont formelles sur ce point — doit toujours être conduite ***par rapport à des problèmes philosophiques,*** ce qui signifie qu'elles ne peuvent pas être envisagées, du moins exclusivement, au point de vue d'une science positive quelconque. Si nous prenons le cas de « la connaissance du vivant », il ne peut en aucun cas s'agir de concurrencer la biologie sur son propre terrain mais de s'interroger sur les questions philosophiques que pose l'étude de l'être vivant, celles par exemple du mécanisme et de la finalité. De même l'étude des échanges n'est pas à conduire du point de vue exclusif de la science économique, même si elle propose une théorie générale des échanges au sein d'une société. Ou encore « l'inconscient » peut être traité comme le lieu privilégié de l'interrogation sur la liberté humaine et non servir de prétexte à exposé valant en soi sur la psychanalyse. Il est certain que cette distinction est parfois difficile à établir : comment étudier « logique et mathématique » sans commencer par préciser leur objet? Mais cette définition ne résout pas le problème philosophique posé par les mathématiques : comment une discipline purement théorique permet-elle de traduire la réalité physique?

La philosophie se nourrit certes de ce qui n'est pas elle — ainsi que l'atteste son histoire — mais la ***spécificité de l'enseignement philosophique est étroitement liée aux interrogations qu'il articule en présence des divers domaines de la culture.***

Ce sont les professeurs qui décident librement du choix et de la formulation de ces problèmes philosophiques.
Vous trouverez dans la 3e partie de l'ouvrage, chapitre I, section 2, une bibliographie concernant chacune de ces notions.

II - QUESTIONS AU CHOIX POUR LES SÉRIES A,B,C,E,F11

I. Étude analytique et critique d'un certain nombre de concepts et de thèmes métaphysiques (par exemple : l'être et le néant, l'essence et l'existence, l'absolu, Dieu...).

II. Réflexion critique concernant quelques théories et quelques concepts fondamentaux d'ordre scientifique ou épistémologique étudiés en eux-mêmes et, le cas échéant, dans leur histoire (par exemple : le nombre, les ensembles, la matière, l'évolution, le comportement, la parenté, modèle, structure...).

III. Réflexion critique concernant quelques concepts fondamentaux d'ordre esthétique (par exemple : imitation, création...).

IV. Réflexion critique sur les problèmes fondamentaux de l'éducation (par exemple : les « modèles » éducatifs, école et société...).

L'ANNÉE DE PHILOSOPHIE
SECTION II
PROGRAMMES COMMENTÉS

V. Étude d'œuvres non philosophiques de caractère religieux ou littéraire (par exemple : la Bible, les tragiques grecs...) ou scientifique (par exemple : textes de Galilée ou de Darwin, de Mauss ou de Lévi-Strauss...) pouvant intéresser la réflexion philosophique.

VI. Étude d'une doctrine, d'un courant ou d'un moment de la pensée ayant joué un rôle majeur dans l'histoire de la culture (par exemple : le stoïcisme, le libéralisme, les Lumières...).

VII. Étude analytique et critique de notions et de thèmes ne figurant pas au programme, mais en liaison avec ce programme (par exemple : en liaison avec l'espace : le corps ; en liaison avec le travail : les loisirs ; en liaison avec la société : l'idéologie...).

VIII. Étude de questions propres au monde contemporain dans leur rapport avec une problématique philosophique.

Deux questions pour la section A, une seule pour les sections B, C, D, E, F11. Ces questions ne s'ajoutent pas au programme de notions mais elles en constituent d'éventuels approfondissements.

III - AUTEURS

*Platon, *Aristote, Epicure, Lucrèce, *Epictète, Marc-Aurèle, saint Augustin, saint Thomas.

Machiavel, Montaigne, Hobbes, *Descartes, Pascal, *Spinoza, Malebranche, Leibniz, Montesquieu, Hume, *Rousseau, *Kant.

*Hegel, *Comte, Cournot, Kierkegaard, Marx, Nietzsche, Freud, *Husserl, *Bergson, Alain, Bachelard, Merleau-Ponty.

L'arrêté du 5 juillet 1983 ajoute à cette liste : Sartre et Heidegger.

En section A

Trois œuvres au minimum, choisies dans deux périodes différentes (la liste des œuvres fait apparaître trois périodes : l'Antiquité et le Moyen Âge, la période moderne, la période contemporaine).

De ces trois œuvres, l'une au moins sera étudiée dans son ensemble. Si deux œuvres sont choisies dans la même période, l'une au moins d'entre elles doit être d'un auteur dont le nom est précédé d'un astérisque (*).

En section B

Deux œuvres au minimum, dont l'une au moins sera choisie dans l'Antiquité et le Moyen Age, ou dans la période moderne.

De ces deux œuvres, l'une au moins sera étudiée dans son ensemble.

En section C, D, E, F11

Une œuvre au minimum, étudiée soit dans son ensemble, soit dans certaines de ses parties.

L'ANNÉE DE PHILOSOPHIE
SECTION II
PROGRAMMES COMMENTÉS

Cette liste est celle à laquelle se réfèrent les épreuves orales du baccalauréat (voir 2e partie - les épreuves orales).

Les instructions officielles orientent l'étude de ces auteurs de la manière suivante :

— Il faut remarquer que n'est pas indiquée ici une liste des œuvres. C'est là encore le professeur qui choisit dans les œuvres les textes qui correspondent aux besoins de son enseignement.

— Dans toutes les sections (indépendamment des épreuves orales) l'étude suivie d'œuvres philosophiques est obligatoire.

— Telle œuvre sera étudiée dans son ensemble et c'est le professeur qui délimite les passages qui feront expressément l'objet d'une explication de texte. Telle autre, sera étudiée dans certaines de ses parties qui auront une certaine ampleur, formeront un tout et présenteront un caractère de continuité.

— Dans toutes les sections au moins l'une des œuvres choisies sera de l'un des auteurs dont le nom est précédé d'un astérisque.

Ceux d'entre vous qui devront subir les épreuves orales du 2e groupe auront à présenter à l'examinateur une liste des œuvres étudiées.

Vous trouverez dans la 3e partie, au chapitre 2 : « les textes clés », section 1, une liste des œuvres principales des auteurs du programme. Si vous êtes candidat libre, cette liste pourra guider utilement votre choix.

L'arrêté du 5 juillet 1983 indique que pour les séries F, G, H (à l'exception de la série F11) l'étude de ces œuvres doit être adaptée à l'horaire de la classe, elle ne prendra pas nécessairement la forme d'une analyse suivie et systématique.

L'ANNÉE DE PHILOSOPHIE
SECTION II
CORRESPONDANCES ENTRE LES AUTEURS ET LES NOTIONS

Nous vous proposons dans le tableau suivant une mise en parallèle des auteurs et des notions du programme. Il va sans dire que ce tableau ne constitue en rien une classification exhaustive mais il nous semble qu'il vous permettra d'emblée de comprendre pourquoi il n'est pas envisageable d'aborder séparément les deux aspects de votre programme.

AUTEURS	NOTIONS DU PROGRAMME	ŒUVRES
PLATON	désirs - passions langage - vérité mort pouvoir - droit - justice - liberté - philosophie	Gorgias - Philèbe Cratyle - Théetête Phédon République
ARISTOTE	art - nature le travail - les échanges - la société la volonté - le plaisir - le bonheur - philosophie	Physique II Poétique La Politique Éthique à Nicomaque
ÉPICURE	la perception - l'imagination - l'idée - la nature - la mort	Lettre à Hérodote
LUCRÈCE	l'illusion - la mort - la liberté	De la Nature
ÉPICTÈTE	le désir - la mort - la liberté	Entretiens
MARC-AURÈLE	la personne - le pouvoir	Pensées pour moi-même
SAINT-AUGUSTIN	la mémoire - le temps	Confessions
SAINT-THOMAS	le sens - la vérité - la religion	Somme théologique
MACHIAVEL	la religion - la société - l'état - le pouvoir - la violence	Le Prince
MONTAIGNE	la conscience - la mémoire - la mort - nature et culture - le bonheur	Les Essais
HOBBES	les passions - la religion - la société - l'État - le pouvoir - la violence - le droit	Léviathan

L'ANNÉE DE PHILOSOPHIE
SECTION II
CORRESPONDANCES ENTRE LES AUTEURS ET LES NOTIONS

AUTEURS	NOTIONS DU PROGRAMME	ŒUVRES
DESCARTES	la conscience - le langage - le jugement la vérité - la liberté - philosophie	Discours de la Méthode Méditations métaphysiques
PASCAL	désir - passions - illusions - autrui - la mort - l'irrationnel - la vérité - la religion	Pensées
SPINOZA	le désir - l'imagination - la liberté - la vérité - le bonheur - philosophie - le sens, la religion - la société, l'État	L'Éthique Traité théologico-politique
MALEBRANCHE	autrui, le jugement, le sens, la vérité	Recherche de la vérité
LEIBNIZ	la conscience - l'inconscient - le langage - l'espace - le temps - théorie et expérience - logique et mathématiques - la vérité	Nouveaux Essais
MONTESQUIEU	l'histoire - la société - l'État - le pouvoir - le droit - la justice	Esprit des Lois
HUME	l'illusion - la perception - le jugement - constitution d'une science de l'homme	Traité de la nature humaine
ROUSSEAU	la conscience - la religion - la société - l'État - le pouvoir - la violence - la liberté	Contrat Social Émile
KANT	l'illusion - l'espace - le temps - la perception - le jugement - l'idée - théorie et expérience - logique et mathématiques - philosophie - métaphysique	Critique de la Raison Pure
	autrui - le devoir - la volonté - la personne - le bonheur - la liberté	Critique de la Raison Pratique
	nature et culture - l'histoire	Idée d'une histoire universelle au point de vue cosmopolitique
	la connaissance du vivant - la technique - L'art	Critique de la faculté de juger

L'ANNÉE DE PHILOSOPHIE
SECTION II
CORRESPONDANCES ENTRE LES AUTEURS ET LES NOTIONS

AUTEURS	NOTIONS DU PROGRAMME	ŒUVRES
HEGEL	la conscience - le désir - les passions - autrui - la perception - le temps - la mort - l'histoire - le travail - la religion - la société - l'art	Phénoménologie de l'esprit Esthétique
COMTE	l'histoire - théorie et expérience - constitution d'une science de l'homme - la religion - la société	Cours de philosophie positive
COURNOT	l'histoire - constitution d'une science de l'homme	Considérations sur la marche des idées et des événements dans les temps modernes
KIERKEGAARD	l'illusion - autrui - la mort - l'existence - l'irrationnel - le sens - la vérité - la religion - la personne	Traité du désespoir
MARX	l'histoire - le travail - les échanges - la technique - la société - le pouvoir - la violence	Le Capital Le Manifeste du Parti communiste
NIETZSCHE	la conscience - l'inconscient - le désir - les passions - autrui - la religion - la société - l'État - le pouvoir - la violence	Généalogie de la morale - Par-delà le bien et le mal
FREUD	la conscience - l'inconscient - le désir - les passions - constitution d'une science de l'homme	Introduction à la psychanalyse
HUSSERL	la conscience - autrui - l'espace - la perception constitution d'une science de l'homme	Méditations cartésiennes
BERGSON	la conscience - l'espace - la perception - la liberté la connaissance du vivant	Essai sur les données immédiates de la conscience L'évolution créatrice
ALAIN	la conscience - l'inconscient - l'espace - la perception - le jugement - l'État - le pouvoir	Éléments de philosophie

L'ANNÉE DE PHILOSOPHIE
SECTION II
CORRESPONDANCES ENTRE LES AUTEURS ET LES NOTIONS

AUTEURS	NOTIONS DU PROGRAMME	OEUVRES
BACHELARD	la formation des concepts scientifiques - théorie et expérience - la connaissance du vivant	La formation de l'esprit scientifique
MERLEAU-PONTY	la conscience - l'inconscient - l'espace - la perception - la mémoire - le temps - le pouvoir - la violence	Phénoménologie de la perception Sens et non-sens
SARTRE	la conscience - autrui - la perception - le temps - la liberté	L'être et le néant
HEIDEGGER	la conscience - le temps - autrui la technique - l'art	L'être et le temps Essais et conférences Chemins qui ne mènent nulle part

Ce sont là les thèmes de prédilection de chacun des auteurs. Vous remarquerez que de nombreuses notions apparaissent simultanément chez plusieurs auteurs. Rien de surprenant à cela puisque chaque philosophie constitue une vision d'ensemble du monde.

Cependant le contenu de ces notions diffère grandement d'une philosophie à l'autre et il est stimulant pour la réflexion d'explorer leur champ philosophique.

Pour trouver des indications plus détaillées sur les grands auteurs, les œuvres clés et leurs relations avec les grands thèmes philosophiques du programme, reportez-vous à la troisième partie, chapitre 1 : Les textes clés.
Ces textes sont classés :
– par auteurs,
– par thèmes.

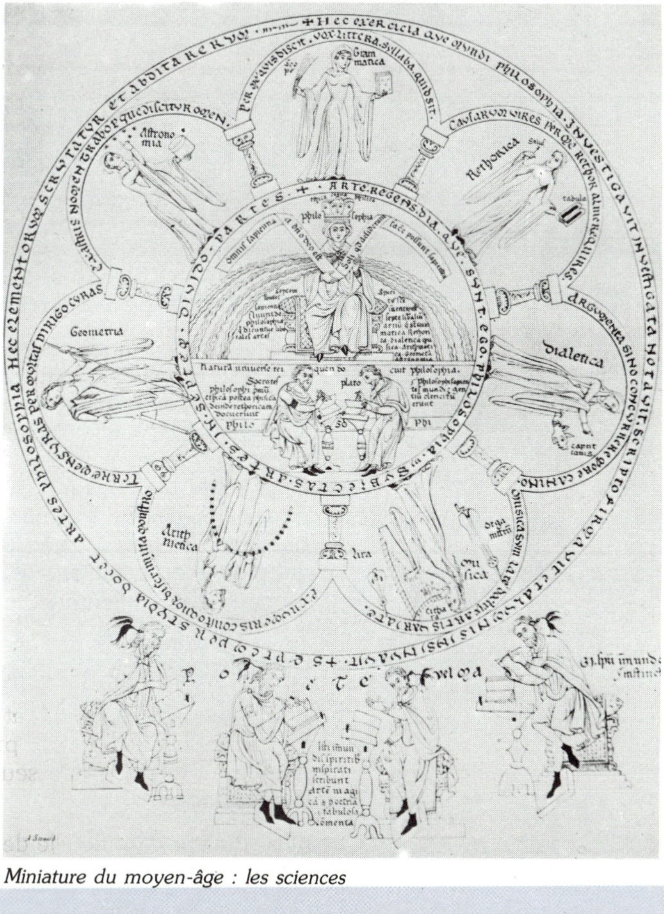

Miniature du moyen-âge : les sciences

SECTION III : UTILISER LE COURS DU PROFESSEUR

Vraisemblablement votre professeur ne dicte pas son cours à l'exception peut-être du plan et des citations.

Vous devez donc prendre des notes, mais c'est difficile car vous ne pouvez pas tout écrire et de plus un cours parlé comporte inévitablement des redites. On distingue souvent mal l'essentiel de l'accessoire ; si vous tentez de copier frénétiquement tout, vous risquez de vous laisser distancer et de manquer précisément ce qui était important, ou alors — excès contraire — vous n'écrivez rien, vous écoutez seulement. Certains parviennent ainsi à comprendre et à retenir, mais c'est l'exception. Ce que l'on écrit se grave généralement plus aisément dans l'esprit que ce que l'on écoute seulement ; la mémoire visuelle est souvent plus développée que la mémoire auditive.

La prise de notes relève d'un art difficile et ne semble pas pouvoir s'effectuer si l'on ne possède pas déjà au moins un aperçu du sujet.

En un premier temps, au début de l'année : écrivez d'abord le ***plan*** tel que le professeur l'annonce, puis efforcez-vous de noter au fur et à mesure ce sur quoi le professeur insiste, ***des références précises, des citations exactes.***

Le plus souvent votre feuille de notes se présentera comme suit :

L'ANNÉE DE PHILOSOPHIE
SECTION III
LE COURS DU PROFESSEUR

L'INTERPRETATION

Texte de départ → texte d'arrivée
Langue I — langue II — Compréhension I et II

Pour interpréter il existe deux méthodes (cf Todorov. Symbolisme et interprétation)
• Penser que le sens du texte est à trouver hors du texte dans une doctrine qui fournit une grille et il s'agit par divers procédés de faire que le texte soit identique à la doctrine ex: MARX. Étant donné la doctrine du rêve chez FREUD, tout rêve réalisation de désir, le sens latent est malgré l'apparence conforme à la doctrine.
méthode finaliste. Consiste à tirer le sens uniquement du texte en connaissant langue et sens des mots, l'auteur, le public, les intentions.
exemple: 1ère méthode l'interprétation de la bible (en particulier nouveau testament)
Il faut interpréter ce qui est contraire à la doctrine chrétienne ex: Δ est jaloux, une courtisane a versé du parfum sur les pieds de JC. Tout ce qui est absurde. Tous les textes de l'ancien T. doivent être interprétés spirituellement. D'un côté la lettre de l'autre l'esprit (St Paul: la lettre tue, l'esprit vivifie") ex: Moïse fit sortir les hébreux d'Égypte et les conduisit en Israël. Sens litt: fait historique, sens spirituel Moïse sort l'homme du péché, le conduit à Dieu.

se divise en 3 (SAINT AUGUSTIN):
- spirituel – nouvelle loi (N.T)
- ce qu'il faut faire (moral)
- loi à venir (eschatologique)

≠ niveaux texte obscur parce que l'homme ne comprend pas les vérités "sublimes"
→ pour échapper aux impies (le poisson ictus?) – Pour stimuler curiosité St Augustin.
Il y a plaisir à déchiffrer ce qui est obscur. Risque, on substitue au texte ce qu'on veut qu'il dise (cercle de cette méthode)
Autre méthode: (cf texte Spinoza) qd on s'interroge sur paroles il faut se ~~demander~~ débarasser de l'idée selon laquelle elles sont vraies ou fausses, ce qui est d'autant plus vrai quand les auteurs ont une réputation.
"Dieu est un feu" "Dieu est jaloux": que pensait Moïse? en hébreu feu sens propre = feu sens figuré = jaloux → Dieu est un feu = Dieu est jaloux. Dieu est jaloux par contre Moïse le pensait puisque jaloux n'a pas d'autres sens attesté quand Dieu transmet à Moïse les 10 commandements il y a le son des trompettes. que veut dire ceci? Pte une série de sens allégoriques ont été trouvés (1ère interprétation) 2e interprétation: Trompette en hébreu se dit Chofar, mais Chofar veut dire aussi corne de bélier (avec laquelle on faisait des trompettes pour rassembler les troupeaux) → ds le texte "Trompettes" indique survivance (affleurement) de l'ancien culte des hébreux: Culte du bélier (bizarre)
Deux sortes de textes. qui communiquent vérité, s'adressent à l'intelligence (démonstration) – qui racontent, exemple nombreux, imagination sensibilité (→ pb d'interprétation. le sens n'est pas ce qui est raconté mais la leçon à tirer.)

Il faut avouer que c'est là un magma bien rebutant. Comment y remédier?

- ***Relisez le cours*** tel que vous l'avez pris et ***mettez-le au net,*** en éliminant les redites, en établissant une numérotation des paragraphes, en soulignant ce qui est essentiel, en notant les points que vous n'avez pas compris afin de demander une explication au début du cours suivant.

Cela pourrait donner, si nous reprenons l'exemple précédent :

Pourquoi et comment interpréter un texte?

Bibliographie : Saint Augustin
Spinoza : Traité théologico politique chapitre 7
Freud : Le rêve et son interprétation
Todorov : Symbolisme et interprétation.

L'interprétation a pour but de dégager le sens véritable d'un texte. Il s'agit à partir du texte lu d'établir son sens, la question de savoir si ce qu'il dit est vrai ou faux n'intervient pas - du moins ne doit pas intervenir. Sont à interpréter les textes qui paraissent 1/ aller contre une vérité établie, 2/ absurdes, 3/ incompréhensibles.

I Il existe deux méthodes d'interprétation.

A. le sens du texte est à chercher en dehors du texte. Il existe une doctrine préexistante à laquelle le texte doit être conforme

exemples : L'histoire doit être déchiffrée comme lutte des classes - MARX
Le Rêve comme réalisation (symbolique) d'un désir (refoulé) - FREUD
La bible comme manifestation de la doctrine chrétienne - ST AUGUSTIN
[doctrine du quadruple sens de la bible]

a/ but de cette méthode : établir que la doctrine est vraie en trouvant une confirmation même dans les textes qui en apparence paraissent affirmer le contraire ou autre chose
illustration "la lettre tue, l'esprit vivifie"

b/ les dangers de cette méthode : Substituer au sens du texte une idée préconçue qui n'est pas susceptible d'une preuve admise par tous.

c/ avantages de cette méthode : ramener l'inconnu au connu avec pour fil directeur une hypothèse qu'il faut se garder de tenir d'emblée pour vraie.

B. le sens du texte est à établir par une étude philologique et historique sans présumer de son sens véritable avant d'avoir mené à bien cette étude

exemple : Sens de l'intervention de la trompette dans les Dix commandements : "Chofar" signifie à la fois trompette et corne de bélier -> vestige d'un culte primitif du bélier et non interprétation allégorique.

a/ conditions de cette méthode : connaître la langue, l'auteur, ses intentions, le public auquel il s'adresse.

b/ difficultés de cette méthode : pratiquement seul le spécialiste peut l'appliquer.

c/ avantages de cette méthode : établir le sens véritable du texte et la question de savoir si ce que le texte dit est vrai ou non.

II Selon la nature du texte, les problèmes posés par l'interprétation seront différents.

- Cette ***mise au net,*** que vous devriez effectuer de préférence ***le jour même,*** ou la veille du cours suivant, vous permettra de mieux comprendre la leçon à venir, parce que l'étude d'une notion s'échelonne fréquemment sur plusieurs séances. Cela est particulièrement vrai pour les séries autres que A, où l'horaire de philosophie est très morcelé. En C, par exemple, vous pouvez avoir cours de philosophie le lundi matin à 8 h, le jeudi à 15 h, le samedi à 11 h, et trop souvent un temps précieux est perdu à reprendre le cours précédent que, faute de ce travail, vous aurez partiellement ou complètement oublié.

- ***Reprenez les citations et les textes étudiés*** pendant le cours, établissez pour chacun d'entre eux une fiche aide-mémoire. C'est la condition d'une prise de notes efficace.

Le cours du professeur ainsi relu et réécrit constituera un exemple de réflexion et fournira des matériaux pour la dissertation et l'étude de texte. De cette manière, vous n'aurez pas à craindre de l'utiliser largement pour vos travaux personnels.

Trop souvent, les élèves, par une sorte de pudeur, ne tirent aucun parti de leurs cours en pensant qu'ils ne doivent pas répéter ce que le professeur a dit. C'est exact, mais ***si vous avez suivi ces conseils, vous aurez assimilé le cours et,*** par suite, ***vous l'utiliserez*** dans l'élaboration de votre propre pensée, ***vous ne le répéterez pas.***

D'une manière générale, ce qui compte, c'est d'« intégrer », de faire siennes en les repensant, les connaissances et les réflexions qui vous sont fournies.

- Notons enfin qu'une ***prise de notes sur double page*** peut vous aider à y voir clair plus vite dans le cours et à réaliser plus facilement l'exploitation des notes qui vient d'être expliquée.

Par exemple, vous pouvez consigner ***sur la page de gauche*** (qui restera très aérée) le plan ou les idées principales du cours ; ***sur la page de droite***, vous notez telle ou telle précision ou explication, telle définition, telle citation, telle référence à un livre, à un article, à une autre partie du cours; enfin vous y ajoutez vos propres remarques au moment où vous effectuez la relecture du cours.

APPRENEZ A APPRENDRE

NÉCESSITÉ D'ASSIMILER

La connaissance ne consiste pas à stocker mécaniquement les informations qui affluent, mais à les **rechercher** et à les **faire siennes** (= **«assimiler»** ou, terme plus expressif : **«s'assimiler»**) en les repensant, en les rapprochant, en les comparant, en les brassant, **en les classant**, de façon à être en mesure de les employer par la suite avec à-propos.

L'intelligence vient donc en aide à la mémoire. Mais les acquisitions ne peuvent s'opérer que si l'intéressé est animé par l'appétit de connaître et adopte **une attitude dynamique.**

QU'EST-CE QU'ACQUÉRIR DES CONNAISSANCES ?

Savoir une leçon, connaître une question, posséder une notion, c'est :

- En retenir le ou **les éléments essentiels** (idées ou faits principaux) ;
- **Pouvoir réexpliquer** dans son propre langage ces éléments et donc pouvoir les employer à l'occasion d'un travail quelconque.
- Avoir suffisamment assimilé, «intégré», ces données pour **pouvoir les réorganiser**, les reclasser dans différents ordres en fonction des nécessités.
- **Pouvoir les «évoquer»,** les faire ressurgir de la mémoire, **lorsqu'elles ont un rapport avec d'autres notions que l'on étudie.**
- **Pouvoir trouver des exemples** qui concrétisent ces notions et permettent de les analyser ou de les illustrer ; **pouvoir découvrir des notions apparentées ou contraires.**

COMMENT ACQUÉRIR DES CONNAISSANCES?

- **Concentrer son attention** pendant le cours ou lors de la lecture ou de la recherche. Ainsi on saisit tout de suite le principal et l'on prend un minimum de notes. Certaines personnes exceptionnellement concentrées se souviennent de tout un exposé sans avoir pris aucune note !
- **Remettre en ordre les notes** (de cours ou de lecture) : corriger, compléter, souligner, numéroter, annoter, ou même réécrire (et en profiter pour condenser). Cette opération est évidemment facilitée par le recours au manuel ou à des sources d'information complémentaires.

Ainsi on dégage les notions-clefs et leur articulation logique (c'est-à-dire le plan de l'exposé ou du texte à étudier).

- **Dénombrer les points essentiels** à retenir (les numéroter).
- **Se remémorer ces points** sans regarder ses notes (puis vérifier qu'on n'a rien oublié) : **d'abord énumérer** les notions, **puis expliquer** chacune d'elles en détail.
- **Relier toute notion** à d'autres notions, l'intégrer dans un système logique, un classement ou un raisonnement.
- **Réfléchir aux cas d'utilisation** que l'on peut envisager pour chaque notion et rechercher des **informations complémentaires** (manuel, encyclopédies, revues de votre C.D.I., etc.).
- **Réactiver** les connaissances, **en les employant** oralement ou par écrit et **en revoyant les notes** à plusieurs reprises.

N.B. : Les exercices sont une très bonne forme de réemploi... à condition d'apprendre ou de revoir les notions en rapport avec ces exercices **avant** de les faire!

> L'intensité de l'apprentissage est liée :
> 1. à **l'intérêt** que vous portez aux notions étudiées, en fonction de vos goûts ou de l'enjeu que vous y discernez,
> 2. à **la compréhension** que vous acquérez de ces notions,
> 3. à **leur manipulation** (relectures, réemplois) qui engendre une répétition fixatrice : il faut « FAIRE POUR APPRENDRE ».

La prochaine fois que vous apprendrez un cours ou que vous étudierez une question, cochez sur cette page les différents points du paragraphe « COMMENT ACQUÉRIR DES CONNAISSANCES ? », afin de vérifier que vous vous y prenez de la bonne manière.

Jean Effel

SECTION IV : AUTRES SOURCES D'INFORMATION ET DE RÉFLEXION : MANUELS ET RECUEILS DE TEXTES

Dans la plupart des lycées, le choix d'un manuel dépend du professeur. Si votre professeur vous a déconseillé l'utilisation d'un manuel, ne lisez pas ce qui suit! Dans le cas contraire, vous pouvez continuer.

Il existe un préjugé fort répandu qui veut que le manuel de philosophie soit antiphilosophique par essence, puisqu'il présenterait un « digest » plus ou moins étendu de toutes les questions philosophiques ; « digest » qui aplatirait toute réflexion en présentant sur le même plan et dans un ordre plus ou moins chronologique un condensé des systèmes philosophiques. Sans doute certains ouvrages peuvent-ils donner prise à cette critique, mais tout ce qui est excessif est inexact! Sans vous recommander obligatoirement l'acquisition d'un tel ouvrage, et à condition que vous soyez bien conscient ***qu'en aucun cas il ne peut remplacer le cours du professeur ni la lecture des œuvres philosophiques,*** l'achat d'un manuel n'est pas absurde. Il constitue une incitation à aller au-delà de ce qu'il vous propose, il vous fournit des repères, il vous offre des indications bibliographiques.

Comment alors choisir parmi tant d'ouvrages disponibles?
Vous pouvez consulter ces ouvrages dans une bibliothèque et arrêter vous-même votre choix. Pour notre part, nous vous recommandons :

MANUELS

Le Cours de Philosophie de **Morfaux** (Armand Colin) ***pour les séries A, B, C, D*** (en 4 volumes pour la série A), en un volume pour les séries B, C, D, E. Chaque notion du programme est présentée en fonction d'une problématique philosophique, puis illustrée de textes, en général d'auteurs du programme, textes qui sont toujours commentés. L'intérêt de ce manuel, c'est que les notions du programme sont directement enracinées dans la pensée philosophique et il permet d'acquérir une conscience aiguë de ce qu'il est impossible de philosopher dans le vide!

D'autre part, nous vous recommandons — spécialement pour l'étude de la 2e partie du programme « La Connaissance et la Raison », ***La Logique*** de **Paul Mouy,** dans sa nouvelle édition remaniée et augmentée (Hachette). Ce manuel est d'une rigoureuse précision et puise ses exemples et ses justifications dans l'histoire des sciences.

Enfin, autre ouvrage, d'une étendue plus restreinte mais fort bien fait, ***l'Anthologie philosophique*** de **L.L. Grateloup** (classiques Hachette). Il s'agit d'un recueil de textes et de documents qui sont autant d'éléments pour la réflexion. Pour chaque notion du programme une « brève introduction suggère quelques perspectives susceptibles d'être plus méthodiquement explorées ». L'ouvrage comporte un index des auteurs cités avec une brève définition de leur système.

Pour les séries F8, G, H: « **Les textes philosophiques** » de **André Roussel** (Nathan technique). Cet ouvrage vise spécialement la préparation du 3ᵉ sujet de philosophie. Il est constitué de textes philosophiques, accompagnés de questions illustrant les notions du programme. Le texte de liaison qui figure entre les extraits constitue un condensé de cours parfaitement utilisable. Chaque chapitre comporte une bibliographie, des énoncés de sujets de dissertation. L'ouvrage présente également un index analytique et un index des auteurs.

RECUEILS DE TEXTES

Aux ouvrages précédents dans lesquels les textes philosophiques sont choisis en fonction des notions du programme, on peut ajouter les recueils de textes philosophiques. Nous vous recommandons ***« Les Grands Textes de la Philosophie »***, de **G. Pascal** (Bordas). Il s'agit ici d'un classement chronologique qui permet de grouper les textes d'un même auteur et dans certains cas de les présenter de telle sorte qu'ils donnent une vue d'ensemble du système. L'ouvrage comporte un index analytique qui permet de trouver pour toutes les notions les textes fondamentaux. Signalons que cet ouvrage contient, outre un choix très large de textes classiques, un grand nombre de pages d'auteurs contemporains.

Un autre recueil, tout récent celui-là, est particulièrement stimulant pour la réflexion philosophique parce qu'il met en regard des « textes » leurs « contextes » : de ces contrastes et de ces ressemblances, le débat jaillit avec force. Il s'agit de ***« Problèmes et débats par les textes »***, de **J. Médina, C. Morali, A. Sénik,** publié en 1983 aux éditions Magnard.

MANUELS DE DISSERTATION

Il existe aussi de nombreux ouvrages portant spécifiquement sur la dissertation et l'étude de texte au baccalauréat. Nous vous déconseillons ceux qui se bornent à proposer des dissertations ou des études de texte « modèles », car à moins de les apprendre par cœur et de « tomber » par miracle sur un de ces sujets au baccalauréat, ils ne vous permettent pas de composer un devoir par vous-même : on n'apprend pas à jouer au tennis en regardant un match — opposerait-il Lendl à Noah, ni à peindre en visitant les musées !

MANUELS ET RECUEILS

Les trois ouvrages suivants proposent une méthode efficace pour traiter les sujets de baccalauréat :

X « ***Technique de la dissertation philosophique*** », de **J. Laubier** (Masson). Outre une méthode établie en fonction des types de sujets, ce manuel présente un ensemble d'exercices qui recouvrent le programme de la section A.

X « ***Méthodologie philosophique*** », de **H. Pena Ruiz** (Bordas). Plus particulièrement adapté aux élèves des classes préparatoires aux grandes écoles, il peut être consulté avec profit par les élèves de terminale.

XX « ***Guide de la dissertation et du commentaire composé en philosophie*** », de **M. Gourinat** (Hachette Université), mais il suppose déjà la possession d'une certaine culture philosophique.

Terminons ce bref aperçu par l'indication de deux ouvrages qui, sans être à proprement parler des manuels, abordent chacun à sa façon les grands thèmes philosophiques :

- Dans une perspective classique : *« La connaissance philosophique »*, de **H. Grenier** (Masson), qui montre la perennité de la réflexion philosophique en dénonçant les deux écueils qui guettent aujourd'hui la philosophie : se couper de la science en se réfugiant dans un mysticisme irrationaliste, se résorber dans la science ou plutôt dans le « discours » sur la science ; la réflexion sur la science n'est pas scientifique, elle est — ou elle n'est pas — philosophique.
- Dans une perspective résolument moderne *« Philosopher »* sous la direction de **C. Delacampagne** et **R. Maggiori** (Fayard). Quarante intellectuels — philosophes, biologistes, sociologues, psychanalystes, historiens, journalistes, écrivains — se sont réunis pour traiter, chacun selon ses goûts ou sa « spécialité », les principales questions des programmes officiels. Vous pourrez ainsi saisir à l'œuvre des pensées contemporaines confrontées aux problèmes que le programme de philosophie propose à leur propre réflexion. Ces textes ont été écrits spécialement à l'intention des élèves de l'enseignement secondaire, ils sont par conséquent animés d'un souci de lisibilité totale, même si certains d'entre eux sont d'un accès plus difficile. Il s'agit d'une œuvre de réflexion — non de vulgarisation.
- Enfin, certaines ***revues*** peuvent alimenter utilement la réflexion. Par exemple, « Esprit », « Les Temps modernes », « Positif » (revue cinématographique)... Il en va de même pour un certain nombre d'émissions de « France-Culture » consacrées à la philosophie.

SECTION V : ORGANISATION DU TRAVAIL

Votre travail doit être régulier, c'est le premier impératif. Bien des élèves sont pris de court au mois de mai — ou encore deux ou trois jours avant la remise d'un devoir ! L'imminence d'une épreuve stimule l'énergie parfois, mais dans la plupart des cas, on s'en remet trop facilement à la chance.

Nous vous recommandons de lire attentivement ce qui suit si vous êtes candidat libre ou si vous travaillez par correspondance. Si, au contraire, vous êtes dans un lycée, suivez les conseils de votre professeur.

Travail hebdomadaire : variable selon les sections ; il paraît raisonnable de lui consacrer 4 h dans la série A, 2 h dans les autres séries, ce qui, avouez-le, n'est pas exagéré.

1/2 heure
- Après chaque cours, relisez et mettez au net vos notes.

1/2 heure - 1 heure
- A la fin de la semaine, revoyez — même très rapidement — le cours de la semaine en inscrivant sur un répertoire les mots nouveaux avec leur définition.

1 heure
- Faites les préparations indiquées par le professeur sur un cahier réservé à cet usage.

Travail mensuel :

2 heures - 3 heures, 1re semaine
- Lectures pour préparer dissertation et étude de texte avec prises de notes et éventuellement fiche de lecture.

2 heures, 2e semaine
- Mettre en ordre les matériaux trouvés, organiser le plan du devoir et éventuellement rédiger l'introduction.

1 heure - 2 heures, 3e semaine
- Rédaction définitive du travail écrit à remettre.

1 heure - 2 heures, 4e semaine
- Révision du travail du mois, classement des notes.

Il ne s'agit ici naturellement que de suggestions, et les temps indiqués peuvent être plus ou moins longs. Si vous suivez les conseils que nous vous donnons dans la 2e section de ce chapitre, vous constaterez à l'usage que la lecture peut être rapide et efficace.

ORGANISATION DU TRAVAIL

Le travail hebdomadaire et mensuel indiqué ici est vraiment le strict minimum. Disons qu'il s'agit là du travail scolaire de base lié aux exercices et devoirs demandés.

- En général, un devoir par mois dans la section A, et deux par trimestre dans les autres sections.

Travail trimestriel : il sera consacré à la lecture et à l'établissement de fiches de lecture. Ces lectures vous sont en général indiquées par votre professeur. Cela peut être l'approfondissement d'un texte étudié en classe; tel ouvrage lié à vos intérêts personnels et pouvant être l'objet d'un exposé, l'étude suivie d'une œuvre pour l'oral.

A titre indicatif, nous vous proposons les lectures suivantes :

Septembre : Introduction à la lecture de Platon suivi d'entretiens sur Descartes - A. Koyré.
Ménon et Alcibiade - Platon.

Octobre : L'amour et l'occident - D. de Rougemont.
L'être et le néant (chapitre : La mauvaise foi) - Sartre.

Novembre : Matière et mémoire - Bergson.
De la connaissance historique - H.I. Marrou.

Décembre : Tristes tropiques - Lévi-Strauss.
L'homme et la mort - E. Morin.

Janvier : Le discours de la méthode - Descartes.
La formation de l'esprit scientifique - Bachelard.

Février : La logique du vivant - F. Jacob.
L'introduction à la psychanalyse - Freud.

Mars : L'idéologie allemande - Marx.
Le savant et le politique - M. Weber.

Avril : Préface de la Critique de la Raison Pure - Kant.
Fondements de la métaphysique des mœurs - Kant.

Mai : Éthique à Nicomaque - Aristote.

CALENDRIER DE TRAVAIL

Le calendrier que nous vous proposons n'est qu'une **suggestion**. De nombreuses personnes sont capables d'organiser leurs occupations sans dresser un planning aussi détaillé ! A vous de construire un autre calendrier, **votre** calendrier, si celui-ci ne correspond pas exactement à vos besoins et à votre façon de vous organiser et de gérer votre temps.

Certaines personnes ont besoin de souplesse dans la gestion de leur temps et sont rétives au principe même de le planifier. Attention! ces personnes ont, malgré tout, le plus grand intérêt à se projeter dans le futur, **à prévoir la suite,** à «anticiper» de façon à éviter les surprises et l'affolement des derniers jours.

Si le tableau du temps que nous vous présentons sert seulement à vous faire sentir concrètement que l'année scolaire s'écoule très vite et qu'il faut **étaler vos travaux** sur la totalité de cette année scolaire pour éviter de tomber dans le «forcing» du 3e trimestre, il aura rempli sa fonction.

Le légendaire sage chinois Lao-Tseu affirme:

«Le voyage de mille lieues commence par un pas». Chez nous on dit aussi que «c'est le premier pas qui coûte». Ne tardez donc pas à vous y mettre. Songez que le succès ne résulte pas d'un coup de dés, mais de mille petits efforts patiemment enchaînés les uns aux autres.

Sachez aussi que: plus on a de choses à accomplir et plus on les réalise rapidement. Il ne faut cependant pas tomber dans l'excès: il est bon de changer de rythme, de savoir «souffler» au moment opportun, de faire alterner détente et concentration...

« Il y a sous le ciel un temps pour tout »

CALENDRIER DE TRAVAIL
(plan de travail et pointage personnels)

« L'action dissipe l'inquiétude aussi sûrement que le Soleil levant efface la nuit »

OPÉRATIONS À EFFECTUER / POINTS DU PROGRAMME CHOISIS	À LIRE	À ÉTUDIER À FOND	FICHE EXERCICE PLAN RAPIDE	POINT DÉCISIF DIFFICULTÉ À SURMONTER	RÉVISION	DIVERS	DATES	
								SEPT
								OCT
								NOV
								DÉC
								JANV
								FÉVR

CALENDRIER DE TRAVAIL

OPÉRATIONS À EFFECTUER / POINTS DU PROGRAMME CHOISIS	À LIRE	À ÉTUDIER À FOND	FICHE EXERCICE PLAN RAPIDE	POINT DÉCISIF DIFFICULTÉ À SURMONTER	RÉVISION	DIVERS	DATES	
								MARS
								AVR
								MAI
								JUIN

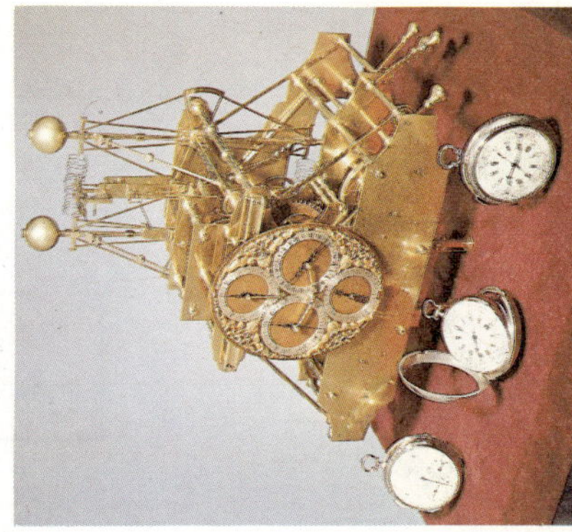

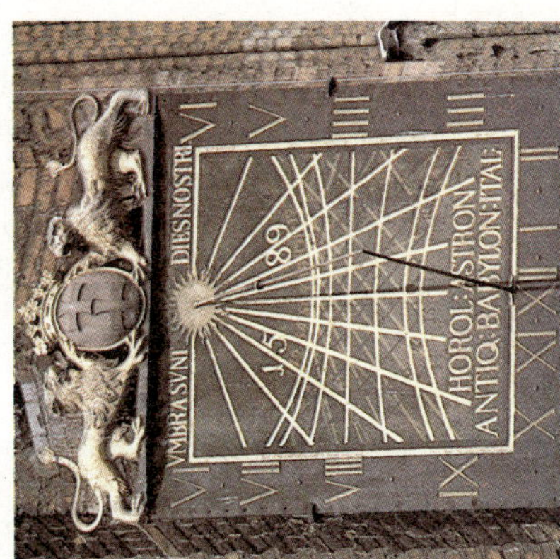

CHAPITRE 2 : ACQUISITION DES CONNAISSANCES

SECTION I : DIFFÉRENTS TYPES DE LECTURES

Il faut vous lancer, pour la classe de terminale, dans deux types de lecture à vrai dire fort différents.

• ***La lecture d'ouvrages de réflexion générale qui, sans être à proprement parler œuvre de philosophes, n'en sont pas moins stimulants et enrichissants;*** il s'agit notamment d'ouvrages de penseurs contemporains — citons par exemple « Dimensions de la conscience historique », de **R. Aron**, « L'évolution des idées en physique » de **Einstein** et **Infeld,** « Pour en finir avec le Moyen Age » de **R. Pernoud.**

• ***La lecture de textes philosophiques,*** et plus particulièrement des œuvres des philosophes.

Le premier type d'ouvrages vous permet de faire le point des connaissances dans tel ou tel domaine, d'approfondir telle ou telle question ; ce sont souvent des rééditions dans des collections de poche, et leur achat, vous l'avez peut-être constaté, relève un peu du hasard. Les comprendre est aisé ; ce sont souvent des livres de vulgarisation dont les auteurs s'adressent à un public soucieux d'élargir plus que d'approfondir ses connaissances. Nous donnerons plus loin une liste indicative de ces ouvrages.

Les seconds, vous donnant un contact direct avec les œuvres majeures d'un philosophe, vous permettent de saisir une réflexion novatrice dans sa rigueur et sa complexité.

Ces œuvres sont, vous vous en doutez, d'un accès souvent difficile. Se pose donc, avec la question du choix d'une œuvre à lire, celle de sa présentation : texte intégral ou morceaux choisis et présentés avec des notes d'accompagnement, tels qu'on les trouve par exemple dans la collection : « les grands textes », aux **P.U.F.**

Il faut absolument éviter de choisir des textes que l'on comprend à peine si l'on ne connaît pas ***l'intégralité de l'œuvre.*** Certes, je serais agréablement surprise que vous envisagiez de lire l'œuvre complète de **Platon,** de **Hegel** ou de **Nietzsche,** mais je doute que vous puissiez vous lancer dans cette entreprise l'année du baccalauréat. Évitez donc de commencer vos lectures philosophiques par le « *Parménide* » de **Platon** ou par « *Ainsi parlait Zarathoustra* », de **Nietzsche.** Il faut rechercher des textes plus abordables.

D'autre part, une fois que vous avez choisi une œuvre, il serait judicieux de commencer votre lecture par des extraits convenablement présentés et annotés.

Pour vous permettre de trouver et de choisir rapidement ces œuvres et ces passages faciles à utiliser, vous trouverez plus loin une ample sélection de textes accessibles à un élève de terminale.

• ***Il y a, bien sûr, aussi une lecture d'un troisième type :*** celle de fragments de texte. On en trouve dans le cours du professeur, ils sont puisés dans l'une et l'autre des catégories d'ouvrages évoqués plus haut. Ce sont ces fragments qui, souvent, constituent votre principale source de référence. Je soupçonne parfois, lors des examens, qu'ils sont le seul contact que certains de vos aînés ont eu avec des œuvres philosophiques!

QUE FAIRE POUR QUE CES LECTURES CONSTITUENT UNE BASE SOLIDE DE RÉFLEXION ET DE CONNAISSANCE?

Après avoir lu un aphorisme de **Nietzsche,** une page de **Descartes** ou de **Kant,** un texte de **Sartre** ou de **Platon,** on oublie très vite ce qu'ils nous ont apporté, et seules quelques bribes dispersées restent comme ces moralités des fables dont on se souvient longtemps après que les autres vers aient été oubliés.

Chaque texte, chaque fragment doit pourtant enrichir durablement votre réflexion.

Je vous propose donc d'établir à l'occasion de vos lectures, pour chacun des textes qui vous ont intéressés, une ***fiche de lecture*** — indépendamment du commentaire que vous avez pu suivre ou effectuer en classe. Elle se présentera de façon différente selon qu'il s'agit d'ouvrages intégraux ou de textes isolés.

Mais, avant d'aborder la manière d'élaborer au mieux ces fiches, interrogeons-nous sur le but, les difficultés et les modalités de la lecture.

OBJECTIF DE LA LECTURE

• Acquérir des connaissances, étendre celles que vous possédez déjà et mieux les relier entre elles.

• Savoir lire, c'est pouvoir disposer rapidement d'éléments qui vous permettront de comprendre une question, d'argumenter vos jugements.

• Bénéficier de ce qu'on pourrait appeler « l'effet multiplicateur » de la lecture (et plus généralement de la connaissance) : plus on lit et plus on comprend et assimile facilement les lectures suivantes (parce qu'elles contiennent beaucoup d'éléments déjà connus) ; on lit donc de plus en plus vite et de plus en plus efficacement.

ACQUISITION DES CONNAISSANCES
SECTION I
DIFFÉRENTS TYPES DE LECTURES

DIFFICULTÉS DE LA LECTURE

La mémoire n'est pas automatiquement mise à contribution. Vous vous doutez, et bien des études expérimentales l'ont montré, que ce qui est retenu de façon durable est bien moindre que ce que l'on comprend lors d'une première lecture. Je vous invite donc, pour retenir ce que vous lisez ou du moins une partie de ce que vous avez lu, à établir des fiches de lecture.

Pour vous en convaincre :

1 - Lisez une seule fois la liste de mots qui suit : arbre, économie, tapis, entrée, bureau, tricot, livre, ascenseur, La Fontaine, autobus. Notez maintenant n'importe où, immédiatement après, sans vous y reporter, ceux d'entre eux que vous avez retenus.

2 - Procédez maintenant au même exercice avec les mots suivants : aporie, nécessité, idéologie, ataraxie, induction, métaphore, apodictique, dilemne, Husserl, nominalisme.

3 - Lorsque vous aurez fini, rapprochez vos listes de celles de ce livre et comptez dans l'une et l'autre le nombre de mots dont vous vous êtes souvenus. Vous remarquerez, selon toute vraisemblance, que vous avez retenu un plus grand nombre de mots de la première liste.

« Je lis très peu mais je veux apprendre : l'Encyclopédie Britannique, je l'ouvre à tout moment pour savoir si le mot « succinct » s'écrit avec un « c ». Jerry Lewis dans The Nutty Professor. (1962)

Jerry Lewis

La raison en est simple : les premiers appartiennent à un vocabulaire qui vous est familier, les seconds sont des termes philosophiques dont le sens précis vous échappe encore. Ce qui ne revient pas à soutenir qu'étudier la philosophie soit la même chose qu'apprendre une langue étrangère, mais simplement que, comme toute discipline, elle impose de prendre les mots au sérieux et de les utiliser de façon rigoureuse. De ces remarques, nous pouvons conclure à la...

ACQUISITION DES CONNAISSANCES
SECTION I
DIFFÉRENTS TYPES DE LECTURES

NÉCESSITÉ DE VOUS CONSTITUER UN VOCABULAIRE :

Chaque fois que vous rencontrez un mot nouveau, vous devez le noter sur un répertoire alphabétique. Vous cherchez sa définition, en premier lieu sur un dictionnaire de la langue française : Robert ou Larousse par exemple. Ensuite, si vous souhaitez approfondir son sens, vous consultez un dictionnaire philosophique, par exemple *« Le vocabulaire de la philosophie et des sciences humaines »*, de **Morfaux** (A. Colin) ; *« Précis de vocabulaire »*, de **M.-C. Bartholy** et **P. Acot** (Magnard).

Ensuite, ***insérez ce mot dans une phrase*** : cela facilitera sa mémorisation.

Il est utile et commode d'effectuer ce travail :

1 - Pendant et après chaque cours ; votre professeur définit en effet les termes nouveaux et précise le sens des mots de la langue usuelle lorsqu'ils sont employés dans un contexte philosophique.

2 - Lorsque vous lisez une œuvre ou un fragment d'œuvre.

Dans l'un et l'autre cas, il vous suffit de cocher les mots qui vous arrêtent ou de les souligner au crayon dans le texte. ***Il est inutile de rechercher immédiatement leur sens : en continuant de prêter attention au cours ou en poursuivant votre lecture, vous saisissez globalement le sens du texte. A la fin du cours ou du chapitre,*** par contre, ***il sera bon de faire le point sur tous les termes nouveaux.*** En découvrant le sens, vous réussirez à vous remémorer et à fixer dans votre esprit l'ensemble du passage.

L'une des causes principales de la difficulté de notre discipline est la méconnaissance du sens des termes ; plus exactement ***on se contente d'une idée approximative qui, dans bien des cas, aboutit au contre-sens ou au non-sens.*** On est exposé à confondre téléologie et théologie, idéologie et idéalisme, essence et sens, etc. ; d'autre part, ces mots ont souvent une charge émotive intense dont on identifie mal la provenance et à se laisser porter par elle, on s'égare sur des chemins qui ne mènent nulle part ; on sombre dans le verbalisme, dans le creux ou l'absurde.

Exercice :

Élucidez la valeur émotive des termes suivants, puis recherchez leur sens exact :

nature, capitalisme, devoir, instinct, mathématiques, liberté, critique, préjugé.

Vous remarquez, lorsque vous cherchez à les définir, qu'ils ont bien souvent plusieurs acceptions, selon le contexte, l'auteur qui les utilise…

ACQUISITION DES CONNAISSANCES
SECTION I
MODALITÉS DE LA LECTURE

MODALITÉS DE LA LECTURE : TRANSFORMER LA LECTURE PASSIVE EN LECTURE ACTIVE.

Vous trouverez des conseils développés sur cette question dans Organibac Français, aux éditions Magnard.

• ***Lecture proprement dite.*** Il peut sembler saugrenu de se demander comment lire, puisqu'il s'agit d'une pratique apprise il y a bien des années. Pourtant, si la proportion des analphabètes diminue, la lecture rebute beaucoup de ceux qui savent lire et l'on préfère souvent regarder une émission de T.V. La fascination de l'image explique sans doute cette prédilection, mais aussi l'apparente facilité : il n'est besoin que de regarder et l'on entend de surcroît! Au fond, la télévision pourrait bien être à la lecture ce que le massage est à la gymnastique. La lecture implique un effort personnel soutenu. Du moins, est-il possible de le rendre moins pénible.

Votre mode habituel de lecture est peut-être le suivant : une lecture en quelque sorte à voix basse, au cours de laquelle on bute çà et là sur un mot ou sur une construction de phrase. C'est tellement long que vous ne comprenez pas le sens global du texte et que vous refermez le livre après avoir peiné sur quelques pages.

Soit par exemple ce bref passage de Nietzsche :

« La nature vulgaire se reconnaît à ce qu'elle ne perd jamais

de vue son avantage, à ce que cette obsession du but, du bénéfice

est plus forte chez elle que l'instinct le plus violent...

A le lire mot à mot, rien n'émerge, tout est sur le même plan. Il peut en aller différemment si l'on procède autrement.

Tout d'abord, ***premier objectif :*** tentez de supprimer la prononciation. Ensuite, essayez de saisir successivement un mot sur cinq, voire un mot sur dix au lieu de fixer l'un après l'autre chaque mot. Ce faisant, vous réussirez en réalité à embrasser tout à la fois les cinq ou dix mots au milieu desquels vous arrêtez votre regard. Lorsque vous y parviendrez, vous pourrez vous assigner un ***deuxième objectif :*** lire le texte en « diagonale ».

« La nature vulgaire se reconnaît à ce qu'elle ne perd jamais de vue son avantage, à ce que cette obsession du but, du bénéfice, est plus forte chez elle que l'instinct le plus violent; ne pas se laisser entraîner par l'impulsion irraisonnée à des actions intempestives : voilà ce qui lui sert de sagesse et de dignité. La nature supérieure est plus déraisonnable; car l'homme noble, généreux, l'être qui se sacrifie succombe à ses instincts; dans ses meilleurs moments sa raison fait une pause... Il y a chez celui-ci un certain nombre de sentiments, soit attractions, soit répugnances, qui parlent avec une telle force que son intelligence, en face d'eux, ne peut que se taire ou se rendre et se mettre à leur service : le cœur monte au cerveau et l'on parle de « passion ». C'est la déraison de la passion, ou sa fausse raison, que le vulgaire méprise chez l'être noble, surtout lorsque cette passion s'adresse à des objets dont la valeur lui paraît parfaitement chimérique ou arbitraire. Il se fâche contre qui succombe à la passion de son ventre, mais il comprend l'attrait de cette tyrannie; ce qu'il ne comprend pas, c'est, par exemple, comment on peut jouer sa santé et son honneur par passion de la connaissance ».

Nietzsche.

Votre œil enregistrera, ou à peu près, l'ensemble du texte. Rien ne vous interdit du reste de reprendre le texte plus lentement ensuite, mais cette façon de lire vous aura permis de savoir immédiatement si le passage ainsi survolé correspond à ce que vous recherchez. Si vous ne parvenez pas à vous en rendre compte, mieux vaut remettre la lecture en diagonale à plus tard.

• ***Consultation d'un ouvrage :*** Il est presque toujours utile de ne pas commencer le livre à la première ligne de la première page. Un livre est un objet, vous pouvez le manipuler, il n'y a pas d'ordre intangible à respecter.

Avant toute chose, consultez la table des matières et passez directement au chapitre ou à la section qui vous intéresse particulièrement.

A partir de là, ***poursuivez*** votre lecture ***de proche en proche si le passage a répondu à votre attente.*** Car ***sinon,*** si cet unique passage n'y correspondait pas, ***il serait absurde de poursuivre.***

Les tables des matières dites « analytiques », qui descendent dans un détail extrême permettent parfois une économie de temps considérable.

Certaines œuvres philosophiques ne comportent pas de table des matières détaillée. Dans ce cas, ***feuilletez-les,*** lisez-les en diagonale, survolez-les jusqu'à ce que vous rencontriez un passage qui accroche votre attention... Et s'il ne s'en trouve pas, refermez l'ouvrage!

ACQUISITION DES CONNAISSANCES
SECTION I
MODALITÉS DE LA LECTURE

Outre la table des matières, quand il y en a, ou à défaut de table des matières, ***il est recommandé de lire en premier lieu la préface*** de l'auteur ou du présentateur. Vous y trouverez généralement un exposé résumé du sujet traité. ***La conclusion*** aussi permet de se faire une idée assez précise de l'ouvrage sans l'avoir lu. Il n'est donc pas toujours absurde de... commencer par la fin!

• ***Lecture du texte :*** lorsque vous avez décidé de lire un chapitre, voire l'ensemble de l'ouvrage, prenez un crayon, cochez dans la marge les passages importants. ***Ne soulignez pas trop.*** Si vous pensez que plusieurs lignes valent la peine d'être retenues, utilisez plutôt la marge extérieure. Cette marge peut aussi recevoir des annotations : renvoi à une autre page, un autre chapitre; d'accord ou pas d'accord avec l'auteur; vérifier l'information; quelle preuve l'auteur donne-t-il? etc.

Vous pouvez aussi glisser des signets entre les pages pour retrouver facilement tel ou tel passage. Naturellement, si vous avez emprunté cet ouvrage dans une bibliothèque, effacez vos coups de crayon avant de le restituer.

Exemple de page annotée : ***Principes de l'Économie politique*** de **David Ricardo** (Calmann-Lévy).

14 PRINCIPES DE L'ÉCONOMIE POLITIQUE

cune utilité, ou, en d'autres termes, si nous ne pouvions le faire servir à nos jouissances ou en tirer quelque avantage, il ne posséderait aucune **valeur échangeable,** quelle que fût d'ailleurs sa rareté, ou la quantité de travail nécessaire pour l'acquérir.

Les choses, une fois qu'elles sont reconnues utiles par elles-mêmes, tirent leur valeur échangeable de deux sources, de leur rareté, et de la quantité de travail pour les acquérir.

Il y a des choses dont la valeur ne dépend que de leur rareté. Nul travail ne pouvant en augmenter la quantité, leur valeur ne peut baisser par suite d'une plus grande abondance. Tels sont les tableaux précieux, les statues, les livres et les médailles rares, les vins d'une qualité exquise, qu'on ne peut tirer que de certains terroirs très peu étendus, et dont il n'y a par conséquent qu'une quantité très bornée, enfin, une foule d'autres objets de même nature, dont la valeur est entièrement indépendante de la quantité de travail qui a été nécessaire à leur production première. Cette valeur dépend uniquement de la fortune, des goûts et du caprice de ceux qui ont envie de posséder de tels objets.

≠ valeur d'usage cf Marx

Annonce des théories de la valeur du travail et du marginalisme

autre exemple : la valeur du sol dans le centre des villes.

Ricardo écrivait en 1817!

Ils ne forment cependant qu'une très petite partie des marchandises qu'on échange journellement sur le marché. Le plus grand nombre des objets que l'on désire posséder étant le fruit de l'industrie, on peut les multiplier, non seulement dans un pays, mais dans plusieurs, à un degré auquel il est presque impossible d'assigner des bornes, toutes les fois qu'on voudra y consacrer l'industrie nécessaire pour les créer.

Quand donc nous parlons des marchandises, de leur valeur échangeable, et des principes qui règlent leurs prix relatifs, nous n'avons en vue que celles de ces marchandises dont la quantité peut s'accroître par l'industrie de l'homme, dont la production est encouragée par une concurrence libre de toute entrave.

Dans l'enfance des sociétés la valeur échangeable des choses, ou la règle qui fixe la quantité que l'on doit donner d'un objet pour un autre, ne dépend que de la quantité comparative de travail qui a été employée à la production de chacun d'eux.

«Le prix réel de chaque chose, dit Adam Smith, ce qu'elle coûte réellement à la personne qui a besoin de l'acquérir, est l'équivalent de la peine et de l'embarras qu'il a fallu pour l'acquérir. Ce que chaque chose vaut réellement pour celui qui l'a acquise, et qui cherche à en disposer, ou à l'échanger pour quelque autre objet, c'est la peine et l'embarras que cette chose peut lui

sociétés primitives

échange ≠ don

chercher qui est Adam Smith.

Ainsi lu, le livre devient vraiment votre chose. Parce que vous avez entretenu une sorte de dialogue avec son auteur, vous êtes devenu un lecteur actif et votre mémoire s'approprie tout ce qu'il a échangé avec vous.

De la sorte, sur tel ou tel passage de l'ouvrage qui a attiré votre attention, vous êtes passé du survol synthétique à l'approfondissement et à l'exploitation intensive sans vous être enlisé dans les ânonnements de la lecture syllabique, qui n'ont certainement plus leur place en classe terminale!

ÉTABLIR DES FICHES

Cette lecture active trouve son aboutissement dans la constitution de fiches de lecture.

Vous avez intérêt à ***classer ces fiches,*** non dans l'ordre chronologique de vos lectures, mais ***par auteur*** ou ***par mot clef*** ou ***par leur rapport aux notions du programme.***

Vous constituerez ce fichier progressivement en préparant vos dissertations ou vos exposés, voire tout simplement à l'occasion de lectures qui ne sont pas nécessairement liées à votre travail scolaire.

A l'usage, vous constaterez qu'***il est bien agréable de retrouver facilement références et citations,*** vous gagnerez ainsi un temps précieux.

Nous dégageons trois rubriques pour les fiches de lecture :

- Pour les fragments de texte :
  — situer le fragment dans l'œuvre de laquelle il est extrait,
  — comprendre le sujet traité et son enjeu, les références qu'il peut susciter,
  — la valeur du texte aujourd'hui.
- Pour les ouvrages de réflexion générale :
  — comprendre,
  — juger,
  — exploiter.
- Pour les œuvres philosophiques :
  — situer,
  — comprendre,
  — exploiter.

Les exemples proposés sont — pour les fragments de texte — empruntés à des études de texte proposées au baccalauréat ; pour les ouvrages de réflexion générale, liés aux thèmes de programme ; pour les œuvres philosophiques, choisis parmi les auteurs de programme.

SECTION II : GRILLE DE LECTURE POUR UN FRAGMENT DE TEXTE

Sont donnés ici des conseils qui vous permettent, en présence d'un fragment de texte, de tirer profit de votre lecture.

Il est primordial de dégager **le sujet** que traite l'auteur. Souvent, dans les fragments proposés à votre étude, le sujet aussi bien que la thèse soutenue se trouvent dans la première ou dans la dernière phrase.

Puis il convient de discerner **l'enjeu** du texte, **les mots clefs autour desquels il s'organise;** et enfin **l'impact** du texte en rapport avec ce qui a été établi, éventuellement les questions qu'il laisse non résolues, ou les autres solutions que l'on pourrait envisager pour résoudre la question posée. A ces éléments que vous pouvez établir vous-mêmes, j'ajouterai quelques **références** sur l'œuvre, sur l'état de la question au moment de la parution du texte — ce qui peut éclairer votre compréhension.

Enjeu : *ce que le texte met en question.*

Impact : *influence du texte, trace qu'il laisse.*

Remarquons ici que ce type d'exercice n'a pas pour but de commenter le texte comme un élément du système auquel il appartient — mais de le considérer isolément — donc sans qu'il soit nécessaire de connaître le contexte — afin de dégager un ensemble d'idées.

Ultérieurement, nous étudierons la méthode à suivre pour commenter au sens strict du terme un texte.

Il s'agit donc là, à partir d'exemples variés, d'***un travail préparatoire au commentaire.***

5 exemples sont proposés :

Aristote : La politique.
Spinoza : Traité théologico-politique.
Kant : Critique de la faculté de juger.
Marx : Travail salarié et capital.
Bachelard : Le nouvel esprit scientifique.

ACQUISITION DES CONNAISSANCES
SECTION II
GRILLE DE LECTURE : ARISTOTE

ARISTOTE : LA POLITIQUE

« L'invention de la monnaie pour les besoins du commerce a donné naissance à une nouvelle manière de commercer et d'acquérir où ce qui est recherché est le seul profit pécuniaire. On ne s'y occupe que de chercher d'où vient le plus d'argent de manière à acquérir une grande fortune. En effet, on identifie couramment richesse et possession d'une grande quantité d'argent. Or l'argent n'est qu'une fiction et toute sa valeur est celle que la loi lui donne. Il suffit que l'opinion de ceux qui en font usage change et il perd toute utilité et n'a plus le pouvoir de nous procurer la moindre des choses nécessaires à la vie. Même si on en avait une grande quantité, on ne trouverait plus par son moyen les aliments les plus indispensables. Il est donc absurde d'appeler richesse un métal dont l'abondance n'empêche pas de mourir de faim, témoin ce Midas de la légende à qui le ciel, pour le punir de son insatiable avarice, avait accordé le don de convertir en or tout ce qu'il toucherait. Les gens sensés placent donc ailleurs la richesse et préfèrent (en quoi ils ont raison) d'autres genres de possession. Les vraies richesses sont celles de la nature. Elles seules font l'objet de la vraie science économique. »

L'ŒUVRE :

« La Politique » est, selon un commentateur d'**Aristote, D. Ross,** la fusion de cinq traités séparés :

1 - sur l'économie domestique, préliminaire à l'étude de l'État parce que la maisonnée précède l'État.

2 - sur les républiques proposées comme idéales et les constitutions existantes les meilleures.

3 - sur l'État, le citoyen et la classification des constitutions.

4 - sur les constitutions inférieures.

5 - sur l'État idéal.

Cette œuvre défend l'idée que l'État a ses racines dans la nature humaine et s'en prend aux deux autres théories qui jouissaient au temps d'Aristote d'un grand crédit : d'une part, celle des ***Sophistes*** suivant laquelle la loi et l'État ne sont que les résultats d'une convention entre quelques-uns et par suite des entraves à la liberté humaine ; Platon avait déjà dénoncé cette thèse dans le livre I de la République en mettant en scène le sophiste Thrasymaque qui rejetait toute loi. D'autre part, celle des ***Cyniques,*** comme Antisthène, pour lesquels le sage se suffit à lui-même et doit être citoyen non d'un pays mais du monde ; thèse cosmopolitique qui sera plus tard au centre de la doctrine stoïcienne.

ACQUISITION DES CONNAISSANCES
SECTION II
GRILLE DE LECTURE : ARISTOTE

Pour comprendre l'État, il importe peu d'en connaître l'histoire ; il faut en étudier la fonction, le but, méthode qui caractérise la pensée d'**Aristote**. Car, ce qu'est une chose lorsqu'elle a atteint son plein développement, c'est ce qu'Aristote appelle sa nature. D'où il résulte avec évidence que « l'État est une création de la nature et que l'homme est par nature un animal politique... Celui qui ne peut pas vivre en société ou qui n'a pas de besoins parce qu'il se suffit à lui-même doit être ou une bête ou un dieu ». Si les hommes se regroupent en État, ce n'est pas seulement pour vivre — car à ce compte, une ruche d'abeilles pourrait être appelée un État — mais ***pour bien vivre***. Le bien vivre est donc la différence spécifique de l'État et des autres communautés et il comprend l'activité morale et l'activité intellectuelle : chaque esprit ne peut se développer complètement que par le contact avec d'autres esprits.

SUJET :

Rôle de la monnaie dans l'activité économique. C'est pour faciliter les échanges qu'a été inventée la monnaie ; le nom grec de la monnaie *Nomisma* révèle son caractère conventionnel (*Nomos* = *loi*), un changement de convention peut lui retirer toute valeur. L'étude de la monnaie est l'objet d'un domaine particulier de la science économique, la chrématistique. L'auteur dénonce l'opinion courante qui fait de la monnaie en tant que telle la richesse proprement dite.

ENJEU :

Il existe un mode naturel d'acquérir des richesses : amasser les produits nécessaires aux besoins de la vie : élevage, chasse, agriculture. Une limite est fixée par les besoins de l'homme. Ce qui importe avant tout c'est la valeur d'usage d'une chose et le rôle de l'économie est d'utiliser ces richesses pour le bien du groupe. Une économie normale exclut le développement illimité de la richesse.

COMPOSITION :

Le texte est fondé sur l'opposition de la valeur d'usage et de la valeur d'échange. La monnaie a exclusivement une valeur d'échange. Tant que l'échange s'effectue par le troc, sa pratique n'entraîne nul abus. Mais le troc est peu commode, il n'est pas évident que le cordonnier puisse échanger le produit de son activité contre par exemple un vêtement ou une ration de seigle. De là, l'invention de la monnaie pour faciliter les échanges. Mais ce rôle d'échange donne très vite naissance à des abus puisqu'un bien quelconque à côté de son usage propre trouve une valeur d'échange et par là il devient utile de l'accaparer au-delà du strict besoin.

ACQUISITION DES CONNAISSANCES
SECTION II
GRILLE DE LECTURE : ARISTOTE

La monnaie n'a donc qu'une valeur de moyen : acquérir les richesses indispensables à la vie, en soi elle ne sert à rien. Thème que développeront bien des économistes : à quoi servirait-il de détenir un tas d'or perdu dans un désert ? D'une certaine façon, la vie en société, où il est possible de se procurer les choses utiles à la vie, masque le caractère conventionnel de la monnaie. Elle est un simple signe, les véritables richesses sont celles de la nature. Implicitement sont rejetés comme contre nature le commerce et le travail salarié, dont le but est la recherche du seul profit.

REFERENCES :

Monnaie : c'est un bien dont l'usage propre est d'être échangé commodément pour n'importe quel autre bien, sa valeur résulte d'une convention.

Richesses : ce sont les produits de la nature, essentiellement celles qui proviennent de l'agriculture, thèse que reprendront au 18e siècle les physiocrates.

Science économique : Aristote fut le premier, et pour longtemps le seul, qui reconnut qu'il y avait dans l'activité économique de l'homme un problème intéressant en soi, — qu'il distingue aussi bien de la technique, que de l'économie domestique et de l'art législatif. Mais il raisonne sur l'économique en termes d'éthique. Il distingue avec précision l'argent et la richesse — ce qui permettra plus tard de combattre les thèses mercantilistes. Cependant, il a de la production une idée simpliste puisqu'il n'envisage que la production de biens matériels, physiques, et que le profit commercial ne lui paraît explicable que par la fraude, l'abus d'une position favorable.

LE TEXTE AUJOURD'HUI :

Apparition décisive de la reconnaissance de la distinction entre valeur d'usage et valeur d'échange.

A un certain point de vue, sa conception fait obstacle par la critique de la monnaie et du prêt, à l'expansion de l'économie. Cependant, il a le mérite inestimable de soumettre à un modèle de vie humaine raisonnable les activités de production et d'échange qui se prennent elles-mêmes trop souvent pour fin en négligeant le but de la véritable science économique : le bon usage des biens et non leur production illimitée pour le seul profit.

Ce texte a été cité par **Marx :** ***Capital*** livre I, 2e section, chapitre IV, comme l'un des « ancêtres » de la théorie économique.

ACQUISITION DES CONNAISSANCES
SECTION II
GRILLE DE LECTURE : ARISTOTE

Francken : Histoire de Crésus et de Solon.

GRILLE DE LECTURE : SPINOZA

SPINOZA - TRAITÉ THÉOLOGICO-POLITIQUE ch. 7

Lecture de la Torah

« La règle universelle à poser dans l'interprétation de l'Écriture est donc de ne lui attribuer aucun enseignement qui ne découlerait pas avec la plus grande clarté de l'enquête historique elle-même. Nous allons dire maintenant quelle doit être cette enquête historique et ce qu'elle doit principalement faire connaître.

1° Elle doit comprendre la nature et les propriétés de la langue dans laquelle furent écrits les livres de l'Écriture et que leurs auteurs avaient l'habitude de parler.

2° Il faut grouper les énonciations contenues dans chaque livre et les réduire à un certain nombre de chefs principaux, de façon à retrouver aisément toutes celles qui se rapportent au même objet ; noter ensuite toutes celles qui sont ambiguës ou obscures suivant que le sens en est facilement ou difficilement perçu en s'aidant du contexte, et non suivant qu'il est facilement ou difficilement perçu par la raison ; ...car nous nous occupons ici du sens des textes et non de leur vérité. »

L'ŒUVRE :

Cet ouvrage publié en 1670 développe la thèse suivante : la démocratie est le régime le mieux fondé en raison. A l'appui de sa démonstration, l'auteur offre l'exemple de l'État des Hébreux qui aurait été à l'origine une démocratie authentique, qui plus tard aurait pris la forme d'une théocratie mieux adaptée à la mentalité grossière de la population, mais grâce à la législation de Moïse, l'essentiel de la structure démocratique aurait subsisté.

Le problème actuel est celui de la liberté de penser pour un individu qui vit dans une société organisée. Ce problème ne peut être abordé qu'à propos d'un état libre. A défaut sera jugé acceptable le régime où l'exercice du pouvoir est collectif. La province de Hollande constitue un tel état. Les autorités politiques sont exhortées à pratiquer la tolérance des opinions, mais ceci n'est possible que si les autorités écclésiastiques, puissantes sur le cœur de la masse, cessent de saper la liberté de penser : elles doivent renoncer à leur puissance temporelle et s'en tenir à leur rôle, qui est à la fois indispensable et complémentaire de celui de l'autorité souveraine : entretenir la croyance du peuple au principe sacré de la vie sociale désintéressée.

ACQUISITION DES CONNAISSANCES
SECTION II
GRILLE DE LECTURE : SPINOZA

SUJET :

• L'interprétation de l'Écriture. C'est-à-dire de la Bible. Il y a au moment de la publication du texte plusieurs doctrines :

— le sens de l'Écriture est à rechercher dans l'ordre des mots et la forme des lettres ;
— le sens de l'Écriture est conforme à la raison car tout ce qu'elle contient est vrai ;
— le sens de l'Écriture est à rechercher par référence à la doctrine chrétienne.

ENJEU :

• L'Écriture n'a rien de surnaturel, c'est un objet offert à l'investigation objective.

• Il est possible, armé d'une méthode bien définie de déterminer le sens du texte sans faire appel à quelque illumination que ce soit — donc rejet du principe d'autorité.

COMPOSITION :

• Le modèle est fourni par la méthode qui fait ses preuves dans la connaissance de la nature,

• nécessité de soumettre le texte à des règles méthodiques : connaissance de la langue et de ses propriétés — regroupement des énoncés par thèmes — connaissance de l'auteur et du public visé.

RÉFÉRENCES :

• ***Interprétation :*** passer du sens littéral au sens réel. Le sens littéral est donné par les termes utilisés et correspond aux impressions sensibles dans la perception de l'objet. Le sens réel est dégagé par la méthode — il se déduit du contexte. Il n'y a pas de sens extérieur au texte.

• ***Nature:*** l'ensemble de ce qui est — obéit à des lois ; nul hasard, nul miracle — connotation scientifique de ce terme au 17e siècle, il implique le principe d'objectivité qui écarte toute approche subjective ou anthropomorphique.

LE TEXTE AUJOURD'HUI :

• Ce qui est acquis : ***il faut distinguer entre le sens du texte et la question de savoir si ce qu'il dit est vrai.*** L'interprétation se fonde sur l'étude du texte et du contexte non sur une doctrine ou une opinion préétablie à laquelle on s'efforcerait de ramener le texte par diverses manipulations. ***Ceci vaut pour tout texte*** — pas seulement pour la Bible.

• Ce qui fait problème : il est impossible de démontrer par déduction ou de vérifier expérimentalement que l'interprétation proposée atteint le sens réel d'un texte. La méthode historique peut donner une certitude morale, non une preuve stricte du bien fondé de l'interprétation.

KANT : CRITIQUE DE LA FACULTÉ DE JUGER

« Le jugement de goût n'est pas déterminable par des raisons démonstratives comme s'il était seulement subjectif.

Premièrement, *quand quelqu'un ne trouve pas beau un édifice, un paysage, un poème, il ne se laisse pas imposer intérieurement l'assentiment par cent voix qui toutes louent ces choses. Certes, il peut faire comme si cela lui plaisait à lui aussi pour ne pas paraître dépourvu de goût et il peut même commencer à douter d'avoir assez formé son goût... Mais ce qu'il voit bien clairement c'est que l'assentiment d'autrui ne constitue pas une preuve valable pour le jugement sur la beauté... Le jugement d'autrui défavorable à notre égard peut sans doute à bon droit nous rendre incertain sur le nôtre mais il ne saurait jamais nous convaincre qu'il n'est pas légitime.*

Ainsi, il n'existe aucune raison démonstrative empirique pour imposer le jugement de goût à quelqu'un.

Deuxièmement, *une preuve a priori d'après des règles déterminées peut encore moins imposer le jugement sur la beauté. Si quelqu'un me lit un poème ou me conduit à un spectacle qui finalement ne convient pas à mon goût, il pourra bien invoquer Batteux ou Lessing ou des critiques encore plus anciens et plus célèbres ainsi que toutes les règles de la beauté... je me bouche les oreilles, je ne veux entendre aucune raison, aucun argument et j'admettrai plutôt que les règles des critiques sont fausses ou du moins que ce n'est pas ici qu'il faut les appliquer, que d'accepter de laisser déterminer mon jugement par des raisons démonstratives a priori puisqu'il doit s'agir d'un jugement du goût et non d'un jugement de l'entendement ou de la raison.*

Il semble que ce soit une des principales raisons pour lesquelles on a désigné cette faculté d'appréciation esthétique précisément par le nom de goût. Il se peut en effet que quelqu'un m'énumère tous les ingrédients d'un certain mets, qu'il remarque que chacun m'est en lui-même agréable et par-dessus vante à bon droit le caractère sain de ce plat; je reste sourd à toutes ces raisons, j'essaie ce plat avec ma langue et mon palais et ensuite (mais non selon des principes universels), je juge.

En fait le jugement de goût est toujours absolument énoncé comme un jugement singulier à propos d'un objet. »

ACQUISITION DES CONNAISSANCES
SECTION II
GRILLE DE LECTURE : KANT

L'ŒUVRE

Publiée en 1790, la ***Critique de la Faculté de Juger,*** veut établir un trait d'union entre la connaissance du monde naturel, dont la Critique de la Raison Pure théorique avait établi en 1781 les conditions de possibilités et la volonté libre de l'homme, dont en 1788, la Critique de la Raison Pure Pratique avait montré que la fonction était de décider, en dehors des mobiles de la sensibilité, de l'existence de la moralité.

L'action libre de l'homme s'effectue nécessairement dans une nature objective. Il faut donc à présent rendre compte des jugements que l'homme porte sur cette nature : elle lui paraît belle, et obéissant, si l'on réfléchit aux propriétés de l'être vivant, à un principe téléologique. Or la critique de la Raison Pure théorique avait montré qu'aucune connaissance ne peut identifier dans la nature une finalité quelconque. ***Tout se passe pourtant comme si la nature était objectivement organisée et comme si l'œuvre d'art était assujettie à une fin extérieure à elle.*** Il faudra donc supposer alors, pour rendre compte aussi bien du jugement esthétique que du jugement téléologique que l'œuvre d'art est production du génie — donc inexplicable pour la logique, et que la nature est l'œuvre d'une Providence, donc inconnaissable pour la Raison théorique. L'œuvre d'art est créée de même que la plante se développe : en dehors de tout vouloir et de tout savoir conscients. C'est là un fait que l'esprit est contraint de reconnaître sans pouvoir l'expliquer rationnellement. « Il est absurde d'espérer que peut-être un jour puisse surgir un Newton qui rende compréhensible même la production d'un simple brin d'herbe d'après des lois naturelles qu'aucune intention n'a organisées ».

L'œuvre comporte deux parties : une critique du jugement esthétique et une critique du jugement téléologique.

Dans la première partie, il ne s'agira pas de ce que nous entendons aujourd'hui par esthétique. Kant déclare en effet dans la préface : « L'examen de la faculté de goût comme faculté de juger esthétique n'est pas entrepris ici en vue de la formation et de la culture du goût car celle-ci continuera à l'avenir son chemin comme elle l'a fait jusqu'ici sans le secours de semblables recherches. »

Elle expose un ensemble de thèses sur le goût, le beau, le sublime, les beaux arts dont la fin est de montrer le caractère essentiellement libre du jugement humain. Dans le jugement de goût, l'homme éprouve une véritable certitude (c'est beau) mais il ne peut communiquer à autrui cette certitude. Il fait donc là l'expérience de sa solitude existentielle ; mais c'est aussi dans ce jugement qu'il apparaît comme homme concret : la Critique de la Raison pure avait révélé la structure transcendantale du sujet connaissant pur, la Critique de la Raison Pratique son caractère suprasensible de sujet moral. Mais il est aussi sujet sensible, capable d'éprouver un sentiment de plaisir ou de déplaisir. La critique du jugement découvre, en même temps que la finitude humaine, l'humaine aspiration à l'infini que l'expérience du beau et du sublime met en évidence, sans pouvoir en fournir d'explication rationnelle.

GRILLE DE LECTURE : KANT

SUJET :

Nature du jugement de goût, son caractère paradoxal parce qu'il ne peut être démontré ni empiriquement ni a priori. Le jugement de goût c'est le jugement que tout homme, quelles que soient sa culture et sa condition porte sur le beau ; ce jugement s'impose à chacun mais il est en deçà ou au-delà de la preuve, à l'inverse de l'énoncé mathématique ou de la thèse scientifique.

ENJEU :

Par le jugement esthétique tout homme est l'égal d'un autre, il n'y a dans ce domaine ni autorité, ni lois. Chacun fait l'expérience de sa liberté de jugement. C'est pourquoi il y a une parenté indiscutable entre le jugement esthétique et le jugement moral. Dans l'expérience du beau, comme dans l'expérience morale, l'homme est seul juge. Il ne peut prendre appui sur un savoir préalable, et tout à la fois ce jugement peut être prononcé avec certitude, et n'être admis par personne d'autre. Le jugement esthétique s'éprouve, il ne se prouve pas.

COMPOSITION :

Le texte est une réfutation successive de deux théories — dont la seconde est rejetée encore plus radicalement que la première.

La première théorie affirme que le jugement esthétique est déterminé par un accord général qui fait juger beau certains objets. Elle affirme donc indirectement que la beauté est une propriété objective des choses : comment expliquer sinon que des générations entières s'accordent pour trouver beaux les poèmes d'Homère, tels temples grecs ou cathédrales ? Sans doute est-il impossible de démontrer, au sens strict, que de tels objets sont beaux ; mais ceux qui en douteraient seraient aussi ridicules que s'ils s'avisaient de comparer une mare à l'océan. Par conséquent, il semble qu'aucune force convaincante ne puisse nous empêcher de reconnaître la beauté de tel ou tel objet consacré par la tradition. Que ce soit là une théorie sérieuse, l'auteur l'admet puisqu'il concède que, face à un jugement unanime contraire au nôtre, nous sommes pratiquement contraints de feindre de trouver beaux certains objets. Mais cela signifie simplement que nous craignons d'être jugés sur notre goût : nos jugements nous exposent à être jugés. Or il faut accepter ce risque quand au fond de nous-mêmes, nous estimons avoir raison contre tous.

GRILLE DE LECTURE : KANT

La seconde théorie est celle de tous les auteurs qui ont tenté de définir a priori les règles du beau. On peut ici penser à l'Art poétique de **Boileau.** Le beau rival de la nature a, comme la nature, ses lois qui échappent au caprice du plaire et du déplaire ; en somme il suffirait de connaître les règles du beau pour produire à coup sûr un bel objet. Selon Batteux et Lessing par exemple, est beau ce qui imite la nature, il n'y a pas là matière à discussion. Je vous signale aussi que la scène du sonnet, dans le Misanthrope de **Molière** a le même sens que notre passage de **Kant,** les deux mêmes théories sont successivement représentées plaisamment et rejetées. Là encore le critère décisif du beau n'est pas dans l'objet mais dans le sujet : le jugement de goût est, dira **Kant,** réfléchissant et non déterminant ; il exprime la liberté du sujet, non une propriété de l'objet. Le texte se termine par une justification de cette dénomination même de jugement de goût. Accorder que l'objet correspond aux critères du beau est une chose, le juger beau, c'est-à-dire éprouver en sa présence un plaisir désintéressé, est tout autre chose.

Vermeer : l'atelier
« L'art dégage des formes illusoires et mensongères de ce monde imparfait et instable, la vérité contenue dans les apparences... »
Hegel : Esthétique

RÉFÉRENCES :

Jugement de goût, jugement esthétique : le terme esthétique est introduit en philosophie par **Baumgarten**, il désigne ce qui a trait à la sensibilité. Il ne s'agit pourtant pas d'un simple sentiment mais d'un jugement : c'est beau. Convenablement analysé, ce jugement signifie en fait : l'objet me plaît, et d'une façon toute désintéressée. De là l'idée centrale « qu'il n'y a pas de belles choses mais seulement une belle représentation des choses ».

Le jugement logique consiste à penser le particulier comme contenu dans l'universel ; il s'agit alors d'un jugement de connaissance. Au contraire, l'objet du jugement esthétique est le particulier, il ne porte jamais sur les choses en général mais sur un objet unique, de là l'impossibilité de le communiquer.

LE TEXTE AUJOURD'HUI :

La validité de l'analyse kantienne s'impose dans ce domaine : nul ne peut vous démontrer que vous devez aimer cet objet, ce paysage, cette œuvre. Pourtant, je crains de m'exposer à la dérision et je m'efforce parfois de dissimuler mon jugement derrière celui de critiques « autorisés ». C'est bien là la preuve que le jugement esthétique, à l'inverse du jugement de connaissance met en jeu toute la personnalité. La communication avec autrui dans le jugement de goût est une des formes les plus achevées de communication mais nul savoir et nulle règle ne permettent de l'obtenir à coup sûr. De là les feintes devant ce qu'il est convenu d'admirer et un assentiment réticent qui sera d'ordre social et non pas du tout dérivé d'une adhésion pleine et entière.

GRILLE DE LECTURE : MARX

MARX - TRAVAIL SALARIÉ ET CAPITAL

« Qu'une maison soit grande ou petite, tant que les maisons d'alentour ont la même taille, elle satisfait à tout ce que, socialement on demande à un lieu d'habitation. Mais qu'un palais vienne s'élever à côté d'elle, et voilà que la petite maison se recroqueville pour n'être plus qu'une hutte.

C'est une preuve que le propriétaire de la petite maison ne peut désormais prétendre à rien, ou à si peu que rien ; elle aura beau se dresser vers le ciel tandis que la civilisation progresse, ses habitants se sentiront toujours plus mal à l'aise, plus insatisfaits, plus à l'étroit entre leurs quatre murs, car elle restera toujours petite, si le palais voisin grandit dans les mêmes proportions ou dans des proportions plus grandes... Nos besoins et nos jouissances ont leur source dans la société ; la mesure s'en trouve donc dans la société, et non dans les objets de leur satisfaction. Étant d'origine sociale, nos besoins sont relatifs par nature. »

L'ŒUVRE :

« Dans des séances précédentes du club des ouvriers allemands, Karl Marx a fait sur cette question : qu'est-ce que le salaire ? une conférence claire, objective, compréhensible. La critique des conditions actuelles y est rigoureuse, l'argumentation y est pratique à ce point que nous songeons à la communiquer à nos lecteurs dès qu'il nous sera possible ». (Journal allemand de Bruxelles, 6 janvier 1848).

Telle est l'origine de cette étude qui porte essentiellement sur la critique de la théorie classique du salaire : il n'est pas la part du travailleur dans la marchandise qu'il a produite, mais la part de marchandises déjà existante avec laquelle le capitaliste achète, pour son usage, une certaine somme de travail productif. Le travail est donc une marchandise que son possesseur, le salarié, vend au capital. Pourquoi le vend-il ? pour vivre.

Le salaire est le prix d'une marchandise déterminée : le travail ; et ce qui détermine le prix de toute marchandise, c'est la concurrence entre acheteurs et vendeurs, le rapport entre l'offre et la demande, entre ce qui se propose et ce dont on a besoin. Donc le salarié n'est ni plus ni moins qu'une marchandise — c'est là la racine de son aliénation.

SUJET :

- Définition de la notion de besoin.
- Cette notion a donné lieu à toute une littérature qui oppose généralement besoins naturels et artificiels et qui exhorte l'homme à répudier les besoins artificiels.

ACQUISITION DES CONNAISSANCES
SECTION II
GRILLE DE LECTURE : MARX

ENJEU :

• Le besoin ne peut être défini que dans une société déterminée qui conditionne l'individu à ressentir tel ou tel besoin. La distinction besoin naturel/artificiel n'a pas de raison d'être car l'homme est constitutivement un être social.

• Ce ne sont pas les qualités intrinsèques de l'objet qui décideront de la satisfaction mais le regard d'autrui, le statut social lié à la possession de tel ou tel objet.

COMPOSITION :

• La thèse est illustrée par un exemple : la nature et les propriétés objectives d'un lieu d'habitation sont définies par ce à quoi peut prétendre le propriétaire.

• L'attirance vers les objets, source de tout besoin humain, n'a pas pour but une satisfaction physiologique mais une reconnaissance de soi par autrui.

• Idée centrale de la pensée marxiste : même si la richesse disponible globalement augmente, elle ne peut en aucun cas satisfaire ceux qui se trouvent en bas de l'échelle sociale car ce qui compte, quand l'homme ne manque pas de pain, c'est la dignité ; et dans une société marchande, pour être, il faut avoir, posséder.

RÉFÉRENCES :

• ***Besoin :*** à la distinction stoïcienne naturel/artificiel est substituée une vision globale de l'homme : il éprouve un besoin, c'est-à-dire ressent un manque par comparaison avec autrui. Va l'attirer et être éprouvé subjectivement comme privation intolérable ce qui est possédé par l'autre, perçu comme socialement supérieur. De là le caractère inépuisable des besoins humains : dès que l'égalité est atteinte, une nouvelle différenciation va apparaître : la maison grandit, « singe » éventuellement le palais, mais elle ne parvient jamais à le rattraper. Et si par extraordinaire elle devient elle-même palais, le propriétaire du palais trouvera certainement le moyen de trouver un nouveau signe distinctif.

• ***Société :*** l'homme est par essence et non par accident un être social. La séparation individu/société est abstraite et fausse.

LE TEXTE AUJOURD'HUI :

• ***Ce qui est acquis :*** le caractère social des besoins et des biens destinés à les satisfaire est amplement montré dans nos sociétés par ceux que l'on appelle « les obsédés du standing ».

• ***Ce qui fait problème :*** supprimer le caractère indéfini des besoins ; faut-il établir une stricte égalité des biens : supprimer le palais ou transformer toutes les maisons en palais ? L'auteur ne le dit pas ici ! L'explication, par des facteurs sociaux, des sentiments d'insatisfaction néglige les ressorts psychologiques des sentiments d'envie. (Voir à ce sujet la position de **René Girard** dans la fiche de lecture sur *Mensonge romantique et vérité romanesque)*.

ACQUISITION DES CONNAISSANCES
SECTION II
GRILLE DE LECTURE : BACHELARD

BACHELARD : LE NOUVEL ESPRIT SCIENTIFIQUE

« L'observation scientifique est toujours une observation polémique, elle confirme ou infirme une thèse antérieure, un schéma préalable, un plan d'observation ; elle montre en démontrant ; elle hiérarchise les apparences ; elle transcende l'immédiat ; elle reconstruit le réel après avoir reconstruit ses schémas. Naturellement dès qu'on passe de l'observation à l'expérimentation le caractère polémique de la connaissance devient plus net encore. Alors il faut que le phénomène soit trié, filtré, épuré, coulé dans le moule des instruments. Or les instruments ne sont que des idées matérialisées. Il en sort des phénomènes qui portent de toute part la marque théorique ».

L'ŒUVRE :

Bachelard établit dans cette œuvre (1934) la nécessité d'une nouvelle philosophie des sciences en raison des mutations intervenues dans la science aux 19e et 20e siècles : apparition des géométries non euclidiennes, de la physique relativiste. Les notions traditionnelles de la physique et de la logique ont été remises en cause et les distinctions classiques entre rationalisme et empirisme perdent de leur importance. Les règles cartésiennes de l'évidence et de la déduction ne rendent plus compte des démarches du savant. Le monde que la science constitue est factice en un sens, ce n'est qu'une approximation du réel qu'une autre remplacera. Il s'agit de comprendre que le réel est moins donné qu'il n'est construit. L'esprit scientifique nouveau ne peut se former qu'en se réformant. Relativité et indéterminisme établis par les sciences actuelles introduisent dans la pensée consciente de ses postulats une vie et une histoire ainsi qu'un risque.

Bachelard

GRILLE DE LECTURE : BACHELARD

SUJET :

Définition de l'observation scientifique.

Cette question a mis pendant longtemps aux prises empiristes et rationalistes : les premiers affirment qu'observer c'est enregistrer les faits bruts et dégager leurs rapports, puis établir à partir de là des lois. Les rationalistes au contraire rejettent dans une large mesure l'observation qui ne donnerait que l'apparence des phénomènes.

ENJEU :

Il n'y a pas d'observation possible sans théorie préalable. L'observation est une étape essentielle de la constitution d'une science mais elle suppose un ensemble de questions ayant un sens précis dans une hypothèse.

COMPOSITION :

Le fait isolé n'a pas de signification — il ne peut être compris que par une théorie qu'il infirme ou confirme. Le phénomène consiste en une série d'abstractions de la réalité d'abord sentie. Le physicien n'étudie pas cette pierre qui, en tombant, a tué un passant mais le phénomène de la chute défini à partir de diverses variables : en chute libre, dans le vide, dans l'air…

RÉFÉRENCES :

Observation - suppose le même type de démarche que l'expérimentation. L'observation porte d'abord sur un fait que, par exemple, la théorie en vigueur n'explique pas. Pour bien observer il faut donc avoir une grande étendue de connaissances, il n'y a jamais d'observation immédiate.

Instruments - ils ne sont pas, contrairement à ce que prétend l'empirisme un prolongement des sens — ils sont le produit d'une théorie. Par exemple, le thermomètre est la matérialisation de la loi de dilatation. Il y a donc rupture entre la connaissance sensible (sentir la température) et la connaissance scientifique (la lire sur un instrument). Seule la théorie peut nous apprendre que la chaleur dilate le mercure et que la montée de ce dernier dans le thermomètre indique un accroissement de température. La transcription de la chaleur sur une échelle numérique n'est pas naturelle et donc, seule la théorie peut en garantir la rigueur.

LE TEXTE AUJOURD'HUI :

Mise en valeur de la nature de l'esprit scientifique « l'esprit se fonde en travaillant sur l'inconnu, en cherchant dans le réel ce qui contredit des connaissances antérieures ». Il doit sans cesse par là-même modifier ses fondations de sorte que l'expérience nouvelle dit non à l'expérience ancienne. ***«Le réel n'est pas donné, il est construit.»***

SECTION III : FICHES DE LECTURE : OUVRAGE DE RÉFLEXION GÉNÉRALE

titre complet date de parution .. nom de l'auteur .... éditeur	date de lecture .... objectif de la lecture ....

COMPRENDRE	JUGER	EXPLOITER
1. ***thème de l'œuvre*** 2. ***idées principales*** - table des matières - préface - conclusion 3. ***genre de l'ouvrage*** - essai - histoire - recueil d'articles - vulgarisation, etc.	1. ***quelle est l'intention de l'auteur*** 2. ***quelles informations donne-t-il, dans quel but?*** 3. ***questions non résolues*** - objections à la thèse soutenue 4. ***caractéristique du vocabulaire, du style***	1. ***citations caractéristiques*** 2. ***lectures complémentaires*** - d'approfondissement - de critique 3. ***sujets de dissertation*** que cette lecture peut contribuer : - à faire comprendre - à illustrer

5 exemples sont donnés :

Heinrich Wölfflin : Principes fondamentaux de l'histoire de l'art.

Einstein et **Infeld :** L'évolution des idées en physique.

Helena Belotti : Du côté des petites filles.

René Girard : Mensonge romantique, vérité romanesque.

François Jacob : La logique du vivant.

OUVRAGE DE RÉFLEXION GÉNÉRALE : WOLFFLIN

Titre : Principes fondamentaux de l'Histoire de l'Art (1929) Auteur : Heinrich Wolfflin Éditions : Gallimard - Idées Art - 282 p.	date de lecture ...... objectif de la lecture ....

COMPRENDRE

I. THÈME : Par quels procédés les peintres du XVIe siècle et du XVIIe siècle ont appréhendé la nature. Transformation des catégories de la vision liées à une transformation de la représentation générale du monde.

Rembrandt : Le philosophe

II. IDÉES PRINCIPALES : le développement de l'art du XVIe au XVIIe siècle peut être ramené à 5 couples de catégories :

— passage du linéaire au pictural : au XVIe siècle, la ligne du dessin conduit le regard, donne l'illusion de pouvoir suivre par le toucher les contours, de saisir les objets ; au XVIIe siècle, le pictural consiste à rendre la vision dans sa totalité, les contours se fondent dans l'espace ;

— passage d'une présentation par plans à une présentation en profondeur : le XVIe dispose les parties de l'œuvre en plans parallèles, le XVIIe conduit le regard d'avant en arrière ;

— passage de la forme fermée à la forme ouverte : dans le cas de la forme fermée, l'image apparaît comme ayant une signification complète ; inversement il y a forme ouverte quand l'œuvre se dégage de la servitude du cadre et qu'elle apparaît comme un fragment du monde découpé au hasard ;

— passage de la pluralité à l'unité : au XVIe siècle chaque partie de l'œuvre vaut pour elle-même bien qu'elle soit rattachée à l'ensemble. Au XVIIe siècle, tous les éléments convergent vers l'un d'eux dont la fonction directrice est indiscutable ;

— passage de la clarté absolue à la clarté relative des objets présentés.

III. GENRE : Essai d'histoire de l'art.

Ces 5 oppositions sont développées en autant de chapitres comportant chaque fois une étude d'œuvres marquantes de peintres, sculpteurs, architectes.

ACQUISITION DES CONNAISSANCES
SECTION III
OUVRAGE DE RÉFLEXION GÉNÉRALE : WOLFFLIN

JUGER

I. INTENTION DE L'AUTEUR : combattre la thèse « romantique » qui fait de l'œuvre l'expression de la subjectivité de l'auteur, rejeter celle qui définit l'art comme un miroir de la réalité. La 1re récuse l'appartenance de l'artiste a un milieu historique et culturel donné : la 2e nie le caractère créateur de son travail.

Il développe la thèse suivante : les catégories de la vision se transforment d'une époque à l'autre ; cette transformation est liée à de multiples facteurs historiques, culturels mais elle obéit aussi à une loi d'évolution interne dont la langue fournit une image : de même qu'une langue se transforme dans sa grammaire et sa syntaxe selon des lois internes, de même la vision passe par différentes étapes en sorte que les plus grands artistes n'ont jamais pu lui ajouter qu'une certaine forme d'expression qui ne pouvait guère dépasser les possibilités générales de la représentation qui étaient celles de son temps.

II. LES INFORMATIONS DONNÉES : sont toutes issues de l'histoire de l'art. Chaque œuvre citée est analysée, confrontée à des œuvres voisines par le sujet et différant par le type de vision qu'elles manifestent. L'auteur nous apprend à « voir » les œuvres dans leur singularité et leur richesse et propose une explication de la modification des styles.

III. QUESTION : La question centrale n'est pas résolue de façon définitive : « la modification des formes est-elle le résultat d'une évolution interne qui s'est accomplie spontanément, ou l'impulsion est-elle venue de dehors, une autre mentalité, une autre attitude en face du monde conditionnent-elles ce changement ? Ce problème, reconnaît l'auteur, dépasse de beaucoup le domaine d'une histoire descriptive de l'art.

IV. LE VOCABULAIRE : la lecture est aisée. Les termes propres à l'histoire de l'art sont constamment expliqués, illustrés d'exemples précis.

EXPLOITER

I.CITATIONS : *« Lorsqu'un artiste entreprend son œuvre, certaines conditions s'offrent à lui, par lesquelles il est lié. Tout n'est pas possible en tout temps. La vision a son histoire et la révélation de ces catégories optiques doit être considérée comme la tâche primordiale de l'histoire de l'art ». (introduction p. 16).*

« Il faut bien de la légèreté d'esprit pour penser qu'un artiste ait jamais pu se placer en face de la nature sans aucune idée préconçue ».

(Conclusion p. 262).

II. LECTURES COMPLÉMENTAIRES :

- **Gombrich : *l'Art et l'Illusion*** (en particulier ch. 1 et 2), Gallimard 1971,
- **P. Francastel : *Art et Société*** (Paris-Audin 1952),
- **E. Faure : *l'Esprit des Formes* -** T. 2, Éd. J.-J. Pauvert, Livre de Poche 1964.

III. SUJETS DE DISSERTATION :

- Des artistes, pourquoi faire ?
- L'expression « voir les choses telles qu'elles sont » a-t-elle un sens?
- La nature est-elle un modèle ?
- L'art, dit Paul Klee, ne reproduit pas le visible, il rend visible. Qu'en pensez-vous?
- En quel sens peut-on dire que l'œuvre d'art échappe à son auteur?

Dürer : La cellule de St Jérôme

OUVRAGE DE RÉFLEXION GÉNÉRALE : EINSTEIN

Titre : L'Évolution des Idées en Physique **Date de parution : 1938** **Auteur : Einstein et Infeld** **Éditions : Petite bibliothèque Payot, 277 p.**	date de lecture ...... objectif de la lecture ....

Einstein

COMPRENDRE

I. THÈME : L'évolution des idées en physique ; relations complexes qui existent entre l'observation, l'expérience, la théorie.

II. IDÉES PRINCIPALES : Il faut se défier des conclusions fondées sur l'observation immédiate, elles conduisent la plupart du temps à des idées fausses, à des généralisations abusives. La compréhension des phénomènes suppose une expérience idéalisée : pour comprendre, par exemple, le mouvement il faut imaginer le cas idéal « parce qu'il ne se rencontre pas dans la nature » où toutes les influences extérieures (frottements, résistance de l'air) auraient été supprimées.

La caractéristique la plus frappante de la physique c'est que les conclusions tirées d'indications initiales sont quantitatives et s'expriment en langage mathématique.

Le but d'une théorie physique est d'expliquer un ensemble aussi vaste que possible de phénomènes. Elle se justifie dans la mesure où elle rend ces phénomènes intelligibles.

La physique classique vise à donner une description des objets existant dans l'espace et à formuler les lois régissant leur changement dans le temps. Dans la physique quantique, il n'y a pas de place pour cet énoncé « cet objet est tel et tel, il a telle et telle propriété », car elle affirme : « il y a telle et telle probabilité que l'objet individuel soit tel et tel et ait telle et telle propriété ».

La physique classique considère deux substances : la matière et l'énergie ; la physique quantique ne maintient pas cette conception de deux substances. Conformément à la théorie de la relativité, il n'y a pas de distinction essentielle entre la masse et l'énergie. Cette théorie s'est révélée féconde dans le développement contemporain de la physique.

Tout progrès scientifique fait surgir de nouvelles questions.

III. GENRE : ouvrage tout à la fois de vulgarisation scientifique et de réflexion sur la portée philosophique de la science.

OUVRAGE DE RÉFLEXION GÉNÉRALE : EINSTEIN

JUGER

I. INTENTION DE L'AUTEUR : exposer les tentatives de l'esprit humain pour trouver la connexion entre le monde des idées et le monde des phénomènes. Dégager les forces actives qui obligent la science à inventer des idées correspondant à la réalité de notre monde.

II. INFORMATIONS : concernant l'histoire de la physique

— ***passage de la représentation du monde d'Aristote*** qui a prévalu jusqu'au XVIe siècle et qui semble corroborée par l'observation immédiate à la physique mathématique de Galilée.

— ***Description en un langage accessible à tous des observations, hypothèses et expériences*** qui conduisent la physique à transformer ses concepts de base : en particulier, expériences de Galilée, d'Oersted, de Faraday.

— ***Exposé des principes de la théorie de la relativité restreinte et généralisée*** illustré d'expériences et de dialogues qui exposent et réfutent les objections du physicien classique.

— ***Étude des rapports entre la géométrie et l'expérience.*** Comment et pourquoi la géométrie euclidienne ne peut être utilisée par la physique relativiste.

III. QUESTION : La recherche scientifique peut-elle être conduite indépendamment de la croyance en l'harmonie interne du monde? L'auteur répond par la négative à cette question, mais cette réponse est de l'ordre de la foi, non du savoir.

IV. VOCABULAIRE : d'une simplicité et d'une clarté complète. Chaque terme est expliqué, illustré. L'auteur a renoncé à utiliser le langage mathématique, ce qui rend l'ouvrage parfaitement accessible, mais la lecture doit être faite le crayon à la main, il est impossible de lire cet ouvrage en diagonale!

EXPLOITER

I. CITATIONS - *« Quel est le but de la science ? Que demande-t-on à une théorie qui essaie de décrire la nature ? Ces questions bien qu'elles dépassent les bornes de la physique sont intimement liées à elles puisque la science forme la matière où elles prennent naissance. Les généralisations philosophiques doivent être fondées sur les résultats scientifiques. Une fois formées et largement acceptées elles influencent très souvent le développement ultérieur de la science » (p. 54).*

« La science n'est pas une collection de lois, un catalogue de faits reliés entre eux. Elle est une création de l'esprit humain au moyen d'idées et de concepts largement inventés. Les théories physiques essaient de former une image de la réalité et de la rattacher au vaste monde des impressions sensibles. Ainsi nos constructions mentales se justifient seulement si nos théories forment un tel lien » (p. 274).

II. LECTURES COMPLÉMENTAIRES :

- **R. Carnap :** ***Les Fondements philosophiques de la Physique*** (A. Colin - 1973).
- **B. Cohen :** ***Les origines de la physique moderne*** **-** Petite bibliothèque Payot - 1962).

III. SUJETS DE DISSERTATION :

- Quels sont les obstacles qui s'opposent au développement de la connaissance scientifique?
- Peut-on définir la vérité comme l'adéquation de l'esprit et de la réalité?
- Pourquoi ne peut-on concevoir la science achevée?
- Le réel se réduit-il à ce que l'on perçoit?
- Que pensez-vous de cette remarque de Paul Valéry : « Il fallait être Newton pour s'apercevoir que la lune tombe alors que tout le monde voit bien qu'elle ne tombe pas » ?

Newton

ACQUISITION DES CONNAISSANCES
SECTION III
OUVRAGE DE RÉFLEXION GÉNÉRALE : BELOTTI

Titre : Du Côté des Petites Filles (1973) **Auteur : Elena Belotti** **Éditions : « Des Femmes » - 261 p.**	date de lecture ...... objectif de la lecture ....

COMPRENDRE

I. THÈME : L'éducation que l'on donne aux enfants et particulièrement aux filles, les conditionne à se conformer au stéréotype de la femme, et cela, même si leur caractère ne les y prédispose pas.

II. IDÉES PRINCIPALES :

- L'attente de l'enfant est nourrie par certaines idées, voire des mythes quant à son sexe. De façon générale, on préfèrerait un garçon surtout pour la première naissance.

- Dans la petite enfance, on dresse littéralement l'enfant à se comporter suivant des modèles sexistes : le garçon peut et doit être agressif, turbulent ; la fille douce, soumise. Cela de façon permanente, tantôt insidieuse, tantôt ouverte.

- Les jeux et les jouets choisis pour l'enfant traduisent ce désir avoué ou inconscient des parents : aux garçons les jouets guerriers, aux filles les poupées et gare à la fille qui prétend obtenir fusil ou camion !

- La littérature enfantine elle aussi contribue à ancrer des stéréotypes de la femme soumise, gardienne du foyer : les bandes dessinées présentent la femme comme mère, ménagère, fée du logis. Les contes de fées (Cendrillon, Blanche-Neige, par exemple) vont dans le même sens : le petit Chaperon Rouge est désobéissante, elle est envoyée par une mère inconsciente dans la forêt, le loup la mangera mais naturellement un bon et loyal chasseur la sauvera in extremis !

- Les écoles maternelle, primaire et secondaire achèvent ce conditionnement et cela d'autant plus que les enseignants sont en majorité des femmes. S'ancre définitivement l'idée que la femme a pour tâche exclusive la procréation et l'élevage de l'enfant.

III. GENRE :

A partir d'enquêtes menées dans des institutions scolaires en Italie, à partir aussi de son expérience de préparation pratique et psychologique de femmes enceintes à leur rôle futur de mère, l'auteur entend tirer des conclusions de portée générale en s'appuyant sur certains aspects de la théorie psychanalytique.

ACQUISITION DES CONNAISSANCES
SECTION III
OUVRAGE DE RÉFLEXION GÉNÉRALE : BELOTTI

JUGER

I. INTENTION DE L'AUTEUR :

• Conduire à une prise de conscience et mettre en garde parents et éducateurs qui risquent à tout jamais de détruire la personnalité de l'enfant en le contraignant à se conformer à un stéréotype.

• Tenter de détruire le « mythe de l'éternel féminin » ; ce mythe du reste n'est pas innocent, il perpétue l'asservissement de la femme, donc la domination de l'homme, et ceci explique en grande partie, en en montrant le caractère accidentel, pourquoi historiquement les hommes ont fait preuve de plus de créativité que les femmes.

II. LES INFORMATIONS DONNÉES :

Résultats d'enquêtes, d'entretiens sont présentés de façon attrayante, une impression d'évidence s'impose à la lecture de ces témoignages concordants — mais ces informations sont difficilement vérifiables.

III. QUESTIONS :

• Tous les exemples choisis concernent l'Italie des années 60 donc une société où les stéréotypes féminins ont peut-être un impact plus considérable que dans d'autres pays.

• Ce mythe de la nature féminine a-t-il ses racines dans les couches profondes de la personnalité telle que la décrit la psychanalyse ou bien dans l'exploitation économique de la femme par l'homme ? L'auteur oscille entre ces deux interprétations même si la seconde reste en filigrane.

• L'hypothèse selon laquelle les comportements différenciés pour les deux sexes sont innés est impossible à démontrer , l'auteur soutient l'hypothèse contraire qui considère que ces comportements sont le fruit de conditionnements sociaux et culturels : mais cela reste une hypothèse.

IV. VOCABULAIRE :

Courant, le style est souvent journalistique, la lecture agréable malgré quelques termes empruntés à la psychanalyse dont il faut vérifier le sens : inhibition, pulsion, phobie, identification, névrose (voir vocabulaire).

EXPLOITER

I. CITATIONS :

« Le besoin de cataloguer à tout prix les êtres humains utilise toujours la division la plus élémentaire, la plus évidente (le sexe, la race, l'âge, la religion, etc.) celle qui a toujours été admise par une tradition millénaire » (ch. 4, p. 208).

« Il n'est pas simple de casser la chaîne des conditionnements qui se noue de façon presque immuable d'une génération à l'autre mais il y a des moments historiques où de semblables ruptures peuvent se produire plus facilement qu'à d'autres. Aujourd'hui par exemple où toutes les valeurs de la société sont en crise le mythe de la supériorité masculine « naturelle » contrepartie de l'infériorité féminine « naturelle » est ébranlé ». (Préface p. 10).

II. LECTURES COMPLÉMENTAIRES :

- **Simone de Beauvoir : *Le Deuxième Sexe*** - Gallimard 1949, coll. Idées Tome I : Enfance.
- **Erik Erikson : *Enfance et Société*** - Édition Delachaux et Niestlé.
- **Albert Memmi : *Portrait du Colonisé précédé du Portrait du Colonisateur*** (Éd. Buchet-Chastel - 1957).

III. SUJETS DE DISSERTATION :

- Pouvons-nous dire que la vraie servitude est celle dont on n'a pas conscience, qu'on nous fait subir à notre insu et qu'on nous fait prendre pour la liberté?
- Y a-t-il des préjugés indéracinables ?
- Qu'entendez-vous par « être soi-même » ?
- Les sciences humaines nous obligent-elles à renoncer à l'idée d'une nature humaine identique en tous temps et en tous lieux ?
- Quel rapport pouvez-vous établir entre la nature et la culture ?

La gardienne d'enfant

« Dans les rapports quotidiens entre les adultes et les enfants, l'injonction « tiens-toi tranquille est l'une des plus fréquentes... ».

H. Belotti p. 130

Titre : Mensonge romantique et vérité romanesque (1961) **Auteur : René Girard** **Éditeur : Grasset - 312 pages**

date de lecture ...... objectif de la lecture ....

COMPRENDRE

I. THÈME : Analyse et démystification du « mensonge romantique » qui consiste dans l'affirmation de l'originalité et de la singularité de l'individu : le héros romantique est décrit dans les œuvres romanesques comme un être hors du commun, puisant dans son propre fonds toutes ses inspirations, actions et passions. La « vérité romanesque » voile tantôt explicitement, tantôt implicitement cette illusion qui constitue à la fois le sujet et le ressort principal de la littérature. Selon l'auteur, le héros romantique est asservi comme les autres humains à la « rivalité mimétique ».

II. IDÉES PRINCIPALES :

— L'homme est un être de désir.

On a coutume d'expliquer la genèse du désir soit par les qualités intrinsèques de l'objet désiré, soit par une tendance ou un besoin du sujet. La relation à l'objet du désir semble directe, spontanée. Rien de plus erroné. On ne désire un objet que dans la mesure où le désir de cet objet nous est suggéré par un tiers que nous avons pris pour modèle.

— Ce tiers peut être idéal, imaginaire ou simplement très éloigné spirituellement ou socialement du sujet.

Par exemple Don Quichotte prend pour modèle Amadis le Chevalier parfait ; Madame Bovary des personnages de roman ; Julien Sorel : Napoléon. Mais il peut aussi être très proche. C'est le cas dans la société égalitaire avec le règne du snobisme, où l'on assiste à la prolifération des sentiments d'envie, de jalousie. Entre le sujet et le médiateur de son désir se tissent des rapports d'admiration, de concurrence et de haine.

— Le caractère mimétique du désir est parfaitement révélé dans la littérature romanesque.

Il en constitue le ressort principal. Les œuvres de Stendhal, Flaubert, Dostoïevsky et Proust sont analysées de façon à soutenir cette thèse.

— La société moderne caractérisée par l'idée-force de l'égalité ne met pas un terme à la lutte des consciences.

En témoignent les luttes fratricides ou la publicité. Il s'agit, ici et là, de persuader de s'approprier des objets que l'autre possède ; mais comme il n'existe plus guère de distance objective entre les sujets, cette concurrence est une source permanente de souffrances spirituelles car rien de matériel ne peut l'assouvir. Le désir de l'objet se transforme en crainte de le voir possédé par autrui.

— Lorsque l'objet du désir est obtenu, le sujet n'est pas pour autant satisfait :

Il possède sans doute l'objet mais il n'a plus de raison de le désirer ; ainsi s'expliquent la désillusion et l'ennui. Pour vaincre l'ennui, certains s'attachent à poursuivre des objets dont les séparent des obstacles insurmontables. Seule, en définitive, la mort peut mettre un terme à leur poursuite. Les grandes œuvres romanesques s'achèvent toujours par la mort du héros qui comprend en un éclair tardif de lucidité qu'il a jusque-là vécu par procuration. Le rejet d'une référence terrestre, la répudiation des médiateurs humains conduisent presque nécessairement les grands romanciers à recourir à une transcendance religieuse même s'ils parviennent à masquer le sens religieux de leur réponse.

III. GENRE :

Essai philosophico-littéraire qui tente de répondre grâce à l'étude de romans célèbres, à la question : quel est le ressort des conduites humaines ?

JUGER

I. LES INTENTIONS DE L'AUTEUR :

— Combattre le mythe romantique de l'originalité, de l'unicité.

— Résoudre la question suivante : comment expliquer que, dans celles des sociétés modernes où les conditions de vie s'égalisent et sont dans l'ensemble objectivement satisfaisantes, un nombre considérable d'individus, pour ne pas dire la plupart, sont cependant insatisfaits.

— Montrer que l'accumulation des objets ne conduit pas à la satisfaction des désirs et critiquer les idées modernes de bonheur et de progrès.

II. LES INFORMATIONS DONNÉES :

— Analyse subtile et minutieuse de grandes œuvres romanesques dont le ressort caché est dévoilé ; en particulier, étude de l'œuvre de Stendhal « Le Rouge et le Noir », de celle de Flaubert « Madame Bovary », des « Possédés » de Dostoïevsky et de l'œuvre de Proust : « A la recherche du temps perdu ». Des rapprochements lumineux sont établis entre la vanité stendhalienne, le « bovarysme » de Flaubert, la métaphysique dostoïevskienne et le snobisme proustien. Ils rendent manifeste la lutte de consciences dressées les unes contre les autres mais rongées par leur néant.

— Interprétation d'ensemble de la société moderne égalitaire.

Elle est dépeinte comme le résultat d'une transformation inexorable de la société aristocratique et monarchique. La noblesse caractérise l'être qui tient ses désirs de lui-même et qui s'efforce de les satisfaire quels que soient les risques encourus. Noblesse est alors synonyme de passion et il doit à l'origine y avoir noblesse spirituelle pour qu'il y ait noblesse au sens social. Mais cet accord entre l'organisation sociale et la hiérarchie naturelle ne dure pas et la comparaison s'instaure. La monarchie rend possible l'avènement d'un désir mimétique : c'est le Roi et la cour qu'il convient d'imiter. Puis la conscience d'une absence de différence essentielle entre les hommes conduit à la société démocratique dont la passion prédominante sera la poursuite de l'égalité. Il n'y a plus alors de modèle indiscutable et le désir poursuivra une quête d'autant plus acharnée qu'elle sera illusoire. L'auteur reprend ici les analyses de Tocqueville sur la société démocratique. Comment y être soi-même, puisqu'il n'y a plus de différence juridique, et à la limite sociale, entre les hommes ? La société moderne repose, en grande partie, par le biais de la consommation ostentatoire et d'une publicité obsédante, sur cet inassouvissement de l'homme et lui propose des produits de substitution en établissant artificiellement des différences imaginaires entre les hommes, qu'il s'agit d'effacer dans une quête sans fin.

Autant Lara : Le Rouge et le Noir (1954)

« L'amour passionné était bien plutôt un modèle qu'on imitait qu'une réalité... ». Stendhal. Le Rouge et le Noir chapitre 16

III. QUESTION :

Le mécanisme psychologique de l'identification — étudié par **Freud** — constitue selon l'auteur la raison essentielle des désirs humains. Le caractère objectif du désir, et par suite du besoin, est nié. Toute cause objective d'ordre économique ou social est également récusée. Expliquer le comportement humain dans son intégralité par le caractère mimétique du désir est sans doute stimulant pour la réflexion mais ***il s'agit davantage d'une option métaphysique que d'une démonstration scientifique.***

IV. LE VOCABULAIRE est dans l'ensemble celui de la critique littéraire.

Les termes les plus souvent employés : désir, médiateur, mimétique, sont clairement définis. Lecture aisée, facilitée par l'étude de nombreux exemples littéraires célèbres.

EXPLOITER

I. CITATIONS :

« Pour qu'un vaniteux désire un objet il suffit de le convaincre que cet objet est déjà désiré par un tiers auquel s'attache un certain prestige. Le médiateur est ici un rival que la vanité a d'abord suscité, qu'elle a pour ainsi dire appelé à son existence de rival avant d'en exiger la défaite » (p. 16).

« Seul l'être qui nous empêche de satisfaire un désir qu'il a lui-même suggéré est vraiment objet de haine » (p. 19).

« Romantiques et symbolistes veulent un désir transfigurateur mais ils le veulent parfaitement spontané. Ils ne veulent pas entendre parler de l'Autre. Le désir selon l'Autre est toujours le désir d'être un autre » (p. 89).

« Dans la médiation double on ne désire pas tant l'objet qu'on ne redoute de le voir possédé par autrui » (p. 107).

II. LECTURES COMPLÉMENTAIRES :

- **Baudrillard : *le système des objets*** (Gallimard, 1968).
- **Freud : *Essais de psychanalyse*** (Petite bibliothèque Payot, 1951).
- **Riesman : *La foule solitaire*** (Arthaud, 1964).
- **Kende : *L'abondance est-elle possible?*** (Gallimard, Idées, 1971).
- **De Rougemont : *L'Amour et l'Occident*** (Plon, 1939).

III. SUJETS DE DISSERTATION :

— Désire-t-on cela seul qui a du prix pour les autres ?

— Qu'entendez-vous par être soi-même ?

— Les hommes ne désirent-ils rien d'autre que ce dont ils ont besoin ?

— Quel pouvoir avons-nous sur nos désirs ?

ACQUISITION DES CONNAISSANCES
SECTION III
OUVRAGE DE RÉFLEXION GÉNÉRALE : JACOB

Titre : La Logique du Vivant Auteur : Françis Jacob Éditions : Gallimard 1971 - 354 p.	date de lecture ...... objectif de la lecture ....

COMPRENDRE

I. THÈME :

A travers les étapes successives du savoir, à travers les objets de plus en plus élaborés de la biologie, l'auteur étudie les fondements historiques et théoriques de la biologie contemporaine.

II. IDÉES PRINCIPALES :

• ***L'être vivant est devenu objet d'analyse - et non plus seulement de spéculation religieuse ou métaphysique à partir du XVIIe siècle.*** La physique moderne née avec Galilée et Newton, établit que tout dans la nature obéit aux lois du mouvement, par suite l'être vivant qui fait partie de la nature, ne jouit d'aucun privilège particulier et devra être étudié selon les mêmes principes et méthodes dont la physique a montré l'efficacité. C'est donc le mécanisme qui servira de modèle. Cependant cette explication mécaniste du vivant se heurte à l'évidente finalité de certains phénomènes comme le développement d'un œuf en adulte ou le comportement d'un animal adapté à son milieu. C'est l'étude des phénomènes de la reproduction et de l'hérédité qui constituera le fil directeur de la biologie naissante.

• ***L'architecture du vivant se révèle dans des couches enfouies toujours plus profondément.*** Il n'y a pas d'organisation générale du vivant mais une série d'organisations emboîtées les unes dans les autres. C'est ce que rend manifeste l'examen historique :

— au XVIIe siècle ce qui importe en premier lieu c'est l'agencement des surfaces visibles avec l'amorce de la détermination et de la classification des espèces ;

— au XVIIIe siècle, l'étude du vivant devient celle de l'organisation qui sous-tend les organes et les fonctions. La découverte de la cellule à la fin du XIXe siècle permettra d'affirmer l'unité des êtres vivants, animaux et végétaux ;

— le début du XXe siècle, par l'étude des chromosomes et des gènes établit l'existence d'une « structure d'ordre trois » au cœur de la cellule dont la connaissance est liée au développement de la génétique et de la biochimie. Pour la génétique, l'être vivant représente l'exécution d'un programme, qu'aucune volonté n'a choisi, qu'aucune intelligence n'a conçu ;

— enfin depuis une trentaine d'années, l'étude du vivant devient celle des molécules d'acide nucléique sur lesquelles reposent la conformation et les propriétés de tout organisme.

• ***La biologie n'est pas une science unifiée.*** On peut constater l'existence de deux grandes tendances : l'une « intégriste » qui conçoit l'organisme comme élément d'un système d'ordre supérieur, s'attache aux relations de l'organisme et du milieu et affirme que la biologie ne peut se réduire à la physique et à la chimie ; l'autre « tomiste » ou « réductionniste » qui définit certes l'organisme comme un tout, mais un tout qui s'explique par les seules propriétés de ses parties. Son objectif exclusif est l'étude des organes, des tissus, des cellules, des molécules ; les performances de l'organisme sont l'expression exclusive de ses réactions chimiques. Cette distinction tend cependant à s'effacer depuis que la physique a établi l'identité des processus physico-chimiques au niveau macro et microscopique.

• ***Bien des traits de la nature humaine doivent s'insérer dans le cadre fixé par les 23 paires de chromosomes qui constituent le capital héréditaire de l'homme,*** mais pour l'espèce humaine et pour elle seule, ce n'est plus la sélection naturelle qui joue le premier rôle dans la transformation de l'homme, mais le milieu, la culture.

III. GENRE :

Le sous-titre de l'ouvrage « Une histoire de l'hérédité » donne à penser qu'il s'agit d'une histoire de la biologie. Mais il s'agit plutôt d'une tentative d'exposer à un large public les problèmes et les méthodes de la biologie contemporaine.

Jean Rostand

JUGER

I. INTENTIONS DE L'AUTEUR :

• Étudier comment l'étude du vivant s'est progressivement dépouillée de considérations religieuses et métaphysiques pour se constituer en science positive ; la biologie n'étudie plus la vie dans les laboratoires mais analyse les êtres vivants, leur structure, leur fonctionnement, leur histoire.

• Exposer les principes et les méthodes de la biologie moderne dont le but est d'interpréter les propriétés de l'organisme par la structure des molécules qui le composent.

• Dénoncer des survivances de l'animisme et du vitalisme : l'étude des mécanismes de l'hérédité permet de reconnaître l'unité des processus physico-chimiques au niveau moléculaire ; elle n'a en aucun cas permis de découvrir des lois nouvelles distinctes de celles de la matière.

II. LES INFORMATIONS DONNÉES :

• Elles concernent aussi bien l'histoire de la biologie que les méthodes les plus modernes de cette science ; mais l'auteur ne se borne pas à retracer une succession des idées par une sorte d'histoire à rebours qui choisirait la devancière de l'hypothèse en cours pour de proche en proche reconstituer une histoire idéale de la biologie. Il établit, au contraire, avec une richesse prodigieuse d'information comment les croyances, les représentations culturelles, l'image du monde en vigueur à chaque époque ont rendu tels ou tels objets accessibles à l'analyse. L'histoire des sciences est solidaire de l'histoire des hommes.

III. QUESTIONS :

Si l'auteur démontre qu'il n'existe pas d'entité métaphysique pour se cacher derrière le mot de « vie », il reconnaît que malgré les progrès de cette science, certaines interrogations sont fort loin d'être résolues et ne le seront peut-être jamais, en particulier :

• Comment s'effectue la transition de l'organique à l'être vivant ?

• Si le code génétique est universel, c'est vraisemblablement parce qu'un seul « ancêtre » est à l'origine de tout ce qui vit ; mais il n'existe pas de probabilité mesurable pour un événement qui ne s'est produit qu'une fois. On ne pourra donc jamais estimer la probabilité qu'un système vivant avait d'apparaître sur la terre.

• Décrire l'évolution par l'orientation que la sélection naturelle a imprimé au hasard est périlleux car les notions de progrès, de perfectionnement, courent presque inévitablement le risque d'anthropomorphisme.

IV. VOCABULAIRE :

En règle générale, aisé d'accès, mais certains chapitres en particulier le chapitre 5 requièrent pour être pleinement appréciés une culture scientifique réelle.

EXPLOITER

I. CITATIONS :

« Chaque époque se caractérise par le champ du possible que définissent non seulement les théories ou les croyances en cours mais la nature même des objets accessibles à l'analyse, l'équipement pour les étudier, la façon de les observer et d'en parler...

On se demandera longtemps ce que serait devenue la pensée scientifique si Newton avait été un cueilleur de pommes, Darwin capitaine au long cours et Einstein ce plombier qu'il disait lui-même regretter de n'avoir pas été. Au pis, il y aurait probablement eu quelques années de retard pour la gravitation et la relativité ». (Introduction p. 19-20).

« La finalité de l'être vivant trouve ainsi son origine dans l'idée même d'organisme parce que les parties doivent se produire réciproquement, parce qu'elles doivent se lier entre elles pour former un tout, parce que dit Kant « les êtres organisés doivent s'organiser eux-mêmes ». (Chapitre II, p. 103).

« Ce qu'a démontré la biologie c'est qu'il n'existe pas d'entité métaphysique pour se cacher derrière le mot de vie. Le pouvoir de s'assembler, de produire des structures de complexité croissante, de se reproduire même appartient aux éléments qui composent la matière. Des particules à l'homme se rencontrent et toute une série d'intégrations, de niveaux, de discontinuités... Mais aucune rupture ni dans la composition des objets ni dans les réactions qui s'y déroulent ». (Conclusion, p. 327).

II. LECTURES COMPLÉMENTAIRES :

- **C. Bernard : *Introduction à l'étude de la médecine expérimentale*** (Garnier-Flammarion, 1966).
- **J. Rostand : *Esquisse d'une histoire de la biologie*** (Gallimard, 1945 coll. Idées).
- **J. Monod : *Le hasard et la nécessité*** (Le Seuil, 1970).

III. SUJETS DE DISSERTATION :

— Qu'est-ce qui distingue dans la connaissance du vivant le normal et le pathologique ?

— Un être vivant peut-il être assimilé à une machine ?

— Entre l'inanimé et le vivant, la différence est-elle de degré ou de nature?

— Existe-t-il des limites à la connaissance scientifique d'un être vivant?

— Le biologiste peut-il prétendre connaître la vie en étudiant les êtres vivants?

SECTION IV : FICHES DE LECTURE POUR ŒUVRE PHILOSOPHIQUE

titre complet, date de parution ... nom de l'auteur date de parution	date de lecture ...... objectif de la lecture ....

SITUER	COMPRENDRE	EXPLOITER
1. L'auteur dans son époque* 2. L'œuvre dans son contexte philosophique* 3. Impact, postérité de l'œuvre*	1. Le sujet traité* 2. Les intentions de l'auteur* 3. Les concepts centraux*	1. Citations caractéristiques 2. Jugements portés sur l'œuvre 3. Lectures complémentaires 4. Sujets de dissertation que cette lecture peut contribuer: - à faire comprendre - à illustrer

* Vous pourrez trouver ces éléments, soit dans les notices de présentation et les notes de la plupart des éditions, ou bien dans le chapitre consacré à l'auteur dans une histoire de la philosophie : celle par exemple dirigée par François Chatelet aux éditions Hachette.

Cinq exemples sont donnés :

Platon : *le Cratyle*

Descartes : *le Discours de la Méthode*

Rousseau : *le Discours sur l'origine de l'inégalité*

Nietzsche : *La généalogie de la morale*

Heidegger : *l'Être et le temps.*

ACQUISITION DES CONNAISSANCES
SECTION IV
ŒUVRE PHILOSOPHIQUE : PLATON

Titre : Cratyle **Auteur : Platon** **Date : IVe av. J.-C.**	date de lecture ...... objectif de la lecture ....

SITUER

I. L'AUTEUR DANS SON ÉPOQUE

Après l'exécution de son maître **Socrate** en 399, **Platon** quitte Athènes et séjourne notamment à Mégare auprès d'Euclide, en Égypte, à Tarente et enfin à Syracuse où il se lie avec Dion dont il s'efforce de faire un prince philosophe. Denys l'Ancien, tyran de Syracuse et oncle de Dion, n'apprécie guère cette intrusion dans les affaires de l'État et fait déporter **Platon** comme esclave à Égine. Après avoir été racheté par un ami, **Platon** revient à Athènes où il fonde en 387 une école de philosophie dans le bois d'Academos : ce sera l'***Académie*** qui durera autant que l'hellénisme. Athènes connaît quelques années de paix avec en 377 la formation de la seconde Confédération athénienne qui lui permet de retrouver son influence sur une soixantaine de cités grecques. C'est pendant cette période que **Platon** compose le Cratyle — les commentateurs établissent ce fait à partir des caractères du style et du contenu de l'ouvrage —, par conséquent avant son second voyage en Sicile en 367 (qui sera un nouvel échec, Denys le Jeune refusant à son tour de suivre les conseils fournis par **Platon**).

II. L'ŒUVRE DANS SON CONTEXTE PHILOSOPHIQUE

Le Cratyle fait partie des premiers dialogues, ceux dans lesquels **Platon** fait revivre **Socrate**. Le sujet traité, ***la justesse des noms*** — leur caractère naturel ou conventionnel — est une question très disputée, matière déjà classique à exercices d'école. Les ***Sophistes,*** au nombre desquels **Gorgias**, affirment que les noms sont attribués aux choses par convention ; le langage a selon eux pour fonction essentielle d'agir sur l'homme pour le persuader, le convaincre, le menacer ; il n'a pas pour fonction de révéler l'être. Il faut donc savoir manier les mots et la rhétorique se constitue comme un ensemble de techniques du discours persuasif. **Protagoras**, encore un sophiste!, mis en scène dans plusieurs dialogues platoniciens, affirme que la vérité est à chercher dans la sensation ; l'application de cette doctrine à la question du langage aboutit à affirmer que les choses se révèlent dans les noms, exactement dans leur sonorité.

Platon reprend ces deux théories pour les critiquer ironiquement l'une par l'autre ; ***le personnage d'Hermogène soutient la thèse conventionnelle, le personnage de Cratyle, la thèse naturaliste.* Socrate,** ***porte-parole de* Platon** ne propose pas une thèse originale mais manifestement ***il méprise une philosophie qui s'arrête au langage au lieu d'aller aux choses*** elles-mêmes. Le mot n'est qu'un instrument qui peut et doit être dépassé. La théorie des Idées proposera un dépassement effectif de ces thèses. Le Cratyle est un dialogue « aporétique » : il se clôt sans proposer de solution. C'est le Théétète qui résoudra la question du langage.

III. IMPACT, POSTÉRITÉ DE L'ŒUVRE

La spéculation philosophique sur le langage se réfère constamment, de façon avouée ou tacite, au Cratyle. Citons, parmi les classiques, **Leibniz** qui s'interrogera sur le caractère naturel et conventionnel des langues dans les Nouveaux Essais.

Toute la philosophie contemporaine du langage oscille entre ***une thèse conventionnelle (de Saussure) et une thèse naturaliste (Jespersen),*** cela, bien que la question de l'origine du langage n'appartienne pas à l'étude scientifique de la langue.

COMPRENDRE

I. LE SUJET TRAITÉ

Le sous-titre de l'œuvre « De la rectitude des noms » ***indique qu'il ne s'agit pas de savoir si les noms sont justes mais comment ils le sont,*** quelle raison préside à la dénomination. En bref, il s'agit de savoir pourquoi j'appelle ceci : « corps », cela « tombeau » et si le nom que je donne aux choses est bien choisi.

Deux réponses sont proposées — ***D'abord par* Hermogène :** C'est par convention que tel nom signifie telle chose, la dénomination a pour but de désigner. C'est ainsi que par exemple je peux donner tel nom ou tel autre à mon serviteur ; que le nom remplisse son office est prouvé puisque le serviteur répond à mon appel. On peut voir ici l'anticipation d'une thèse célèbre de la linguistique : le langage est un fait social extérieur et supérieur aux individus mais qui pourtant ne peut fonctionner sans leur accord. Preuve de la justesse de cette thèse : la multiplicité des langues.

— ***Puis par* Cratyle** qui se présente comme un disciple d'**Héraclite** ; la réalité est en constant devenir, rien ne demeure identique, tout se transforme : il y a pourtant entre le nom et la chose un accord profond, car c'est la chose même qui apparaît dans le nom qui est le sien. Il s'agit là d'une thèse « naturaliste » défendue de deux manières. En premier lieu, la justesse des noms est « démontrée » par leur étymologie, ensuite par un ensemble de spéculations sur le symbolisme des sons. Ce n'est pas par hasard que le son « i » indique la légèreté, la finesse, la capacité de traverser toutes choses ; que le son « l » indique le glissement, l'onctuosité, le son « a » la grandeur, etc.

Ces deux thèses en apparence opposées se rejoignent par leurs conséquences. Si le nom est lié à la chose par nature ou par convention, l'erreur et le mensonge n'existent pas puisque dans un cas, il y a identité conventionnelle entre le nom et la chose, dans l'autre, coïncidence naturelle, « physique ».

Mais cette conclusion qui avait été exprimée par un de ses disciples, **Antisthène**, **Socrate** ne l'admet pas. Affirmer comme **Antisthène** que « Tout discours est dans le vrai, car celui qui parle dit quelque chose, celui qui dit quelque chose dit l'être et celui qui dit l'être est dans le vrai », c'est jouer sur le mot « être ».

II. INTENTIONS DE L'AUTEUR

- Exposer avec tous leurs arguments les conceptions sophistiques sur la nature du langage afin de dévoiler leurs insuffisances. ***Il y a un hiatus profond entre la parole et l'être.***
- Montrer la diffculté de la question soulevée — qui ne pourra être résolue que par une théorie de l'Être (la théorie des Idées). Cependant, **Platon** semble plutôt partisan de la thèse naturaliste puisque **Socrate** déclare « moi aussi (comme **Cratyle**) j'aime que les noms soient autant que possible semblables aux objets, mais je crains qu'en réalité il ne faille tirer laborieusement sur la ressemblance naturelle et qu'on ne soit forcé de recourir pour la justesse des noms à cet instrument premier de la convention » (435 c).
- Montrer qu'il ne peut pas exister de langue parfaite ; mais la motivation mimétique permet de saisir fugitivement l'essence de chaque objet au moyen de la sonorité des lettres et des syllabes. La philosophie n'a du reste pas pour objet d'établir une théorie du langage mais une théorie de l'être. Si nous voulons trouver la vérité, ce n'est pas des mots qu'il faut partir, mais du réel.

III. LES CONCEPTS CENTRAUX

- ***« convention »,*** opposé à ***« nature ». Cette opposition est centrale dans la pensée grecque.*** Les ***Sophistes*** affirment que tout est affaire de convention, aussi bien la loi que la vérité, ce qui aboutit à prétendre que c'est l'homme et l'homme seul qui instaure sens, valeur et être. **Protagoras** exprime cette idée dans la formule célèbre : ***« L'homme est mesure de toutes choses — des choses qui sont mesure de leur être, des choses qui ne sont pas mesure de leur non-être ».*** **Platon** rejette cette idée car si l'être dépend d'une convention, tout se vaut et plus rien ne permet de distinguer le réel de l'illusoire, le vrai du faux.
- ***« imitation »*** corrélatif de ***« nature ». Les choses sont par nature, les noms par imitation (de la nature).*** La nécessité pour l'homme d'imiter signale l'impossibilité d'un accès immédiat à ce qui est. Je dois imiter pour comprendre et faire comprendre. « Si à défaut de voix et de langue, nous voulions nous représenter les choses les uns aux autres, n'essaierions-nous pas comme le font en réalité les muets

de les indiquer avec les mains, la tête et le reste du corps?... mais puisque c'est de la voix, de la langue et de la bouche que nous voulons nous servir pour représenter, n'obtiendrons-nous pas la représentation de chaque chose, celle qui s'acquiert par ces moyens? Ainsi le nom est semble-t-il une façon de mimer par la voix ce que l'on mime et nomme quand on se sert de la voix pour mimer ce qu'on mime ». Cependant, le bruit que font les choses n'est qu'une manifestation superficielle de leur être, l'onomatopée ne suffit pas à constituer une langue ; la parole doit imiter l'essence de l'objet, mais c'est là une tâche quasiment impossible.

EXPLOITER

I. CITATIONS CARACTÉRISTIQUES

« Le fait est que de nature et originellement aucun nom n'appartient à rien en particulier mais bien en vertu d'un décret et d'une habitude à la fois de ceux qui ont pris cette habitude et de ceux qui ont décidé l'appellation ». (384 d).

« Un nom est un instrument d'enseignement, et à l'égard de la réalité, un instrument de démêlage comme l'est à l'égard d'un tissu une navette ». (388 c).

*« La lettre R a été jugée par celui qui a établi les noms comme étant un bon outil du mouvement en vue de réaliser en eux une ressemblance avec la translation ;... pour commencer dans les mots même de **« rheïn »** et de **« rhoë »** ; « couler », « courant », c'est au moyen de cette lettre qu'il imite la translation ; ensuite dans **« tromos »** « tremblement »... et dans des verbes tels que **« crouein »,** « heurter », **« thrauein »**, « moudre »... cette lettre est celle sur laquelle la langue se tient le moins immobile mais effectue le plus de vibrations ». (426 d, e).*

II. JUGEMENTS PORTÉS SUR L'ŒUVRE

M. Dupreel : « Cratyle et Hermogène représentent deux aspects différents de la position protagoricienne, l'une le caractère tout conventionnel du langage..., l'autre la coïncidence rigoureuse, quant à la consistance du mot et de la chose ». (Les Sophistes, page 37).

L. Meridier : « On reconnaît généralement que cette étude sur la valeur des sons isolés contient quelques vues générales par où le Cratyle annonce et devance de 20 siècles les recherches de **Leibniz** et de **Grimm**... Le dialogue est avant tout l'esquisse d'une théorie de la connaissance. L'étude linguistique qu'il présente n'en est que l'enveloppe et le prétexte. (Introduction au Cratyle, Éd. Budé, pp. 44-45).

G. Genette : « **Socrate**, lui, ne « propose » rien pour « en sortir » (du conflit entre Cratyle et Hermogène), ayant sans doute ses raisons, dont la plus forte est peut-être qu'il vaut mieux tout compte fait « y rester ». Rester mécontent. Il préfère, pour finir, souhaiter à Cratyle une bonne route en compagnie... d'Hermogène. Un long voyage commence, agrémenté de belles disputes, toujours nouvelles, toujours les mêmes ; long voyage : il dure encore ou presque ». (Mimologiques, pp. 36-37).

III. LECTURES COMPLÉMENTAIRES

M. Méridier : *Introduction au Cratyle* (édition G. Budé Coll. Les Belles Lettres).

G. Genette : *Mimologiques* (1976 Le Seuil) en particulier chap. 1.

IV. SUJETS DE DISSERTATION :

- Le langage parvient-il à tout exprimer ?
- Le langage n'est-il qu'un instrument de communication ?
- Le dialogue est-il la forme privilégiée du langage ?
- La parole véridique et mensongère.
- « C'est dans les mots que nous pensons ». Expliquez et discutez cette affirmation de **Hegel.**

Rimbaud : les voyelles

ACQUISITION DES CONNAISSANCES
SECTION IV
ŒUVRE PHILOSOPHIQUE : DESCARTES

Titre : Discours de la Méthode pour bien conduire sa raison et chercher la vérité dans les sciences. **Auteur : DESCARTES** **Date de parution : 1637**	date de lecture ...... objectif de la lecture ....

SITUER

I. L'AUTEUR DANS SON ÉPOQUE :

La première partie du 17e siècle est pour la France une époque d'instabilité et de troubles politiques et sociaux, avec la Fronde et le début agité du règne de Louis XIV. C'est aussi une période d'incertitudes intellectuelles : la nouvelle physique de **Galilée** a remis en cause la conception aristotélicienne du cosmos (voir 3e partie, chapitre 2). La Réforme a provoqué la coupure du royaume entre catholiques et protestants ; le scepticisme hérité de **Montaigne** est partagé par nombre d'esprits et la religion s'essouffle à trouver des défenseurs ; ses représentants officiels se bornent la plupart du temps à lancer des invectives contre les tenants de la science nouvelle : la condamnation de Galilée par le Saint-Office en 1633 est dans toutes les mémoires.

Descartes, à la fois homme de science et sincèrement croyant, va s'efforcer de montrer qu'il n'y a pas incompatibilité entre le monde dont la science définit les lois et les vérités de la Foi, et cela en édifiant sur des bases nouvelles la philosophie.

Astronome

II. L'ŒUVRE DANS SON CONTEXTE PHILOSOPHIQUE :

Publié en 1637 en Hollande où **Descartes** vivait depuis 1628, mais en français, le ***Discours de la Méthode*** succède aux ***« Règles pour la Direction de l'esprit »*** publiées en latin en 1628 et précède l'œuvre proprement métaphysique « Les Méditations » de 1641. **Ce discours est en fait la préface de trois essais scientifiques** que les éditions actuelles ne reproduisent presque jamais, à savoir un ***essai sur la dioptrique,*** c'est-à-dire un traité d'optique contenant la théorie de la réfraction de la lumière avec la loi du sinus, accompagné d'une étude des nouveaux instruments optiques, dont la lunette d'approche (télescope) mise au point par **Galilée** ; ***un essai sur les météores,*** c'est-à-dire sur les phénomènes atmosphériques : nuages, pluie, grêle, parhélies, arc-en-ciel expliqué par la réfraction de la lumière dans les gouttes de pluie ; enfin un ***essai sur la géométrie :*** en fait il s'agit d'un traité d'algèbre qui établit un lien entre l'espace (quantité continue) et le nombre (quantité discontinue) : c'est la géométrie analytique ; enfin, une théorie des équations avec une notation nouvelle, celle que nous utilisons encore (par exemple l'emploi des lettres x, y, z pour désigner les inconnues d'une équation).

III. IMPACT, POSTÉRITÉ DE L'OEUVRE :

Les traités de méthode ne sont pas rares à cette époque, le dernier en date étant celui paru en 1620, le « Novum Organum » de **Bacon** qui entendait substituer à la science contemplative des Anciens une science active reposant sur le primat de l'expérience. Cependant le Discours de la Méthode cartésien est original en ce qu'il retrace l'itinéraire spirituel de l'auteur. On n'imagine guère **François Jacob** ou **Einstein** faisant précéder leurs œuvres scientifiques de leur biographie et de considérations morales ou métaphysiques. **Descartes** a le sentiment très fort qu'il inaugure une manière de penser nouvelle en ce qu'elle est intégralement soumise à l'appréciation de ses pairs. Il s'agit de la démarche d'un esprit qui renonce complètement à invoquer la tradition et l'autorité.

Ce sont les traités scientifiques qui accompagnent le Discours qui provoquent le plus de remous dans les milieux intellectuels ; les mathématiciens **Fermat, Roberval, Mydorge,** discutent des solutions cartésiennes, se lancent des défis pour résoudre de nouveaux problèmes, en particulier mathématiques.

COMPRENDRE

I. LE SUJET TRAITÉ :

Présentation d'une « méthode pour bien conduire sa raison et chercher la vérité dans les sciences ». Les règles de cette méthode sont énoncées dans la deuxième partie de l'ouvrage. ***Elles ont pour condition de réussite le doute actif, volontaire.*** La première partie retrace la biographie intellectuelle de l'auteur, il récuse le savoir livresque, l'histoire, la théologie ; seules les mathématiques trouvent grâce à ses yeux en raison de la « certitude et de l'évidence de leurs raisons » (raisonnements). ***La deuxième partie condense quatre préceptes de méthode :*** préceptes de l'évidence, de la division des difficultés, de l'ordre, du dénombrement complet. **La troisième est un exposé de morale provisoire d'inspiration stoïcienne :** alors que, lorsqu'il s'agit de connaissance, il faut suspendre son jugement jusqu'à ce que l'on soit assuré de la vérité, le domaine de l'action ne souffre pas de délai, il faut là faire confiance aux préceptes des gens sensés et aux lois de son pays, tout en sachant que dans l'absolu elles ne valent sans doute pas mieux que « celles de la Chine ». **La quatrième partie du Discours** présente un abrégé de la métaphysique cartésienne : le « Je pense donc je suis » est proposé comme le modèle achevé de l'idée claire. **La cinquième partie traite de l'ordre des questions de physique** et expose les principes de la circulation du sang. **La sixième et dernière partie propose comme idéal à l'activité humaine la conquête technique du monde.**

L'unité de l'ouvrage fait problème et manifeste l'état encore inachevé de la philosophie cartésienne.

II. LES INTENTIONS DE L'AUTEUR :

- Montrer que tout esprit est capable de parvenir à la vérité. Cela en prenant pour modèle la démarche du mathématicien ; la pierre de touche de la vérité est ce que l'esprit conçoit « clairement et distinctement », il convient de substituer à la méthode scolastique qui enjoignait de ne raisonner qu'à partir des règles du syllogisme la nécessité d'avoir bien en vue ce dont on parle.

- Il importe, pour la réussite de cette entreprise, de purger son esprit de tous les préjugés par le doute ***volontaire*** qui, à la différence du doute ***sceptique*** d'un **Montaigne**, ne se bornera pas à suspendre le jugement « Que sais-je ? » mais à tenir pour faux tout ce pour quoi on peut concevoir le moindre doute.

- La vérité mathématique et la vérité religieuse ne peuvent trouver de fondement légitime à l'abri des « plus extravagantes suppositions des sceptiques » que dans l'intuition d'un esprit clair et attentif. Il s'agira de remplacer la primauté de l'objet, du monde, de Dieu, par la primauté de l'esprit : l'ordre que développeront les Méditations est ici esquissé : je pense, donc Dieu existe ; si Dieu existe, l'évidence mathématique ne peut être trompeuse ; si les mathématiques sont vraies, le monde existe puisque je peux le modifier par l'action technique, application des vérités mathématiques.

III. LES CONCEPTS CENTRAUX :

- ***Le bon sens,*** il ne s'agit pas du sens commun, sorte d'opinion moyenne, commune, mais de la lumière naturelle qui illumine tout esprit pourvu qu'il ait renoncé aux prénotions et préjugés. Le bon sens est une parcelle de la lumière divine.

- ***Idée claire et distincte :*** clair s'oppose à obscur ; distinct s'oppose à confus. L'évidence mathématique est le symbole de l'idée claire et distincte ; ces idées s'opposent « aux perceptions obscures et confuses » de l'imagination et des sens. Mais les mathématiques elles-mêmes ont besoin d'un support imaginatif : « les proportions mathématiques : je les devais supposer en des lignes à cause que je ne trouvais rien de plus simple, ni que je pusse représenter plus distinctement à mon imagination et à mes sens ». L'évidence cartésienne s'inspirera de l'évidence mathématique mais pour la surmonter dans une évidence encore plus parfaite.

- ***Conduire par ordre ses pensées :*** il s'agit de remplacer le complexe confus offert par l'expérience par un complexe rationnellement reconstruit. Il faut pour cela éliminer tout ce que l'on a d'abord reçu sans raison, les jugements précipités liés au sensible ; puis isoler l'intuition, acte de l'esprit portant sur les rapports qui unissent les raisons et enfin d'opérer « à partir de ces intuitions des déductions procédant par un mouvement ininterrompu de l'esprit ». L'ordre est donc celui de la pensée, non celui des choses.

EXPLOITER

I. CITATIONS CARACTÉRISTIQUES

« Le bon sens est la chose du monde la mieux partagée : car chacun pense en être si bien pourvu que ceux-mêmes qui sont les plus difficiles à contenter en toute autre chose n'ont point coutume d'en désirer plus qu'ils n'en ont ». (1re partie).

« Le premier (précepte) était de ne recevoir jamais aucune chose pour vraie que je ne la connusse évidemment être telle ; c'est-à-dire d'éviter soigneusement la précipitation et la prévention et de ne comprendre rien de plus en mes jugements que ce qui se présenterait si clairement et si distinctement à mon esprit que je n'eusse aucune occasion de le mettre en doute ». (2e partie).

« Ma seconde maxime était d'être le plus ferme et le plus résolu en mes actions que je pourrais et de ne suivre pas moins constamment les opinions les plus douteuses lorsque je m'y serais une fois déterminé que si elles eussent été les plus assurées ». (3e partie).

II. JUGEMENTS PORTÉS SUR L'OEUVRE

- A propos du caractère évident selon **Descartes** des vérités mathématiques :

Leibniz : « Ce n'est pas une vérité tout à fait immédiate que deux et deux sont quatre, supposé que quatre signifie trois et un. On peut donc le démontrer, et voici comment :

Définitions : 1 - deux est un et un.
2 - trois est deux et un.
3 - quatre est trois et un.

Axiome : mettant les choses égales à la place, l'égalité demeure.

Démonstration : deux et deux est deux et un et un,
deux et un est trois,
trois et un est quatre.

Donc (par l'axiome) 2 et 2 est 4. Ce qu'il fallait démontrer. » (Nouveaux Essais sur l'entendement humain IV - 7 § 10).

- **Hegel :** « Les paroles de **Descartes** sur l'indivisibilité de l'être et de la pensée, sur l'intuition simple de cette unité dans la conscience, sur la certitude et l'évidence de ce principe, évidence telle qu'il n'y a pas de scepticisme qui puisse lui résister, tout cela est si complet et si concluant que **Jacobi** et d'autres philosophes modernes n'ont fait que reproduire ses arguments ». (Introduction à la Petite Logique).

- **Alain :** « Lisez la deuxième règle de morale dans le Discours, vous y trouverez **Descartes** en une forêt où parce que tout est douteux selon la nature, l'esprit prend un parti tout nu, sans ombre de preuve et cela même est une raison de persévérer. Au contraire, dans l'assurance même que donne la nature, en cette chambre bien close, en cette ville bien policée, dans le moment de ce sommeil agréable que la veille même nous offre... c'est alors que l'esprit refuse et commence d'être pour soi ! » (Idées - Introduction à la philosophie).

III. LECTURES COMPLÉMENTAIRES

Alexandre Koyré : ***Introduction à la lecture de*** Platon, ***suivi d'entretiens sur*** Descartes (Gallimard 1962).
Ferdinand Alquié : **Descartes** (Hatier 1956).

IV. SUJETS DE DISSERTATION

- Quel rôle la tradition joue-t-elle dans l'éducation ?
- Peut-on se fier à l'évidence ?
- Les mathématiques prétendent à la rigueur. Peuvent-elles aussi prétendre à la vérité ?
- La vérité scientifique est-elle hors des atteintes du doute ?
- « Douter de tout et tout croire, ce sont deux solutions également commodes qui, l'une et l'autre, nous dispensent de réfléchir ». Que pensez-vous de cette affirmation ?

ACQUISITION DES CONNAISSANCES
SECTION IV

Titre : Discours sur l'origine de l'inégalité **Auteur : ROUSSEAU** **Date de parution : 1755**	date de lecture ...... objectif de la lecture ....

SITUER

I. L'AUTEUR DANS SON ÉPOQUE : La deuxième moitié du XVIIIe siècle est en France et en Europe une période profondément troublée sur le plan politique et social. Le règne de Louis XV est marqué par de nombreuses révoltes populaires dont celles des Canuts en 1744 à Lyon contre l'inventeur Vaucanson, la guerre de Succession d'Autriche entre 1740 et 1748, l'attentat de Damiens contre Louis XV en 1757. La vie intellectuelle est intense avec en 1751 la publication du 1er tome de l'Encyclopédie, la Lettre sur les Aveugles de **Diderot**. L'article « Autorité politique » dans l'Encyclopédie porte en pleine lumière l'arbitraire du régime monarchique. De toutes parts, l'autorité de droit divin est mise en cause, ainsi que l'inégalité sociale. Le progrès des sciences et des arts doit améliorer l'homme, telle est la croyance profonde des Encyclopédistes, mais face à cette idéologie optimiste du progrès, **Rousseau** garde ses distances et se brouillera avec ses anciens amis **Diderot, Grimm, Holbach**. L'Académie de Dijon avait proposé au public un sujet bien dans l'air du temps : « si le progrès des arts et des sciences avait contribué à améliorer l'homme ». **Rousseau** participa à ce concours et gagna le prix en 1750 en affirmant que plus les arts et les sciences se développaient, plus l'homme était corrompu. Ce succès (en partie de scandale) décida de toute l'orientation de sa pensée. Le Discours sur l'origine de l'inégalité est, lui encore, une réponse à un concours de l'Académie de Dijon, mais cette fois, Rousseau ne fut pas au nombre des lauréats!

II. L'ŒUVRE DANS SON CONTEXTE PHILOSOPHIQUE :

Le deuxième Discours marque un tournant radical dans l'œuvre de **Rousseau** ; il s'en prend avec violence à l'inégalité dont l'origine est à chercher dans une organisation sociale vicieuse. **Rousseau** reprend à son compte les théories de l'école du droit naturel, en particulier celles de **Pufendorf** qui avait établi l'égalité naturelle des hommes. En remontant les âges, il est possible de concevoir les hommes tels qu'ils étaient à l'état de nature : ni bons, ni méchants. C'est une suite de hasards malheureux, de catastrophes naturelles qui ont conduit les hommes à former des sociétés, et comme elles sont nées de la nécessité de survivre, on s'explique aisément que par peur d'une mort violente les hommes aient accepté de se soumettre aux plus habiles et aux plus forts. Mais c'est là une forme pervertie de société.

DISCOURS

SUR L'ORIGINE ET LES FONDEMENS

DE L'INEGALITÉ PARMI LES HOMMES.

Par JEAN JAQUES ROUSSEAU

CITOYEN DE GENÈVE.

Non in depravatis, ſed in his quæ bene ſecundum naturam ſe habent, conſiderandum eſt quid ſit naturale. ARISTOT. Politic. L. 2.

A AMSTERDAM,

Chez MARC MICHEL REY.

MDCCLV

Frontispice : Discours sur l'inégalité

L'œuvre ultérieure de **Rousseau**, en particulier le Contrat Social (1762), le Projet de constitution pour la Corse (1763), établira qu'une société peut reposer sur le principe du contrat. Et si c'est la volonté des hommes, non celle de Dieu — et encore moins des différences de nature, — qui constitue l'État, toutes les qualités latentes à l'état de nature pourront pleinement se développer.

Le Discours sur l'origine de l'inégalité (comme la Lettre à d'Alembert sur les spectacles) est au fond la critique virulente d'une société monarchique dans laquelle les hommes sont soumis aux caprices de quelques privilégiés. L'apostrophe célèbre de la 2e partie du Discours « Le premier qui ayant enclos un terrain... » est une allusion à peine voilée à la pratique qui se répandait en France d'enclore les biens communaux, où jusque-là les plus démunis pouvaient trouver quelques subsistances. « Les manœuvriers, les brassiers ruinés par la suspension des parties communes protesteront par de vaines violences jusqu'au milieu du XIXe siècle ». (Morazé : la France bourgeoise). La critique de la propriété, contenue dans le Discours sur l'origine de l'inégalité, suscitera des réactions violentes et explique en partie la multiplication des inimitiés que **Rousseau** rencontrera dans un milieu qui jusque-là lui était plutôt favorable.

III. IMPACT, POSTÉRITÉ DE L'ŒUVRE :

L'œuvre provoque de vives réactions, dans l'ensemble hostiles. Par exemple celle de **Voltaire** qui ironise sur le « bon sauvage » : « Il prend une envie de marcher à quatre pattes quand on lit votre ouvrage ». Celle aussi du naturaliste genevois **Charles Bonnet** : « Lorsque avec le pinceau d'un Le Brun l'auteur trace à nos yeux l'effroyable peinture des maux que l'état civil a enfantés, il oublie que la planète où l'on voit ces choses fait partie du tout immense que nous ne connaissons pas ».

Par contre les révolutionnaires de 1789, en particulier Robespierre et Saint-Just, verront en **Rousseau** un prophète des temps nouveaux. Enfin **Kant** et plus tard **Hegel** montreront le caractère novateur de cette pensée qui au-delà de la paille des termes examine le grain des choses.

COMPRENDRE

I. LE SUJET TRAITÉ : l'inégalité politique et juridique est liée à (et même déterminée par) l'inégalité des fortunes et des conditions. Il s'agit donc de montrer que l'inégalité des fortunes et des conditions est due au hasard de la naissance dans une organisation sociale qui accumule au cours des siècles les privilèges ; qu'il n'y a pas là une fatalité inscrite dans la nature de l'homme, car ce que l'homme (perverti) a fait, on peut le défaire, non pas même en changeant l'homme mais en transformant simplement la société. Il ne s'agit pas de revenir à un hypothétique état de nature ; c'est d'ailleurs comme une simple vue de l'esprit que **Rousseau** fait entrevoir ce que serait l'homme privé de tout l'acquis social, et cette expérience imaginaire va s'effectuer par un pseudo-voyage dans le temps : de la Genève contemporaine, **Rousseau** passe à l'évocation de **Platon** et du Lycée, puis à celle d'une forêt primitive lieu originaire à partir duquel l'histoire humaine se dégradera.

II. LES INTENTIONS DE L'AUTEUR

Retracer l'histoire hypothétique de l'homme et pour cela prendre pour guide non les historiens mais les récits des voyageurs qui ont vu vivre les sauvages. Parmi les principales sources de **Rousseau**, il y a « L'Histoire des voyages » de Pierre Kolbe qui décrit en détail les Hottentots du cap de Bonne Espérance, ainsi que l'Histoire naturelle de Buffon. **Rousseau** trouvera aussi, pour peindre la constitution originelle de l'homme, des éléments dans son propre cœur car il ne doute pas qu'il est lui-même un homme de la nature.

Ce n'est qu'en se regroupant avec d'autres êtres de son espèce que l'homme cesse d'être un animal. Seule sa perfectibilité le distingue de l'animal. Rien de ce que fait l'homme n'est un don de la nature ou de Dieu : tout ici résulte d'une création humaine ; en particulier le langage, l'union durable du mâle et de la femelle, la propriété, les règles du droit et la morale.

Ce sont des obstacles venus du dehors qui ont forcé l'homme à former des groupements durables. « Il a rencontré des années stériles, des hivers longs et rudes, des étés brûlants ». Pour survivre, il va devoir travailler, se comparer aux autres, il cesse d'être en communion instinctive avec la nature, ses facultés vont se développer dans la lutte contre les éléments, il va devenir prévoyant et amasser pour les années de disette. Très vite, il va produire au-delà de ce qu'il consomme et il va entrer en guerre avec les autres pour s'approprier le maximum de biens. « Sitôt qu'il abandonne l'autarcie de l'état naturel, il désire paraître, pour être assuré de sa propre existence » (**Jean Starobinski**).

« La société naissante fit place au plus horrible état de guerre ». C'est alors le chaos, l'anarchie, la menace permanente pour la vie. Les hommes pour survivre vont donc conclure entre eux un contrat qui est inique puisqu'il placera les pauvres sous la « protection » des riches. La deuxième partie du Discours décrit la scène de la conclusion de ce « contrat » ; les imposteurs bénéficiant de l'effet de surprise vont abuser les hommes crédules : « Unissons-nous pour garantir de l'oppression les faibles, contenir les ambitieux et assurer à chacun la possession de ce qui lui appartient... il eût fallu beaucoup moins que l'équivalent de ce discours pour entraîner des hommes grossiers, faciles à séduire, qui d'ailleurs avaient trop d'affaires à démêler entre eux pour pouvoir se passer d'arbitres et trop d'avarice et d'ambition pour pouvoir longtemps se passer de maîtres ».

Les sociétés actuelles sont les héritières de ce marché de dupes qu'il appartient au philosophe de dénoncer. En particulier, il doit montrer que l'ordre social n'est pas sacré, il doit démystifier toutes les idéologies dont les puissants se servent pour essayer de légitimer abusivement leurs privilèges. La fin du ***Discours sur l'origine de l'inégalité*** annonce les thèses du ***Contrat Social.*** C'est l'homme devenu conscient de soi qui pourra se libérer de son asservissement ancestral.

III. LES CONCEPTS CENTRAUX

- ***État de nature :*** c'est l'état où les relations des hommes entre eux ne sont pas régies par des lois positives mais par la seule communauté de leur nature. Un tel état « n'existe pas, n'a peut-être jamais existé » ; c'est une hypothèse qui permet, par son écart avec l'état social, de juger de notre situation présente.
- ***Perfectibilité :*** c'est l'aptitude de l'homme à développer dans le temps ses qualités au contact de ses semblables.
- ***Propriété :*** il ne s'agit pas d'un droit naturel, mais d'un droit positif, donc établi par l'État ; en dehors de ce droit positif, il ne faut parler que de possession.
- ***Inégalité naturelle :*** idée mystificatrice qu'aucune expérience positive ne peut prouver. Cependant on peut admettre une inégalité civile proportionnelle aux services réels rendus à l'État. Thèse que reprendra « La déclaration des droits de l'homme et du citoyen » dans son article premier : « Les hommes naissent et demeurent libres et égaux en droit, les distinctions sociales ne peuvent reposer que sur l'utilité commune ».

EXPLOITER

I. CITATIONS CARACTÉRISTIQUES

« Commençons donc par écarter tous les faits car ils ne touchent point à la question. Il ne faut pas prendre les recherches dans lesquelles on peut entrer sur ce sujet pour des vérités historiques mais seulement pour des raisonnements hypothétiques et conditionnels, plus propres à éclaircir la nature des choses qu'à en montrer la véritable origine et semblables à tous ceux que font tous les jours nos physiciens sur la formation du monde » (Préface).

« Si l'on compare la diversité prodigieuse d'éducation et de genres de vie qui règne dans les différents ordres de l'état civil avec la simplicité et l'uniformité de la vie animale et sauvage où tous se nourrissent des mêmes aliments, vivent de la même manière et font exactement les mêmes choses, on comprendra combien la différence d'homme à homme doit être moindre dans l'état de nature que dans celui de société et combien l'inégalité naturelle doit augmenter dans l'espèce humaine par l'inégalité d'institution » (1re partie).

« Le premier qui ayant enclos un terrain s'avisa de dire : « Ceci est à moi » et trouva des gens assez simples pour le croire, fut le vrai fondateur de la société civile. Que de crimes, que de guerres, de meurtres, que de misères et d'horreurs n'eut point épargné au genre humain, celui qui arrachant les pieux ou comblant le fossé eût crié à ses semblables : « vous êtes perdus si vous oubliez que les fruits sont à tous et que la terre n'est à personne » (2e partie).

II. JUGEMENTS PORTÉS SUR L'ŒUVRE

Kant : « On peut aussi accorder entre elles et avec la raison les affirmations qui furent si souvent dénaturées et en apparence contradictoires du célèbre **J.-J. Rousseau**. Dans ses ouvrages sur « l'influence des sciences » et sur « l'inégalité des hommes » il montre très justement la contradiction inévitable entre la civilisation et la nature du genre humain en tant qu'espèce physique où chaque individu doit réaliser pleinement sa destination ». (Conjectures sur les débuts de l'histoire humaine).

Durkheim : « Pour que l'équilibre originel pût se maintenir indéfiniment, il faudrait que l'homme fut réfractaire à tout changement, qu'il ne fut pas perfectible. Or ce qui le distingue le plus de l'animal « c'est la faculté de se perfectionner, faculté qui à l'aide des circonstances développe successivement toutes les autres et réside parmi nous tant dans l'espèce que dans l'individu ». (« Le Contrat social » de **Rousseau**).

Levi-Strauss : « **Rousseau** ne s'est pas borné à prévoir l'ethnologie, il l'a fondée. D'abord de façon pratique en écrivant le Discours sur l'origine et les fondements de l'inégalité parmi les hommes qui pose le problème des rapports entre la nature et la culture... et ensuite sur le plan théorique en distinguant avec une clarté et une concision admirables l'objet propre de l'ethnologue de celui du moraliste et de l'historien ». (Anthropologie structurale).

III. LECTURE COMPLÉMENTAIRE

- **Robert Derathé :** ***Jean-Jacques Rousseau*** et la Science politique de son temps (1950)..

IV. SUJETS DE DISSERTATION

- La nature conserve-t-elle ses droits dans la société?
- L'ordre social est-il compatible avec le respect de la loi naturelle?
- **Rousseau** écrit que « les passions sont l'ouvrage de la société ». Expliquez et discutez ce paradoxe.
- L'utopie n'entretient-elle aucun lien avec la pratique?
- Peut-on concilier liberté et égalité dans la vie sociale?

ACQUISITION DES CONNAISSANCES
SECTION IV

Titre : la Généalogie de la morale Auteur : NIETZSCHE Date de parution : 1887	date de lecture ...... objectif de la lecture ....

SITUER

I. L'AUTEUR DANS SON ÉPOQUE

La fin du XIXe siècle après la guerre franco-allemande de 1870 à laquelle **Nietzsche** participe comme infirmier volontaire et où il contracte une dysenterie et une diphtérie au chevet des malades, est l'époque du triomphe des idéaux démocratiques et socialistes en même temps que celle de la constitution des grands empires coloniaux. L'idéologie du progrès née au siècle des Lumières est en passe de supplanter le christianisme; les développements de la science appliqués à l'industrie et à la médecine font entrevoir une ère de bonheur à l'humanité. Pourtant l'optimisme officiel et les rêves de sécurité et de paix sont violemment dénoncés par les anarchistes et les nihilistes qui dans toute l'Europe ébranlent par leurs actions terroristes « la tranquillité du troupeau ». **Nietzsche**, héraut du nihilisme, attaque lui aussi violemment, mais par la parole, la culture mystificatrice d'une humanité enfin domestiquée pour son plus grand intérêt. « Il n'y a de liberté que pour les âmes guerrières... L'homme devenu libre foule aux pieds cette sorte de bien-être méprisable dont rêvent épiciers, chrétiens, vaches, femmes, anglais et autres démocrates ».

II. L'ŒUVRE DANS SON CONTEXTE PHILOSOPHIQUE

Publiée en 1887 la Généalogie de la morale porte comme sous-titre : « Pour servir de complément à un récent ouvrage : « Par delà le bien et le mal » et en accentuer la portée ». En réalité dans cette œuvre, **Nietzsche** entend régler ses comptes avec son ancien maître Schopenhauer qui avait stigmatisé le vouloir vivre comme absurde et fait l'apologie d'une morale reposant sur la pitié, dont le christianisme constituait l'exemple privilégié. C'est ainsi en apparence contre le christianisme qu'est écrite la Généalogie de la morale; en tant que le christianisme déprécie la vie, il est une morale d'esclave fondée sur l'impuissance et donc le ressentiment. C'est aussi en réaction contre les morales utilitaristes développées par les Anglais, qui identifient le bien à l'utile. La morale chrétienne s'est trouvée devenir la morale tout court et ses idéaux sont repris au XIXe siècle par les penseurs démocrates et socialistes : les valeurs d'altruisme, d'abnégation, d'humilité sont celles qui conviennent au troupeau humain pourvu d'instinct grégaire; elles constituent aussi l'idéologie de la décadence, du refus de la vie, de la haine retournée sur soi. Cette morale conduira nécessairement la race humaine au déclin et même à la disparition; il faut lui opposer une morale de l'exaltation de soi, du risque, de la vie même sous ses formes les plus brutales; opposer à la morale régnante des esclaves une morale des maîtres qui exaltera la volonté de puissance et dont « Ainsi parlait Zarathoustra » avait présenté la dureté austère.

III. IMPACT, POSTÉRITÉ DE L'ŒUVRE

Cette description au vitriol de la morale des esclaves, ainsi que la glorification de la vie et de la force qui en constitue l'autre face suscitera des réactions très diverses.

Max Scheler dans « l'homme du ressentiment » accusera **Nietzsche** d'avoir profondément falsifié la doctrine chrétienne.

Freud reconnaîtra sa parenté profonde avec **Nietzsche** puisque selon lui l'homme du ressentiment condamné sans répit à revivre sur le mode réactif un passé frustrant est le proche parent du névrosé. La peur devant la vie, la nouveauté, est le stigmate d'une ancienne blessure que l'homme dissimule dans une entreprise incessante d'auto-mystification.

Par ailleurs, essentiellement après la Deuxième Guerre mondiale, de nombreux penseurs accuseront **Nietzsche** d'avoir été le maître à penser du national-socialisme et il est de fait que certaines de ses formules sur la « bête blonde » ou le « prêtre juif » donnent prise à un tel reproche.

De nos jours, la tendance est de considérer que **Nietzsche** est, avec **Marx** et **Freud**, le philosophe qui a su le mieux percer à jour les misérables ressorts de la conduite de l'homme, que, sous le couvert d'intentions morales, celui-ci se garde bien de contempler en face.

COMPRENDRE

I. LE SUJET TRAITÉ

La valeur de la morale altruiste semble une évidence qu'il serait sacrilège de mettre en doute. Pourtant, il faut procéder à une critique des valeurs morales les mieux établies, s'interroger sur la valeur de ces valeurs, cesser de les considérerer comme transcendantes, bref en établir la généalogie c'est-à-dire « connaître les conditions et les milieux qui leur ont donné naissance, au sein desquelles elles se sont développées et déformées ». L'enquête à la fois d'ordre historique et philologique permettra d'affirmer qu'il existe deux morales, dont l'une a fini par triompher : la morale des esclaves, des faibles, des impuissants : son but réel est de nier la valeur et le sens de la vie. L'avatar moderne de cette morale qui a pour origine aussi bien Socrate que Jésus-Christ est la cause de la décadence et du nihilisme européen.

L'œuvre comporte 3 dissertations successives :
1. Bien et mal, bon et mauvais,
2. « La faute », « la mauvaise conscience » et ce qui leur ressemble,
3. Quel est le sens de tout idéal ascétique ?

II. LES INTENTIONS DE L'AUTEUR

• ***Étudier l'origine des concepts « bien et mal » et « bon et mauvais ».*** C'est l'enquête étymologique qui résoud cette question. Le « bon » dans diverses langues (en fait le latin, le grec, l'allemand) désigne originairement la distinction, la noblesse au sens spirituel et social du terme. Le bon, si l'on en croit le grec c'est d'abord celui qui « est » pleinement. Par suite, le mauvais (schlecht en allemand qui dérive de Schlicht (simple) désigne l'homme du commun. Le mot allemand gut (bon) devait désigner der Göttliche (le divin) et il est sans doute synonyme de Goth, nom d'un peuple, mais primitivement de la noblesse seulement. C'est le préjugé démocratique qui empêche de porter le regard sur ce sens primitif des mots, d'après lesquels donc le bon c'est celui qui est noble, qui impose sa loi. Les concepts de bien et de mal ont quant à eux une toute autre origine : ils ont été forgés précisément par les humbles, les pauvres, les faibles : ils ont appelé mal ce qui leur était nuisible, donc l'action des bons. Leur point de départ c'est : tu es mauvais, donc je suis bon. Il y a là une inversion caractéristique qui par le christianisme et le socratisme va passer pour une vérité première et même divine.

• ***Opposer deux morales : la morale des esclaves*** qui mûs par le ressentiment décrètent que les valeurs suprêmes sont la pitié, l'humilité, le pardon, le désintéressement. Ces valeurs conduisent à une dépréciation de soi parce que ces êtres ressentent confusément malgré l'habileté de leurs « pasteurs » leur impuissance et leur indignité. La morale chrétienne opère ce renversement des valeurs en établissant une supériorité imaginaire de ses adeptes ; le Sermon sur la Montagne (dans l'Evangile selon St Matthieu) est le point culminant de cette mystification.

Par contre la morale des maîtres procède d'une triomphale affirmation de soi, elle consiste dans la glorification de la vie sous tous ses aspects, même la souffrance. La valeur suprême c'est l'action, le bonheur est lié à l'action alors que les impuissants et les opprimés le conçoivent comme assoupissement, repos. Cette morale des maîtres qui n'ont de compte à rendre à personne n'est pas sans rappeler les thèses que défendait le personnage de Calliclès chez **Platon**, en montrant comme le fait **Nietzsche** que la loi, l'égalité sont une création des faibles « car comme ils sont inférieurs, il leur suffit, je pense, d'avoir l'égalité » (**Platon** - « Gorgias »).

III. CONCEPTS CENTRAUX

• ***Ressentiment :*** C'est une réaction, non une action, vouée à l'échec parce qu'elle porte sur des événements passés. **Nietzsche** dira dans « Ainsi parlait Zarathoustra » : « Le ressentiment est la vengeance de la volonté envers le temps et son « il y avait ». Le ressentiment peut se muer en pardon (ce sera là l'illusion « noble » par excellence), ou se retourner sur le sujet (ce sera alors la dépréciation de soi, la mortification, l'exaltation de l'idéal ascétique).

Losey : The Servant (1963).

• ***L'idéal ascétique :*** qui exprime la crainte devant la vie se transmue — sur le plan philosophique — en volonté de vérité. La vérité est une valeur — non pas désintéressée — mais qui a pour fonction de conserver à moindre frais l'existence. A cette volonté chétive et rabougrie de vérité, **Nietzsche** opposera la volonté de puissance qui se manifeste essentiellement chez l'artiste dont le but est de glorifier l'apparence, l'illusion voire le faux. De là, du reste, le profond mépris de l'homme grégaire pour « l'art inutile », de là aussi l'idée selon laquelle l'art est un opium, un repos. A cette thèse de **Schopenhauer**, **Nietzsche** opposera le mot de **Stendhal** « le beau est une promesse de bonheur », c'est-à-dire l'exaltation de la volonté, le sentiment d'une plénitude ici et maintenant. L'artiste nous donne l'exemple de l'amour de la vie sous toutes ses formes, il détourne du goût morbide des arrière-mondes moraux et religieux ; il est un exemple vivant des valeurs aristocratiques.

EXPLOITER

I. CITATIONS CARACTÉRISTIQUES

« La révolte des esclaves dans la morale commence lorsque le ressentiment lui-même devient créateur et enfante des valeurs : le ressentiment de ces êtres à qui la vraie réaction, celle de l'action est interdite et qui ne trouvent de compensation que dans une vengeance imaginaire. Tandis que toute morale aristocratique naît d'une triomphale affirmation d'elle-même, la morale des esclaves oppose dès l'abord un « non » à ce qui ne fait pas partie d'elle-même à ce qui est « différent »... et ce non est son acte créateur ». (1re dissertation).

« Cet homme de l'avenir qui nous délivrera à la fois de l'idéal actuel et de ce qui forcément devait en sortir, du grand dégoût de la volonté du néant et du nihilisme — ce coup de cloche de midi et du grand jugement, ce libérateur de la volonté qui rendra au monde son but et à l'homme son espérance, cet antéchrist et antinihiliste, ce vainqueur de Dieu et du néant, il faut qu'il vienne un jour » (2e dissertation).

« L'idéal ascétique a longtemps servi au philosophe d'apparence extérieure, de condition d'existence, il était forcé de représenter cet idéal pour pouvoir être philosophe, il était forcé d'y croire pour pouvoir le représenter. Cette attitude particulière au philosophe qui le fait s'éloigner du monde, cette manière d'être qui renie le monde, se montre hostile à la vie... est avant tout une conséquence des conditions forcées, indispensables à la naissance et au développement de la philosophie : car pendant très longtemps, la philosophie n'aurait pas du tout été possible sur terre sans un masque et un travertissement ascétique, sans malentendu ascétique » (3e dissertation).

II. JUGEMENTS PORTÉS SUR L'ŒUVRE

Max Scheler : « **Frédéric Nietzsche** veut que la notion chrétienne de l'amour soit « la fine fleur du ressentiment ». Ce serait l'affleurement à la conscience d'un ressentiment emmagasiné depuis longtemps chez un peuple à la fois opprimé et vindicatif et qui, même au temps de sa liberté politique et sociale avait pour dieu un « dieu jaloux ». Ce paradoxe de **Nietzsche** est à vrai dire moins paradoxal qu'il ne paraît d'abord s'il s'agit seulement d'attirer l'attention sur le renversement inouï qui sépare de l'idée antique, l'idée chrétienne de l'amour, ce que **Nietzsche** lui-même n'a guère fait ou a mal fait. Et cependant son explication est plus profonde... que tout ce qu'on a présenté jusqu'ici. J'insiste d'autant plus sur ce point que je la tiens en définitive pour radicalement fausse ». (L'homme du ressentiment).

Léon Chestov : « Pour **Nietzsche**, le plus horrible, le plus douloureux fut de renoncer au monde de **Socrate**. Il ressentit alors ce que dut ressentir le premier homme lorsque Dieu le chassa du paradis. Il semblait à **Nietzsche** qu'il devait renoncer au christianisme, mais il faut croire qu'il ne s'agissait pas de cela : il dut renoncer aux éléments helléniques du christianisme, c'est-à-dire à ce qui avait été introduit dans la doctrine de l'orient par la philosophie grecque qui, à cette époque, avait déjà atteint son plein épanouissement ». (Pages choisies, traduction de **Boris de Schloezer**).

Jean Grenier : « En forgeant le terme nouveau de « généalogie » **Nietzsche** bouleverse la signification classique de l'origine. La quête de l'origine n'est une authentique généalogie... que dans la mesure où elle coïncide avec le mouvement qui porte les choses à l'éclosion dans la réalité, en leur assignant un sens et une valeur... les choses existantes ne sont ainsi que des phénomènes qui exigent d'être déchiffrés en fonction des règles de ce que **Nietzsche** appelle justement une philologie correcte ». (Le problème de la vérité dans la philosophie de **Nietzsche**).

III. LECTURES COMPLÉMENTAIRES

- **Gilles Deleuze** :
Nietzsche et la philosophie (P.U.F. 1962).

- **Léon Chestov** *:*
La philosophie de la tragédie, Dostoïevsky et Nietzsche(Paris J. Schiffrin 1926).

IV. SUJETS DE DISSERTATION

- Commentez cette parole de **Nietzsche** : « Comment pourrait-il y avoir un bien commun ? le mot se contredit lui-même. Ce qui peut être commun m'a toujours paru de peu de valeur ».
- La raison du plus grand nombre est-elle la meilleure ?
- Oubli et pardon.
- « Il vaut mieux subir l'injustice que la commettre ». Vous en jugerez.
- Reconnaître la responsabilité d'une faute ; quelles conséquences cela peut-il avoir sur le développement de la personnalité.

ACQUISITION DES CONNAISSANCES
SECTION IV

Titre : L'Être et le Temps **Auteur : HEIDEGGER** **Date de parution : 1927**	date de lecture ...... objectif de la lecture ....

SITUER

I. L'AUTEUR DANS SON ÉPOQUE

Les années de formation de **Heidegger** sont contemporaines de la défaite allemande et de la débâcle économique de la République de Weimar. Cette fin d'une civilisation évoquée par **Spengler** dans « Le déclin de l'Occident » marquera profondément le philosophe. Cependant, durant les années 1924-1928, après la conférence de Locarno (1925) et sous l'impulsion de Streseman, l'Allemagne retrouve provisoirement en Europe une position conforme à sa situation et à sa puissance et voit se développer une activité intellectuelle intense. Dans le domaine littéraire, c'est l'avènement de l'expressionisme qui subordonne la technique et le sujet aux émotions de l'artiste ; ce sont les poèmes de Rilke et de Trakl que **Heidegger** commentera longuement. Dans le domaine des arts plastiques, c'est la formation du Bauhaus par Gropius en 1919 qui met fin à l'opposition cultivée par le XIXe siècle entre l'art et la technique et qui comptera parmi ses maîtres l'architecte Mies Van der Rohe, les peintres P. Klee et Kandinsky par exemple.

Professeur de philosophie à Marbourg en 1923, **Heidegger** succèdera à son maître **Husserl** en 1928 à la chaire de philosophie de l'université de Fribourg en Brisgau.

Pabst : Rue sans joie (1925)

« L'être à... s'établit sur le « mode » de n'être pas chez soi ».
Heidegger L'être et le temps p. 231

II. L'ŒUVRE DANS SON CONTEXTE PHILOSOPHIQUE

Première œuvre publiée de **Heidegger**, dont il approfondira constamment le thème central — celui de l'intime liaison de l'être et du temps — elle appartient au renouveau de la conscience philosophique, sous l'influence déterminante de **Husserl** auquel **Heidegger** empruntera le vocabulaire de la phénoménologie. Elle est contemporaine des œuvres de **Cassirer** « Philosophie des formes symboliques », de **Husserl** « Leçons sur la conscience intime du temps », de **Scheler** « La situation de l'homme dans le monde ».

Ces penseurs sont en rupture avec l'esprit positif dont les progrès des sciences exactes semblaient avoir consacré la suprématie ; ils tentent d'établir une approche authentique de l'homme, se défient des théories purement spéculatives. Plongés dans un climat de catastrophe, pressentant la fin d'un monde, ils sont en quête d'une vision neuve. « L'Être et le Temps » radicalise ce souci de l'existence authentique dans une tentative unique de décrypter les illusions — aussi bien de la philosophie traditionnelle que de la bonne conscience engluée dans l'anonymat du « on ».

III. L'IMPACT, POSTÉRITÉ DE L'ŒUVRE

La publication de « l'Être et le Temps » dans « l'année phénoménologique » dirigée par **Husserl** produisit un effet immédiat — aussi bien en raison de sa rupture avec les modèles académiques de l'exposé philosophique que de son style. Un des premiers lecteurs se fait l'écho de cet impact en reprenant les paroles que **Goethe** avait prononcées à l'occasion de la bataille de Valmy : « A partir d'ici et d'aujourd'hui une nouvelle époque a commencé dans l'histoire du monde et vous pourrez dire que vous étiez présents à son commencement ». L'influence de ***l'Être et le Temps*** fut déterminante dans le développement de toute la pensée philosophique contemporaine.

COMPRENDRE

I. LE SUJET TRAITÉ

• ***Le titre « l'Être et le Temps » pourrait se lire « l'être est le temps » : il indique une rupture avec la philosophie et son histoire, qui a séparé sous des formes diverses l'être et le temps.*** Le temps en effet affecterait l'être de néant ; l'être dans le temps c'est par excellence le devenir qui participe de l'être et du non-être. A l'aube de la philosophie, l'allégorie de la caverne témoigne de ce refus de lier l'être et le temps. Kant lui-même, bien qu'il définisse le temps comme forme a priori de la sensibilité et donc comme constitutif de l'être tel qu'il peut être connu — (le phénomène) n'en affirme pas moins que la chose en soi, particulièrement l'homme comme sujet moral, doit être pensée en dehors du temps. Parallèlement, la métaphysique s'est efforcée — en vain — d'édifier une théorie de l'être (une ontologie) qui soit extérieure et supérieure aux choses qui sont ; de là son échec.

ACQUISITION DES CONNAISSANCES
SECTION IV
ŒUVRE PHILOSOPHIQUE : HEIDEGGER

Il faut donc reprendre cette question de l'être d'une façon neuve, ou plutôt telle qu'elle fut formulée puis tout de suite oubliée par la pensée grecque. Il est certain que cette entreprise va heurter l'habitude, enracinée dans la tradition et confortée par les sciences, de considérer que l'être est un terme général, indéfinissable et évident et qu'il est donc inutile d'en rechercher une définition.

• ***Cette question va prendre pour fil directeur l'analyse d'un être particulier, l'homme, que Heidegger nomme « l'être-là », « Da-Sein » : il jouit par rapport aux autres êtres d'un privilège qui justifie ce choix, car il interroge et questionne,*** il s'émerveille aussi de ce qu'il y ait quelque chose plutôt que rien et c'est par cette interrogation et ce questionnement qu'existe un monde.

Cet « être-là » est avant tout « un être-avec-les-autres », non une quelconque substance pensante isolée, détachée du monde. Il faut inverser le « je pense donc je suis » cartésien et s'attacher à l'élucidation du « je suis », dont la propriété fondamentale est **d'être immédiatement avec les autres** — antérieurement à toute réflexion — **dans un monde identifiable de part en part** du fait qu'en ce monde se lit — et d'abord se dissimule — le déploiement de l'activité humaine, manifeste aussi bien dans le langage que dans le travail.

• ***La séparation du monde et de l'homme, des hommes entre eux, le déchirement intérieur à l'homme entre le souci d'être soi-même et la tentation de se réfugier dans la sécurité des réponses toutes faites ne sont que des manifestations de l'angoisse de l'être-là,*** qui se décharge — par la « connaissance » et « la technique » — de la conscience de sa finitude, du fait irrémédiable qu'il est-un-être-pour-la-mort.

C'est pourtant dans la temporalité et l'historicité qu'il peut donner ou s'efforcer de donner un sens à son existence. Pris dans le « monde ambiant », imprégné du discours anonyme et rassurant de l'opinion publique qu'il contribue à son tour à ancrer dans « l'évidence », l'être-là est par essence inauthentique.

• ***La majeure partie de l'œuvre est consacrée à l'analyse du mode d'être inauthentique de l'être-là qui doit reconquérir — à partir de cette inauthenticité — le savoir de ce qu'il est essentiellement être-pour-la-mort. L'œuvre restera inachevée :*** ce sera par l'exégèse de fragments des présocratiques et de poèmes, de **Rilke** et de **Hölderlin** notamment — que **Heidegger** poursuivra l'élucidation de cette vérité que l'être est le temps.

II. LES INTENTIONS DE L'AUTEUR

• ***Montrer la nécessité d'un retour à la question fondamentale de la philosophie : celle de l'être.*** Cette question est tombée dans l'oubli d'une part en raison de l'orientation de l'ontologie qui formule ses questions à partir des choses de la « nature ». Or la « nature » ne nous est accessible que si nous la transformons en « spectacle » et nous-mêmes en « spectateurs » ; d'autre part — mais ceci est lié à cela — en raison de la prééminence de la connaissance scientifique, rendue possible par cette distinction du spectacle et du spectateur qui pose l'être comme « objet » pour un « sujet ». L'attitude théorique constitue un mode déficient de l'être au monde primordial, une « déchéance » de l'être-là. La science donne une image dérisoire mais sécurisante de l'être en le réduisant à un ensemble d'équations qui sont autant de moyens de supprimer son « inquiétante étrangeté ».

• ***L'urgence de ce retour s'impose d'autant plus que la civilisation occidentale s'enferre dans l'aliénation, la déshumanisation, la technologie envahissante. La condition moderne de l'homme traduit cet oubli de l'être,*** la disparition de sa forme originelle d'appel et de présence. Le langage a régressé dans la banalité, mais la réflexion philosophique doit le restaurer dans sa fonction primitive de dévoilement, faute de quoi il ne peut y avoir d'existence authentique, aussi bien privée que publique. Le retour à l'être commencera par un retour à l'origine des mots — cela dans la langue grecque.

• ***Le développement de la question de l'être est déterminé par l'historicité;*** porter cette question en pleine lumière est inséparable de la nécessité de s'instruire de sa propre histoire.

• ***Dans un style et un vocabulaire qui ne sont pas sans rappeler ceux de la théologie,*** l'auteur entend dénoncer l'affairement, la curiosité et le bavardage qui sont autant d'efforts que l'être-là déploie pour se masquer à lui-même sa finitude.

III. LES CONCEPTS CENTRAUX

• ***« Être-là »*** - Dasein : ce terme désigne cet étant que nous sommes nous-mêmes, qui se comprend à partir de son existence, de sa possibilité d'être ou non soi-même. Le « là » n'indique pas une localisation spatiale mais affirme la présence de cet être à soi. L'être-là révèle le caractère incontournable de l'être : ***il est*** — au-delà et en deçà de ce que métaphysique ou science peuvent énoncer à son propos.

• ***« Être-avec »*** « Mitsein » - L'être détermine l'être-là même si aucun autre n'est perçu et en fait présent ; car l'autre ne peut faire défaut qu'à et pour un être-avec-autrui. Même si je suis seul, ou si je me mêle à autrui dans ma solitude, autrui n'en coexiste pas moins avec moi sur le mode de l'indifférence. L'être-avec-autrui peut revêtir deux formes extrêmes de l'assistance : ôter à autrui ses soucis, se substituer à lui, l'assujettir même s'il n'est pas conscient de sa dépendance, ce type d'assistance est déterminante pour de larges secteurs de l'être en commun. Mais il existe aussi une assistance qui peut restituer authentiquement autrui à lui-même, qui peut le rendre lucide et libre pour son souci.

• ***«Déchéance» :*** ce terme ne désigne pas la chute hors d'un état originel plus pur et plus élevé mais cela correspond au mode fondamental de l'être-là dans la banalité quotidienne : «c'est en elle à partir d'elle et contre elle que peuvent s'accomplir toute compréhension authentique, toute explicitation, toute communication, tout redécouvrement».

• ***«Angoisse» :*** mode fondamental du sentiment de la situation qui révèle de façon privilégiée l'être-là. L'angoisse « ne sait pas » ce dont elle s'angoisse. « L'angoisse manifeste en l'être-là son être-à-l'égard-du-savoir-être-inaliénable, c'est-à-dire son être-libre pour la liberté de se choisir et de se saisir soi-même ».

Le vocabulaire, le style, les références constantes à la philosophie et à son histoire, les exégèses étymologiques rendent extrêmement difficiles l'accès à cette œuvre. Toutefois certains chapitres notamment 4 et 5 de la 1re partie peuvent parfaitement être compris par un élève de terminale.

EXPLOITER

I. CITATIONS CARACTÉRISTIQUES

• *«Le fait que nous vivons d'emblée dans une certaine compréhension de l'être et qu'en même temps le sens de l'être demeure enveloppé d'obscurité démontre la nécessité fondamentale de soumettre la question du sens de l'«être» à une répétition. Le recours au critère d'évidence en matière de concepts philosophiques fondamentaux, et principalement lorsqu'il s'agit du concept de l'«être», est en soi suspect» (p. 19).*

• *«Le «on a ses propres manières d'être. La tendance caractéristique de l'être-avec-autrui que nous avons nommé le distancement se fonde sur le fait que l'être-en-commun cherche à imposer tout ce qui est conforme à la moyenne... Le «on» demeure toujours dans la moyenne de ce qui est convenable, de ce qui est reçu et de ce qui ne l'est pas, de ce qui mérite l'assentiment et de ce qui ne le mérite pas. Le souci de la moyenne en prescrivant ce que l'on peut risquer, surveille tout ce qui aurait tendance à faire exception. Sans bruit toute préséance est écartée. Tout ce qui est original se dévalue comme une chose connue depuis longtemps. Ce qui a été conquis au prix de l'effort devient objet d'échange... Le souci de la moyenne recèle une nouvelle tendance de l'être-là, nous l'appelons le nivellement de toutes les possibilités d'être» (p. 159-160).*

II. JUGEMENTS PORTÉS SUR L'ŒUVRE

• **Sartre :** « L'image empirique qui symboliserait le mieux l'intuition heideggerienne n'est pas celle de la lutte, c'est celle de l'équipe. Le rapport original de l'autre avec ma conscience n'est pas le « toi » et le « moi » c'est le « nous », et l'être-avec heideggerien n'est pas la position claire et distincte d'un individu en face d'un autre, ce n'est pas la « connaissance », c'est la sourde existence en commun du coéquipier avec son équipe ». (L'Être et le Néant, p. 303).

• **J. Beaufret :** « L'angoisse dont nous venons de souligner la liaison interne avec l'essence même de la vérité, dans la mesure où il n'y a vérité que par une liberté qui s'échappe à elle-même jusqu'à la mort est certainement, de tous les thèmes développés par **Heidegger**, le plus mal compris et le plus tendancieusement interprété. Faire de sa philosophie une « philosophie de l'angoisse » et dire du philosophe lui-même qu'il pervertit l'esprit de recherche en « culture de l'angoisse » c'est un exercice de style dans lequel bon nombre de nos contemporains sont passés maîtres » (Introduction aux philosophies de l'existence, p. 140).

• **G. Steiner :** « Nous ne vivons pas « dans le temps » comme s'il était un courant indépendant, abstrait et extérieur à notre être. Nous « vivons le temps ». Les deux termes sont inséparables. « Sein und Zeit » projette de démontrer cette stricte unité ! » (« **Martin Heidegger** » - p. 105).

III. LECTURES COMPLÉMENTAIRES

J. Beaufret : ***Introduction aux philosophies de l'existence.*** (Denöel-Gonthier, bibliothèque médiations 1971).

G. Steiner : ***Martin Heidegger*** (Albin Michel 1981).

IV. SUJETS DE DISSERTATION

• Le temps est-il en nous ou en dehors de nous ?

• Le temps est-il ce par quoi toute chose devient périssable ou la dimension même dans laquelle les choses parviennent à l'accomplissement ?

• La communication avec autrui exclut-elle la solitude ?

• Parler et bavarder. Quelles différences y voyez-vous ? Comment justifiez-vous ces différences ?

• L'absurde peut-il avoir un sens pour une pensée rationnelle ?

SECTION V : TRAVAUX PERSONNELS

A vous maintenant d'établir vos propres fiches.

Voici quelques suggestions de départ :

Fragments de textes :

- **Leibniz** : Nouveaux Essais sur l'entendement humain.
- **Lévy Bruhl** : La morale et la science des mœurs.

« Les sens, quoique nécessaires pour toutes nos connaissances actuelles, ne sont point suffisants pour nous les donner toutes, puisque les sens ne donnent jamais que des exemples, c'est-à-dire des vérités particulières ou individuelles. Or tous les exemples, qui confirment une vérité générale, de quelque nombre qu'ils soient, ne suffisent pas pour établir la nécessité universelle de cette même vérité : car il ne suit pas que ce qui est arrivé arrivera toujours de même. Par exemple, les Grecs et les Romains et tous les autres peuples de la terre connue aux Anciens ont toujours remarqué qu'avant le décours de vingt-quatre heures le jour se change en nuit, et la nuit en jour. Mais on se serait trompé si l'on avait cru que la même règle s'observe partout ailleurs.

D'où il paraît que les vérités nécessaires, telles qu'on les trouve dans les mathématiques pures et particulièrement dans l'arithmétique et dans la géométrie, doivent avoir des principes, dont la preuve ne dépende point des exemples, ni par conséquent du témoignage des sens, quoique sans les sens on ne se serait jamais avisé d'y penser. C'est ce qu'il faut bien distinguer, et c'est ce qu'Euclide a si bien compris qu'il démontre souvent par la raison ce qui se voit assez par l'expérience et par les images sensibles ».

Leibniz.

« L'idée d'une « morale naturelle » doit faire place à l'idée que toutes les morales existantes sont naturelles. Elles le sont toutes au même titre, quel que soit le rang que chacune occupe dans une classification établie par nous. La morale des sociétés australiennes est aussi naturelle que celle de la Chine, la morale chinoise aussi naturelle que celles de l'Europe et de l'Amérique : chacune est précisément ce qu'elle pouvait être d'après l'ensemble des conditions données. Nous sommes habitués à entendre « morale naturelle » dans un sens différent. Ce mot signifie pour nous que toute conscience humaine reçoit, par cela seul qu'elle est humaine, une lumière spéciale qui lui découvre la distinction du bien et du mal. Prêts à admettre (comme les faits d'ailleurs nous y contraignent) que cette lumière peut être obscurcie de mille manières, et presque entièrement, dans les sociétés sauvages, corrompues ou dégénérées, nous n'en sommes pas moins persuadés qu'il suffirait d'enlever ce qui l'offusque pour qu'elle recommençât à briller. En un mot, nous croyons que l'homme est naturellement moral, au même titre qu'il est naturellement raisonnable.

TRAVAUX PERSONNELS

Cette croyance est au fond des doctrines philosophiques qui étudient la « raison pratique ». Mais elle repose elle-même sur une confusion d'idées. Sans doute, l'homme est naturellement moral, si l'on entend par là que l'homme vit partout en société, et que dans toute société il y a des mœurs, des usages qui s'imposent, des obligations, des tabous. Mais on ne fait ainsi que constater un fait qui se vérifie dans tous les temps et dans tous les lieux. Et cela n'équivaut nullement à dire que la moralité est naturelle à l'homme, si on entend par cette formule qu'il y a dans sa conscience une révélation plus ou moins nette d'un ordre moral, par une sorte de privilège attaché à sa qualité d'être raisonnable ou responsable ».

Lévy-Bruhl.

Ouvrages de réflexion générale :

- ***Les enfants sauvages*** de **Lucien Malson** (U.G.E. - Coll. 10-18).
- ***Le hasard et la nécessité*** de **Jacques Monod** (Le Seuil).
- ***Dimensions de la conscience historique*** de **Raymond Aron** (U.G.E. - Coll. 10-18).

Oeuvres philosophiques :

- ***Ménon*** de **Platon.**
- ***Contrat Social Livre I*** de **Rousseau** (U.G.E. - Coll. 10-18).
- ***La formation de l'esprit scientifique*** de **Bachelard** (Vrin).

2e PARTIE :
LES ÉPREUVES

CHAPITRE 1
LE CHOIX DU SUJET

Il faut tirer parti du choix offert et l'effectuer rapidement mais non sans réflexion puisque un choix trop rapide conduit souvent à abandonner le sujet après 1 ou 2 heures de travail, ce qui compromet irrémédiablement vos chances de succès.

« Se hâter avec lenteur »

Il semble qu'il faille consacrer 1/4 h au choix du sujet — et ensuite ne plus revenir sur ce choix.

I. LIRE LE SUJET

Lire attentivement les énoncés en prêtant attention à tous les termes en soulignant les concepts principaux, éventuellement en formulant soi-même la question — ceci particulièrement lorsqu'il s'agit de sujets qui n'en comportent pas explicitement.

a) ***Prêter attention à tous les termes, spécialement aux mots « outils », ceux que d'ordinaire on néglige.***

Exemples :
- Peut-on vivre seul?
- Peut-on être sans préjugés?
- La faute et l'erreur.
- Pourquoi travaillons-nous?
- Qu'est-ce ce qu'une œuvre d'art?
- Faut il voir dans l'inconscient le fond de toute vie psychique?

Les petits mots qui changent tout

On : tous les hommes mais spécialement : l'individu, la collectivité, l'opinion, le savant, le philosophe.

Peut-on : est-ce possible (question de fait) mais aussi a-t-on le droit, est-ce permis, légitime, et devant quelle autorité?

Et : conjonction de coordination mais qui n'implique pas une simple juxtaposition : il faut s'interroger sur la raison qui conduit à relier deux termes : appartenance à un même genre? rapport de cause à effet? rapport d'inclusion, d'exclusion...

Pourquoi : appliqué à l'homme, à ses activités, sa pensée ; cet adverbe désigne particulièrement le but, la fin consciemment voulue, mais aussi l'ensemble des causes objectives indépendantes de la volonté.

Qu'est-ce que? il s'agit d'une définition, non d'une énumération.

Faut-il? jugement de valeur qui implique une prise de position personnelle à élucider et à justifier.

Les concepts centraux

b) ***Souligner les concepts principaux sur lesquels porte la question.***

Exemple :
- Pourquoi oppose t-on les ***actes*** aux ***paroles***
- ***L'erreur***, peut-elle être féconde?
- ***Une expérience de la liberté*** est-elle possible?
- Qu'est ce qui rend l'***objectivité difficile*** dans les ***sciences humaines***?

Faites surgir la question

c) ***Formuler soi-même la question lorsque l'énoncé n'en comporte pas. S'il vous est impossible de formuler une question, écartez immédiatement le sujet.***

Exemples :

Enoncé	*Transposition sous forme de question*
« Loi physique, loi morale, loi juridique »	comment expliquer que le même terme de loi puisse s'appliquer au domaine de la physique, de la morale, du droit?
« Produire et créer »	peut-on opposer produire et créer?
« Objet réel, objet scientifique »	en quoi consiste la réalité de l'objet scientifique?
« Le pardon »	peut-on tout pardonner?

Convertir en question un énoncé qui n'en comporte pas, surtout s'il est constitué de plusieurs notions (on peut en effet toujours convertir une notion isolée en question : qu'est-ce-que ? le pardon, le réel, l'habitude?, etc.) est un exercice nécessaire mais périlleux qui suppose une certaine maîtrise du domaine concerné; plusieurs questions peuvent être posées et il est souvent difficile de déterminer la plus pertinente :

Exercice : Formulez vous-même une question :
- Les mathématiques et le réel;
- l'œuvre d'art et l'objet quelconque;
- parole et l'écriture;
- organisme et machine;
- comprendre, découvrir, créer.

II. BIEN CHOISIR

Deux types de sujets à écarter impitoyablement

Ceux ...

... Qui n'éveillent en vous aucun intérêt : l'absence d'intérêt pour une question empêche de saisir son sens, sa portée, donc vous risquez si vous le choisissez malgré tout, de remplacer une approche personnelle par une juxtaposition de connaissances ou de lieux communs. Bien des sujets sont en effet « muets ».

Exercice : dans la liste suivante écartez les énoncés qui n'éveillent en vous aucune interrogation :
- L'indulgence est-elle une faiblesse?
- Peut-on à l'heure actuelle accepter la doctrine traditionnelle selon laquelle la Raison est immuable?
- Peut-on admettre l'idée d'une responsabilté collective?
- La vérification fait-elle la vérité?
- Dans quelle mesure une réflexion sur le temps aide t-elle à comprendre la condition humaine?
- L'ordre mathématique est-il conforme à l'ordre du monde?
- L'avenir est-il pour l'homme objet de prévision ou objet de décision?

...Ou pour lesquels pour n'avez aucune connaissance précise. Il peut s'agir de sujets très variés. ***Les uns, manifestement, exigent des connaissances.***

- Le hasard n'est-il qu'un effet de notre ignorance?
- L'ordre est-il dans les choses?
- Les mathématiques sont-elles une science ou un instrument pour les autres sciences?
- Freud a-t-il raison de dire « qu'il faut voir dans l'inconscient le fond de toute vie psychique »?

D'autres, par contre, semblent pouvoir être traités par la seule réflexion personnelle, sans référence aucune à des connaissances déterminées :

- Le loisir, les loisirs, le travail;
- Dans quelle mesure peut-on dire que la libération de la femme est aussi une libération de l'homme?
- Que pensez-vous de la non-violence comme réponse à la violence?
- Être majeur, être adulte : quelle différences faites-vous entre ces deux notions?

Il faut absolument résister à la tentation de choisir un tel sujet, car faute d'idées claires, de références précises vous serez conduits à accumuler généralités, poncifs, voire moralisme plus ou moins caractérisé — le moralisme consiste à émailler la dissertation de jugements de valeur du type : hélas! cette opinion est fallacieuse! je trouve que cette question est très importante!

En bref : choisir le sujet qui suscite votre intérêt et pour lequel vous disposez de connaissances mobilisables.

III. CAS DE L'ÉTUDE DE TEXTE

L'étude de texte : les opérations à réaliser.

Les conseils précédents valent, à condition de les adapter, pour le choix du 3e sujet.

• ***Lire attentivement le texte :*** en procédant sur ***la 1re phrase*** du texte aux exercices précédemment cités. Les textes proposés au baccalauréat débutent souvent par une affirmation ou une question qui en constitue le centre d'intérêt.

Exemples :

1 - « *Quoique les fonctions du père de famille et du premier magistrat doivent tendre au même but, c'est par des voies si différentes, leur devoir et leurs droits sont tellement distingués, qu'on ne peut les confondres sans former de fausses idées des lois fondamentales de la Société, et sans tomber dans des erreurs fatales au genre humain. En effet, si la voix de la nature est le meilleur conseil que doive écouter un bon père pour bien remplir ses devoirs, elle n'est pour le magistrat qu'un faux guide qui travaille à l'écarter des siens, et qui l'entraîne tôt ou tard à sa perte et à celle de l'État, s'il n'est retenu par la plus sublime vertu. La seule précaution nécessaire au père de famille est de se garantir de la dépravation et d'empêcher que les inclinations naturelles ne se corrompent en lui; mais ce sont elles qui corrompent le magistrat. Pour bien faire, le premier n'a qu'à consulter son cœur; l'autre devient un traître au moment qu'il écoute le sien : sa raison même lui doit être suspecte, et il ne doit suivre d'autre règle que la raison publique qui est la loi. Aussi la nature a-t-elle fait une multitude de bons pères de famille; mais il est douteux que depuis l'existence du monde, la sagesse humaine ait jamais fait dix hommes capables de gouverner leurs semblables* ».

Jean-Jacques Rousseau

2 - « *La liberté de penser signifie que la raison ne se soumet à aucune autre loi que celle qu'elle se donne a elle-même. Et son contraire est la maxime d'un usage sans loi de la raison — afin, comme le génie en fait le rêve, de voir plus loin qu'en restant dans les limites de ses lois. Il s'ensuit comme naturelle conséquence que, si la raison ne veut point être soumise à la loi qu'elle se donne à elle-même, il faut qu'elle s'incline sous le joug des lois qu'un autre lui donne; car sans la moindre loi, rien, pas même la plus grande absurdité, ne pourrait se maintenir bien longtemps. Ainsi l'inévitable conséquence de cette absence explicite de loi dans la pensée ou d'un affranchissement des restrictions imposées par la raison, c'est que la liberté de penser y trouve finalement sa perte. Et puisque ce n'est nullement la faute d'un malheur quelconque, mais d'un véritable orgueil, la liberté est perdue par étourderie au sens propre de ce terme* ».

Kant

3 - *«En critiquant négativement; on se donne des airs distingués et on survole dédaigneusement la chose sans y avoir pénétré. C'est-à-dire sans l'avoir saisie elle-même; sans avoir saisi ce qu'il y a de positif en elle. Certes, la critique peut être fondée, mais il est plus facile de découvrir les défauts que de trouver la substance: la manière dont on critique les œuvre d'art en est un exemple. Les hommes croient souvent qu'ils ont fini avec telle chose dès qu'ils en ont trouvé le véritable défaut. Ils ont certes raison, mais ils ont également tort parce qu'ils en méconnaissent l'aspect positif. C'est la marque de la plus grande superficialité que de trouver en toute chose du mal et ne rien voir du bien positif qui s'y trouve. L'âge rend en général plus clément; la jeunesse est toujours mécontente: c'est qu'avec l'âge le jugement mûrit, et s'il accepte le mal, ce n'est pas par désintérêt, mais parce qu'il a été instruit par le sérieux de la vie et a appris à se diriger vers le fond substantiel et solide des choses. Ce n'est pas là accommodement bon marché, mais une justice».*

Hegel

4 - *«Les concepts physiques sont des créations libres de l'esprit humain et ne sont pas, comme on pourrait le croire, uniquement déterminés par le monde extérieur. Dans l'effort que nous faisons pour comprendre le monde, nous ressemblons quelque peu à l'homme qui essaie de comprendre le mécanisme d'une montre fermée. Il voit le cadran et les aiguilles en mouvement, il entend le tic-tac, mais il n'a aucun moyen d'ouvrir le boîtier. S'il est ingénieux, il pourra se former quelques images du mécanisme, qu'il rendra responsable de tout ce qu'il observe, mais il ne sera jamais sûr que son image soit la seule capable d'expliquer ses observations. Il ne sera jamais en état de comparer son image avec le mécanisme réel, et il ne peut même pas se représenter la possibilité ou la signification d'une telle comparaison. Mais le chercheur croit certainement qu'à mesure que ses connaissances s'accroîtront, son image de la réalité deviendra de plus en plus simple et expliquera des domaines de plus en plus étendus de ses impressions sensibles. Il pourra aussi croire à l'existence d'une limite idéale de la connaissance que l'esprit humain peut atteindre. Il pourra appeler cette limite idéale la vérité objective».*

Einstein & Infeld

- ***Formuler une question précise à partir de la 1re phrase du texte.***

1 - Comment peut-on distinguer les fonctions du père de famille de celles du chef politique? En quoi cette distinction est-elle essentielle à la compréhension de l'organisation politique?

2 - Qu'est-ce que penser librement?

3 - En quoi la critique risque-t-elle de conduire à une vue erronée des choses?

4 - Quelle est l'origine des concepts de la physique?

• ***La connaissance ou le manque de connaissance au sujet de l'auteur ne doit pas être un critère exclusif de choix.***

- Deux écueils vous guettent :
si vous connaissez l'auteur, vous risquez de substituer à l'étude précise du texte, des considérations générales sur son œuvre ;

si vous ne connaissez pas l'auteur, vous risquez d'éliminer un sujet que pourtant vous auriez pu traiter : ces questions seront reprises dans le chapitre consacré à l'étude de texte.

IV. LES CINQ ERREURS A ÉVITER

1 - PARLER DE CE QUE VOUS IGNOREZ OU QUE VOUS CONNAISSEZ MAL.

a) ***Vocabulaire :*** proscrire absolument tous les termes dont vous ne maîtrisez pas le sens. ***Une erreur fréquente est de croire qu'utiliser des termes spécifiquement philosophiques donne par là-même un caractère philosophique à ce que l'on écrit.*** Rien de plus faux. **Queneau** caricature de façon plaisante ce travers dans ses « Exercices de style » : « cette matière sans entéléchie véritable se lance parfois dans l'impératif catégorique de son élan vital et récriminatoire contre l'irréalité néoberkeleyienne d'un mécanisme corporel inalourdi de conscience ».

Queneau : Exercices de style

L'emploi de vocables spécifiquement philosophiques doit être motivé par le contexte, si par exemple, vous exposez la thèse d'un philosophe. Mais s'il s'agit de **Descartes, Kant** ou **Bergson** les mêmes mots ne recouvriront pas les mêmes idées, exemples : intuition, liberté, vérité, jugement, etc.

A cet égard, **consultez le vocabulaire en fin d'ouvrage.**

b) ***Les idées : proscrire absolument l'énoncé d'idées que vous ne connaissez que par ouï-dire.*** Si vous n'avez pas étudié l'esthétique transcendantale, mieux vaut ne pas vous lancer dans l'exposé des thèses kantiennes sur l'espace et le temps. Si vous n'avez pas lu d'œuvres ethnologiques mieux vaut ne pas disserter sur les « primitifs ». Si vous n'avez jamais compris (cela arrive !) une démonstration mathématique, mieux vaut ne pas vous livrer à une étude sur la rigueur mathématique.

c) ***Les faits : trop de généralisations abusives, voire d'erreurs grossières tiennent à l'ignorance de faits — historiques, économiques, politiques, littéraires,*** etc.

Exemples : « **Pascal,** depuis la Tour Eiffel, méditait sur l'imagination. » « Le XVIIIe siècle a été appelé Siècles des Lumières parce qu'il a vu l'invention du cinéma et de la photo. » « **Descartes,** parce qu'il admirait **Newton,** se livra à des études sur le mouvement ».

Chacune de ces phrases contient une erreur grossière — laquelle?

On vous juge sur ce que vous écrivez — non sur vos intentions et il est toujours possible d'écarter ce dont vous n'êtes pas certain.

2 - L'ÉNUMÉRATION :

Ce défaut consiste, à partir d'une question, à juxtaposer un grand nombre d'exemples sans dégager d'idée.

Exemple : « Qu'est ce que l'expérience? » Enumérer, c'est envisager tour à tour et sans aucun plan l'expérience quotidienne, scientifique, morale, religieuse, esthétique, etc. et à ne s'arrêter que faute de papier ou de temps.

Souvent l'énumération consiste à raconter une suite d'exemples empruntés à des lieux communs, à des faits divers : l'homme préhistorique, le primitif, l'enfant; certains personnages historiques, tels Hitler, Mussolini, Staline, alimentent ainsi cette accumulation bavarde qui tient lieu de pensée;

L'exemple, sans aucun doute, est utile, mais il doit illustrer une idée et non s'y substituer (nous étudions plus loin le rôle et la place que l'on peut légitimement assigner à l'exemple). Ce défaut est de tous temps, mais il s'agit de le surmonter, car réfléchir consiste à mettre en perspective ce que nous pensons confusément, à l'ordonner et ensuite, mais seulement ensuite, à illustrer éventuellement notre analyse d'un exemple.

L'exemple est utile, mais à condition de savoir l'utiliser.

Socrate, dans le dialogue Hippias Majeur interroge le sophiste **Hippias** qui fait profession d'enseigner ce qu'est le beau. « qu'est-ce-que le beau alors? » interroge **Socrate** et **Hippias** de répondre en énumérant « les belles choses » : belles femmes, belles juments, bel enterrement. A quoi **Socrate** objecte : « belle marmite aussi! » **Hippias** se laisse porter par les mots, les associations d'images, **Socrate** le rappelle en vain à l'ordre. Il faut revenir à la question « qu'est-ce-que? », c'est-à-dire : pourquoi puis-je appeler belles ces choses si différentes?

3 - LA DIGRESSION :

C'est un développement qui s'écarte du sujet et qui par conséquent rompt son unité.

Cet écart est souvent, pour ne pas dire toujours, provoqué par l'attrait d'un mot ou d'une image qui peuvent être intégrés dans le développement mais qui risquent, si l'attention se focalise sur eux, de détourner de la question. Ce type de défaut très fréquent constitue le hors-sujet.

Exemple : « A quelles conditions une autorité peut-elle être tenue pour légitime? »

1. On dit d'une autorité qu'elle est légitime lorsqu'elle est légale, équitable, juste. Mais quels sont les facteurs qui la rendent juste?

2. Nous avons dit juste?

3. Nous touchons donc ici au problème de la justice dans la société.

4. De ce fait on ne peut pas s'abstenir d'évoquer l'inégalité qui y règne.

5. Étudions par conséquent l'origine de l'inégalité :

La dernière phrase annonce un développement sans rapport aucun avec le sujet posé.

La digression est ici induite par une dérive à partir de la notion de juste. Deux sens se sont contaminés : — ***le sens juridique :*** est juste l'autorité conforme au droit (et c'est donc ce point que l'on s'attend à voir traité) — ***le sens moral*** sur lequel vient se greffer un lieu commun : l'inégalité est injuste. Le terrain est prêt pour la digression. Par glissements successifs on en vient à traiter une question différente et ce développement peut finir par supplanter complètement le sujet.

4 - L'EXPOSÉ D'HISTOIRE DE LA PHILOSOPHIE :

Lorsque vous connaissez telle œuvre philosophique ou la doctrine de tel philosophe, la tentation est grande de vous livrer à un inventaire des philosophies ayant traité la question posée.

Sans doute il est bon, voire souvent nécessaire, d'utiliser dans votre travail des références philosophiques : cela témoigne de votre culture — mais référence n'est pas exposé. ***Faire référence à... c'est demander à la philosophie à laquelle on se réfère de répondre aux questions dégagées par la problématique — alors que l'exposé d'une philosophie vaut pour lui-même.***

Or, de nombreux devoirs se bornent à juxtaposer des exposés empruntés à l'histoire de la philosophie — on retombe ici dans l'énumération, avec cette différence qu'il s'agit maintenant d'objets « nobles ».

Exemple : « On a défini la démocratie comme un système tout autant moral que politique. Qu'est-ce à dire ? »

Exposé des doctrines de **Platon, Spinoza, Rousseau, Kant, Hegel,** etc.

Outre le fait qu'il n'y a pas grand intérêt à résumer ainsi des doctrines — car un tel résumé conduit inévitablement à leur « aplatissement », ***cette méthode assimile la dissertation à un exercice mnémotechnique pur et n'est pas sans contribuer à l'idée que la philosophie n'est que la somme des « opinions » professées par les philosophes.***

5. LES CONSIDÉRATIONS AFFECTIVES, MORALISANTES.

« Le plus grand philosophe » « problème passionnant » « individu odieux » « moi je... » il faut proscrire absolument les adjectifs emphatiques.

En bref, les principaux défauts à éviter : cuistrerie - ignorance - patchwork d'exemples « triviaux » ou « nobles » - digression

Une petite « recette » pour terminer :

Prenez l'habitude dès la lecture des sujets qui vous sont proposés de noter très rapidement (pas plus de cinq minutes par sujet) tout ce que chacun des sujet évoque immédiatemment pour vous : questions, citations, référence à une philosophie, définitions, exemples, etc.

Partagez votre feuille en trois, ***dans chaque colonne inscrivez ce qui se rapporte à chaque sujet. Ensuite comparez vos listes :*** vous constaterez à l'usage qu'il s'agit là d'un procédé efficace vous permettant à coup sûr d'éliminer tel ou tel sujet. Si spontanément vous ne trouvez strictement rien à écrire, mieux vaut d'emblée renoncer à choisir un tel sujet. Cette opération permet d'écarter un type de sujet — relativement fréquent — séduisant d'apparence, car il semble faire appel pour être developpé à la seule « réflexion personnelle ». Ce qui, vous le constaterez pour chaque devoir, équivaut bien souvent à bavarder autour de la question.

V. L'ETUDE DE TEXTE

Le 3e sujet se présente dans la quasi-totalité des cas ainsi : « Dégagez l'intérêt philosophique du texte suivant à partir de son étude ordonnée ».

Instructions officielles concernant ce type de sujet :

Circulaire N° 72.455 du 23 novembre 1972 modifiée par diverses circulaires, les plus récentes étant la circulaire N° 78.436 du 14 décembre 1978 suivie de la note de service du 29 décembre 1980.

« ***Dans toutes les séries*** ce texte est emprunté à ***un auteur qui figure dans la liste du programme.***

La nature de l'épreuve incite d'autre part à éviter les textes les plus fréquemment expliqués en classe. Il est souhaitable que le texte ait une longueur de 15 à 20 lignes...

Le texte choisi concerne un problème essentiel en rapport avec le programme de notions. Les candidats doivent être explicitement invités à en dégager l'intérêt philosophique à partir de son étude ordonnée, c'est-à-dire à montrer comment la compréhension précise du texte permet de ***poser, éventuellement de résoudre,*** un problème philosophique qu'il s'agit de saisir en lui-même. Le texte doit être choisi de telle sorte que le ***candidat ne soit pas tenu de se référer à la doctrine de l'auteur ni à l'histoire de la philosophie».***

Remarques :

- il ne s'agit pas d'une « libre » réflexion sur telle notion, telle idée dont le texte pourrait fournir le prétexte.

- le texte concerne un problème essentiel en rapport avec le programme de notions c'est-à-dire qu'il ne peut en aucun cas porter sur l'aspect particulier d'une doctrine, ou sur un concept propre à un domaine étroitement spécialisé. Ce qui est corroboré par les dernières lignes de la circulaire.

- les questions à résoudre pour traiter ce type de sujet se ramènent donc à 2 :
  - en quoi consiste l'étude ordonnée d'un texte,
  - en quoi consiste son intérêt philosophique.

  Reportez vous au chapitre II.

VI. CAS PARTICULIER DES SECTIONS F.G.H.

Exercice sur texte, non étude de texte

Les instructions officielles précisent « trois sujets portant sur des parties différentes du programme sont proposés au choix des candidats, deux de ces sujets sont des exercices de dissertation, le troisième sujet est un exercice sur texte ».

Il s'agit de répondre à une série de questions figurant au bas du texte et en général l'exercice comporte les questions suivantes :

1) dégagez l'idée centrale du texte ;

2) étudiez le sens de certains concepts ou expressions ;

3) rédigez à propos du texte un essai critique.

Vous risquez de considérer ce sujet comme une planche de salut, si les sujets de dissertation sont trop difficiles ou portent sur des questions insuffisamment préparées. En prenant cependant en compte les instructions officielles concernant l'essai critique, il apparaît que vous est demandée une dissertation condensée — du moins pour la dernière question :

« Les candidats seront invités à rédiger un essai critique et personnel sur un des problèmes concernés par le texte. Cet essai visera à dégager un problème, à préciser son sens et son intérêt philosophique et à exposer les conditions de son élucidation ».

Type de 3e sujet

> *« J'aurais voulu premièrement expliquer ce que c'est que la philosophie (...) ce mot de philosophie signifie l'étude de la sagesse, et par la sagesse on n'entend pas seulement la prudence dans les affaires, mais une parfaite connaissance de toutes les choses que l'homme peut savoir, tant pour la conduite de sa vie que pour la conservation de sa santé et l'invention de tous les arts (...).*
>
> *J'aurais ensuite fait considérer l'utilité de cette philosophie, et montré que, puisqu'elle s'étend à tout ce que l'esprit humain peut savoir, on doit croire que c'est elle seule qui nous distingue des plus sauvages et barbares, et que chaque nation est d'autant plus civilisée et polie que les hommes y philosophent mieux... C'est proprement avoir les yeux fermés, sans tâcher jamais de les ouvrir, que de vivre sans philosopher; et le plaisir de voir toutes les choses que notre vue découvre n'est point comparable à la satisfaction que donne la connaissance de celles qu'on trouve par la philosophie; et enfin cette étude est plus nécessaire pour régler nos mœurs et nous conduire en cette vie, que n'est l'usage de nos yeux pour guider nos pas ».*
>
> **Descartes**

Questions :

1 - Dégagez l'idée centrale et énoncez la structure logique du texte.

2 - Analysez les expressions suivantes : ***prudence dans les affaires; parfaite connaissance*** et donnez la définition des termes : « sauvage », « barbare ».

3 - Vous expliquerez le rôle de la philosophie à partir de l'image : « C'est proprement avoir les yeux fermés sans jamais tâcher de les ouvrir que de vivre sans philosopher », puis vous l'apprécierez en motivant votre point de vue.

Par conséquent, ce sujet n'est ni plus ni moins facile que la dissertation, il est différent et il requiert peut-être davantage de maîtrise du vocabulaire. Pour le traitement de ce type de sujet, reportez-vous au chapitre III.

Il n'existe pas de barème pour la notation de ce type de sujet. Cependant, vous serez essentiellement jugé sur les réponses que vous apporterez à ***la question 1*** qui porte toujours sur l'idée centrale et la structure du texte, et ***à la dernière question*** — l'essai critique. Il ne faut pas, bien sûr, négliger les questions de vocabulaire, mais si vous avez compris le texte, mieux vaut ne pas consacrer trop de temps à ces questions.

CHAPITRE 2
LA DISSERTATION

SECTION I : QU'EST-CE QUE LA DISSERTATION ?...

1. UN EXERCICE... PAS SÉRIEUX !

• « J'ai lu deux ou trois cents dissertations sur ce grand objet : l'âme, elles ne m'ont jamais rien appris ». Ce mot ironique est de Voltaire. Il met en cause l'exercice en l'accusant de ne rien nous apprendre : en ce sens vous retrouverez là un sujet classique de dissertation... celui qui oppose les disciplines littéraires et scientifiques !

• Disserter consiste à développer (par écrit ou oralement) une question, un sujet, un point de doctrine. C'est discourir sur des sujets littéraires, philosophiques, historiques ; et cela relève bien souvent de l'art. On peut parler de l'art de la dissertation au baccalauréat comme on parle de l'art oratoire où ce qui est essentiel, c'est la persuasion. On oppose alors la persuasion qui résulte de méthodes, voire d'astuces plus ou moins honnêtes, et la preuve qui s'adresse uniquement à l'intelligence.

Astuce : petite invention qui suppose de l'ingéniosité.

• Historiquement la dissertation en tant qu'exercice demandé aux élèves des grandes classes a bien pour origine la rhétorique dont l'objet est le discours. **Platon** a stigmatisé la rhétorique (dont les Sophistes se faisaient à son époque les défenseurs et les propagateurs) en lui reprochant de se donner pour but de persuader le lecteur ou l'auditeur même si ce dont il faut le persuader est faux. Le « rhéteur » est comparable au pâtissier, dit-il, et le philosophe au médecin ; jugé par le grand public, il est clair que l'un obtiendra tous les suffrages, l'autre aucun.

Pâtissier contre médecin !

• Nous retrouvons dans cette polémique ancienne le fondement exact des jugements habituels concernant l'épreuve de philosophie au baccalauréat : vous imaginez qu'il s'agit de plaire à l'examinateur, qu'il faut par conséquent le flatter et que, la meilleure flatterie consistant à lui renvoyer sa propre image, puisqu'il s'agit d'un professeur de philosophie il s'agit de deviner et d'exposer avec des fleurs (rhétoriques) les « idées » de ceux avec lesquels il est en sympathie : les philosophes !

• Tout ceci comporte, il serait absurde de le nier, une part de vérité. Mais à vous en tenir là vous risquez de commettre de bien mauvaises dissertations, l'erreur la plus grave étant de considérer le correcteur comme disposé à se laisser trop aisément manipuler.

• Une autre remarque d'ordre historique s'impose. La dissertation est apparentée à l'art oratoire : elle suppose une maîtrise du discours et de ses procédés. Elle renvoie donc, qu'on le veuille ou non, aux pratiques d'une époque et d'une société déterminées dans lesquelles le langage et surtout « le beau langage » est un pouvoir. Or il existe des règles d'accès au pouvoir, des processus de sélection des « élites ». En France, la classe terminale des lycées dans laquelle prédominait la philosophie, dénommée, jusqu'à une période récente, « rhétorique », consacrait l'acquisition d'une culture et constituait la dernière épreuve avant l'accession aux études supérieures destinées à former l'élite, à laquelle du reste la plupart des élèves appartenaient déjà par leur famille. Il y a là une des raisons qui expliquent les passions que soulève encore la dissertation de philosophie... bien qu'aujourd'hui cet exercice soit largement délaissé comme moyen de sélection sociale au profit des mathématiques, sous le prétexte assez discutable que ce mode de sélection serait plus démocratique : il n'est pas besoin dit-on pour résoudre un problème de mathématiques de savoir discourir, il suffit de raisonner juste. Comme si l'on pouvait raisonner sans savoir parler !

L'ouvrage de P. Bourdieu (Fayard) : « Ce que parler veut dire » présente une réflexion stimulante sur le pouvoir des mots.

• La maîtrise d'un ensemble de règles et une culture philosophique permettent de réussir cet exercice — ce qui donc suppose un travail assidu. Pas plus qu'il n'existe de méthode a priori pour résoudre un problème mathématique il n'existe de méthode passe partout pour traiter la dissertation philosophique.

2. UN EXERCICE... SCOLAIRE !

Donc d'une certaine façon il s'agit d'un genre artificiel qui consiste à développer par écrit une réflexion qui doit successivement poser et résoudre un problème.

La fonction de cet exercice est de montrer que : 1. Vous êtes capable de raisonner 2. Vous êtes capable d'utiliser vos connaissances

- mener une réflexion personnelle, ce n'est ni un exercice de mathématiques, ni une œuvre de la spontanéité personnelle ; Vous faites acte de réflexion en élucidant la question posée, en mettant à distance préjugés, opinions communes, en saisissant ce qui fait problème dans la question ;
- mettre en ordre des idées afin de déterminer et de résoudre — dans la mesure du possible — un problème précis qui suppose pour sa solution le parcours d'un certain nombre d'étapes à l'inverse d'une question à laquelle on peut répondre immédiatement :
- discuter les solutions écartées : la dissertation relève d'une certaine façon du dialogue.

• ***Vous êtes capable d'utiliser vos connaissances :***

C'est-à-dire de les mobiliser et de subordonner leur exposition aux nécessités de la problématique choisie.

SECTION II : SENS ET SIGNIFICATION

TYPES D'ÉNONCÉS

• ***La lecture des annales de baccalauréat conduit à observer qu'il existe plusieurs types d'énoncés :***

— ***Une notion ou plusieurs notions*** présentées ou non sous une forme interrogative.

- Être majeur, être adulte : quelles différences faites vous entre ces deux notions?
- L'œuvre d'art et l'objet technique.
- Les rapports du langage et de la pensée.
- Comprendre, découvrir, créer.

— ***Une question :***

- Croyez-vous qu'il existe des peuples sans histoire?
- Y a-t-il quelque chose d'injuste à supporter passivement d'être l'objet d'une injustice?
- Peut-on concilier liberté et égalité dans la vie sociale?
- Le fou, le primitif, l'enfant : que nous apprennent-ils sur l'homme?
- Pourquoi les sciences humaines se voient-elles parfois refuser le nom de sciences?

— ***Une citation suivie d'une question :***

- « Quelle vanité que la peinture qui attire l'admiration par la ressemblance des choses dont on n'admire pas les originaux ». Que pensez-vous de cette affirmation de **Pascal?**
- « Dans une démocratie le citoyen ne doit obéissance qu'à la loi et si la loi s'abaisse ou s'égare qu'à sa conscience ». Qu'en pensez-vous?
- « La propriété c'est le vol ». Qu'est-ce à dire?
- « Il n'y a pas de vérités premières, il n'y a que des erreurs premières ». Pourquoi?

Simplicité de la formulation...

• ***Tous ces types de sujets ont en commun une caractéristique apparemment positive, mais en fait négative : ils ne comportent pas de termes techniques qui pourraient d'emblée susciter l'embarras.*** Ils sont au contraire constitués de termes simples, usuels. Ces questions semblent souvent ne requérir aucune connaissance spécialisée pour être traitées. En fait ces premières remarques doivent être nuancées, car tous ces sujets renvoient (mais de façon implicite) à une problématique, à une philosophie, voire à un ouvrage à la mode!

Ce n'est pas à dire que pour les traiter il soit indispensable de les connaître, mais que c'est tout de même dans une perspective, d'un point de vue, avec un horizon bien particuliers qu'ils ont été formulés.

• En Bref : ***il y a une règle fondamentale pour choisir votre sujet : connaître la problématique qui rend ce sujet possible,*** pas nécessairement dans ses détails mais au moins dans ses grandes lignes. Il faut écarter assez systématiquement les questions qui semblent « générales », celles dont on identifie mal la provenance, ***car la dissertation est un exercice qui permet de vérifier la qualité d'une réflexion, la logique d'une argumentation, la maîtrise des connaissances.*** Cela n'a rien à voir avec un album de souvenirs, avec un inventaire de lectures, avec un jeu de hasard.

... Mais connotations et problématique sous-jacentes.

Voici deux exemples de ces questions qui renvoient en réalité à un savoir préalable, de ces sujets ***qui peuvent être inscrits dans un contexte précis alors que leur formulation semble inviter à une réflexion toute personnelle.***

— ***Croyez-vous qu'il existe des peuples sans histoire?*** Ce sujet repose sur une allusion à un ouvrage de **Claude Levi-Strauss** « La pensée sauvage » dans lequel l'auteur oppose les sociétés qui se situent dans une échelle de temps, qui privilégient l'accumulation et le développement des connaissances historiques, à celles qui se pensent par rapport à un ensemble de mythes, stables, sans devenir, et qui donc sont closes, répétitives et repliées sur elles-mêmes. Cette distinction repose sur un ensemble de données historiques et ethnologiques dont il est impératif d'avoir quelque notion... même si ce n'est pas dans l'ouvrage cité et dans lui seul qu'il faut les rechercher.

— ***Y a-t-il quelque chose d'injuste à supporter passivement d'être l'objet d'une injustice?*** Il s'agit là de la reprise point par point d'une œuvre de **Platon :** Le ***Gorgias*** où s'affrontent **Socrate** et **Calliclès.** Le premier soutient la thèse suivante : il vaut mieux subir l'injustice que la commettre. Son interlocuteur s'emploie à démontrer la fausseté de cette assertion en distinguant la justice « selon la nature » et la justice « selon la loi ». La connaissance de ce texte fournit là encore un ensemble de données, faute desquelles on risque de se livrer à des considérations générales sur la justice et l'injustice... Mais ici encore tant d'autres auteurs ont lu ce texte que cette discussion, sous d'autres formes, vous pouvez la reconstituer sans avoir lu **Platon**!

• ***Comment expliquer le caractère souvent peu précis des questions posées?***

Raison du caractère général des énoncés.

Certains déplorent le caractère « général » des énoncés. Il contribue largement à accréditer une idée que nous dénoncions dans la première section : il serait inutile de travailler sérieusement, tout serait affaire de chance et d'inspiration au moment même de l'examen. Mais cette observation est discutable : en fait, les énoncés ne sont « imprécis » qu'en apparence et, d'autre part, ce type de formulation présente certains avantages.

LA DISSERTATION
SECTION II
SENS ET SIGNIFICATION

Les auteurs des énoncés sont des professeurs de philosophie ; ils sont habitués à se mouvoir dans des questions variées et cette habitude explique qu'ils perçoivent immédiatemment les implications du sujet, tandis que ces implications restent ignorées de leurs élèves ou sont perçues par eux tout autrement. Lorsque j'entends par exemple que « l'on n'apprend pas la philosophie » surgit à mon esprit la fin de la citation de **Kant** « on apprend seulement à philosopher » et la question « classique » des rapports de la science et de la philosophie, puis l'étude de la conception qui voit dans la philosophie la première des sciences, et les raisons qui expliquent le rejet de cette position. Au contraire, un débutant risque d'être désarçonné par l'énoncé du sujet. Les évidences ne vont pas de soi : ***est évident ce avec quoi une longue pratique a familiarisé, il n'est pas d'évidence pour un esprit vierge ; donc cet état de fait oblige le candidat à se donner une culture philosophique.***

Une autre raison de l'apparente imprécision des énoncés nous semble plus légitime. Le programme de philosophie comporte l'étude de certaines notions et non pas obligatoirement l'étude de certains textes philosophiques, sauf pour tel élève en particulier, pour l'oral de contrôle; mais alors son choix peut être effectué dans un ensemble très large et seulement indicatif de textes. Sans doute l'étude des notions du programme repose-t-elle très souvent en classe sur l'examen de certains textes mais une marge de choix subsiste pour le professeur. On peut par exemple centrer l'étude de la religion sur les preuves de l'existence de Dieu telles qu'elles ont été formulées par **Saint Anselme** et par **Descartes** puis critiquées par **Kant ;** ou encore centrer cette étude sur les rapports de la religion et de la société tels qu'ils ont été décrits par **Spinoza,** puis par **Marx,** par exemple. Le langage peut être étudié dans ses rapports à la pensée, ou à l'écriture, ou comme un exemple de la fonction symbolique. Nul cours ne peut être exhaustif : il y est choisi une problématique particulière que le professeur s'attache à légitimer et à illustrer. Les sujets de baccalauréat doivent tenir compte de cet inévitable diversité des approches, et voilà qui explique et justifie le caractère général des libellés.

Enfin, il est une autre raison de « l'imprécision » des sujets qui est peut être prépondérante. Depuis un certain nombre d'années plutôt que d'enseigner des doctrines philosophiques ou d'enseigner comme ce fut longtemps le cas la psychologie, la logique, la morale, la métaphysique, il faut en principe susciter la réflexion, provoquer une participation accrue des élèves dans l'élaboration, voire la solution, des questions. Or, ce faisant, on est tenté d'oublier que les élèves de Terminale ont déjà un ensemble de connaissances, d'idées, de croyances qui orientent nécessairement leur réflexion et déterminent par là-même le sens de leurs questions. Le cours de philosophie peut favoriser une prise de conscience de tous ces éléments implicites et rendre l'élève sensible à la possibilité d'autres points de vue.

On vous demande un exercice intellectuel, non l'exposé de vos convictions

Quand on demande : que pensez-vous de? A votre avis qu'en est-il de? Croyez-vous que? etc. Ce n'est pas pour inciter à ***prendre tout à fait au sérieux la proposition en question, puisqu'il s'agit précisément de mettre cette proposition à la question !*** Une conception trompeuse de l'enseignement est en jeu quand on fait mine d'oublier le caractère « d'école » de la question, et quand on prétend juger le candidat sur une opinion personnelle. ***C'est l'exercice et non le candidat qui peut être jugé, son devoir de philosophie et non sa philosophie.***

Il suit de là que le premier travail consiste à convertir une question souvent générale et vague en un problème précis.

La dissertation consiste donc toujours, à partir de la question, à élaborer un problème et un seul — et à organiser les éléments sucessifs acheminant vers la réponse de sorte que, préalablement à la recherche du plan il faut engager la recherche du problème qui correspond à la question posée.

COMPRENDRE LA QUESTION. DÉGAGER LE PROBLÈME.

Une difficulté centrale tient à ce qu'il est malaisé pour qui ne l'a pas formulée de dégager le sens d'une question.

Tout énoncé suppose un émetteur (celui qui profère l'énoncé) un contenu (l'énoncé lui-même) et un récepteur.

De là **une distinction essentielle : celle de la signification et du sens.**

Lorsque je dis « il est midi » cet énoncé a une signification précise pour ceux qui connaissent la langue française et elle peut être exprimée dans beaucoup d'autres langues. Est-ce à dire que cela suffise à épuiser le sens de mon propos? Nullement. Car je m'adresse à quelqu'un, par exemple à un professeur à qui je voulais faire entendre « il est temps de s'arrêter », ou bien à un ami, capable de réaliser qu'il risque de me faire manquer un train et auquel je voulais dire « je dois me dépêcher ».

C'est l'ensemble des entendus et des sous entendus qui constitue le sens de l'énoncé et il demande pour être compris la connaissance du contexte. La compréhension de la signification linguistique est quant à elle générale et ne préjuge pas toujours du sens.

Cette distinction permet de saisir que pour comprendre la question : « quel est le sens de tel ou tel énoncé? » sont nécessaires, outre la connaissance du vocabulaire, celle de l'émetteur et du récepteur. **Un bagage culturel philosophique est par conséquent indispensable.** A l'examen, la question est posée par des professeurs, elle s'adresse à l'élève, il ne faut pas l'oublier, même si, pour des raisons qui ont été soulignées plus haut l'énoncé paraît naïf et non philosophique.

Le premier exercice sera de convertir la signification en sens, ce qui conduira d'ailleurs presque toujours à dégager le problème contenu dans la question.

Il est indispensable pour l'effectuer de connaître le contexte de l'énoncé, à tout le moins d'imaginer ce qu'avaient à l'esprit ceux qui l'ont formulé.

QUELQUES EXEMPLES CARACTÉRISTIQUES

■ *Le fou, le primitif, l'enfant : que nous apprennent-ils de l'homme ?*

Chardin : L'enfant au toton

La signification des termes semble ici aller de soi : un examen attentif révèle cependant des idées implicites. Le fou ? ce terme à la connotation péjorative désigne objectivement le malade mental. Et nous savons (ou devrions savoir) que si nous l'appelons fou c'est parce que nous l'excluons de notre communauté, parce qu'il transgresse les normes et d'une certaine façon inquiète. Cette dénomination protège et délimite le normal par rapport au pathologique. Il en est de même pour le terme de primitif. Les études ethnologiques récusent ce terme mais il évoque avec persistance l'idée d'un être proche de l'animalité dont, à coup sûr, nous sommes très éloignés : ce serait le degré le plus bas de l'échelle humaine. L'enfant ? Le terme est assez neutre, mais l'utilisation simultanée des trois vocables invite à l'interprétation suivante : les êtres auxquels pour diverses raisons nous ne nous identifions que rarement ou pas du tout, qu'est-ce que leur étude peut nous apprendre sur l'homme ? (Sous-entendu : l'homme sain d'esprit, civilisé, adulte).

L'auteur de la question en a choisi les termes pour piquer l'auditeur par une sorte de provocation : il s'agit de montrer à « l'homme », l'homme imbu de ses qualités, donc tout un chacun, qu'il considère un peu trop vite qu'il n'a rien à voir avec des êtres étranges, méprisables ou inachevés. Le sens de la question apparaît alors : ces êtres qui sont tous en marge de l'humanité telle que l'opinion commune la pense idéalement, leur étude ne s'avère-t-elle pas utile à la connaissance de soi ?

De là une reformulation de l'énoncé : la psychiatrie, l'ethnologie, la psychologie de l'enfant qui ont pour objet : la première, celui qui est hors des normes sociales, la deuxième celui qui est socialisé autrement, et la dernière celui qui ne l'est pas encore, que nous apprennent-elles sur l'homme ? c'est-à-dire sur sa nature. Nous sommes invités alors à réfléchir sur la nature humaine et donc sur sa définition habituelle : l'homme est-il essentiellement et à jamais raisonnable, civilisé, adulte ? ou plutôt ces trois qualités que nous nous plaisons à lui reconnaître sont-elles universelles, innées ou procèdent-elles d'une histoire, voire d'un ethnocentrisme culturel ?

Ainsi se trouve dégagé le sens d'une question. On peut convenir que cette opération qui consiste en une ***prise de conscience des diverses connotations des termes utilisés*** ne nécessite dans l'exemple cidessus aucune connaissance vraiment spécialisée, mais il n'en est pas toujours ainsi.

LA DISSERTATION
SECTION II
SENS ET SIGNIFICATION

■ ***Existe-t-il de belles choses ou y a-t-il seulement une belle représentation des choses?***

• ***La question posée ici est paradoxale.*** C'est-à-dire qu'elle va plus ou moins heurter l'opinion commune. Mettre en doute l'existence des belles choses voilà qui peut vous surprendre ; ou encore penserez-vous c'est le propre de la philosophie que de lancer cette sorte de jeu de mots.

Mais prenons-nous en à l'opinion commune selon laquelle il est possible d'énumérer de belles choses (fleurs, paysages, tableaux, poèmes, etc.) le propre de l'art étant de représenter ces belles choses. Il y aurait donc un beau. On pourrait sinon le définir du moins le décrire. Il se présenterait à nous d'une façon aussi évidente qu'une chose dans la perception. En ce cas nous devons nécessairement conclure que l'on peut faire une liste objective des belles choses et qu'il ne peut y avoir de discussion à leur propos. Il existerait d'indiscutables beautés de même qu'il y a par exemple des démonstrations mathématiques : tous s'accordent sur leur vérité.

Pour les belles choses, et vous le savez bien, il n'y a rien de tel. L'expérience nous le montre : tel paysage émeut l'un et laisse l'autre indifférent, telle poésie jugée sublime hier peut demain me paraître grandiloquente. Nous faisons constamment l'expérience de la diversité voire de la contradiction de nos jugements respectifs, et même de nos impressions successives, sur le beau. On est tenté de dire devant un jugement différent du nôtre : je ne sais pas si cela est beau, mais cela me plaît.

• ***Cette réflexion nous conduit à revenir à la question posée.*** Elle pourrait se formuler maintenant de façon plus convaincante ; l'on peut bien demander en effet : le beau est-il dans le spectacle ou dans l'œil qui regarde? Répondons affirmativement à la deuxième partie de la question. De nouvelles questions surgissent. Car si le beau est seulement dans l'œil qui regarde et donc subjectif comment expliquer l'évidence qui envahit devant la chose ou l'œuvre? Se peut-il qu'un goût purement subjectif puisse s'imposer avec tant de force! Et comment alors expliquer que nous soyons prêts non seulement à discuter mais encore à nous disputer pour défendre notre jugement sur la couleur de..., notre goût pour...?

• ***Revenons encore à la question posée.*** Le terme de représentation n'est-il pas bien au centre du sujet? Une représentation c'est d'abord l'action de mettre devant les yeux ou l'esprit de quelqu'un. Par exemple dans une représentation théâtrale, il y a une certaine distance, les personnages existent librement devant nous. La représentation s'adresse à la vue et à l'ouïe c'est-à-dire à des sens désintéressés, spirituels, si on les oppose au toucher qui s'approprie, voire use l'objet.

Mais la représentation en un sens plus précis c'est aussi le fait de rendre sensible un objet absent ou une idée au moyen d'une image, d'une figure, d'un signe. Apparaît ici l'idée d'une transposition, d'une existence sur un autre registre que celui de la perception commune. On peut justement noter que la beauté qui s'impose à nous dans une œuvre d'art n'a parfois aucun rapport avec ce qu'elle représente. Nous trouvons belle certaine nature morte représentant des fruits alors que des fruits semblables posés sur une table ne nous inspireraient peut-être même pas le désir de goûter.

Kalf : nature morte

• Enfin vous pouvez remarquer qu'il est question de « belles choses » au pluriel, et de la « belle représentation » des choses au singulier. Ce ne sont pas les roses qui sont belles mais la représentation qu'en donne le poète et qu'il nous fait découvrir. Et puisqu'il s'agit avec cette question d'étudier le caractère contradictoire de l'expérience esthétique, cela sera grandement facilité par la connaissance d'une thèse kantienne dont la question posée reprend sous forme interrogative une affirmation centrale : il n'y a pas de belles choses, il y a seulement une belle représentation des choses.

Avouons ici que la compréhension exacte du sujet est largement facilitée par la connaissance de la théorie kantienne du beau et du jugement esthétique, qui est développée dans la première partie de la « Critique de la faculté de juger ». Mais vous avez pu comprendre en analysant l'énoncé qu'il est possible sans avoir lu cette œuvre de parvenir à une formulation correcte des idées qui donnent tout son sens au sujet.

Ces exemples étaient destinés à vous faire percevoir les difficultés que présentent les énoncés d'apparence simple.

A utiliser en début d'année.

A utiliser à partir du 2e trimestre.

Les deux sections suivantes ont pour fonction de vous montrer comment aborder un sujet :

• ***La section III*** de ce chapitre, ***«Les matériaux de la dissertation»*** vous explique comment procéder ***lorsqu'on aborde la philosophie*** et que l'on a encore fort peu de connaissances. Il sera donc opportun de travailler à partir des conseils donnés dans cette section au début de l'année.

• ***La section IV. «Au cœur de la démarche philosophique»*** vous permet d'approfondir votre compréhension des énoncés en les situant dans une problématique philosophique précise. L'exploitation de ce chapitre ne sera, nous semble-t-il vraiment possible que ***lorsque votre culture philosophique commencera à s'étoffer*** — disons à partir du 2e trimestre.

SECTION III :
LES MATÉRIAUX DE LA DISSERTATION

Comparons la rédaction d'une dissertation à une construction. Il faut ici et là des matériaux divers, un plan (plus ou moins original) et du métier, ou bien beaucoup d'acharnement.

Je me propose de vous parler des « matériaux » de la dissertation. Il y en a de deux types : les uns sont absolument fondamentaux, les autres ont plutôt pour fonction d'illustrer, d'agrémenter l'ouvrage.

I. LES MATÉRIAUX DE BASE

Vous trouverez ces matériaux de base dans le cours de votre professeur, mais aussi par l'étude du vocabulaire, grâce à l'histoire de la philosophie, et dans les ouvrages techniques.

A - ÉTUDE DU VOCABULAIRE

En parcourant un énoncé, il faut d'abord examiner les concepts principaux à l'aide d'une étude de vocabulaire qui peut comporter les rubriques suivantes :

1. - Sens fondamental du mot

Ce qui viendrait à l'esprit en premier lieu si le contexte ne jouait aucun rôle

Ce concept recouvre plusieurs idées :

a - sens étymologique, à condition qu'il soit utilisable : il est inutile d'écrire que « exister » vient du latin « existare »,

b - sens premier, le plus ancien dans la langue,

c - sens central, autour duquel les autres sont censés rayonner.

2. - Sens spécifique

Souvent le plus fréquent mais dérivé du sens fondamental.

3. - Inventaire du concept

Mots de la même famille, synonymes (n'oubliez pas que le sens est souvent déterminé par différence avec les concepts voisins) antonymes, c'est-à-dire contraires.

Pendant l'année, faites ce travail à l'aide d'un dictionnaire de la langue française :

Robert ou **Larousse** par exemple : je ne vous recommande pas d'effectuer — du moins dans cette première phase — vos recherches dans un dictionnaire philosophique : la consultation et l'utilisation d'un tel dictionnaire pour être profitables exigent que l'on ait déjà formulé soi-même des questions précises, faute de quoi l'on se trouve noyé dans ce qui apparaîtra comme une avalanche de termes techniques et de doctrines à la queue-leu-leu.

Ainsi que vous le montre la lecture des annales du baccalauréat, les énoncés ne comportent que rarement des termes techniques, c'est là une de leurs principales difficultés : on croit comprendre immédiatement et on risque de s'égarer dans des faux sens, voire des contre-sens et presque à coup sûr on ne percevra pas en quoi l'énoncé présente des difficultés à résoudre.

Pour chacune de vos recherches, prenez l'habitude de noter dans ce que vous rencontrerez ce qui est nouveau pour vous, sur un cahier réservé à cet usage.

Illustration : « Qu'est-ce que le travail ? »

« Les cinq adjectifs indolent, nonchalant, négligent, paresseux, fainéant, expriment un défaut contraire à l'amour du travail. Voilà l'idée commune qui permet de les employer l'un pour l'autre. Mais si l'on veut de la précision dans les termes, alors la synonymie disparaît : on est indolent par défaut de sensibilité, nonchalant par défaut d'ardeur, négligent par défaut de soin, paresseux par défaut d'action, fainéant par antipathie de la peine ».

Traité de littérature de **Lefranc,** *1842.*

Sens fondamental	
a) étymologie	latin tripalium : instrument de torture.
b) sens premier	état de celui qui souffre, qui est tourmenté douleur de l'accouchement « femme en travail ».
c) sens central	activité humaine qui a pour but de produire quelque chose d'utile.
Sens spécifique	activité professionnelle rétribuée.
Inventaire du concept	
a) mots de la même famille.	travailler, travailleur.
b) synonymes	ouvrage, labeur, tâche, besogne, métier, fonction.
c) antonymes	inaction, repos, oisiveté, loisir, chômage.

LA DISSERTATION
SECTION III
LES MATÉRIAUX

Comment exploiter ce tableau?

a) vous dégagez plusieurs idées

Exploitation de l'étude du vocabulaire :

dégager des idées...

- le travail est une activité humaine
- seul l'homme travaille-t-il? qu'en est-il de l'animal?
- en vue d'obtenir quelque chose qui n'est pas immédiatement donné (objet utile, salaire).
- Qui, donc, suppose la représentation d'un but à atteindre et la transformation d'un matériau brut.
- Qui suppose un effort durable, pénible, imposé (labeur, tâche, ouvrage) → contrainte, absence de liberté.
- Qui peut être librement choisi, où l'individu se réalise (métier) → le déterminisme social n'est pas absolu.
- On lui oppose le repos → le travailleur repose, comme une machine refroidit.
- On lui oppose le loisir → l'individu accomplit alors, dans le loisir, une activité qui lui plaît, qui n'est pas assujettie à un but particulier.
- On lui oppose aussi le chômage → plus de travail, plus de salaire mais aussi sentiment d'inutilité, dévalorisation de celui qui n'a plus de travail.

b) A partir des idées que vous venez de dégager, vous pouvez formuler plusieurs questions.

...Puis des questions.

- le travail est-il une activité spécifiquement humaine?
- pourquoi travaillons-nous? sans oublier que la question « pourquoi? » appliquée aux activités humaines désigne à la fois la cause et le but.

Cette recherche préliminaire permet de problématiser la question posée :

Elle débouche sur tout un ensemble de sous-questions qui sont autant de thèmes de recherche.

Il va de soi que dans la rédaction définitive vous devez seulement faire mention des éléments qui s'insèrent utilement dans l'exposé. ***L'étude du vocabulaire ne doit jamais être une fin en soi mais un moyen d'élucider la question.***

Exercice :

Effectuer une étude de vocabulaire sur les énoncés suivants :

- organisme et machine,
- l'illusion.

B - L'HISTOIRE DE LA PHILOSOPHIE.

Devant un sujet beaucoup d'entre vous réagissent de la façon suivante : ils observent que le sujet a été traité par **Aristote, Hegel, Marx, Sartre,** etc., et dans un accès affligeant d'humilité ils se disent, ou à peu près : « je vais écrire tout ce que je sais de ces auteurs, car il vaut probablement mieux exposer les théories de ces philosophes que mes idées personnelles ! ».

Il est absurde de se précipiter de cette façon sur les cours, les manuels et les histoires de la philosophie. Cette démarche est vaine et pour plusieurs raisons :

Rappel au sujet d'une erreur à éviter !

- le devoir sera une simple juxtaposition de bribes de doctrines avec pour seul fil directeur l'ordre chronologique,
- le devoir se terminera par épuisement des matériaux,
- enfin et surtout cette énumération fastidieuse tend à prouver que non seulement l'on n'a pas pris la peine de réfléchir mais encore que l'on considère les doctrines philosophiques comme autant d'articles de bazar qu'il faut avoir acheté pour « faire bien » aux yeux du correcteur.

« L'ignorance vaut mieux qu'un savoir affecté » **Boileau.**

En bref cette manière de procéder peut conduire au désastre. Car, s'il est vrai que le correcteur attend que vous fassiez preuve (et non pas étalage !) de vos connaissances, rien ne l'irritera davantage que de voir expédiée en quelques lignes une philosophie dont il connaît, lui, la complexité et la difficulté.

Les références à l'histoire de la philosophie permettent...

• *Comment, alors, utiliser l'histoire de la philosophie ?*

... de gagner en rigueur...

L'analyse sémantique vous a aidé, à partir de l'énoncé, à dégager de multiples idées. Soyez assuré que les philosophes ont eux aussi utilisé ces idées. Certes, ils l'ont fait avec une conscience plus exigeante que la nôtre : leurs œuvres tentent de les utiliser d'une façon systématique. ***Elles nous offrent dans cette mesure un exemple, voire un modèle de réflexion sans complaisance dont la connaissance stimule notre propre recherche, l'empêche de s'enliser dans la voie trop facile du lieu commun, du poncif;*** il est évident que le seul résumé, si bien fait soit-il, ne nous permet pas de percevoir ce caractère de l'œuvre philosophique.

Dans la première partie de l'ouvrage nous avons souligné deux points : la nécessité de fréquenter assidûment les textes philosophiques, et particulièrement la philosophie avec laquelle vous vous sentez en affinité, la nécessité aussi d'étudier des textes à partir d'une grille de lecture qui dégage les idées-forces, la nature de l'argumentation, etc.

C'est à présent que vous pouvez tirer parti de ces fréquentations et de votre travail.

LA DISSERTATION
SECTION III
LES MATÉRIAUX

• ***Faire référence à l'histoire de la philosophie est approprié, dans la progression de votre propre réflexion, si elle l'approfondit, l'éclaire, l'illustre.***

... d'approfondir et d'éclairer.

Reprenons l'énoncé « Qu'est-ce que le travail ? »

Vous êtes peut-être à même, après avoir procédé à l'étude sémantique, d'enrichir, de préciser les questions que vous avez vous-même formulées par une référence à la philosophie de **Marx.**

Il ne s'agit pas, bien sûr, vous l'avez compris, d'écrire : **Marx** a étudié cette question, etc., mais plutôt :

« Le travail est une activité spécifiquement humaine, pourtant nous sommes tentés de penser que l'animal, lui aussi, travaille. » Qu'est-ce donc qui distingue essentiellement le travail humain du travail animal ? A cette question, **Marx** ***apporte sous forme de boutade une réponse qui peut nous éclairer :***

« La différence qu'il y aura toujours entre le travail de l'abeille la plus habile et le travail de l'architecte le plus maladroit, c'est que l'architecte porte d'abord sa maison dans sa tête » ; cela revient à dire que l'homme n'agit pas poussé par l'instinct mais qu'il se représente son action comme moyen d'atteindre un but préalablement fixé et par suite il lui est possible de se penser comme distinct de ce qu'il fait.

Le travail de l'abeille est une manifestation de sa nature biologique, il n'y a donc pas de dissociation entre l'abeille et le rayon de miel, par contre le travail de l'architecte renvoie à un plan préalable, lui-même lié aux possibilités de la technique, aux goûts et aux valeurs d'une société particulière, bref à une histoire, non à une nature...

Vous vous demandez peut-être si, dans certains cas, une référence à une philosophie bien déterminée ne s'impose pas. Ici par exemple vous pouvez imaginer que la référence à **Marx** est obligatoire. Il est vrai que des philosophes se sont attachés avec prédilection à telle ou telle question et que nous trouvons assez vite davantage matière à réflexion dans la fréquentation de **Marx** que dans celle de **Descartes** ou de **Schopenhauer** pour traiter la question du travail.

• ***Pourtant tout dépend des connaissances que vous avez :***

Vous avez peut-être étudié ***un texte d'*****Aristote** sur l'esclavage dans lequel le travail est présenté comme une activité servile et provisoire « Si chaque instrument pouvait sur un ordre reçu ou par une vue anticipée accomplir son ouvrage... si les navettes tissaient toutes seules... les chefs de famille n'auraient pas besoin d'esclaves ». [Aristote, Politique I. 13] ;

ou encore un texte de **Descartes :**

montrant que par la science et ses applications techniques l'homme se rend « comme maître et possesseur de la nature ».
[Discours de la méthode, 6e partie .] ;

***ou encore un texte de* Locke :**

« toutes les fois qu'un homme fait sortir un objet de l'état où la nature l'a mis et laissé, il y mêle son travail, il y joint quelque chose qui lui appartient et de ce fait, il se l'approprie. Cet objet se voit adjoindre par ce travail quelque chose qui exclut le droit commun des autres hommes ». [Second traité sur le gouvernement civil — Ch.5 — paragraphe 7].

Autant de références qui sont parfaitement utilisables pour notre sujet.

La référence vaut par sa précision

Mieux vaut dans tous les cas et sans aucune hésitation la référence précise à un texte assez bien lu pour vous permettre d'étayer ou d'illustrer votre pensée, que le résumé de la doctrine du philosophe qui serait le « spécialiste » de la question, mais que vous ne connaissez pas.

Exercice

En fonction des questions suggérées par l'étude du vocabulaire, tenter de construire un développement qui tienne compte de ces citations d'**Aristote**, de **Descartes** et de **Locke.**

Cela pourrait donner :

- **Aristote**

Les auteurs de science-fiction imaginent souvent des récits dans lesquels des machines très sophistiquées (les robots) travaillent à la place de l'homme et lui offrent par conséquent la possibilité de vivre sans aucune contrainte dans un éternel loisir. Ce rêve, **Aristote** le partageait lui aussi sans doute lorsqu'il écrit « Si chaque instrument... esclaves ». L'esclavage est ici envisagé comme la condition provisoire des hommes que le développement des techniques transformera radicalement.

- **Descartes**

Le travail, cela peut être le métier grâce auquel l'artisan réalisait un chef-d'œuvre, en un sens, une activité privée, personnelle. Dans notre société l'artisan et l'artiste sont encore les témoins de ce type de travail, mais la caractéristique du travail aujourd'hui c'est son aspect technique qui permet d'exploiter et d'utiliser les ressources naturelles, qui permet à l'homme, selon l'expression de **Descartes,** « de se rendre comme maître et possesseur de la nature ».

- **Locke**

Ce que j'ai réalisé par mon travail m'appartient, je puis en faire l'usage qui me plaît et je suis prêt à employer la force pour écarter ceux qui voudraient s'en emparer : c'est que le travail nous paraît être le fondement légitime de la propriété. **Locke** justifie cette thèse dans le deuxième

Essai sur le gouvernement civil... Par le travail l'homme imprime sa marque sur ce qui n'était auparavant que matériau brut, il se reconnaît en somme dans l'objet qu'il a réalisé et c'est pourquoi toute atteinte à sa propriété peut lui apparaître comme une atteinte à sa dignité.

Cette façon de procéder vous convaincra que la référence à l'histoire de la philosophie n'exclut pas la réflexion personnelle.

Doit-on faire référence à plusieurs philosophes dans le courant du devoir?

Limitez-vous!

Même si vous êtes d'accord avec l'une ou l'autre des mini-dissertations qui précèdent, vous conviendrez qu'il est un peu artificiel de faire référence à plus de deux ou trois philosophes et que l'étude attentive et l'exploitation raisonnée de nos références s'opposent en fait à leur énumération.

La référence à l'histoire de la philosophie doit donc :

Mode d'emploi de la référence.

- utiliser des connaissances que vous maîtrisez,
- s'insérer dans votre propre développement,
- de préférence, mais pas exclusivement sous la forme d'une citation brève,
- vous permettre de dégager de nouvelles idées ou d'approfondir celle que vous avez d'abord énoncées.

Les références précises sont des atouts majeurs.

La connaissance de textes précis, même si vous ignorez largement leur contexte et le corps de l'œuvre dans sa totalité, est la condition nécessaire et suffisante de la qualité de vos devoirs.

C - LES OUVRAGES TECHNIQUES :

Il ne s'agit pas ici de traités de mathématiques ou de manuels de physique mais plutôt, soit d'ouvrages de vulgarisation, comme ceux de la collection « que sais-je? », qui font le point sur une question scientifique, technique, etc., soit d'ouvrages de savants ou de spécialistes, qui réfléchissent sur leur pratique en exposant les méthodes, les résultats de leur activité (on peut ici penser aux ouvrages des biologistes **François Jacob** ou **Jacques Monod,** à ceux du mathématicien **Warusfel,** à ceux du linguiste **Oswald Ducrot...** à ceux de l'historien **Henri-Irénée Marrou,** etc.).

Vous trouverez dans la troisième partie du manuel les références de ces ouvrages. Il va de soi que certaines questions, notamment en épistémologie, ne peuvent être traitées que si l'on a une idée claire de leur objet.

Les ouvrages techniques :

Comment utiliser ces ouvrages ?

Les remarques précédentes sur l'utilisation de l'histoire de la philosophie valent ici encore.

En particulier il devrait être exclu de retranscrire tout à trac un développement mathématique, linguistique, biologique ou historique. Il arrive pourtant de rencontrer dans les copies du baccalauréat, avec une fréquence variant selon les séries, des pages entières consacrées à l'exposé d'une démonstration mathématique ou à un cours d'histoire. De tels matériaux permettent tout au plus de tirer à la ligne, de « remplir » quelques pages. Il n'y a pratiquement jamais dans ces cas utilisation de connaissances précises en rapport avec le sujet.

Après avoir procédé à l'étude de vocabulaire, vous avez dégagé idées et questions ; la référence à des ouvrages vous permettra, à partir de là, de ne pas vous égarer dans les généralités ou les à peu près.

Illustration : « L'histoire n'est-elle qu'un roman ? ». Grâce à l'analyse sémantique, transposons l'énoncé en la question suivante : la connaissance objective du passé serait-elle impossible ? Nous pouvons rechercher alors comment un spécialiste définit la méthode historique. Il aurait été absurde de récuser d'emblée le caractère scientifique de l'histoire en adoptant de cette discipline une image caricaturale, même si cette image est presque un lieu commun.

Choisir une référence utile, précise...

Le cours du professeur, votre manuel vous ont signalé l'existence d'ouvrages d'historiens ayant réfléchi au problème de leur discipline. Consultez ces ouvrages à la bibliothèque en lisant la préface ou le premier chapitre pour vous assurer qu'ils traitent bien de la question qui vous intéresse. Si la réponse est positive, consultez la table des matières et lisez attentivement le ou les chapitres correspondant à votre recherche. Ici par exemple notre choix peut se porter sur un « classique » du genre : « De la connaissance historique » d'**Henri Irénée Marrou.** Les quatre premiers chapitres correspondent parfaitement aux questions qui sont les vôtres puisqu'ils étudient en quoi consiste la connaissance historique.

Vous trouvez là l'exposé de problèmes précis auxquels l'historien est confronté, dans quelle mesure il peut les résoudre.

En particulier le chapitre 4 oppose deux types d'interprétation du même document, l'une peut être assimilée à un roman, l'autre peut prétendre au contraire à la vérité. ***Assimilez cette analyse, C'est elle qui vous permettra de savoir exactement de quoi vous parlez lorsque vous allez opposer, dans le courant de la dissertation, l'histoire et le roman.***

Il est parfois inutile de citer expressément l'ouvrage utilisé. Il est presque toujours sans intérêt de transcrire dans leur intégralité les passages sur lesquels on s'appuie.

...et bien l'intégrer dans votre raisonnement.

Tout ici est affaire d'adéquation : la référence, si référence il y a, doit s'insérer dans la progression de votre pensée.

Reprenons notre question initiale.

La connaissance objective du passé serait-elle impossible? Pourtant l'histoire existe comme une discipline qui s'efforce avec ses méthodes propres d'atteindre à l'objectivité. Ainsi, en présence d'un vestige du passé (qu'il s'agisse d'un monument ou d'un texte), comment l'historien procède-t-il pour atteindre son sens, sinon véritable, du moins le plus probable?

L'historien H.I. Marrou nous permet de comprendre en quoi ce travail s'oppose à celui de romancier : le déchiffrement et l'interprétation d'une stèle funéraire, par exemple, suppose que l'historien renonce à l'imagination, qu'il compare cet objet à d'autres de la même nature. Ce faisant il aboutira à une connaissance — qui sans doute ne peut prétendre ni à la certitude de la connaissance mathématique ni même à celle de la méthode expérimentale — mais qui n'en présente pas moins une vraisemblance que l'on n'a pas de raison de contester. Le romancier, par contre, etc..

II. LES AUTRES MATÉRIAUX.

Vous les trouvez principalement dans ***la littérature, l'histoire, l'art, le cinéma, la presse.*** Bien que subordonnés aux précédents, ils ne sont pas à négliger puisqu'ils vous permettent, soit d'illustrer votre dissertation, soit de trouver une façon originale d'aborder un sujet, soit de mettre en valeur une idée. Mais ***en aucun cas ils ne peuvent constituer le matériau principal de votre travail.***

C'est la culture générale qui est ici mise à contribution et à cet égard ***lire une revue, assister à un concert ou un spectacle, aller au cinéma est important.***

Ces activités vous donnent l'occasion de développer votre goût, votre esprit critique, et elles fournissent des matériaux que vous êtes d'autant plus tentés d'utiliser qu'ils sont le résultat d'une activité librement choisie. Vous pouvez vous en servir, ***mais vous avez intérêt à les transposer du vécu, de l'affectif, au conscient, au réfléchi.*** Il vaut mieux éviter de vous laisser porter par vos souvenirs ou par vos goûts ou dégoûts à des digressions rêveuses ou à des confessions sentimentales.

« Il faut suivre sa pente, mais en montant ».
André Gide.

La fonction principale de ces matériaux, avons-nous dit, est ***d'illustrer*** vos développements. Il s'agit de leur donner du relief, de l'éclat. De les empêcher de se perdre dans des généralités ternes et impersonnelles, sans tomber pour autant dans des confessions intimes qui n'ont pas leur place dans une dissertation.

Certains sujets se prêtent mieux que d'autres à l'utilisation de tels matériaux, notamment les sujets sur l'art, sur la morale, sur l'imagination, la violence...

La seule règle à respecter sera de procéder à des références à la fois brèves et précises, votre but n'est pas de vous faire plaisir, de noircir à tout prix du papier.

	n'écrivez pas	*écrivez pas exemple*
Qu'est-ce que le travail?	**Zola** décrit la vie misérable des ouvriers au 19e siècle. Le travail à la chaîne est le sujet de nombreux films.	**Germinal** offre une description saisissante des conditions de travail dans les mines au 19e siècle (...). **Chaplin,** dans les Temps Modernes fait percevoir le caractère inhumain du travail à la chaîne.
Quel usage le poète fait-il du langage?	Le poète utilise les mots d'une façon personnelle.	« Le ciel est par-dessus le toit si bleu, si calme » Comment distinguer cet emploi du langage de la phrase banale : il fait beau, le ciel est bleu?
Faut-il vouloir la paix à tout prix?	L'histoire nous apprend que renoncer à se battre n'aboutit pas toujours à sauver la paix.	Les « accords de Munich en 1938 » sont un parfait exemple, l'histoire ultérieure nous le montre, de ce à quoi peut aboutir un pacifisme à tout prix.
La mort est naturelle. Est-ce évident?		
Le pardon.		

vous de compléter.

LA DISSERTATION
SECTION III
LES MATÉRIAUX

Vous pouvez maintenant, en suivant ces conseils, ***préparer*** chacune de vos dissertations.

Le travail préparatoire consiste à établir une fiche de brouillon — ou mieux ***plusieurs fiches*** — comportant :

1 - Les résultats de votre recherche sémantique.

2 - Des références philosophiques précises.

3 - Des références à des ouvrages techniques.

4 - Des illustrations empruntées à la littérature, au cinéma, à l'histoire.

Ces matériaux vous permettent de nourrir et d'orienter votre réflexion.

Toutefois ils ne prendront toute leur valeur que lorsque vous parviendrez à ***les insérer dans une problématique clairement définie***, car c'est la détermination d'une problématique qui rendra possible l'élaboration du plan (voir la section suivante).

SECTION IV

AU COEUR DE LA DÉMARCHE PHILOSOPHIQUE: situer le sujet dans une problématique, organiser le développement.

I. QUESTION ET PROBLÈME.

La quasi-totalité des sujets de dissertation se présente sous forme de questions. Il faut alors ***convertir une question en problème.*** Qu'est-ce à dire exactement ?

Une question autorise souvent une réponse sans détour.

Quelle heure est-il ? Dix heures. Quel est cet animal ? Un chien...

Mais il n'en est pas toujours ainsi. Supposons que l'on vous demande : quelle est la vitesse à l'arrivée au sol d'un corps qui tombe du 1er étage de la Tour Eiffel ? Étrange question, direz-vous ! Comment y répondre, en effet, à moins de disposer de certains éléments qui n'ont pas été indiqués : la hauteur du 1er étage, la nature de la chute, la valeur de l'accélération de la pesanteur à Paris ?

Par ailleurs (si l'on a étudié son cours de physique...) on dispose de certaines formules mettant précisément en relation l'espace parcouru, le temps mis à le parcourir, la vitesse. Il s'agit ici non pas d'une question mais bien d'un problème de physique.

Un tel problème comporte des éléments connus, d'autres sont inconnus : il faut isoler la difficulté pour la surmonter. ***Le problème requiert pour sa solution une technique appropriée. Il suppose la possession de tout un savoir préalable.***

Pour préciser cette analyse du problème philosophique, lire : « La Connaissance et la Vie », de J. Grenier.

La solution du problème passe par plusieurs étapes et vous savez que ***l'examinateur considèrera comme insuffisante une solution même exacte si tous les raisonnements qui vous permettent d'aboutir au résultat ne sont pas donnés.***

Si, pour les énoncés philosophiques, on adopte le terme de question et non pas celui de problème, c'est pour plusieurs raisons :

- Il n'existe pas en philosophie un savoir de type scientifique reposant sur l'expérimentation pour lequel serait possible un ***accord unanime*** ; donc à strictement parler, il ne peut pas y avoir de solution qui fasse l'accord de tous.

- Alors qu'un problème scientifique peut être en général étudié de façon objective, en ce sens qu'il ne nous concerne pas nous-mêmes, la question philosophique n'est ***jamais*** au contraire ***tout à fait détachée de celui qui la pose;*** car il est, dans ces questions, question de l'homme en ce qu'il a d'essentiel, c'est-à-dire de ses fins, et la science ne résoud pas ce type de question. Je peux certes m'adresser à la diététique si je veux composer un menu équilibré, mais cette science ne peut absolument pas me démontrer que la vie est le bien suprême si j'ai décidé de me laisser mourir de faim.

- Alors qu'un problème scientifique requiert une solution, une question philosophique requiert plutôt une ***prise de position*** c'est-à-dire qu'il s'agit d'un choix que nul savant ne peut effectuer pour mon compte.

- Enfin, et c'est là peut-être la raison déterminante, alors qu'il y a, à chaque étape du développement des sciences, accord sur les principes et les méthodes du savoir, en ce qui concerne la philosophie s'affrontent (selon la distinction établie par **Kant**) deux conceptions antagonistes. D'un côté existe ***un « concept d'école » de la philosophie,*** selon lequel la philosophie est l'ensemble des systèmes philosophiques qui, comme tels, peuvent être étudiés de façon exhaustive, à la façon en somme de n'importe quelle théorie scientifique ; cette conception serait d'une certaine façon celle des spécialistes. D'autre part, existe ***un « concept mondain » de la philosophie*** : il s'agit ici de l'idée que se fait de la philosophie tout homme, même dépourvu de connaissances, idée selon laquelle la philosophie représente l'idéal de la sagesse, idéal auquel chacun peut espérer parvenir. En ce sens les questions philosophiques s'offrent à tout un chacun comme autant d'appels à l'exercice de la pensée. Les philosophes sont alors considérés comme des exemples, voire des maîtres dans de tels exercices, mais il peut sembler arbitraire de comprendre telle ou telle philosophie comme un recueil de solutions modèles.

II. LA THÈSE PHILOSOPHIQUE.

Toutefois il faut remarquer que chaque époque, chaque culture, en liaison avec une représentation du monde, a privilégié certaines questions : par exemple, les penseurs grecs s'interrogent sur la situation de l'homme dans la cité ; les philosophes du XVIIIe siècle sur les rapports de la nature et de la culture ; ceux du XIXe siècle sur le sens de l'histoire. Les questions philosophiques n'apparaissent pas au hasard, elles ne procèdent pas non plus exclusivement du génie de tel ou tel. Elles sont enracinées dans un milieu historique et culturel qui fournit au philosophe autant d'éléments pour la formulation de ses thèses.

LA DÉMARCHE PHILOSOPHIQUE

L'ouvrage de M. Gourinat, « Guide de la dissertation et du commentaire composé en philosophie », développe cette idée de façon systématique.

C'est par rapport à une thèse philosophique que la question doit être transformée en problème, de même que c'est par rapport à un ensemble d'hypothèses qui relèvent d'une théorie que va être posé un problème de physique. Par suite, une question philosophique peut recevoir une solution à l'intérieur d'un système philosophique particulier.

La philosophie de **Kant** permet d'illustrer ces remarques à l'aide de quelques exemples. Selon l'auteur de la ***Critique de la Raison Pure,*** tout homme se pose les questions suivantes, qui recouvrent en fait toutes les interrogations philosophiques possibles : **que puis-je savoir ? que dois-je faire ? que m'est-il permis d'espérer ?** Ces questions paraissent très générales et semblent inviter à répondre par une énumération, mais, en réalité, elles prennent toutes appui sur l'une des thèses centrales de la philosophie Kantienne : « L'homme est un animal rationnel ». Par rapport à cette thèse, chacune de ces questions peut être convertie en problème en raison du contenu même d'une définition qui entend conférer deux caractères contradictoires (animal et rationnel) à l'homme.

Reprenons successivement les trois « questions » :

Que puis-je savoir ? En tant qu'animal mon savoir est tout à fait borné, empirique ; en tant qu'être rationnel, j'aspire à une connaissance universelle et nécessaire. La question se transforme alors en problème : Ma connaissance est-elle inscrite dans les limites de l'expérience ou peut-elle prétendre connaître l'univers ?

Que dois-je faire ? En tant qu'animal j'aspire à des satisfactions immédiates ; en tant qu'être rationnel, je sais que je dois accomplir mon devoir. La question devient ainsi : Suis-je seulement né pour être heureux ou ma destination suprême est-elle d'accomplir mon devoir ?

Que m'est-il permis d'espérer ? En tant qu'animal, ma vie est strictement limitée dans le temps ; en tant qu'être rationnel, je puis l'inscrire dans la catégorie de l'éternité. Le problème se formule alors : Dois-je seulement m'attendre à vivre (et à mourir) comme un animal ou y a-t-il aussi pour moi quelque chose d'éternel ?

« Transformer la question en problème équivaut par conséquent à la présenter sous forme d'alternative à partir de l'énoncé d'une thèse philosophique. La question pourra alors recevoir une solution en fonction d'une problématique précise.

On peut définir la problématique d'un sujet comme l'ensemble constitué par une thèse philosophique, ses présupposés et ses conséquences. » (M. Gourinat, ouvrage cité).

Supposons maintenant que vous n'admettiez pas cette thèse kantienne, et que vous preniez pour référence, par exemple, la philosophie stoïcienne ou le marxisme. Ce sera par rapport à ces problématiques que vous devrez — sinon résoudre — du moins aborder ces questions.

Que dois-je faire ? Pour le stoïcisme, l'homme appartient au monde, donc il doit vouloir ce qui inéluctablement advient. Le problème se formulerait alors : Dois-je me révolter contre ce qui advient ou dois-je vivre selon la nature, c'est-à-dire selon la nécessité ?

Par contre si j'admets la thèse marxiste le problème se formulerait : Suis-je entièrement déterminé par des facteurs sociaux et dois-je me soumettre aux puissances de mon temps, ou bien puis-je entreprendre et réussir un combat contre les plus déshumanisantes d'entre elles ?

La dissertation est certainement un exercice scolaire. Il s'ensuit qu'elle relève du « concept d'école » de la philosophie : elle suppose que celui qui s'y livre est capable de situer le sujet dans sa problématique d'école. ***Mais elle est simultanément un exercice de réflexion et elle relève ainsi aussi du « concept mondain » de la philosophie.*** C'est pourquoi elle ne consiste pas simplement à répondre à une question selon une problématique qui serait tenue pour l'expression d'une vérité irréfragable, mais aussi à mettre à l'épreuve, voire à discuter cette problématique. ***On vous demande donc simultanément d'identifier la problématique du sujet et de répondre à la question en fonction de cette problématique ; et aussi de situer cette problématique par rapport à d'autres possibles. Ce qui ne peut être mené à bien que si l'on dispose d'une réelle culture philosophique.***

III. COMMENT DÉGAGER LA PROBLÉMATIQUE D'UN SUJET?.

Voici une liste de sujets, relevés dans les annales du baccalauréat de ces dernières années, qui ont pour thème commun la liberté :

1. La liberté est-elle inaliénable ?
2. La spontanéité est-elle synonyme de liberté ?
3. Faut-il dire de l'homme qu'il est libre ou qu'il se libère ?
4. La liberté consiste-t-elle à accepter la nécessité ?
5. « L'obéissance à la loi qu'on s'est prescrite est liberté ». Qu'en pensez-vous ?
6. Toute limite rencontrée par l'homme est-elle un obstacle à sa liberté ?
7. Les hommes se croient-ils déterminés parce qu'ils se masquent leurs responsabilités ou bien se croient-ils libres parce qu'ils ignorent les causes de leurs actes ?
8. Qu'est-ce qu'un citoyen libre ?
9. Changer d'avis, est-ce faire acte de liberté ?
10. La liberté n'est pas un droit, c'est un devoir. Que pensez-vous de cette affirmation ?
11. Quelles différences faites-vous entre la liberté et la licence ?

12. La libération de l'homme et finalement sa liberté passent-elles forcément par la connaissance de ses déterminismes ?
13. Peut-on obéir sans cesser d'être libre ?
14. La liberté est-elle le droit de faire tout ce que les lois permettent?

Le jour de l'examen, les sujets ont été proposés en dehors de tout contexte. Il était donc difficile d'en appréhender nettement la portée. Les replacer dans un ensemble de sujets portant sur le même thème permet d'en préciser le sens, à condition cependant d'opérer des regroupements. Une lecture attentive vous montrera qu'il n'y a pas ci-dessus 14 questions entièrement distinctes l'une de l'autre.

Quel regroupement proposeriez-vous ?

Ce qui peut vous guider c'est d'abord l'examen des termes autres que « libre » et « liberté ».

Nous relevons : inaliénable - spontanéité - se libérer - libération - nécessité - obéissance - loi - limite - obstacle - déterminer - causes - responsabilité - citoyen - changer d'avis - droit - devoir - licence - connaissance - permettre.

Nous regroupons les termes qui relèvent du droit (A), le vocabulaire de la morale (B), le vocabulaire enfin qui ne relève pas d'un registre particulier (C) :

A : Inaliénable - obéissance - loi - limite - citoyen - droit - devoir - permettre.

B : Se libérer - libération - connaissance - déterminisme - causes.

C : Spontanéité - licence - changer d'avis - limite - obstacle

Grâce à ce classement, nous pouvons déjà présumer que le concept de liberté commun à tous les sujets ne recouvre pas les mêmes idées :

Par rapport à A = liberté renvoie au domaine du droit, de la politique.

Par rapport à B = liberté renvoie à l'idée d'un effort, d'une conquête qui suppose la connaissance.

Par rapport à C = liberté renvoie à la représentation naïve qui identifierait liberté, spontanéité, licence, etc., et par conséquent à une critique de ces représentations immédiates.

Ces 14 sujets relèvent de problématiques différentes que vous pourrez discerner lorsque votre acquis philosophique se sera étoffé.

Ces problématiques sont instaurées par :

A - La philosophie politique du droit naturel, en particulier celle du XVIIIe siècle.

B - La psychologie freudienne, qui reprend certaines thèses spinozistes.

C - La philosophie stoïcienne qui récuse les représentations naïves de la liberté.

Il va de soi que la question liberté est susceptible d'autres approches, par exemple celles que proposent **Kant** ou encore **Marx**, mais il se trouve que les 14 sujets renvoient plus directement aux trois « écoles » citées.

Développons rapidement ces problématiques en tenant compte du libellé des sujets :

A - Thèse : Être libre, c'est obéir à soi-même, donc à des lois posées par le sujet : « L'obéissance à la loi qu'on s'est prescrite est liberté » (Rousseau).

Présupposés : « L'homme est né libre » (Rousseau) « Renoncer à sa liberté, c'est renoncer à sa qualité d'homme, aux droits de l'humanité et même à ses devoirs » (Rousseau).

Conséquences : La liberté est inaliénable. « La liberté est le droit de faire tout ce que les lois permettent » (Montesquieu).

Vous retrouvez ici six sujets de notre liste : 1 - 5 - 8 - 10 - 13 - 14

De très nombreux sujets reprennent des formules utilisées par des philosophes bien qu'ils ne soient pas présentés sous forme de citation ; par exemple, le sujet 10 reprend en substance la formule de Rousseau, le sujet 14, sous forme de question, une affirmation de Montesquieu.

B - Thèse : Par la connaissance, l'homme peut se libérer des déterminismes qui régissent ses actes.

Présupposés : L'homme fait partie de la nature et comme toute chose naturelle, il est déterminé dans son existence, son comportement et ses pensées.

Conséquences : Il faut dire de l'homme qu'il se libère, non qu'il est libre. Il ne peut pas se réfugier dans l'invocation du déterminisme pour masquer sa responsabilité, ni se croire libre parce qu'il ignore les causes de ses actes.

C - Thèse : La liberté consiste à accepter la nécessité.

Présupposés : L'homme est partie de la nature, œuvre de Dieu. Le sage sait que l'ordre naturel auquel il appartient est nécessaire.

Conséquences : L'opinion commune qui identifie liberté et licence, liberté et spontanéité... est fausse. Elle repose sur l'ignorance.

Vous pouvez vous-même, à présent, distribuer les 14 sujets selon ces trois problématiques.

Si maintenant vous relisez ces questions, vous percevez que la réponse que vous pouvez apporter se situe par rapport à une thèse philosophique.

1. La liberté est inaliénable... si j'admets la thèse qui fait de la liberté un droit inaliénable.
2. La spontanéité est synonyme de liberté... si j'identifie la liberté à un élan vital se développant en dehors de toute contrainte.
3. Je dis de l'homme qu'il est libre... si je vois, comme **Descartes** par exemple, dans la liberté la marque distinctive et innée de l'humanité ; je dis au contraire de l'homme qu'il se libère si je pense que la liberté est une conquête obtenue au terme d'un effort de connaissance.
4. La liberté consiste à accepter la nécessité... si j'adopte la philosophie stoïcienne.
5. L'obéissance à la loi qu'on s'est prescrite est liberté... si j'admets qu'être libre c'est obéir à la loi, et à la loi seule.
6. Toute limite rencontrée par l'homme est un obstacle à sa liberté... si je définis l'homme comme essentiellement être de la nature et non de la société.
7. Les hommes se croient déterminés parce qu'ils se masquent leur responsabilité : le déterminisme est l'alibi de qui refuse sa responsabilité ; ils se croient libres parce qu'ils ignorent les causes de leurs actes : la liberté est alors une illusion.
8. Un citoyen libre est celui qui n'obéit qu'à la loi.
9. Changer d'avis c'est faire acte de liberté... si je pense que la spontanéité est synonyme de liberté.
10. La liberté est un devoir dans la mesure où celui qui renonce à sa liberté s'exclut de l'humanité.
11. Je fais une différence entre liberté et licence si je lie liberté et responsabilité.
12. Voir 3.
13. Voir 5.
14. Voir 3, 5, 8.

Vous aurez peut-être remarqué que les réponses apportées à ces questions sont toutes affirmatives. Ceci ne veut pas dire que vous êtes obligé de les faire vôtres. ***La dissertation comporte nécessairement une discussion, elle implique que les « réponses » soient soumises à un examen.*** Mais pour que la dissertation ne se réduise pas à un bavardage ou a une juxtaposition d'opinions d'emprunt contradictoires, ***il est très important de procéder à l'identification et à la mise en forme de la thèse philosophique principale, celle qui donne sa cohérence au couple question/réponse.***

LA DISSERTATION
SECTION IV
LA DÉMARCHE PHILOSOPHIQUE

Déterminer la problématique du sujet est capital parce que cela permet :

- **d'éviter de voir dans le sujet une simple banalité, de prendre conscience de ce que bien des énoncés aujourd'hui évidents ne sont tels que parce qu'une philosophie en a établi le bien-fondé ;**
- **d'aborder la question à partir du domaine de réflexion dans lequel elle revêt un sens caractéristique ;**
- **de préciser la formulation en tirant au clair les sous-entendus qui la rendent possible ;**
- **enfin de composer l'introduction de la dissertation dont la fonction est d'annoncer l'ordre suivi.**

Soit le sujet n° 1:
« La liberté est-elle inaliénable ? »

Il s'agit d'une question de philosophie politique — plus précisément de cette philosophie qui place au centre de son analyse l'idée de droit naturel.

Dans cette conception, la liberté est une propriété essentielle de l'homme — « l'homme est né libre » — un droit naturel qui ne peut être supprimé sans que soient supprimées du même coup les qualités de citoyen et d'homme. L'homme ne peut renoncer à sa liberté — ici « l'aliéner » c'est-à-dire la donner ou la vendre — sans s'exclure de l'humanité, c'est-à-dire vivre et être considéré comme « une bête ». C'est en ce sens que la liberté est un droit inaliénable.

Mais comment concilier cette thèse avec l'existence d'une société dans laquelle ce sont les représentants du peuple qui légifèrent ? Dira-t-on que le citoyen prête sa liberté à son représentant sans la lui donner ? Il reste qu'il s'en dessaisit, du moins pendant la durée du mandat de son représentant. On en vient donc à s'interroger sur les fondements théoriques de la démocratie.

Soit le sujet n° 13:
« La libération de l'homme et finalement sa liberté passent-elles forcément par la connaissance de ses déterminismes? »

Il s'agit d'une question à laquelle on répondra affirmativement si l'on adopte la problématique freudienne pour laquelle la liberté est une conquête qui passe par la connaissance de l'inconscient.

Connaître l'inconscient suppose la possession d'une technique particulière, voire le recours à un spécialiste, ce qui semble faire de la liberté un privilège. Pourtant si l'homme peut prendre du recul et se saisir comme déterminé, cela indique qu'il existe sur un autre mode que l'objet naturel : il serait donc doté par la nature d'une propriété qui lui permet à tout instant de dépasser ses déterminations. Est-il vraiment légitime de subordonner la liberté à la connaissance ?

• *Exercices*

Reprenez maintenant vous-même cet exercice pour les thèmes suivants : histoire et langage.

A - HISTOIRE

1. L'objectivité est-elle possible en histoire ?
2. « Nous n'avons affaire en parcourant le passé, si étendu qu'il soit, qu'au présent ». Quelle conception de l'histoire cette formule implique-t-elle ?
3. L'histoire peut-elle nous donner des leçons de morale ?
4. Qu'est-ce qu'expliquer un événement historique ?
5. L'idée de progrès peut-elle servir à interpréter l'histoire ?
6. Peut-on dire que ce sont les hommes qui font l'histoire ?
7. L'histoire peut-elle tout expliquer ?
8. Pourquoi le passé est-il sans cesse réécrit par les historiens ?
9. Que signifie l'expression « l'histoire jugera » ?
10. Peut-on parler du sens de l'histoire comme on parle du sens d'un texte ?
11. Faut-il présumer que l'histoire a un sens ?

B - LANGAGE

1. Le langage parvient-il à tout exprimer ?
2. On oppose souvent les actes aux paroles. Est-ce légitime ?
3. Les mots nous éloignent-ils des choses ?
4. Celui qui parle sait-il toujours ce qu'il dit ?
5. Bien parler, est-ce bien penser ?
6. A-t-on raison d'estimer que l'écriture a plus de valeur que la parole ?
7. Le sous-entendu
8. Pourquoi les mots ont-ils plusieurs sens ?
9. Le langage nous donne-t-il sur autrui un pouvoir ?

10. Quel sens prêtez-vous à l'expression : « Les mots me manquent pour le dire » ?
11. Les discours sont des actes et même des actes tout à fait essentiels et très efficaces. Qu'est-ce à dire ?
12. « Les paroles s'envolent, les écrits restent ». Que vaut ce proverbe ?

- Regroupez ces énoncés.
- Déterminez les problématiques dont ils relèvent.
- Si vous ne parvenez pas à identifier l'un d'entre, eux inscrivez-le à part.

Lorsque vous aurez effectué ce travail, comparez vos résultats avec ce qui suit.

HISTOIRE

Regroupements possibles : a) 1 - 4 - 7
b) 2 - 3 - 6 - 8 - 9
c) 5 - 10 - 11

Identification :

a) Il s'agit de questions portant sur le caractère scientifique de l'histoire.

b) Le dénominateur commun, c'est l'idée selon laquelle ce sont les intérêts et les valeurs du présent qui orientent l'étude du passé, ce qui signifie que l'objet dont traite l'histoire ne peut jamais être atteint par une sorte de neutralité intemporelle.

c) Ces énoncés suggèrent que l'histoire comprise comme connaissance du passé se double nécessairement d'une philosophie de l'histoire dont le fil conducteur est l'idée de progrès qui permet de conférer un sens au devenir historique.

Problématiques :

Nous nous limitons à l'énoncé de l'une des thèses par rapport à laquelle ces questions peuvent être traitées.

a) L'histoire est une science. L'historien doit constituer son objet à partir de traces, à l'aide d'un ensemble de méthodes. Il ne peut réaliser son étude que si une hypothèse préalable guide ses recherches. On peut à cet égard comparer l'historien et le physicien par exemple. (Pour l'exposé systématique de cette thèse, voir : « *Apologie pour l'histoire ou métier d'historien* » de Marc Bloch).

b) Les questions que l'historien pose au passé sont étroitement liées aux intérêts et aux valeurs du présent. De là, la difficulté de saisir dans leur spécificité les faits, les institutions. Dans le meilleur des cas, on pourrait concevoir l'histoire comme la somme de toutes les « lectures » du passé.

Pour l'exposé systématique de cette thèse, voir R. Aron : ***Dimensions de la conscience historique*** (Collection « 10-18 »).

Vous constatez que les énoncés a) et b) peuvent s'éclairer mutuellement. On peut par exemple soutenir l'idée que ce qui rend difficile l'objectivité c'est que le passé est sans cesse réécrit par les historiens. Ou encore « L'histoire jugera » parce que les contemporains trop liés, parties prenantes aux faits, ne peuvent avoir le détachement nécessaire pour juger du bien fondé d'une politique. Mais n'est-il pas illusoire de s'en remettre au jugement de l'avenir ?

c) L'histoire est le produit de l'activité humaine ; le résultat de tout cet enchevêtrement d'actions, manifeste — parfois malgré les apparences — un progrès de l'espèce humaine. Chaque époque, voire chaque événement, peut et doit être interprété comme une étape conduisant à l'avènement ou de la moralité (**Kant *: Idée d'une histoire universelle*** au point de vue cosmopolitique) — ou de la Raison (**Hegel** : ***La Raison dans l'Histoire)*** ou — de la société sans classe (**Marx** : ***Manifeste du parti communiste).***

LANGAGE

Regroupements possibles : a) 1 - 3 - 10
b) 2 - 9 - 11
c) 4 - 5 - 7 - 8
d) 6 - 12

Les variations sur ce thème s'organisent autour de problématiques précises :

a) S'affrontent ici deux conceptions — l'une qui voit dans le langage et son instrument, le concept, l'expression d'un défaut, d'un manque (**Bergson**) ; l'autre qui au contraire affirme la nécessité de maîtriser le langage pour maîtriser sa pensée et le réel (**Hegel**). Citons deux textes représentatifs :

- L'un de **Bergson**, l'autre de **Mallarmé.**

- *« Le mot qui ne note de la chose que sa fonction la plus commune et son aspect banal, s'insinue entre elle et nous, et en masquerait la forme à nos yeux si cette forme ne se dissimulait déjà derrière le besoin qui crée le mot lui-même. Et ce ne sont pas seulement les objets extérieurs, ce sont aussi nos propres états d'âme qui se dérobent à nous dans ce qu'ils ont d'intime, de personnel, d'originalement vécu... Nous ne saisissons de nos sentiments que leur aspect impersonnel, celui que le langage a pu noter une fois pour toutes parce qu'il est à peu près le même dans les mêmes conditions pour tous les hommes » (« Le Rire »).*

- *« A quoi bon la merveille de transposer un fait de nature en sa presque disparition vibratoire selon le jeu de la parole. Cependant, si ce n'est que pour qu'en émane sans la gêne d'un proche et concret rappel la notion pure ! Je dis « une fleur ! » et hors de l'oubli où ma voix relègue aucun contour, en tant que quelque chose d'autre que les calices sus, musicalement se lève, idée même et suave, l'absente de tout bouquet ». (« Divagations »).*

  Ce texte de **Mallarmé** illustre cette affirmation de **Hegel** : « Le langage est suppression du monde sensible en son immédiate présence et sa transformation en un appel, apte à éveiller un écho chez toute conscience capable de représentation » (« ***Propédeutique philosophique*** »).

b) L'opinion commune préfère les actes aux paroles — seule aurait de l'importance l'action qui vise la transformation effective du monde. Mais c'est là une vue superficielle : le discours — habilement utilisé — confère un pouvoir réel à celui qui en maîtrise les procédés, (Voir le dialogue de **Platon** : « ***Gorgias ou de la rhétorique*** » — où sont analysés d'un point de vue critique l'utilisation amorale des procédés rhétoriques et leur impact politique), ou encore, de P. Bourdieu « ***Ce que parler veut dire*** » (Fayard).

c) La question des rapports du langage et de la pensée s'organise autour de deux problématiques : le langage est un produit de la faculté de penser. L'homme parle parce qu'il pense ; ou bien le langage est la condition qui permet à la pensée de se constituer : l'homme pense parce qu'il a appris à parler. Mais affirmer l'antériorité du langage ou à l'inverse celle de la pensée, c'est mal poser la question : langage et pensée sont indissociables comme le recto et le verso d'une feuille, ce n'est qu'abstraitement qu'il est possible de les considérer à part l'un de l'autre. L'on peut pourtant comme **Descartes** voir dans une utilisation personnelle et pertinente du langage la preuve que l'homme n'est pas seulement une machine.

La difficulté de cette question est parfaitement exposée par un linguiste contemporain, **Chomsky :**

« L'honnêteté nous oblige à admettre que nous sommes aujourd'hui tout aussi loin que l'était **Descartes** il y a trois siècles, de comprendre ce qui permet à l'homme de parler de façon novatrice, libre du contrôle des stimuli ainsi qu'adéquate et cohérente. C'est un sérieux problème que le psychologue et le biologiste doivent finalement aborder et dont on ne peut nier l'existence en invoquant l'habitude, le conditionnement ou la sélection naturelle ». (« Le langage et la pensée »).

d) Il s'agit là des rapports de la langue parlée et de la langue écrite. L'écrit possède un prestige considérable, à preuve le fait que de multiples traditions prêtent à un Dieu l'invention de l'écriture. L'écrit présente souvent un caractère magique, c'est aussi le moyen d'expression du « beau langage » de la littérature. C'est encore la possibilité « d'éterniser les pensées, de les transmettre à tous les temps et à tous les lieux » donc de permettre la conservation et le développement de ce qui a été acquis, enfin et surtout peut-être l'écrit est-il la marque d'un pouvoir : l'invention de l'écriture dans les empires centralisés comme la Chine et l'Égypte est révélateur de la liaison de l'écriture et du pouvoir : nul n'est censé ignorer la loi.

(Lisez à cet égard le chapitre : Leçon d'écriture dans ***Tristes Tropiques*** de **Lévi-Strauss,** ainsi qu'à la fin du dialogue de Platon ***«Phèdre», le mythe de Theuth).***

IV. UN POINT DE DÉPART COMMODE : VOS PREMIÈRES RÉACTIONS EN FACE D'UN ÉNONCÉ

Nous avons analysé dans les sections précédentes plusieurs méthodes destinées à faire comprendre la portée véritable des sujets proposés. Vous pouvez les utiliser.

Toutefois, il est certain (l'expérience de bien des années d'enseignement ne saurait être trompeuse !) que ce n'est pas ainsi que vous procédez, et même après avoir lu ce qui précède vous ne parvenez pas à vous défaire de ***vos premières réactions***. Nous allons les étudier ensemble car elles peuvent vous fournir, à condition que vous preniez un certain recul, un excellent point de départ pour la mise en œuvre des démarches intellectuelles proprement dites.

Préalablement à toute analyse, vous disposez très vite d'une opinion souvent péremptoire sur la question.

LA DISSERTATION
SECTION IV
LA DÉMARCHE PHILOSOPHIQUE

« Puis-je avoir une opinion personnelle sur la loi de la chute des corps ? » Non. « L'État est-il un obstacle à la liberté de l'individu ? » Oui. « Dans quelle mesure l'homme est-il prisonnier de son passé ? » Cela dépend des cas !

Reprenons un par un ces exemples. Le premier énoncé est surprenant puisqu'il ne semble pas y avoir matière à discussion. Cependant si l'on pose une question, c'est que la réponse ne va pas de soi. ***Vous êtes donc ici conduit à vous interroger sur son sens réel ; il serait, sous peine d'absurdité, hautement improbable que la question se réduise à son sens apparent.***

Le second énoncé provoque peut-être de votre part une réaction négative d'ordre passionnel. Pourtant vous savez que certains pensent que l'État est le garant de la liberté de l'individu : il faudra donc justifier votre réponse. Quand au 3e exemple, beaucoup moins polémique, il semble inviter à un examen de cas différents. Pourtant on vous demande, une réponse nette, même si elle est nuancée (dans quelle mesure... ?)

Exercice : Comment répondrez-vous spontanément aux questions suivantes?

1. Être libre, est-ce accepter la nécessité ?
2. Les mathématiques ont-elles un objet ?
3. La lucidité conduit-elle nécessairement au pessimisme ?
4. Que nous apprend l'expérience ?
5. Les passions sont-elles des maladies de l'âme ?

Vos réponses sont peut-être les suivantes :

1. Non ; 2. Oui ; 3. Peut-être ; 4. Cela dépend ; 5. Oui ou non

A - Si votre réponse spontanée est « oui » ou « non » : demandez-vous immédiatement ***pourquoi,*** puis ***efforcez-vous d'imaginer les arguments que pourrait donner un interlocuteur qui aurait répondu différemment.***

1. Je réponds « non » parce que je pense qu'être libre c'est être indépendant, agir, ne pas accepter passivement ce qui advient, pouvoir choisir. Je suis libre quand et parce que j'agis comme je le veux.

On pourrait répondre « oui » : l'homme est soumis aux lois naturelles, vit dans une société, dépend des autres. Plus il devient conscient de sa place réelle, plus il découvre que ce qu'il prenait pour un libre choix est déterminé par des éléments indépendants de sa volonté. Il cesse peu à peu de vouloir, il finit par accepter ce qui est. Il est libre dans la mesure où il connaît.

2. Je répond « oui » : les nombres, les figures dont traite le mathématicien sont réels, indiscutables, ils constituent la base des raisonnements, des démonstrations.

On pourrait répondre « non » : ces « objets » ne sont pas des choses, ce sont des êtres purement idéaux, abstraits. Le cercle en tant que concept géométrique n'est pas une chose et rien dans la nature ne lui est strictement identique.

Il est absolument impératif que vous explicitiez ainsi vous-même les raisons de votre réponse et celles de votre interlocuteur supposé, car ***cette explicitation vous permet de dégager le caractère problématique de la question, son enjeu***. Dans le premier exemple, l'un des enjeux — il en est d'autres possibles sans doute — est le suivant : « la liberté est-elle affaire de volonté ou de connaissance ? »

Dans le second exemple l'enjeu pourrait être : « l'objet mathématique est-il idéal ou réel ? »

Le but de cet exercice est de ***transformer la question posée en une alternative***. Ce sont les termes de cette alternative qu'il faudra développer successivement.

B - Si votre réponse spontanée est « peut-être » « cela dépend », il faut opérer une radicalisation de votre réponse, imaginer ce qu'il en serait de la question si votre réponse était oui ou non.

« La lucidité conduit-elle nécessairement au pessimisme ? » **Oui**. Car plus on devient conscient, plus on aperçoit ses défauts, ceux d'autrui, le caractère inéluctable de la mort..., l'individu « naïf » voit « tout en rose » !

Non : car le pessimisme, comme l'optimisme, relèvent de l'affectivité. La lucidité en tant qu'elle est connaissance permet de dépasser le niveau de l'appréciation, de la dépréciation.

De là, l'un des enjeux possibles du sujet :

La connaissance permet-elle ou non de se détacher des jugements de valeur ?

« Que nous apprend l'expérience ? »

La radicalisation ne serait pas « oui » ou « non » mais « tout » ou « rien ».

L'expérience m'apprend tout ce que je sais ; l'expérience par elle-même ne m'apprend rien à moins que je sois capable d'en tirer parti.

L'enjeu du sujet apparaît alors : Notre connaissance dépend-elle tout entière de l'expérience ? C'est à cette question que vous pouvez répondre « oui » ou « non » après avoir analysé le concept d'expérience.

C - Enfin, pour d'autres sujets, vous ne répondez pas spontanément de façon affirmative ou négative, à vrai dire, vous ne savez que penser. Il en est ainsi pour les sujets qui ne se présentent pas sous forme de question, qui énoncent seulement une notion, ou deux notions : le progrès, l'idée de bonheur, individu et société, la faute et l'erreur.

- ***Si l'énoncé comporte une seule notion***, soit : « le progrès », convertissez-le en une question du type « la notion de progrès correspond-elle à une réalité nettement définissable ? » ; ou encore : « L'idée de bonheur », en une question telle que : « l'idée de bonheur a-t-elle un contenu objectif, indépendant du sujet ? » Vous allez alors répondre à ces questions (oui ou non) et vous vous retrouvez dans le même cas que précédemment.
- ***Si l'énoncé comporte deux notions reliées par la conjonction « et » radicalisez cet énoncé*** en le transformant en question de deux façons : si l'on met en relation deux notions c'est qu'il y a entre elles, des ressemblance et des différences. Le point extrême de la ressemblance est l'identité, le point extrême de la différence est la séparation.

Nous radicalisons nos énoncés :

La faute et l'erreur

1. La faute est l'erreur et vice versa, donc : peut-on identifier la faute et l'erreur ?

2. La faute est entièrement distincte de l'erreur donc, peut-on distinguer absolument l'erreur et la faute.

Vous vous trouvez reporté au cas A.

Individu et société

1. L'individu est la société, c'est-à-dire constitutivement social, donc : l'individu est-il essentiellement être social ?

2. La société est l'individu, c'est-à-dire une somme d'individus (qui donc existent indépendamment de la société et dont la seule réunion constitue la société) ce qui signifie alors que la société n'entre pas dans la définition de l'individu, donc : la notion d'individu recouvre-t-elle une réalité autonome ?

Vous avez ainsi déterminé l'énoncé en le transformant en une alternative : l'homme est-il essentiellement être social ou peut-il être défini comme un être individuel ? Le premier terme de l'alternative conduit à récuser la notion même d'individu, le second terme fait de la société une création artificielle.

Pas de recette absolue pour le plan : se défier des plans tout faits ou passe-partout et se préoccuper davantage de la qualité de la réflexion que de la perfection formelle du plan.
« Concevoir des plans n'est souvent qu'une vaine occupation de l'esprit, une fanfaronnade par laquelle on se donne l'air d'un génie créateur, en exigeant ce que soi-même on ne peut donner, en blâmant ce que l'on ne pourrait cependant pas mieux faire et en proposant ce dont soi-même on ne sait où cela peut se trouver... »

Kant, *Prolégomènes, Introduction (1783).*

V. DE LA PROBLÉMATIQUE AU PLAN : L'ORGANISATION DU DÉVELOPPEMENT

En prenant ainsi l'habitude de radicaliser vos réponses et en transformant l'énoncé en question puis en alternative, vous parviendrez à saisir l'enjeu des questions et donc à organiser vos développements autour de problématiques nettement définies.

Le plan de votre devoir se dégage ainsi au fur et à mesure que vous mettez en perspective les diverses réponses possibles qui toutes relèveront d'une problématique philosophique.

Vous comprenez ainsi qu'il est impossible de répondre à une question par une énumération qui se terminerait par l'affirmation : « cela dépend des cas, parfois oui, parfois non ».

Le sujet : « Dans quelle mesure l'homme est-il prisonnier de son passé » constitue un excellent exemple de ce risque. Vous êtes tentés de répondre : parfois, il est prisonnier de son passé, parfois il peut au contraire s'en détacher.

La radicalisation serait ici :

1. Il est prisonnier de son passé car tout ce qu'il est et tout ce qu'il fait est lié à ce qui a précédé, ce qui a précédé est donc cause de ce qui suit. Cela veut dire : l'homme est un objet soumis au déterminisme universel. C'est parce que, au fond et peut-être inconsciemment, vous adhérez à cette thèse philosophique que vous vous représentez le passé comme ce à quoi l'homme ne peut échapper.

2. Il peut se libérer du passé parce qu'étant libre, il peut à tout instant recommencer, choisir une autre voie et donc si l'on invoque le passé, ce sera pour échapper à la responsabilité.

La réponse que vous apporterez à la question sera donc liée à une prise de position philosophique ; je dis que l'homme est prisonnier de son passé parce que la liberté n'est qu'illusion. Je dis que l'homme peut s'affranchir de son passé parce qu'il est essentiellement libre, qu'il existe sur un autre mode que l'objet naturel. Et ainsi vous rendrez compte de votre première réponse : « Cela dépend » en expliquant cette réponse par le refus — conscient ou inconscient — de choisir une thèse qui ne laisse aucune place à la liberté.

LA DISSERTATION
SECTION IV
LA DÉMARCHE PHILOSOPHIQUE

Pour certaines sortes de sujets, il est difficile d'identifier leur problématique et l'on voit mal comment les « prendre ».

Trois types de sujets sont caractéristiques à cet égard :

A - Énonciation pure et simple d'un concept : « l'expérience », « le bonheur »...

B - Énonciation d'un concept présenté comme idée ou notion : « La notion d'expérience », « l'idée de bonheur »...

C - Énonciation de type A ou B mais sous forme interrogative : « Qu'est-ce que l'expérience? » « En quoi consiste l'idée de bonheur? »

Je vous suggère de traiter ces trois sortes de sujets en les reformulant toujours sous une forme interrogative : « Qu'est-ce que l'expérience... le bonheur, le travail...? »

Précisons les termes mêmes de concept, notion, idée :

	DÉFINITION	EXEMPLES
Concept	1. Nom, terme général et abstrait.	chien, triangle, arbre, ... bref tous les noms de la langue.
	2. Aboutissement d'une construction intellectuelle dans un système rigoureux.	- attraction universelle, - arc réflexe.
Notion	1. Connaissance élémentaire.	Notions de mathématiques, d'histoire.
	2. Connaissance intuitive et vague.	La notion de temps, la notion de progrès.
Idée	1. Tout élément de pensée, quelle que soit sa valeur.	Idée de justice, idée d'ogre, idée de nombre.
	2. Opinion plus ou moins fondée.	Idée sur tel ou tel sujet.
	3. Pensée qui n'a pas de fondement objectif.	Se faire des idées.

Ce tableau ne prend pas en compte la signification particulière de ces termes dans une optique philosophique déterminée (ainsi par exemple pour **Platon**, l'idée est-elle le modèle, le type réel ; pour **Kant**, l'idée est un concept auquel ne correspond aucune intuition sensible...)

Lorsque vous avez à traiter ce type de sujet, vous êtes en réalité invités à vous interroger sur ***la nature, l'origine, la valeur d'un certain contenu mental unifié seulement par l'unité d'un nom, donc d'un concept au sens 1.***

Il reste qu'un terme isolé n'offre par lui-même aucune garantie de sens, il ne reçoit de signification que dans le cadre d'une proposition. Sans doute, dans l'expérience quotidienne lorsque nous disons « la porte », « le chien », « le pain », ces termes ne sont-ils pas équivoques, ils indiquent en réalité non pas tant une porte, un chien, un pain, qu'une action à accomplir : Fermez la porte, n'oubliez pas le pain, attention au chien... mais c'est parce que nous sommes engagés dans une certaine situation. ***Le risque est grand, pour vous, de considérer de la même façon des termes comme « le progrès », « l'expérience », « le bonheur » qui sont souvent utilisés dans des situations courantes.*** En effet, même en situation d'examen, où ils sont isolés, coupés de tout contexte, les termes renvoient à des images garanties par la tradition familiale, alimentées par des désirs ou par des craintes plus ou moins individuelles. ***Il en résulte que ces termes véhiculent un ensemble d'expériences hétéroclites, hétérogènes, mais associées arbitrairement*** (du point de vue de l'examinateur !) ***dans bien des dissertations.***

Nous pouvons appliquer à ces mots ce que **Paul Valéry** écrivait dans ses « ***Regards sur le monde actuel et autres essais*** » à propos du mot « liberté » :

« C'est un de ces détestables mots qui ont plus de valeur que de sens ; qui chantent plus qu'ils ne parlent, qui demandent plus qu'ils ne répondent ; de ces mots qui ont fait tous les métiers et desquels la mémoire est barbouillée de théologie, de métaphysique, de morale et de politique ; mots très bons pour la controverse, la dialectique, l'éloquence ; aussi propres aux analyses illusoires et aux subtilités infinies qu'au fins de phrases qui déchaînent le tonnerre ».

L'interrogation socratique : un modèle de la démarche philosophique.

C'est pourtant par l'interrogation sur de tels termes que s'est historiquement élaborée la réflexion philosophique. Ainsi, nombre de dialogues de **Platon** portent-ils sur l'étude de notions communes ; c'est à propos du beau (« ***Hippias majeur*** »), du courage (« ***Lachès*** ») de la piété (« ***Euthyphron*** »)... que deux ou plusieurs interlocuteurs se renvoient mutuellement non des définitions mais ***des images qui reflètent leur caractère, leurs peurs, voire les valeurs de leur société***. L'interrogation socratique vise à faire prendre conscience de ce que ces termes ne véhiculent rien d'autre que des images, une représentation composite d'expériences particulières, lesquelles faute d'examen critique sont tenues pour des évidences, des faits.

LA DISSERTATION
SECTION IV
LA DÉMARCHE PHILOSOPHIQUE

Dans la pratique « naïve », nous assignons au discours pour unique fonction d'exprimer « vraiment » le réel quotidien sans prendre aucun recul, sans admettre que ce réel est filtré par un mélange difficilement analysable de préjugés, d'opinions moyennes qui prétendent abusivement exprimer la vérité. Dans le dialogue platonicien, toute interrogation visant à déposséder les « faits » de leur valeur d'évidence, se voit d'abord taxée de fantaisiste, d'absurde, jusqu'à ce que, prenant conscience du caractère contradictoire de l'opinion spontanée, les interlocuteurs, soit renoncent à définir le terme, soit acceptent de reprendre la discussion à la base : ***le discours peut être le lieu de la vérité mais seulement lorsqu'ont été dissipées les fausses évidences***. On découvrira alors que le beau n'est pas ce qui brille, que le courage n'est pas la témérité, que la piété n'est pas le respect figé d'une règle... Quelque vingt cinq siècles plus tard, **Bergson** reprendra cette idée : « Philosopher consiste à inverser la direction naturelle de la pensée », c'est-à-dire sa disposition spontanément pragmatique, utilitaire, afin de maîtriser des concepts et de renoncer à l'asservissement aux images.

Les sujets portant sur un terme unique sont donc éminemment aptes à la réflexion philosophique en ce sens qu'ils exigent que l'on dégage la pensée de la « gangue d'images » qui nous contraint à fournir des réponses stéréotypées à des questions que nous ne réussirions pas à bien entendre.

Reportez vous à la Section 2 de ce chapitre.

SECTION V
L'INTRODUCTION ET LA CONCLUSION

L'INTRODUCTION

« Que le début soit simple et n'ait rien d'affecté ».
Boileau

Elle ne peut être rédigée ***que lorsque vous avez une vue suffisamment précise de la question — en particulier de la problématique*** dans laquelle elle peut s'insérer. Sa fonction est double :

• ***Montrer que la question posée est en fait un problème*** et que par conséquent il n'est pas possible d'y répondre d'un trait.

• ***Indiquer comment vous allez aborder l'étude de ce problème.*** C'est le sujet et lui seul qui détermine l'introduction. Il faut donc en écarter impitoyablement toute généralité, toute anecdote, tout jugement de valeur.

1. ***Comment montrer que la question constitue un problème?***

A - Énoncer l'opinion commune.

B - Opposer à cette opinion une autre opinion, un fait, un contre-exemple dont l'opinion ne peut rendre compte.

C - De la juxtaposition de l'opinion commune et de l'objection vous transformez la question initiale en alternative.

A - Il existe presque toujours, pour la question, une réponse naïve, immédiate qui est une sorte d'opinion moyenne, bref ce que l'on répondrait avant tout examen.

Exemples :

L'histoire n'est-elle qu'un roman?

Qu'est-ce-qu'un fait?

Y a-t-il de belles choses?

Opinion commune :

• L'histoire relève davantage de l'œuvre de fiction, d'imagination que de la connaissance scientifique. Il n'est nul moyen de vérifier expérimentalement la reconstruction du passé à laquelle procède l'historien dont on soupçonne que la subjectivité joue un rôle déterminant dans le choix des faits et dans leur explication.

• Le fait c'est ce qui s'offre à nous d'une manière certaine, indubitable, par opposition à la théorie, à l'hypothèse. « C'est un fait », « Les faits s'imposent à nous ». Autant d'expressions qui dénotent leur caractère d'immédiateté, de certitude.

• Qu'il existe de belles choses : aussi bien dans la nature, paysage, animaux, fleurs... que dans l'art : tableaux, poème,... nul ne saurait le contester.

B - Cette opinion ne permet pas cependant de rendre compte de tous les cas possibles — précisément parce qu'elle est une moyenne. On peut donc lui opposer :

- ***son caractère partiel*** : Cette identification de l'histoire à une fiction réduit l'histoire à une imagerie d'Épinal. Mais l'histoire en tant que discipline scientifique ne se réduit pas au récit plus ou moins romancé de la vie des grands hommes : cette histoire événementielle n'est que la surface, « l'écume », (selon l'expression de l'historien Fernand Braudel) de vagues beaucoup plus profondes (mouvements démographiques, économiques) qui ne peuvent être connus qu'au terme d'une recherche et par un ensemble de méthodes qui ne diffèrent pas dans leur principe de celles qui valent dans les sciences de la nature.
- ***un contre-exemple*** : Pourtant si nous disons bien « c'est un fait qu'il pleut », nous disons aussi : « c'est un fait que la terre tourne », « c'est un fait que 2 + 2 = 4 ». Ces deux exemples montrent à l'évidence qu'il ne s'agit pas là d'une donnée de la perception ; le premier fait contredit même la perception sensible et constitue la conclusion d'une théorie scientifique, le second résulte d'une démonstration.
- ***une autre opinion*** : Pourtant si l'on admet qu'il existe de belles choses, comment expliquer que ce qui est jugé beau par l'un, laisse l'autre indifférent et que pour un même individu, le jugement esthétique diffère selon l'âge, l'état d'esprit... ?

C - A partir de la juxtaposition de l'opinion commune et de l'objection, vous convertissez la question en alternative :

• L'histoire n'est-elle qu'un roman ou peut-elle prétendre à l'objectivité d'une science de la nature ?

• Le fait est-il donné ou construit ?

• Y a-t-il de belles choses ou seulement une belle représentation des choses ?

2. ***Comment indiquer la façon dont vous allez aborder le sujet ?***

Simplement en signalant qu'il sera possible de répondre à cette alternative seulement après avoir procédé à une analyse plus complète de la notion centrale.

Ici par exemple :

Pour choisir l'un des termes de cette alternative, nous devons d'abord définir de façon précise **ce qu'est** l'histoire,... ou bien « ce qu'est le beau » ou encore « qu'est-ce exactement qu'un fait ? »

Il est inutile d'indiquer dans le détail votre plan : c'est au fur et à mesure du développement qu'il apparaîtra, chaque partie du devoir appelant la suivante. Il doit rester pour le lecteur un élément de surprise. Sans doute ceci est-il un peu formel mais, parce que la dissertation constitue un exercice intellectuel, il n'est pas possible de dissocier le contenu de la pensée et sa démarche.

Lorsque vous dominerez bien votre acquis, il sera possible de ***remplacer l'opinion commune par l'énoncé d'une thèse philosophique,*** car en réalité l'opinion commune est constituée — mais de façon inconsciente par les « vestiges » d'une thèse philosophique qui a fini par s'imposer comme une évidence...

Vous pouvez tirer parti pour composer votre introduction du chapitre II - section 2 : « La structure du texte est déterminée par l'objectif de l'auteur ».

LA CONCLUSION

« Tout ce qu'on dit de trop est fade et rebutant ; l'esprit rassasié le rejette à l'instant! ».

Boileau.

Elle doit être ***concise***, ne pas répéter tel ou tel point du développement. Souvent cette partie de la dissertation est négligée, faute de temps, et s'il est vrai que vous pouvez vous dispenser d'en rédiger une (pour éviter de la bâcler) c'est dans la mesure seulement où l'on vous juge d'abord sur votre introduction et votre plan, donc sur la façon dont vous avez posé et analysé un problème philosophique.

Une dissertation qui se termine de façon abrupte produira cependant toujours une impression d'inachèvement. Exercez-vous donc pendant l'année à rédiger soigneusement vos conclusions, c'est-à-dire à prendre le temps de les préparer.

La fonction de la conclusion est double :

1. Résumer brièvement la démarche suivie et les résultats auxquels l'analyse aboutit : il s'agit en somme de dresser un bilan de ce que vous avez déjà dit et de la manière dont vous l'avez présenté ;

2. Répondre à la question posée de façon précise — ou indiquer les raisons pour lesquelles une réponse décisive ne peut être donnée. Évitez à tout prix les réponses « normandes ! »

Reprenons les sujets précédents :

LA DISSERTATION
SECTION V
L'INTRODUCTION ET LA CONCLUSION

1. *Résumer*

« L'histoire n'est-elle qu'un roman? »

• Cette analyse a permis de réfuter l'opinion commune qui voit dans l'histoire un pur produit de la subjectivité de l'historien. L'histoire élabore son objet grâce à des méthodes comparables à celles qui valent dans les sciences de la nature même si une vérification expérimentale de la validité des résultats est à strictement parler, inconcevable.

« Qu'est-ce qu'un fait? »

• Cette analyse a permis de montrer que la notion de fait est liée aussi bien pour le sens commun que pour le savant à l'idée de certitude, mais contrairement à l'opinion commune, cette certitude n'est pas immédiate. Elle est le résultat d'une élaboration intellectuelle, il s'agit non d'une certitude sensible mais d'une certitude expérimentale.

« Y a-t-il de belles choses? »

• Cette analyse a permis de dénoncer l'illusion selon laquelle il existerait — indépendamment de tout sujet — de belles choses et d'établir que le domaine propre du beau relève davantage de l'art que de la nature. La beauté appartient à la représentation plutôt qu'elle n'est une propriété objective des choses.

2. *Répondre*

• On peut donc affirmer que l'histoire n'est pas qu'un roman si l'on entend par roman, une œuvre de pure fiction. Et pourtant, comme le romancier, l'historien dispose vis-à-vis de son objet d'une grande liberté : il choisit les questions qu'il pose au passé; et parce que ce passé est le passé humain, l'historien nous permet de comprendre d'autres temps, d'autres cultures, d'autres hommes dans leur singularité propre. De là, le caractère très particulier de la connaissance historique qui offre « en prime » au lecteur le prestige et le charme du roman.

• Qu'il s'agisse de la perception la plus banale ou de l'élaboration scientifique d'un fait, l'esprit opère constamment un dépassement, une synthèse de l'intuition sensible brute. C'est l'activité synthétique de l'esprit qui confère au fait sa certitude. On peut donc dire que le fait n'est pas donné mais construit, il est selon l'expression kantienne « ce dont le concept constitue l'unité du divers de l'intuition ».

• Il nous a été impossible d'expliquer pourquoi il existe dans la nature des choses que nous jugeons belles. C'est ainsi que dans l'œuvre de Saint-Exupéry « Le Petit Prince » aimait sa rose, la trouvait belle, alors que le jardinier qui en possédait des milliers ne les voyait même pas. Ce ne sont pas les roses en général qui sont belles mais celle que voyait le Petit Prince. On comprend ainsi pourquoi on peut parler de « belles choses » au pluriel et d'une « belle représentation des choses » au singulier. C'est parce que certaines représentations nous semblent parfaites que nous avons l'illusion de nous trouver devant la beauté elle-même, mythe dont nous avons tant de mal à nous détacher.

On doit éviter « d'ouvrir » la conclusion sur d'autres questions, d'autres problèmes. La dissertation n'est pas un exposé de diverses doctrines : une problématique a été choisie et ***ce sont les seules nécessités de cette problématique qui doivent déterminer la conclusion.***

Une citation particulièrement bien adaptée, une formule originale peuvent donner de l'éclat à la conclusion mais gardez-vous de toute grandiloquence. Ne faites pas comme ces avocats qui dans l'antique Rome, pour conclure leurs discours et gagner une adhésion que leur plaidoirie n'avait pu susciter, n'hésitaient pas à brandir l'arme du crime encore ensanglantée ou à faire exhiber la victime encore pantelante !

Pour terminer, une remarque de pure forme : ***soignez l'écriture, la présentation matérielle et l'orthographe de votre devoir :*** sautez une ligne ou deux entre l'introduction et le développement, puis entre le développement et la conclusion.

Nous vous proposons maintenant l'étude complète d'un sujet donné récemment au baccalauréat.

SECTION VI :
EXEMPLE DE DISSERTATION
ÉLABORATION ET RÉDACTION

«Peut-on concilier liberté et égalité dans la vie sociale?»

FICHE DE PRÉPARATION

I - PREMIÈRES APPROCHES

1. ***Lecture attentive de l'énoncé :*** il faut éviter de fixer toute la réflexion sur un ou deux mots isolés : liberté et égalité — ce qui conduirait presque inévitablement à disserter sur les contraintes dont la société accable l'homme. Il s'agit d'expliciter toutes les notions :

« Peut-on »

Qui le pronom indéfini désigne-t-il? Les dirigeants politiques, les théoriciens? le verbe ***pouvoir*** évoque la possibilité ou/et le droit : ***peut***-on, est-il possible ou/et est-il légitime... on envisage l'existence de conditions voire d'obstacles... A quelles conditions, en surmontant quels obstacles peut-on...

« Concilier »

Ce verbe évoque l'idée de réalités, de notions qui, sans être contradictoires l'une de l'autre, présentent du moins sur un certain plan quelque incompatibilité que l'on se propose de surmonter...

« Liberté et égalité »

Ce sont deux des trois termes de la devise républicaine française (liberté - égalité - fraternité). Il ne s'agit donc pas de leur sens métaphysique mais du sens qu'ils revêtent dans la philosophie politique. ***Est donc nécessaire un minimum de connaissances des textes principaux qui fondent la démocratie sur la liberté et l'égalité...***

« Dans la vie sociale »

Cette expression ne vient pas seulement confirmer qu'il s'agit bien de philosophie politique, elle ajoute qu'il convient de les envisager dans la pratique, dans les faits, dans l'histoire.

2. ***Reformuler l'énoncé en dégageant un problème précis.*** Liberté et égalité constituent les principes du régime démocratique, leur union ne fait pas difficulté dans la théorie. On dit en effet que le régime démocratique est celui où règnent liberté et égalité. Mais dans la réalité, à quels obstacles se heurte l'union de ces principes? Les équivoques dans ces notions ne sont-elles pas assez considérables pour qu'il soit difficile, peut-être impossible, de passer ici de la théorie à la pratique?

II - DÉTERMINATION DE LA PROBLÉMATIQUE

L'étude des termes mêmes de l'énoncé prouve qu'il s'agit :

• d'un sujet de philosophie politique qui se situe dans la problématique instaurée par les théories du droit naturel et du contrat social.

Donc il faut rechercher :

• Quelles sont les données de cette problématique, quelles sont ses difficultés internes.

• Éventuellement quelles objections adresser à cette problématique à partir des faits : le fait étant ici la portée et la valeur de la liberté et de l'égalité dans les systèmes qui se réclament de cette théorie.

• Il serait absurde d'envisager cette question à partir de régimes qui récusent — et quelles que soient leurs raisons — la validité de ces notions.

Il faut donc se limiter à l'étude des régimes démocratiques.

III - APPROFONDISSEMENT DE CETTE PROBLÉMATIQUE PAR UNE RECHERCHE BIBLIOGRAPHIQUE

La 3e partie de l'ouvrage comporte au chapitre I une liste d'ouvrages par thèmes du programme. Vous pouvez vous y reporter aux thèmes : société - État - droit - liberté.

D'après les indications qu'elle comporte votre choix peut se porter sur les ouvrages suivants :

- ***Rousseau : Discours sur l'origine de l'inégalité et Contrat social.***

- ***Derathé : J.J. Rousseau et la science politique de son temps.*** Consultez la table des matières :

(chapitre II — section A, § II — chapitre III, section I)

- ***Tocqueville : De la démocratie en Amérique*** — en particulier les huit derniers chapitres. L'indication qui figure dans notre bibliographie correspond parfaitement à ce que vous recherchez : quelle est la nature et quel est l'avenir des sociétés démocratiques?

Vous ne pouvez vous lancer avec profit dans une recherche bibliographique que lorsque vous avez dégagé la problématique et que vous avez une idée assez précise de ce que vous recherchez.

IV - ORGANISATION DU PLAN

La question initiale est au terme de tout ce travail préparatoire transformée en alternative :

« Liberté et égalité » ; ces notions gardent-elles le même sens de la théorie à la pratique. Correspondent-elles à une réalité dans la pratique ou ne sont-elles que des mots creux?

Donc :
1re partie : Signification et valeur de la liaison de ces notions dans la théorie politique, difficultés internes de cette théorie.

2e partie : A quels obstacles se heurte dans la pratique le système qui s'en réclame?

- obstacles concernant la liberté
- obstacles concernant l'égalité

V - INTRODUCTION ET CONCLUSION

1. ***Introduction*** :

- situer le sujet par rapport à l'opinion commune
- objection de fait adressée à cette opinion
- reformulation du sujet dans la forme d'une alternative

2. ***Conclusion*** : bilan - réponse - éventuellement nuancée.

Déclaration des droits de l'homme

DISSERTATION RÉDIGÉE

Dans la marge figurent : les étapes de la démarche
les références utilisées

INTRODUCTION

Cette question nous surprend puisque le système démocratique qui est le nôtre repose sur ces deux notions qui sont étroitement liées. Il est demandé si elles peuvent être conciliées dans la vie sociale, c'est-à-dire pratiquement : il est donc sous-entendu que cette question n'est pas posée au niveau de la théorie politique. L'idée de «concilier» implique quant à elle que ces deux notions sans être antithétiques présentent cependant, du moins sur un certain plan, quelques incompatibilités, leur conciliation apparaissant alors comme le but idéal du système qui pourtant les présuppose à son origine. Nous pourrions peut-être formuler la question qui nous est posée d'une façon plus nette : liberté et égalité, qui constituent l'essence du régime démocratique gardent-elles le même sens de la théorie à la pratique ? Quelles difficultés rencontre le système démocratique dans sa pratique, peut-il effectivement concilier ces notions, ou restent-elles de pures idées — voire des mythes auxquels les hommes politiques doivent rendre tribut sans s'interroger sur leur contenu effectif — ou encore, autre formulation de la même question : à quels obstacles se heurte un régime qui veut réaliser à la fois la liberté et l'égalité ?

opinion commune

objection à l'opinion commune suscitée par le libellé.

reformulation du sujet.

DÉVELOPPEMENT

I - Le système démocratique a pour principes l'égalité et la liberté

Précisons d'emblée le sens de ces notions : il s'agit de l'égalité des droits et de la liberté politique — définie moins comme le pouvoir de faire ce qui nous plaît que comme l'indépendance à l'égard de toute volonté étrangère.

La théorie

*(**Rousseau** : discours sur l'origine de l'inégalité - Contrat social).*

L'homme libre — dira par exemple **Rousseau**, — n'obéit qu'à des lois et cela en raison de l'égalité naturelle car l'égalité des droits, c'est-à-dire par exemple la possibilité juridique reconnue à tous d'exercer la profession de son choix indépendamment de sa naissance, repose elle-même sur l'affirmation de l'égalité naturelle.

Or une longue tradition affirme que les hommes ne sont pas naturellement égaux et qu'il revient par conséquent et aux supérieurs de commander, et à chacun d'exercer une tâche conforme à sa nature.

Quant à la liberté politique elle n'appartient qu'à l'élite puisque le commun en eut fait mauvais usage. Cette façon de penser avait été combattue par les stoïciens, puis par le christianisme — tous les hommes sont égaux devant Dieu — puis et surtout elle fut laïcisée au XVIIIe siècle par les philosophes du droit naturel : on peut sans doute constater des inégalités parmi les hommes, mais toujours inséparables de l'état social.

On peut forger l'hypothèse d'un état de nature dans lequel les différences entre les hommes seraient minimes.

Cela ne signifie pas comme le prétendent les adversaires de cette thèse que les hommes naissent égaux en force et en talent — ce qui serait absurde — mais que la supériorité intellectuelle, physique ou même morale d'un homme ne lui donne pas pour autant le droit d'imposer aux autres sa volonté ou de les soumettre à son autorité.

Cité dans R. Derathé : **« J.-J. Rousseau** *et la science politique de son temps ».*

Pufendorf, l'un des fondateurs de cette philosophie du droit naturel, écrit dans son œuvre ***« Droit de la nature et des gens » :*** « Je ne saurais me persuader que la seule excellence de nature suffise pour donner droit à un être d'imposer quelque obligation à d'autres êtres qui ont aussi bien que lui un principe intérieur pour se gouverner eux-mêmes... en effet tout être qui est susceptible d'obligation étant un être intelligent... je ne vois pas pourquoi sa conscience devrait lui faire de secrets reproches toutes les fois qu'il suit sa volonté plutôt que celle d'un autre doué d'une nature plus excellente ».

Le principe de l'égalité naturelle est donc celui d'une égale liberté. Au terme de ce développement nous pouvons comprendre le principe de la démocratie : l'autorité est donnée à la loi — œuvre de la volonté générale que tous contribuent à élaborer. Il n'y a donc pas de maîtres et de sujets mais des citoyens égaux en dignité et en droits — et par suite dans un tel état tous sont libres d'agir dans les limites fixées par des lois établies d'un commun accord.

Difficultés internes de la théorie.

Cette analyse n'est pas cependant sans poser quelques problèmes : en admettant cette définition de la liberté comme « obéissance à la loi qu'on s'est prescrite » reste la question de savoir si tous sont d'accord quant au contenu de la loi. L'idéal en démocratie c'est que la loi soit œuvre de l'unanimité et à défaut de l'unanimité, de la majorité.

Qu'en est-il alors de la liberté en ce qui concerne la minorité? D'autre part — après avoir admis l'égalité des droits, égalité morale en somme, les citoyens peuvent entendre par là une égalité des biens : puisque je suis l'égal de mon voisin, pourquoi aurait-il plus que moi?

Passage à la pratique

A vrai dire, l'étude des systèmes démocratiques nous conduit à nous interroger sur la conciliation de la liberté et de l'égalité dans la pratique : la majorité ne risque-t-elle pas d'opprimer la minorité, les différences de fortune ne sont-elles pas un défi à l'égalité proclamée en principe? Bref — dans ce système n'y a-t-il pas comme dans tous les autres des individus plus libres, des individus « plus égaux »?

II - Difficultés de cette conciliation dans la pratique

Les citoyens, nous l'avons vu, sont libres parce qu'ils obéissent à une loi établie d'un commun accord et égaux parce qu'ils participent tous à l'élaboration de cette loi. Mais il y a là dans la pratique bien des équivoques : en effet, dans un grand Etat, les citoyens ne participent qu'indirectement par leurs représentants — leur volonté court alors le risque d'être déformée. **Rousseau** remarquait que dans un tel système (représentatif), le peuple n'est libre — et encore ! — que le temps du vote, le reste du temps, il n'est rien. Le souverain (le peuple) doit donc constamment veiller à ce que les représentants n'usurpent pas sa souveraineté — ce qui laisserait sans doute subsister l'égalité du grand nombre — mais ce serait celle de sujets — non de citoyens. Remarquons que nombre d'adversaires du régime démocratique ne se font pas faute d'utiliser de nos jours cet argument. Admettons que cet obstacle soit surmonté — restent d'autres questions : la majorité ne risque-t-elle pas d'opprimer la minorité? Là encore je suis libre si mon avis l'emporte, mais ne puis-je être dans le vrai et pourtant minoritaire? On affirme que la majorité a raison puisque la sagesse étant également présente chez tous, il est vraisemblable qu'elle se rencontre davantage chez cent que chez dix. Si donc, l'avis contraire du mien l'emporte, je dois m'y soumettre parce que je m'étais trompé, et **Rousseau** ira jusqu'à dire : « celui qui refusera d'obéir à la volonté générale y sera contraint par tout le corps, ce qui ne signifie rien d'autre sinon qu'on le forcera d'être libre ».

La liberté du citoyen dans un État où des représentants légifèrent

La majorité ne peut-elle avoir tort?

Singulière conception de la liberté qui laisse entendre qu'en définitive le citoyen peut se tromper sur son bien et qu'il est légitime dans ce cas de le contraindre : ce qui remarquons-le va à l'encontre du principe de l'égalité naturelle établi par **Pufendorf** (voir 1re partie).

Une autre forme plus subtile de contrainte menace le citoyen : la tyrannie de la majorité qui se manifeste par l'opinion publique : la pression sociale, même si elle est diffuse, s'exerce sur l'individu dans le sens du conformisme.

Tocqueville *: De la Démocratie en Amérique*

Là encore, nous retrouvons une certaine égalité, mais le citoyen est-il encore libre s'il a intériorisé des modèles standardisés de penser et d'agir? En effet, « à mesure que les citoyens deviennent plus égaux, le penchant de chacun à croire un certain homme ou une certaine classe diminue, la disposition à croire la masse augmente et c'est de plus en plus l'opinion qui mène le monde. » **(Tocqueville)**.

La référence ultime devient le voisin, son comportement, ses biens : puisque mon voisin est légalement mon égal, pourquoi possèderait-il plus que moi? Mais si je me complais dans cette recherche légitime de bien-être, est-ce que je ne risque pas de perdre l'usage de « plus sublimes » facultés?

Le risque couru est celui de l'individualisme, nul n'étant plus assez riche ou puissant pour exercer une grande influence sur ses semblables, chacun s'habitue à se considérer isolément : la démocratie ramène sans cesse chacun vers lui seul et menace de l'enfermer dans sa solitude.

On a pu à cet égard opposer la démocratie aux régimes traditionnels qui reposaient sur une conception hiérarchique de la société : « L'aristocratie avait fait de tous une longue chaîne qui remontait du paysan au roi : la démocratie brise la chaîne et met chaque anneau à part ».

Égalité et liberté semblent varier en raison inverse l'une de l'autre.

On peut alors imaginer que les citoyens se déchargent des affaires publiques sur le pouvoir central : quant à eux, ils ne se préoccuperaient plus que de satisfaire leur passion de l'égalité qui peut difficilement connaître un terme : dans les régimes du passé, chacun était enfermé dans son ordre, son état ; dans la démocratie, les privilèges de quelques-uns sont bien abolis sans doute, mais s'est instaurée la concurrence de tous contre tous. Si un gouvernement parvient à satisfaire ce désir d'égalité, il est à craindre que les citoyens s'estiment satisfaits sans plus se soucier de la chose publique : la crainte de perdre ses biens deviendra plus forte que la crainte d'être dirigé par des volontés étrangères.

CONCLUSION

Bilan.

Au terme de cette étude, la liberté ne nous paraît possible que s'il existe une disponibilité et un intérêt pour la vie publique — au détriment peut-être de nos intérêts particuliers. Ainsi **Rousseau** en venait-il à se féliciter de l'existence de l'esclavage qui laissait aux Athéniens le loisir de s'occuper de la cité — ne seraient donc libres que ceux qui disposeraient de suffisamment de loisirs, qui n'auraient pas le souci exclusif de gagner leur vie.

D'autre part, le désir d'égalité des biens contraint à son tour chacun à consacrer une part de plus en plus considérable de son temps à l'acquisition de biens non plus vitaux mais de prestige — au détriment de son activité civique, mais alors n'est-ce pas à terme sacrifier la liberté dont l'usage comporte toujours quelques risques spirituels ou matériels?

Réponse nuancée.

Tocqueville : *De la Démocratie en Amérique.*

Il semble donc difficile de concilier liberté et égalité dans la vie sociale, à moins de redonner sens et vigueur à l'impératif moral qui fonde théoriquement la démocratie : c'est aux citoyens eux-mêmes qu'il appartient de ne pas tomber dans l'individualisme, car si « les nations de nos jours ne peuvent faire que dans leur sein les conditions ne soient pas égales, il dépend d'elles que l'égalité les conduise à la servitude ou à la liberté, aux lumières ou à la barbarie, à la prospérité ou à la misère ».

CHAPITRE 3 : L'ÉTUDE DE TEXTE

SECTION I : LE TEXTE PHILOSOPHIQUE

Rappelons l'énoncé du 3e sujet : Dégagez l'intérêt philosophique du texte après avoir procédé à son étude ordonnée.

Vous avez trois questions à résoudre :

- Qu'est-ce qu'un texte? (section 1, 2)
- qu'est-ce qu'une étude ordonnée? (section 3)
- en quoi consiste l'intérêt philosophique d'un texte? (section 4)

LE TEXTE :

Définition

• De façon générale, un texte est l'ensemble des phrases qui constituent une œuvre, un écrit, c'est un moyen de communication, l'expression d'une pensée ; les phrases sont elles-mêmes constituées de mots dont les uns expriment des liaisons, des relations (conjonctions, prépositions, adverbes), dont les autres expriment des concepts (noms, verbes, adjectifs) ; l'étude des premiers permet de déterminer la structure et les articulations du texte, l'étude des seconds nous permet de savoir ce dont traite le texte.

• ***Une expérience bien désagréable vous attend souvent : vous comprenez chacun des mots pris isolément, voire chacune des phrases*** — cela d'ailleurs est dû à la sollicitude des examinateurs qui ont pour consigne de vous proposer des textes qui ne contiennent pas de termes techniques — ***mais le sens général vous échappe.*** Vous susciteriez l'étonnement de ce Sophiste qui, dans un dialogue de **Platon**, ne peut s'expliquer que l'on ne comprenne pas un discours si l'on connaît l'alphabet : chaque phrase est composée de mots, chaque mot de syllabes, chaque syllabe de lettres !

• ***C'est qu'un texte n'est pas une juxtaposition de phrases.*** Il forme, dit-on, un tout et l'étymologie vous met ici sur la voie : texte signifie ***tissu.*** Un tissu est constitué d'une chaîne, l'ensemble des fils parallèles disposés dans le sens de la longueur et d'une trame, ensemble de fils que le tisserand entrelace à la chaîne pour composer son tissu.

L'ÉTUDE DE TEXTE
SECTION I
QU'EST-CE QU'UN TEXTE PHILOSOPHIQUE?

• Nous pouvons comparer l'auteur du texte au tisserand : les fils, de façon générale, il les puise dans « le trésor de la langue », voire il les crée lui-même et ce sont les mots, mais il est libre de leur disposition, sous réserve de certaines contraintes. A vous de discerner le motif « inscrit dans le tapis » et d'apprécier son intérêt. Si vous poursuivez cette comparaison, vous comprenez immédiatement qu'***il ne s'agira pas — pour l'étude ordonnée — de découper de façon maniaque le texte en parties*** — à ce jeu le tissu serait vite de la charpie.

Tapis

Caractéristiques du texte philosophique

• ***Son auteur :*** c'est là un critère externe sans doute, il y a des textes philosophiques comme des textes poétiques ou scientifiques. Le philosophe est à distinguer aussi bien du poète et du romancier qui s'adressent à l'imagination et à la sensibilité et dont l'objet est de créer une fiction, que du scientifique qui s'efface derrière les vérités qu'il expose. Le philosophe s'adresse d'abord à l'intelligence : il récuse le prestige de l'imaginaire ; mais, contrairement au savant qui a pour but exclusif la connaissance, ***il donne à penser :*** nous entendons par là qu'***il suscite l'interrogation, voire la critique du lecteur.***

Hegel *« Phénoménologie de l'esprit »*

• ***Sa volonté de vérité :*** le texte philosophique s'adresse à l'intelligence au moyen de raisonnements, il n'est ni poème ni prophétie, il ne revendique nulle illumination, nulle inspiration ; il est caractérisé par « la volonté de saisir le vrai par la pensée ».

• ***Son refus de l'anecdote, de l'inessentiel :*** la philosophie, ne l'oubliez pas, est l'amour de la sagesse, son but, dira Kant, est de répondre aux 3 questions que tout homme se pose « Que puis-je connaître ? » « Que dois-je faire ? », « Que m'est-il permis d'espérer ? ».

Pour préciser cette analyse, lire de B. Sève : Exercices philosophiques (Hachette - Université).

• ***Son caractère systématique :*** le texte appartient à un système, c'est-à-dire à un ensemble d'idées logiquement solidaires.

L'ÉTUDE DE TEXTE
SECTION I
QU'EST-CE QU'UN TEXTE PHILOSOPHIQUE?

Exercice : sans indication d'auteur, à l'aide des remarques précédentes, pouvez-vous déterminer s'il y a dans les exemples qui suivent des textes **philosophiques.** Lesquels? pourquoi?

1. *« Ivan Illitch voyait qu'il mourait et il était désespéré. Dans le fond de son âme, il savait bien qu'il mourait, mais non seulement il ne parvenait pas à s'habituer à cette pensée, il ne la comprenait même pas, il était incapable de la comprendre. »*

Cet exemple de syllogisme qu'il avait pris dans un manuel de logique de **Kiesewetter :** *« Caïus est un homme, les hommes sont mortels, donc Caïus est mortel » ce raisonnement lui paraissait exact s'il s'agissait de Caïus mais non pas de sa propre personne. C'était Caïus, un homme en général, et il devait mourir. Mais lui n'est pas Caïus, il n'est pas un homme en général; il est à part, tout à fait à part des autres êtres : il était Vania avec sa maman et son papa, avec Mitia et Volodia, avec sa bonne, avec le cocher puis avec Katenka, avec toutes les joies, toutes les peines, tous les enthousiasmes de l'enfance, de l'adolescence, de la jeunesse. Caïus connaissait-il l'odeur de cette balle en cuir bariolé qu'aimait tant Vania? Caïus embrassait-il la main de sa mère comme Vania? Est-ce pour Caïus que froufroutait ainsi la jupe de la mère de Vania? Est-ce Caïus qui avait protesté à l'école au sujet des petits pâtés? Avait-il aimé comme Vania? Pouvait-il présider une séance comme lui?*

« Caïus est en effet mortel, et il est juste qu'il meure. Mais moi Vania, Ivan Illitch, avec toutes mes pensées, avec tous mes sentiments, c'est tout autre chose. Et il est impossible que je doive mourir. Ce serait trop affreux ».

2. *« Que sont tous les objets sensibles, et surtout ceux qui nous séduisent par l'attrait de la volupté, ou nous effraient par l'image de la douleur; ceux enfin dont le faste nous arrache des cris d'admiration? Que tout cela est frivole, digne de mépris! C'est un dégoût, une corruption, c'est la mort. Voilà ce que doit comprendre la raison. Songe à ce que sont ceux-là même dont les opinions et les voix nous donnent la gloire.*

Qu'est ce que la mort? Si on la considère en elle seule; si, par une abstraction de la pensée, on la sépare des images dont nous la revêtons, on verra que la mort n'est rien qu'une opération de la nature : or, quiconque a peur d'une opération de la nature est un enfant ».

3. *« L'analyse du « on meurt » nous dévoile sans équivoque la manière d'être, dans sa banalité quotidienne, de l'être-pour-la-mort. Celle-ci est comprise, dans une semblable façon de parler, comme quelque chose d'indéterminé qui, pour vous-même en attendant, est une réalité non encore donnée, dont par conséquent la menace n'est pas à craindre. Le « on meurt » propage cette opinion que la mort concerne pour ainsi dire le « on ». L'explication de la réalité humaine qui a cours dans les propos des gens, déclare : « on meurt »; parce qu'en disant « on meurt », chacun des autres et soi-même en même temps peut s'en faire*

accroire ; oui, on meurt, mais, chaque fois, ce n'est justement pas moi le « on », ce n'est personne. Le « fait de mourir » est ainsi ramené au niveau d'un événement qui concerne bien la réalité humaine, mais ne touche personne en propre. Si jamais l'équivoque a été faite des parleries quotidiennes, c'est bien ainsi dans le parler sur la mort. Cette mort qui, sans suppléance possible, est essentiellement la mienne, la voici convertie en un événement qui relève du domaine public ; c'est à « on » qu'elle arrive... Par une telle ambiguïté, la réalité humaine... se met en état de se perdre dans le « On ». Le « On » justifie et aggrave la tentation de se dissimuler à soi-même l'être-pour-la-mort, cet être possédé absolument en propre ».

4. « Et tout en parlant, attaché à la barre, il l'étreignait et resserrait son étreinte, les yeux fixés sur les étoiles. Et voici que le dieu secoue au-dessus de ses tempes une branche humide des eaux du Léthé et endormeuse par la vertu du Styx ; il ferme les yeux noyés du songe du pilote qui lutte encore. A peine cette langueur imprévue avait-elle détendu ses membres que, s'appesantissant sur lui, le dieu le précipite dans les flots calmes avec une partie de la poupe arrachée et le gouvernail. Il tombe, la tête en avant, et jette plus d'un vain appel à ses compagnons. Et le dieu, comme un oiseau qui s'envole, s'est élevé déjà dans les airs limpides. La flotte n'en court pas moins sur la mer une route très sûre et vogue sans crainte selon les promesses du divin Neptune. Déjà elle approchait, jusqu'à les côtoyer, de l'écueil des Sirènes, jadis si dangereux et blanchi d'ossements (sous le choc répété des flots résonnaient au loin les rochers rauques), quand Énée sentit que son vaisseau flottait à l'aventure, sans pilote et prit lui-même le gouvernail sur les eaux nocturnes, tout gémissant, le cœur frappé du malheur de son ami. « Tu as eu trop de confiance dans la sérénité du ciel et de la mer, ô Palinure et pour cela tu seras gisant, nu sur un sable ignoré ».

Repérez :

- Volonté de vérité
- refus de l'inessentiel, de l'anecdote
- caractère systématique
- l'invite à s'interroger, à poursuivre la recherche

Texte 1 : Tolstoï (la mort d'Ivan Illitch) ; texte 2 : Marc-Aurèle (Pensées pour moi-même) ; texte 3 : Heidegger (l'Être et le Temps) ; texte 4 : Virgile (Énéide).

L'ÉTUDE DE TEXTE
SECTION I
QU'EST-CE QU'UN TEXTE PHILOSOPHIQUE?

LE CONTEXTE

Le texte proposé à votre réflexion est peu étendu — en général de 15 à 20 lignes.

Peut-on le comprendre sans le contexte? Le contexte, c'est ce qui précède et ce qui suit, le chapitre auquel il appartient, l'ouvrage d'où il est extrait, voire l'œuvre complète de l'auteur. De façon plus générale encore, le contexte c'est le milieu intellectuel dans lequel l'auteur a vécu et formé sa pensée.

Traduction
Je veux te demander quelque chose

— Pourrais-tu me recommander des livres qui permettent de progresser?

— C'est pour toi?

— Que penses-tu de quelque chose en 24 volumes?

Notre comparaison précédente nous est précieuse encore une fois : il n'est pas besoin pour déterminer si l'on a devant soi de la toile, de la soie, du fil, etc. d'avoir 100 m de tissu ni même 1 m : un échantillon suffit. Par conséquent, si le texte est bien choisi — et vous pouvez compter pour cela sur la sagacité des professionnels! — vous devez sans crainte en aborder l'étude, même si vous n'en connaissez ni le contexte, ni l'auteur. D'autant que l'on ne vous demande pas un commentaire explicatif et critique — comme par exemple dans les études supérieures de philosophie — exercice ne pouvant s'effectuer que grâce à une parfaite connaissance de l'œuvre, des sources, de l'évolution de la pensée de l'auteur.

SECTION II : LA STRUCTURE DU TEXTE

La structure du texte est déterminée par l'objectif de l'auteur :

- Élucider une notion → donc son sens est multiple.
- Établir une thèse → donc il existe une ou plusieurs thèses adverses.
- Réfuter une opinion généralement admise → donc elle présente des lacunes, voire des erreurs.

Expliquer, élucider, établir, réfuter, ce sont là des opérations intellectuelles, l'auteur s'adresse à l'intelligence. Il ne s'adresse ni à l'affectivité ni à l'imagination, ni à la mémoire ; c'est pourquoi il use de procédés discursifs, c'est-à-dire de raisonnements.

I - COMMENT DÉTERMINER L'OBJECTIF DU TEXTE ?

Par l'étude attentive de la première phrase ou des deux premières phrases.

Considérons les débuts de texte suivants :

A - • *« On dit volontiers : mon vouloir a été déterminé par ces mobiles, circonstances, excitations et impulsions, la formule implique d'emblée que je me sois comporté de façon passive. Mais en vérité mon comportement n'a pas été seulement passif. »* **Hegel**

• *« On croit que l'esclave est celui qui agit sur le commandement d'autrui et que l'homme libre se conduit selon son propre gré. Mais cela n'est pas absolument vrai. »* **Spinoza**

• *« On nous conteste de tous côtés le droit d'admettre un psychique inconscient et de travailler scientifiquement avec cette hypothèse. Nous pouvons répondre à cela que l'hypothèse de l'inconscient est nécessaire et légitime. »* **Freud**

• *« De tous temps on a voulu améliorer les hommes : c'est cela avant tout qui est appelé morale, mais sous ce même mot « morale » se cachent les tendances les plus différentes. »* **Nietzsche**

a) Vous remarquerez qu'ils commencent par « ***on*** dit, ***on*** croit, ***on*** nous conteste, de tous temps ***on*** a voulu ».

Il s'agit donc dans la 1re phrase de signaler une opinion généralement répandue.

Autres débuts analogues possibles :

les hommes supposent généralement...
on soutient communément...
nous avons souvent entendu formuler l'idée suivante...
tous les bons esprits répètent depuis...

b) Cette opinion, bien que pouvant comporter des éléments positifs, est erronée : ceci est signalé par l'emploi quasi-général au début de la 2e phrase de l'adverbe ***mais*** qui introduit une restriction, une correction, une addition, voire une objection.

Objectif de ce type de texte : amener le lecteur à réviser son opinion, voire à y renoncer complètement.

corriger

B - • *« Fausse est la théorie de ceux qui admettent un certain sens moral particulier par lequel et non par la raison serait déterminée la loi morale ».* **Kant**

• *« Il est inadmissible de prétendre que la science n'est que l'une des branches de l'activité psychique humaine et que la religion et la philosophie en sont d'autres au moins aussi importantes ».* **Freud**

• *« C'est une erreur de distinguer les passions en permises et défendues pour se livrer aux premières et se refuser aux autres »* **Rousseau**

a) Fausse, inadmissible, erronée : il ne s'agit plus de partir de l'opinion commune qui comporte à un certain point de vue une part de vérité mais de rejeter ***une thèse*** : alors que l'opinion est composée d'un mélange inextricable de préjugés, de croyances, d'expérience, de vérité, la thèse (ou la théorie) est consciente d'elle-même, et présente pour sa justification un ensemble d'arguments qu'il faudra donc réfuter.

b) Qui défend cette thèse? cela peut être une école philosophique, voire le lecteur lui-même s'il a déjà réfléchi sur ce sujet.

Objectif de ce type de texte : réfuter une thèse en montrant :

- ***qu'elle repose sur de faux principes,***
- ***qu'elle se contredit elle-même,***
- ***qu'elle ne rend pas compte de certains faits.***

réfuter

C - • *« Un principe de pédagogie que devraient avoir devant les yeux les hommes qui font des plans d'éducation, c'est qu'on ne doit pas élever les enfants d'après l'état présent de l'espèce humaine, mais d'après l'idée d'un état meilleur dans l'avenir ».* **Kant**

• *« Le physiologiste et le médecin ne doivent jamais oublier que l'être vivant forme un organisme et une individualité ».* **C. Bernard**

• *« Il semble que l'on doive définir la loi plus particulièrement comme une règle de vie que l'homme s'impose à lui-même ou impose à d'autres pour une fin quelconque ».*

a) Nous soulignons dans chaque texte le verbe ***devoir*** qui exprime l'obligation, la nécessité, bref un impératif.

b) Si l'on doit : c'est que spontanément, généralement on ne pense pas ainsi.

Corriger ou réfuter

Objectif de ce type de texte : similaire à 1 à et 2

D - • *« Le travail est l'activité vitale propre au travailleur, l'expression personnelle de sa vie ».* **Marx**

• *« Cette tendance à l'agression que nous pouvons déceler en nous-mêmes et dont nous supposons à bon droit l'existence chez autrui constitue le facteur principal de perturbation dans nos rapports avec notre prochain ».* **Freud**

• *« Je conçois dans l'espèce humaine deux sortes d'inégalités. L'une que j'appelle naturelle ou physique... l'autre que l'on peut appeler inégalité morale ou politique ».* **Rousseau**

• *« L'homme est un animal qui, du moment où il vit parmi d'autres individus de son espèce, a besoin d'un maître ».*

a) Tous ces fragments qui débutent des textes proposés au baccalauréat ***sont des propositions affirmatives.***

b) Les verbes sont à l'indicatif qui, vous le savez, est le mode des choses certaines.

Établir

Objectif de ce type de texte : établir que la définition proposée est nécessaire.

E - • *« Un des plus grands problèmes de l'éducation est le suivant : comment unir la soumission sans une contrainte légale avec la faculté de se servir de sa liberté ? ».* **Kant**

• *« Il est curieux que les hommes qui savent si mal vivre dans l'isolement se sentent pourtant lourdement opprimés par les sacrifices que la civilisation attend d'eux afin de leur rendre possible la vie en commun ».* **Freud**

• *« Qu'est ce que la société quelle que soit sa forme ? ».* **Marx**

L'ÉTUDE DE TEXTE
SECTION II
LA STRUCTURE DU TEXTE

• *« Comment le passé qui, par hypothèse, a cessé d'être pourrait-il par lui-même se conserver ? ».* **Bergson**

• *« Qu'est ce que le Moi ? ».* **Pascal**

a) Un problème est formulé, une difficulté soulevée, une question posée.

b) Ces propositions pourraient constituer le texte d'un sujet de dissertation

Objectif de ce type de texte : Résoudre une question ***Élucider***

Exercice : Quel objectif pouvez-vous assigner aux textes suivants :

1. *« La science, dans son besoin d'achèvement comme dans son principe, s'oppose absolument à l'opinion ».* **Bachelard**

2. *« On décrit souvent l'état de nature comme un état parfait de l'homme en ce qui concerne, tant le bonheur que la bonté morale ».* **Hegel**

3. *« Pourquoi l'univers est-il ordonné ? »* **Bergson**

4. *« Je sais par exemple que 2 fois 2 font 4 et qu'il faut préférer son ami à son chien et je suis certain qu'il n'y a point d'homme au monde qui ne le puisse voir aussi bien que moi ».* **Malebranche**

5. *« Il n'est pas vrai qu'un homme libre puisse se vendre ».* **Montesquieu**

6. *« Penserions-nous vraiment et penserions-nous bien si nous ne pensions pour ainsi dire en commun avec d'autres qui nous communiquent leurs pensées et auxquels nous communiquons les nôtres ? »* **Kant**

II - LA STRUCTURE DU TEXTE

Le texte peut toujours être considéré comme un dialogue. Dialogue entre l'auteur et les lecteurs de son époque d'abord ; mais, le plus souvent, les textes qu'on vous propose permettent aussi **un dialogue entre l'auteur et vous-même.**

Selon que l'auteur a pour objectif de « vous » amener à ***réviser*** une opinion ou de ***réfuter*** « votre» thèse, d'***établir*** « devant vous » la nécessité d'une question ou ***de résoudre*** « avec vous » une question, la structure de son texte sera différente. De là l'importance des mots-outils qui marquent les étapes et la nature de l'argumentation.

Étudions ensemble cette structure en reprenant successivement les 4 types principaux de textes énumérés à l'instant.

Corriger

A. Texte dont l'objectif est d'amener le lecteur à corriger son opinion

Soit le texte suivant de Hegel :

*« **On dit volontiers :** mon vouloir a été déterminé par ces mobiles, circonstances, excitations et impulsions. La formule **implique** d'emblée que je me sois ici comporté de façon passive. **Mais en vérité** mon comportement n'a pas été **seulement** passif, il a été actif aussi, et de façon essentielle, **car** c'est mon vouloir qui a assumé telles circonstances à titre de mobiles, qui les fait valoir commes mobiles. Il n'est ici aucune place pour la relation de causalité. Les circonstances ne jouent point le rôle de causes et mon vouloir n'est pas l'effet de ces circonstances. La relation causale **implique que** ce qui est contenu dans la cause s'ensuive **nécessairement. Mais,** en tant que réflexion, je puis dépasser toute détermination posée par les circonstances. **Dans la mesure où** l'homme allègue qu'il a été entraîné par des circonstances, des excitations, etc. ; il entend par là rejeter, pour ainsi dire, hors de lui-même sa propre conduite, **mais** ainsi il se réduit tout simplement à l'état d'essence non-libre ou naturelle **alors que** sa conduite, en vérité, est toujours sienne, non celle d'un autre ni l'effet de quelque chose qui existe hors de lui. Les circonstances ou mobiles n'ont jamais sur l'homme que le pouvoir qu'il leur accorde lui-même. »*

Tous les mots qui marquent les étapes de l'argumentation ont été soulignés : les conjonctions « mais », « car » : les locutions « dans la mesure où », « alors que » ; le verbe « implique » ; l'adverbe « nécessairement ». Étudions maintenant chacune des phrases dont se compose le texte, pour repérer sa fonction dans l'ensemble.

« On dit volontiers : mon vouloir a été déterminé par ces mobiles, circonstances, excitations, impulsions ».	Énoncé de l'opinion qu'il s'agit pour l'auteur de corriger.
« La formule implique d'emblée que je me sois ici comporté de façon passive ».	Radicalisation de l'opinion en question.
*« Mais en vérité mon comportement n'a pas été **seulement** passif... ».*	Introduction de l'objection, amorce de réfutation.
*« il a été actif **aussi** et de façon essentielle, car c'est mon vouloir qui a assumé telles circonstances à titre de mobiles, qui les fait valoir comme mobiles ».*	Négation de l'opinion commune qui apporte une explication de cette négation.
« Il n'est ici aucune place pour la relation de causalité. Les circonstances ne jouent pas le rôle de causes et mon vouloir n'est pas l'effet de ces circonstances ».	Énoncé des présupposés philosophiques de l'opinion et réfutation de ces présupposés.

« La relation causale implique que ce qui est contenu dans la cause s'ensuive nécessairement. »	l'opinion doit admettre cet énoncé comme fondement philosophique
« Mais en tant que réflexion je puis dépasser toute détermination posée par les circonstances. »	objection à l'encontre du fondement philosophique de l'opinion.
« Dans la mesure où l'homme allègue qu'il a été entraîné par des circonstances... sa conduite toujours sienne... hors de lui. »	reprise de l'opinion qui est réduite à sa fonction justificative et qui donc ne relève ni du vrai ni du faux mais de l'illusion.
« Les circonstances ou mobiles n'ont jamais sur l'homme que le pouvoir qu'il leur accorde lui-même. »	thèse philosophique qui se substitue à l'opinion après l'avoir décryptée.

Schématisons la structure de ce type de texte :

- énoncé de l'opinion — radicalisation
- réfutation de l'opinion en montrant :
  - qu'elle repose à son insu sur un principe qui ne peut s'appliquer ici
  - qu'elle est adoptée comme alibi et non pour sa vérité éventuelle
- substitution de la thèse philosophique à l'opinion.

Exercice : procédez à ce travail d'analyse sur le texte suivant, de **Spinoza.**

... *« On croit que l'esclave est celui qui agit sur commandement d'autrui, et que l'homme libre est celui qui se conduit selon son propre gré. Mais cela n'est pas absolument vrai. En réalité, celui qui se laisse entraîner par son seul plaisir, au point de ne plus voir ni faire rien de ce qui lui serait utile, est soumis au plus grand esclavage, et seul est libre celui qui vit volontairement sous la conduite de la raison. Quant à l'action commandée, c'est-à-dire l'obéissance, elle ôte bien d'une certaine manière la liberté, mais ce n'est pas cela qui rend immédiatement esclave, c'est la raison de l'action. Si la fin de l'action n'est pas l'utilité de l'agent lui-même , mais de celui qui le commande, alors l'agent est esclave et inutile à soi-même. Mais dans un État et sous un pouvoir où la loi suprême n'est pas le salut de celui qui commande, mais le salut du peuple tout entier, celui qui se soumet en tous points au pouvoir souverain doit être dit non pas esclave inutile à soi, mais sujet. Ainsi l'État le plus libre est celui qui se soumet en tout à la droite raison, car chacun, s'il le veut, peut y être libre, c'est-à-dire y vivre volontairement sous la conduite de la raison. »*

Réfuter

B. Texte dont l'objectif est de réfuter une thèse

Ici l'auteur attaque de front une thèse adverse.

Soit le texte suivant de Freud

*« Il est **inadmissible** de prétendre que la science n'est que l'une des branches de l'activité psychique humaine et que la religion et la philosophie en sont d'autres, au moins aussi importantes, où la science n'a rien à voir. De cette façon, science, religion et philosophie auraient des droits égaux à la vérité et tout homme pourrait librement établir ses convictions et placer sa foi. C'est là une opinion **jugée** extrêmement élégante, tolérante, large et dénuée de préjugés mesquins ; **malheureusement** elle s'avère insoutenable et c'est à elle qu'incombent tous les méfaits d'une représentation antiscientifique de l'univers, représentation dont elle se montre d'ailleurs, au point de vue pratique, l'équivalent. **En effet,** la vérité ne peut pas être tolérante, elle ne **doit** admettre ni compromis ni restrictions. La science considère comme siens tous les domaines où peut s'exercer l'activité humaine et devient **inexorablement** critique dès qu'une puissance tente d'en aliéner une partie. »*

Nous avons souligné dans ce texte les termes qui expriment un jugement de valeur : inadmissible, jugée, malheureusement, doit, inexorablement.

« Il est inadmissible de prétendre que la science n'est que l'une des branches de l'activité humaine et que la religion et la philosophie en sont d'autres au moins aussi importantes où la science n'a rien à voir. »	Énoncé de la thèse qu'il s'agit de réfuter caractérisée d'emblée comme inadmissible.
« De cette façon, science, religion et philosophie auraient des droits égaux à la vérité et tout homme pourrait librement établir ses convictions et placer sa foi. »	Conséquences que l'on peut tirer de cette thèse.
« C'est là une opinion jugée extrêmement élégante, tolérante, large et dénuée de préjugés mesquins »	Aspect positif en apparence de la thèse.
« Malheureusement elle s'avère insoutenable et c'est à elle... l'équivalent »	Aspect négatif de cette thèse.
« En effet la vérité ne peut pas être tolérante, elle ne doit admettre ni compromis ni restriction »	Jugement de valeur qui fonde le rejet de la thèse.

« La science considère comme siens tous les domaines où peut s'exercer l'activité humaine et devient inexorablement critique... »	Énoncé catégorique qui remplace la thèse initiale.

Structure de ce type de texte :

- Énoncé de la thèse adverse disqualifiée d'emblée.
- Conséquences de cette thèse :
  - Aspect positif en apparence, négligeable en fait.
  - Aspect négatif en raison de la fonction mystificatrice.
- Raisons du rejet de cette thèse :
  - Jugement de valeur.
  - A priori philosophique.

Remarquez au passage que la formulation des thèses de **Freud** revêt un aspect très polémique et n'est pas véritablement argumentée.
Ces thèses sont cependant justifiées dans de nombreux autres passages de l'œuvre.

Exercice : Procédez à ce travail d'analyse sur le texte suivant de **Kant** :

« Fausse est la théorie de ceux qui admettent un certain sens moral particulier par lequel, et non par la raison, serait déterminée la loi morale : d'après lequel la conscience de la vertu serait immédiatement liée au contentement et à la satisfaction, celle du vice, au trouble de l'âme et à la douleur, ramenant ainsi toute chose au désir du bonheur personnel. Pour se représenter l'homme vicieux comme torturé et moralement inquiété par la conscience de ses fautes, il faut d'abord le supposer, d'après le fond essentiel de son caractère, au moins en quelque degré, moralement bon, comme celui que réjouit la conscience de l'accord de ses actes avec le devoir, doit d'abord être représenté comme vertueux. Le concept de la moralité et du devoir devait donc précéder toute considération sur ce contentement et ne peut pas du tout en être dérivé. On doit d'abord apprécier l'importance de ce que nous nommons devoir, l'autorité de la loi morale, et la valeur immédiate que la personne acquiert à ses propres yeux par l'accomplissement de la loi morale, pour sentir ce contentement que produit dans la conscience la conformité à la loi et le reproche amer qu'elle nous adresse quand nous avons violé la loi. On ne peut donc sentir ce contentement ou ce trouble de l'âme avant de connaître l'obligation, on ne peut en faire le fondement de cette dernière. On doit au moins déjà être à demi honnête homme pour se faire seulement une représentation de ces sentiments ».

Établir

C. Texte dont l'objectif est d'établir que la définition proposée est nécessaire.

Dans la plupart des textes de ce type, la définition initiale dépend étroitement de l'ensemble du système. Il est toutefois possible, même si vous ne le connaissez pas, de déterminer le mode d'argumentation.

Soit le texte suivant de **Kant**, sur lequel nous procédons au repérages qui viennent de vous être suggérés :

*« **L'homme est un animal qui, du moment où il vit parmi d'autres individus de son espèce a besoin d'un maître. Car** il abuse à coup sûr de sa liberté à l'égard de ses semblables ; et, **quoique**, en tant que créature raisonnable, il souhaite une loi qui limite la liberté de tous, son penchant animal à l'égoïsme l'incite **toutefois** à se réserver dans toute la mesure du possible un régime d'exception pour lui-même. Il lui faut donc un maître qui batte en brèche sa volonté particulière et le force à obéir à une volonté universellement valable, grâce à laquelle chacun puisse être libre. **Mais** où va-t-il trouver ce maître? Nulle part ailleurs que dans l'espèce humaine. **Or** ce maître, à son tour, est comme lui un animal qui a besoin d'un maître. **De quelque façon** qu'il s'y prenne, on ne **conçoit** vraiment pas comment il pourrait se procurer pour établir la justice publique un chef juste par lui-même : soit qu'il choisisse à cet effet une personne unique, soit qu'il s'adresse à une élite de personnes triées au sein d'une société… Cette tâche est par conséquent la plus difficile à remplir de toutes ; à vrai dire sa solution parfaite est impossible ; le bois dont l'homme est fait est si noueux qu'on ne peut y tailler de poutres bien droites ».*

1. Définition.
2. Explication et justification de la définition.
3. Reprise de la définition initiale.
4. Problème que suscite cette définition.
5. Caractère apparemment inextricable de la définition.
6. La solution de ce problème est extrêmement difficile, peut-être impossible (aporie *).

D. Texte dont l'objectif est de résoudre une question.

Résoudre

Exercice : Étudiez ce texte de **Kant** pour tenter d'en dégager la structure :

« ***Un des plus grands problèmes de l'éducation est le suivant :*** *comment unir la soumission sous une contrainte légale avec la faculté de se servir de sa liberté?* ***Car*** *la contrainte est nécessaire!* ***Mais*** *comment puis-je cultiver la liberté sous la contrainte?*

Je dois *habituer mon élève à tolérer une contrainte pesant sur sa liberté, et* ***en même temps*** *je* ***dois*** *le conduire lui-même à faire un bon usage de sa liberté.* ***Sans cela*** *tout n'est que pur mécanisme et l'homme privé d'éducation ne sait pas se servir de sa liberté. Il* ***doit de bonne heure*** *sentir l'inévitable résistance de la société, afin d'apprendre qu'il est difficile de se suffire à soi-même; qu'il est difficile de se priver et d'acquérir, pour être indépendant* ».

1. Énoncé de la question ou du problème envisagé.
2. Caractère apparemment insoluble de cette question.
3. 1er essai de solution.
4. Conséquences logiques ou pratiques du refus de la solution proposée.
5. Solution proposée.

Dans tous les cas il faut impérativement commencer l'étude du texte par la mise en évidence des liens logiques qui constituent son armature. Cette opération permet la compréhension du texte et conditionne son étude ordonnée.

SECTION III : L'ETUDE ORDONNEE DU TEXTE DANS LES SECTIONS A, B, C, D

I. PRÉPARATION DE L'ÉTUDE ORDONNÉE

L'étude ordonnée c'est d'abord une explication du texte en suivant ses articulations — et si le texte peut être à juste titre considéré comme un tout, il s'agit de pénétrer dans sa logique propre, ce qui suppose que l'on a compris sa problématique particulière il faut expliquer le texte tel qu'il se pense lui-même c'est-à-dire tel que son auteur l'a pensé et compris. Signalons qu'il n'est pas toujours obligatoire de suivre l'ordre dans lequel le texte se présente. L'étude du texte peut s'organiser à partir de telle ou telle proposition — celle par exemple qui exprime la thèse de l'auteur : si cette thèse est exprimée dans la première phrase du texte, alors vous signalerez qu'elle est doublement première puisque c'est par elle que le texte débute et par rapport à elle qu'il s'ordonne.

Dans les séries A, B, C, D, aucune question ne vient à l'examen guider votre attention. Cela se justifie — théoriquement du moins — parce que le nombre d'heures consacré à l'enseignement de la philosophie est suffisant pour vous permettre de poser vous-même des questions auxquelles l'étude ordonnée fournira une réponse.

A cet égard, les exercices indiqués précédemment (déterminer l'objectif et la structure du texte) sont fondamentaux. Si vous les avez effectivement pratiqués, vous savez déjà écarter le risque majeur qui est de considérer l'étude de texte comme un prétexte à discuter certaines seulement de ses propositions saisies au hasard.

Pendant l'année, pour chacun de vos devoirs, prenez l'habitude de vous poser pour chaque texte les ***trois questions*** suivantes :

- quel est l'auteur du texte?
- à quelle date a-t-il été écrit?
- quelle est la nature de ce texte?

Ce sont là des questions externes mais qui vous mettent sur la voie de la réponse à la question principale : A quelle question (explicite ou implicite) l'auteur répond-il dans ce texte?

- L'auteur : vous connaissez, même succinctement, les thèmes autour desquels sa philosophie s'organise.
- La date permet de situer le texte à la fois : ***dans l'œuvre de l'auteur*** : or il n'est pas indifférent de savoir que « *Le Discours de la Méthode* » est antérieur aux « Méditations métaphysiques », le « *Contrat Social* » postérieur au « Discours sur les sciences et les arts » ; **dans le contexte philosophique et historique, culturel au sens large du mot** ; et il est important de savoir que tel texte de **Kant** est contemporain de la Révolution française, tel texte de **Descartes** des découvertes de **Galilée.**

- La nature du texte : s'agit-il d'un écrit de circonstance comme le « *Projet de constitution pour la Pologne* » de **Rousseau** ?

  D'un article de revue comme « *l'Idée d'une histoire universelle* » de **Kant** ? ou d'un fragment d'une œuvre philosophique ?

Le public auquel s'adresse l'auteur n'est pas toujours le même et la réponse apporte un éclairage utile sur le type d'argumentation, sur le vocabulaire, sur le nombre et le choix des exemples etc. Vous vous doutez qu'un texte qui s'adresse à des spécialistes utilisera peu d'exemples et d'images, destinés au contraire à en faciliter la compréhension à un public plus large.

Comparez par exemple l'un à l'autre ces deux textes de **Rousseau**, le premier est extrait du « Discours sur l'origine de l'Inégalité », le second du « Contrat Social » :

1. *« Quelque couleur qu'ils pussent donner à leurs usurpations, les riches sentaient qu'elles n'étaient établies que sur un droit précaire et abusif et que, n'ayant été acquises que par la force, la force pouvait les leur ôter (...).*

   « Unissons-nous dirent-ils à leurs voisins pour nous garantir de l'oppression des faibles, contenir les ambitieux et assurer à chacun la possession de ce qui leur appartient. Instituons des règlements de justice auxquels tous soient obligés de se conformer et qui réparent en quelque sorte les caprices de la fortune en soumettant également le puissant et le faible à des devoirs mutuels ».

   « Telle fut ou dut être l'origine de la Société et des Lois, qui donnèrent de nouvelles entraves au faible et de nouvelles forces au riche, fixèrent pour jamais la Loi de la propriété et de l'Inégalité, d'une adroite usurpation firent un droit irrévocable, et, pour le profit de quelques ambitieux, assujettirent désormais tout le Genre humain au travail, à la servitude et à la misère ».

Notez la fréquence des adjectifs exprimant des jugements de valeur, l'opposition brutale des « riches » et des « pauvres », le recours à la prosopopée, bref l'engagement personnel et passionné de l'auteur qui veut faire partager au public son indignation.

Prosopopée : figure de style par laquelle on fait agir ou parler des êtres réels ou imaginaires.

2. *« A l'égard de l'égalité, il ne faut pas entendre par ce mot que les degrés de puissance et de richesse soient absolument les mêmes, mais que, quant à la puissance, elle soit au-dessous de toute violence et ne s'exerce jamais qu'en vertu du rang et des lois, et quant à la richesse, que nul citoyen ne soit assez opulent pour en pouvoir acheter un autre, et nul assez pauvre pour être contraint de se vendre : ce qui suppose du côté des grands, modérations de bien et de crédit, et du côté des petits, modérations d'avarice et de convoitise. Cette égalité, disent-ils est une chimère de spéculation qui ne peut exister dans la pratique : mais si l'abus est inévitable, s'ensuit-il qu'il ne faille pas au moins le régler? C'est précisément parce que la force des choses tend toujours à détruire l'égalité, que la force de la législation doit toujours tendre à la maintenir ».*

Ici au contraire l'analyse, le souci de la définition est primordial. Il s'agit de l'écrit d'un théoricien politique qui se veut au-delà des passions, des intérêts.

Lorsque vous avez répondu à ces trois questions, relisez attentivement le texte, cette fois en cherchant le sens précis des mots, celui des expressions techniques ou difficiles à comprendre, quelle qu'en soit la raison.

Faites ces recherches sur tous les textes qui vous sont proposés — ***même et surtout s'ils vous semblent « sans problème »*** : des textes qui paraissent faciles risquent fort de vous entraîner dans des paraphrases appauvries.

Exercice : Procédez à des recherches sur le texte suivant de **Kant** extrait de « Doctrine de la vertu » :

« Pour ce qui est de la force de l'exemple (soit du bien, soit du mal) qui s'offre au penchant de l'imitation, ***ce que les autres nous donnent*** *ne saurait fonder* ***aucune maxime de vertu*** *(...) ce n'est pas la conduite des autres hommes, mais la loi qui doit nous servir de mobile. Le maître ne dira donc pas à un élève vicieux : prends exemple sur ce bon petit garçon (si rangé! si studieux!) car cela ne servirait qu'à lui faire détester son camarade, relativement auquel il se trouverait ainsi placé dans un jour défavorable.* ***Le bon exemple*** *(la conduite exemplaire)* ***ne doit pas servir de modèle, mais seulement de preuve pour montrer que ce qui est conforme au devoir est praticable****; ce n'est pas en comparant un homme avec un autre (considéré tel qu'il est), mais avec l'idée de ce qu'il doit être (de l'humanité), c'est-à-dire avec la loi, que le maître trouvera une règle d'éducation qui ne trompe jamais ».*

- Auteur :
- Date :
- Nature :
- Vocabulaire : exemple, imitation, maxime, vertu, conduite, loi mobile, modèle, preuve, devoir.

Le jour de l'examen vous ne pouvez naturellement pas procéder à toutes ces recherches; mais si vous en avez pris l'habitude pendant l'année, vous serez capable de dégager la question explicite ou implicite à laquelle l'auteur répond.

Reprenons le texte précédent qui a été donné sans aucune indication au baccalauréat. Les recherches effectuées vous permettent de formuler ainsi la question à laquelle l'auteur répond : quel rôle accorder à l'exemple dans l'éducation morale?

II. L'ORGANISATION DE L'ÉTUDE ORDONNÉE

L'étude ordonnée du texte s'organise autour des quatre exigences suivantes :

1. Déterminer la question à laquelle l'auteur répond.
2. Enoncer la thèse de l'auteur.
3. Rechercher la thèse adverse.
4. Repérer dans le texte les procédés d'argumentation qui consistent souvent en une réfutation de la thèse adverse.

Illustrons cette démarche de quelques exemples :

Premier exemple :

« Puisque l'homme libre est celui à qui tout arrive comme il le désire, me dit un fou, je veux aussi que tout m'arrive comme il me plaît. Eh, mon ami, la folie et la liberté ne se trouvent jamais ensemble. La liberté est une chose non seulement très belle mais très raisonnable et il n'y a rien de plus absurde ni de plus déraisonnable que de former des désirs téméraires et de vouloir que les choses arrivent comme nous les avons pensées.

Quand j'ai le nom de Dion à écrire, il faut que je l'écrive non pas comme je veux mais comme il est, sans y changer une seule lettre. Il en est de même dans tous les arts et dans toutes les sciences. Et tu veux que sur la plus grande et la plus importante de toutes les choses, je veux dire la liberté, on voie régner le caprice et la fantaisie? Non, mon ami : la liberté consiste à vouloir que les choses arrivent non comme il te plaît, mais comme elles arrivent ».

Epictète

1 - ***Question à laquelle l'auteur répond :*** En quoi consiste la liberté?

2 - ***Thèse :*** Être libre c'est vouloir que les choses arrivent comme elles arrivent.

3 - ***Thèse adverse :*** Etre libre c'est faire ce qui nous plaît.

4 - ***Procédés d'argumentation :*** Ensemble d'arguments empruntés à des domaines familiers qui plutôt qu'une démonstration au sens strict tentent de provoquer progressivement l'adhésion du lecteur : la thèse adverse est attribuée à un fou, la liberté est assimilée à une « chose très belle, très raisonnable » comme le sont « les arts, les sciences ». Or arts et sciences supposent obéissance à un ensemble de principes supérieurs et extérieurs à l'individu, donc, par analogie, la liberté également.

L'ÉTUDE ORDONNÉE (Sections A, B, C, D)

Ces quatre rubriques sont ensuites développées par l'analyse du vocabulaire, par une référence à la philosophie de l'auteur (seulement si vous disposez de connaissances précises) par un approfondissement de la thèse adverse.

Développement des quatre points précédents.

1. ***En quoi consiste la liberté*** - il s'agit ici de la liberté au sens métaphysique, l'autre sens, celui de liberté politique, n'est pas évoqué ici.

2. ***Être libre c'est vouloir que les choses arrivent comme elles arrivent*** : liberté implique volonté, l'homme libre n'est pas balloté au gré des circonstances. Il fait partie d'un monde qu'il n'a pas créé, il est environné de « choses » indépendantes de sa volonté, les phénomènes naturels, les actions des autres hommes... Vous avez peut-être appris que la philosophie stoïcienne distingue les choses qui dépendent de nous (nos pensées, nos jugements) de celles qui n'en dépendent pas (tout le reste). La liberté consiste donc dans la prise de conscience de ce que le jugement porté sur les choses est seul en notre pouvoir donc en une conversion de l'attitude face au monde. Sachant que les « choses » ne dépendent pas de moi, la seule action que je puisse avoir sur elles est de changer mon point de vue : elles arrivent nécessairement donc je dois les admettre, tout autre attitude relève de l'ignorance ou de l'infantilisme.

3. ***Être libre c'est faire ce qui nous plaît*** : Nous sommes tentés d'adopter cette définition. Je suis libre si rien ne s'oppose à mes désirs. Mais cela veut dire à la fois que je suis seul au monde (personne alors ne pourrait me résister, m'empêcher de faire ceci ou cela) et que je peux transgresser les lois physiques (ce qui manifestement est impossible); cette définition apparente la liberté au contenu d'un rêve et le rêve n'a qu'un temps!

4. ***Procédés d'argumentation :*** La thèse combattue est attribuée à un fou : nul ne peut vouloir s'identifier à un fou. Nous sommes tout disposés à reconnaître que la thèse d'une liberté semblable à un caprice est intenable et que l'homme libre est raisonnable, c'est-à-dire qu'il adapte sa conduite aux circonstances. Plusieurs exemples de conduite raisonnable peuvent être proposés dans le domaine de la connaissance (science) et de la technique (art). On ne peut commander à la nature qu'en lui obéissant d'abord : on doit estimer la résistance des matériaux avant de s'appuyer sur eux. **Epictète** choisit l'exemple de l'écriture qui confirme ces vues : le langage comme l'écriture doivent être utilisés tels qu'ils existent. L'homme libre est bien celui qui s'est libéré de ses désirs, qui a modifié son jugement. Le désir humain, fruit de l'instant et de l'arbitraire ne peut avoir de prise sur le réel : il est condamné à se développer dans l'imaginaire et dans l'insatisfaction. Le texte s'achève et se conclut sur l'énoncé de la thèse stoïcienne.

L'ÉTUDE DE TEXTE
SECTION III
L'ÉTUDE ORDONNÉE (Sections A, B, C, D)

L'étude ordonnée du texte se terminera sur un ensemble de remarques critiques : un certain nombre d'idées sont établies au nombre desquelles vous retenez ici que la liberté ne consiste pas à faire ce qui nous plaît, ne serait-ce que parce qu'une telle idée est frappée d'impossibilité, voire d'absurdité ; par contre, d'autres idées ne semblent pas avoir reçu d'explication tout à fait probante en particulier :

- Que sont ces choses qui arrivent ?
- Qu'en est-il de l'argument de l'écriture ?

L'auteur ne distingue pas entre ces choses qui arrivent : la maladie par exemple « arrive » mais est-ce à dire qu'il faille la vouloir ? N'est-il pas possible et même légitime de faire appel au médecin, donc de se dresser — et avec succès — contre ce qui arrive ? Ces choses qui arrivent - aussi bien les phénomènes naturels que l'action des autres hommes : vouloir ce que fait autrui sans chercher éventuellement à s'y opposer semble bien relever du fatalisme ou même d'une justification après coup de notre passivité.

L'argument de l'écriture est surprenant car l'écriture ne relève pas d'une nature des choses mais bien d'un fait social, œuvre par conséquent des hommes.

Cela veut dire qu'il est nécessaire de porter un jugement sur la thèse proposée après en avoir analysé les composantes. (Ici elle a été caractérisée comme stoïcienne) ; ***il s'agit donc dans la deuxième partie du développement de dégager son intérêt philosophique tout en examinant les réserves qu'elle suscite.***

Galilée

Deuxième exemple :

Quand **Galilée** *fit rouler ses sphères sur un plan incliné avec un degré d'accélération dû à la pesanteur déterminé selon sa volonté, quand* **Torricelli** *fit supporter à l'air un poids qu'il savait d'avance lui-même être égal à celui d'une colonne d'eau à lui connue, (...) ce fut une révélation lumineuse pour tous les physiciens. Ils comprirent que la raison ne voit que ce qu'elle produit elle-même d'après ses propres plans et qu'elle doit prendre les devants avec les principes qui déterminent ses jugements, suivant des lois immuables, qu'elle doit obliger la nature à répondre à ses questions et ne pas se laisser conduire pour ainsi dire en laisse par elle ; car, autrement, faites au hasard et sans aucun plan tracé d'avance, nos observations ne se rattacheraient point à une loi nécessaire, chose que la raison demande et dont elle a besoin. Il faut donc que la raison se présente à la nature tenant, d'une main, ses principes qui seuls peuvent donner aux phénomènes concordant entre eux l'autorité des lois, et de l'autre, l'expérimentation qu'elle a imaginée d'après ces principes, pour être instruite par elle, il est vrai, mais non pas comme un écolier qui se laisse dire tout ce qu'il plaît au maître, mais au contraire, comme un juge en fonctions qui force les témoins à répondre aux questions qu'il leur pose.*

Critique de la Raison Pure — Préface de la 2e édition. **Kant**

L'ÉTUDE DE TEXTE
SECTION III
L'ÉTUDE ORDONNÉE (Sections A, B, C, D)

1. ***Question à laquelle l'auteur répond*** : A quelles conditions une connaisance scientifique de la nature est-elle possible?
2. ***Thèse*** : la connaissance scientifique suppose l'existence de certains principes et la mise en œuvre d'une expérimentation d'après ces principes.
3. ***Thèse adverse*** : la science procède par accumulation d'observations.
4. ***Procédés d'argumentation*** : s'il en était ainsi, la loi scientifique n'aurait aucune nécessité, elle serait une simple généralisation de cas particuliers qu'une observation nouvelle pourrait réfuter, or la raison exige que les énoncés scientifiques soient nécessaires et non simplement généraux et un appel à l'histoire de la physique visant à prouver que cette discipline atteint le statut de science lorsqu'elle renonce à la simple observation.

Remarque sur l'ordre

L'étude ordonnée ne consiste pas nécessairement à suivre l'ordre même du texte qui commence par un ensemble de références à l'histoire de la physique. L'ordre pour l'étude de texte est celui du lien logique des idées, même si l'auteur choisit un autre ordre d'exposition.

L'ordre choisi par l'auteur a sa place dans l'argumentation. En partant des résultats définitivement acquis par la physique qui a renoncé avec **Galilée** à la fois à l'observation empirique et à la spéculation métaphysique, cela prépare le lecteur à admettre la vérité de la thèse présentée comme la conclusion des procédés de la physique expérimentale.

Développement des quatre points précédents

1 - La connaissance scientifique consiste en un ensemble d'énoncés de lois qui permettent de prévoir le phénomène à venir. Qu'est-ce qui permet de distinguer la connaissance scientifique de la connaissance empirique? Il s'agit de s'interroger sur les conditions de possibilité des énoncés scientifiques. La science est un fait, qu'est-ce qui en droit rend ce fait possible?

2 - Ce qui caractérise la démarche scientifique, c'est qu'elle est de part en part soumise aux principes fondamentaux de la pensée : principe d'identité ; de non-contradiction, de causalité. D'autre part, l'expérimentation est la vérification d'une hypothèse et suppose par conséquent que le savant adopte face au phénomène étudié une attitude active. Le schéma de la démarche expérimentale (tel qu'il sera décrit par **Claude Bernard**) est le suivant : le fait observé pose un problème — parce que la théorie en vigueur ne l'explique pas. Il s'agit alors de formuler une nouvelle hypothèse, puis par un dispositif expérimental de vérifier sa validité. Le savant se soumet donc au fait, sans doute, mais il s'agit d'un fait qu'il a élaboré — d'un phénomène — et non du fait brut donné dans l'observation immédiate. L'attitude scientifique n'est donc pas le prolongement de l'attitude naïve, elle suppose une toute autre manière de penser.

3 - L'empirisme définit la science par l'accumulation des observations : si le nombre des observations est assez grand, il sera possible de généraliser. Le calcul permettra d'estimer la probabilité de l'événement à venir ; sans doute ne peut-il pas y avoir de certitude entière, mais seulement certitude morale ; dans bien des cas cela suffit.

4 - Cette description ne rend pas compte des caractéristiques des lois physiques : la loi de la chute des corps ne dit pas simplement que dans le vide, il est probable que tous les corps tomberont à la même vitesse mais bien qu'ils tomberont nécessairement ainsi.

Ceci parce que l'expérimentation détermine parfaitement le phénomène considéré. « La raison ne voit que ce qu'elle produit elle-même d'après ses propres plans... ». La raison, c'est ici le savant pour autant qu'il a renoncé à enregistrer passivement le fait. « Ne voit » : idée d'une connaissance certaine, à l'abri de tout doute. On peut ici évoquer le caractère immédiat et certain de l'intuition selon **Descartes**. « Ce qu'elle produit elle-même »... La science ne porte pas sur le monde tel qu'il existerait en soi, mais sur l'organisation des phénomènes tels qu'ils sont établis dans une expérimentation. Tant que le savant ne peut pas produire, ou reproduire le phénomène qu'il étudie, la connaissance qu'il en aura ne sera qu'approchée. C'est ainsi que **Galilée** a substitué à l'observation approximative des corps en mouvement une expérimentation qui consistait à ralentir la chute (transformer le mouvement de chute libre en glissement sur un plan incliné) afin d'étudier plus commodément les rapports entre l'espace parcouru et le temps mis à le parcourir et que **Torricelli** renonce à l'explication par l'« horreur du vide » en imaginant un dispositif pour étudier la pression atmosphérique.

La nature cesse d'être un oracle que l'on écoute religieusement. Elle est soumise à un ensemble de questions, plus même, elle est mise à la question. Il n'y a de connaissance que s'il y a question, toute connaissance est réponse à une question. Thème que **Bachelard** développera longuement dans « la Formation de l'esprit scientifique ».

L'étude du texte permet ici encore de mettre en évidence plusieurs idées. L'une que l'on peut tenir pour vérifiée « la science n'est pas une accumulation » d'observations faites au hasard et sans plan tracé d'avance. D'autres, par contre, posent problème : **Kant** reconstitue ici une histoire idéale de la science, particulièrement de la physique, et cela afin de prouver la validité de la thèse. Mais est-il exact que la science renonce à expliquer la nature telle qu'elle est en soi, et encore : la loi scientifique peut-elle être (en dehors de quelques cas très limités) autre chose qu'une loi statistique !

Remarques critiques qui annoncent la 2e partie du devoir

De telles remarques critiques doivent prendre place au terme de l'étude ordonnée. Elles constituent une transition pour aborder la deuxième partie.

L'ÉTUDE DE TEXTE
SECTION III
L'ÉTUDE ORDONNÉE (Sections A, B, C, D)

Exercice : Procédez à votre tour à une étude ordonnée des textes suivants :

« Il n'y a point de liberté sans lois, ni où quelqu'un est au-dessus des lois : dans l'état même de nature, l'homme n'est libre qu'à la faveur de la loi naturelle qui commande à tous. Un peuple libre obéit, mais il ne sert pas ; il a des chefs et non pas des maîtres ; il obéit aux lois mais il n'obéit qu'aux lois et c'est par la force des lois qu'il n'obéit pas aux hommes. Toutes les barrières qu'on donne dans les républiques au pouvoir des magistrats ne sont établies que pour garantir de leurs atteintes l'enceinte sacrée des lois : ils en sont les ministres, non les arbitres ; ils doivent les garder, non les enfreindre. Un peuple est libre, quelque forme qu'ait son gouvernement, quand dans celui qui le gouverne il ne voit point l'homme, mais l'organe de la loi. En un mot, la liberté suit toujours le sort des lois, elle règne ou périt avec elles ; je ne sache rien de plus certain. »

Rousseau

« Quand nous disons que l'homme se choisit, nous entendons que chacun d'entre nous se choisit, mais par là, nous voulons dire aussi qu'en se choisissant il choisit tous les hommes. En effet, il n'est pas un de nos actes qui, en créant l'homme que nous voulons être, ne crée en même temps une image de l'homme tel que nous estimons qu'il doit être. Choisir d'être ceci ou cela, c'est affirmer en même temps la valeur de ce que nous choisissons...

Ainsi notre responsabilité est beaucoup plus grande que nous ne pourrions le supposer, car elle engage l'humanité entière... Je suis responsable pour moi-même et pour tous, et je crée une certaine image de l'homme que je choisis ; en me choisissant je choisis l'homme ».

Sartre

1. Question à laquelle l'auteur répond ?
2. Thèse de l'auteur.
3. Thèse adverse.
4. Procédés d'argumentation.

Vous avez constaté que nous avons étudié ces textes sans faire référence à la philosophie de l'auteur. Cela parce que les textes proposés au baccalauréat n'impliquent pas cette connaissance pour être traités. Bien sûr, connaître les principes de la philosophie stoïcienne ou de la philosophie kantienne ne peut que vous aider.

Mais en réalité ce qui vous sera le plus utile, c'est de connaître de façon précise tel autre texte d'Epictète ou de Kant ou encore tel texte d'un autre philosophe qui traite la même question; comme pour la dissertation, les matériaux du commentaire sont à rechercher dans l'étude du vocabulaire et dans une connaissance personnelle de textes de l'auteur considéré ou d'autres qui permettent d'éclairer, d'approfondir le texte proposé. — et cela n'a rien à voir avec un résumé plus ou moins complet de la philosophie à laquelle il appartient.

L'étude ordonnée a donc pour but de saisir le vrai sens du texte : ce qu'a pensé l'auteur et comment il l'a exprimé. ***Il est donc inopportun dans cette partie*** du développement de juger ce qui est dit, c'est-à-dire ***d'affirmer la vérité ou la fausseté des idées.*** Revoyez ici la grille de lecture sur l'interprétation du texte (1re partie, chapitre II , section 2).

L'énoncé des remarques critiques qui concluent l'étude ordonnée constitue par contre une transition vous permettant d'aborder ce en qui consiste t l'intérêt philosophique du texte.

SECTION IV: L'ÉTUDE DE TEXTE DANS LES SECTIONS F - G - H

Le 3e sujet est dans les sections F, G, H de nature quelque peu différente, puisque l'étude de texte est toujours accompagnée d'un ensemble de questions auxquelles vous devez répondre. Signalons que les auteurs n'appartiennent pas nécessairement à la liste du programme ; il peut s'agir aussi bien de textes d'historiens, de scientifiques, voire, mais c'est cependant assez rare, de journalistes.

I - LES DEUX PREMIÈRES QUESTIONS PORTENT TOUJOURS :

1 - ***Sur l'idée centrale et sur les articulations du texte.***

2 - ***Sur une explication de concepts ou d'expressions tirés du texte.***

Pour traiter la première question, reportez-vous aux sections 1 et 2 de ce chapitre.

Pour traiter la 2e question :

- Déterminez le sens usuel du concept ou de l'expression.
- Précisez, voire corrigez ce sens à partir de la proposition dans laquelle le concept ou l'expression est insérée.

En règle générale, il s'agit de termes qui peuvent être compris sans une connaissance particulière de l'auteur.

- Si l'on vous demande d'expliquer ces termes, c'est qu'il existe une raison : il faut donc vous demander en quoi ce terme, ***cette expression présente une intérêt, voire une difficulté ou un paradoxe.***

Choisissons pour illustrer notre démarche ce texte de **Rousseau**.

« Les sages qui veulent parler au vulgaire leur langage au lieu du sien n'en sauraient être entendus. Or, il y a mille sortes d'idées qu'il est impossible de traduire dans **la langue du peuple**. *Les vues trop générales et les objets trop éloignés sont également hors de sa portée : chaque individu, ne goûtant d'autre plan de gouvernement que celui qui se rapporte à son intérêt particulier aperçoit difficilement les avantages qu'il doit retirer des privations continuelles qu'imposent les bonnes lois. Pour qu'un peuple naissant pût goûter les saines maximes de la politique et suivre les règles fondamentales de* **la raison d'Etat**, *il faudrait que l'effort pût devenir la cause; que* **l'esprit social**, *qui doit être l'ouvrage de l'institution, présidât à l'institution même, et que les hommes fussent avant les lois ce qu'ils doivent devenir par elles. Ainsi donc, le législateur ne pouvant employer ni la force ni le raisonnement, c'est une nécessité qu'il recoure à une autorité d'un autre ordre, qui puisse entraîner sans violence et persuader sans convaincre.*

Voilà ce qui força de tous temps les pères des nations de recourir à l'intervention du ciel et d'honorer les dieux de leur propre sagesse, afin que les peuples soumis aux lois de l'État comme à celles de la nature, et reconnaissant le même pouvoir dans la formation de l'homme et dans celle de la cité, obéissent avec liberté, et portassent docilement le joug de la félicité publique».

J.J.Rousseau, *Du Contrat Social.*

Questions :

1re question : Quelle est l'idée directrice du texte? Comment celui-ci est-il construit?

Répondez vous-mêmes à ces questions en appliquant la méthode exposée section 1 et 2.

2e question : Expliquez les expressions suivantes : « langue du peuple », « raison d'État », « esprit social ».

• ***Langue du peuple*** : une langue est un système de signes qui permet l'échange, la communication entre deux ou plusieurs interlocuteurs. Chaque pays possède une langue particulière.

• ***Dans le texte***, il est question de la langue du peuple. On peut présumer qu'il s'agit du peuple en tant qu'il est opposé à l'élite (de la culture). On oppose ainsi un langage « populaire » qui emprunte ses formes aux sentiments à l'affectivité, au langage « savant » qui exprime des idées qui enchaîne des raisonnements. Il serait donc impossible de traduire, c'est-à-dire de faire comprendre certaines idées au peuple à moins de les transposer dans le registre affectif. L'idée même de traduction implique toujours une certaine trahison : si je n'ai accès à un texte que par une traduction, je dois faire confiance au traducteur, je n'ai guère la possibilité de vérifier l'authenticité de sa traduction.

• ***Intérêt de cette expression*** : il existe une ***langue du peuple à côté de la langue savante***. Cela est exact, mais l'auteur va plus loin car il qualifie cette langue, qui ne permet pas, selon lui, l'expression de certaines idées. Or nous savons que le « Contrat Social » affirme que la démocratie est le seul régime politique fondé en raison et si la démocratie est bien un gouvernement du peuple, par le peuple, il est paradoxal de soutenir que ce peuple ne peut pas comprendre les « saines maximes de la politique ».

Exercice : procédez à votre tour à une analyse des deux autres expressions.

Vous pouvez, selon les connaissances dont vous disposez, enrichir cette analyse, mais il ne faut pas consacrer à cet exercice un temps trop long.

II - LES QUESTIONS SUIVANTES

portent ***sur un aspect particulier du texte. Ici :***

3e question : Quel rôle* Rousseau *attribue-t-il à la religion dans le fonctionnement de l'État ?

Il ne faut bien entendu pas ici disserter de la religion en général, encore moins de l'existence de Dieu !

Le terme même de religion n'est pas utilisé dans le texte. Il faut par conséquent d'abord relever les éléments du texte qui font allusion à la religion : relisez le texte en recherchant de telles expressions — guidé par une définition générale de la religion « système solidaire de croyances et de pratiques relatives à des choses sacrées » (**Durkheim**).

- « Autorité d'un autre ordre »... « recourir à l'intervention du ciel et d'honorer les dieux de leur propre sagesse ».

C'est le législateur, ce sont les pères des nations qui font appel à cette autorité... qui recourent à l'intervention du ciel...

L'ensemble du texte suggère que ***la religion***, c'est-à-dire la croyance à l'existence d'êtres supérieurs auxquels il faut obéir sans condition, est le moyen dont se sert le législateur pour faire admettre à un peuple inculte, assujetti aux passions, la nécessité d'obéir à des lois. La religion a donc pour rôle de favoriser l'esprit social ; l'État ne peut remplir son rôle que si les hommes — plus exactement le peuple — obéissent aux lois de la cité comme si elles étaient l'œuvre des dieux. Le rôle de la religion est donc d'instaurer entre les hommes un lien puissant capable de résister aux désirs égoïstes. Est donc privilégié dans cette définition l'aspect de lien de la religion, lien des hommes entre eux par une croyance commune, par une adhésion aux lois édictées par le législateur.

L'étude exclusive du texte vous permet de répondre à la question posée d'une façon qui peut, à la rigueur, suffire pour l'examen. Mais il va de soi que pendant l'année, lorsque vous disposez d'un certain temps de préparation, il vous est recommandé d'approfondir votre réponse.

Cela de deux façons :

- en étudiant votre cours ;
- en recherchant dans l'œuvre à laquelle le texte appartient des indications supplémentaires.

Ici donc vous liriez le chapitre 6 du livre II du « Contrat Social » ainsi que le chapitre 8 du livre IV qui porte sur « la religion civile ».

Enfin la dernière question vous invite généralement à une réflexion d'ordre personnel à laquelle le texte fournit un point de départ. Ici nous avons :

4e question : Peut-on faire confiance au pouvoir politique ?

Il pourrait s'agir du libellé d'un sujet de dissertation. Mais il n'est pas possible — dans le temps dont vous disposez — de construire véritablement une dissertation. Il s'agit donc d'un court essai d'à peu près une ou deux pages dans lequel vous allez :

1 - Montrer pourquoi à partir des idées dégagées précédemment cette question peut effectivement se poser, sans oublier de vous interroger sur le double sens de la question : Peut-on : est-ce-possible, mais aussi est-ce légitime, a-t-on le droit ?

2 - Montrer en quoi l'argumentation de l'auteur permet de répondre affirmativement à la question.

3 - Énoncer des objections à l'encontre de cette argumentation : quelle garantie aurons-nous que les détenteurs du pouvoir politique ont pour but exclusif le bien commun ?

SECTION V : L'INTÉRÊT PHILOSOPHIQUE DU TEXTE

En reprenant la distinction établie par **Kant** selon laquelle existent concurremment un « concept d'école » et un « concept mondain de la philosophie » (voir chapitre I, section 4 : « Au cœur de la démarche philosophique »), on peut définir l'intérêt philosophique d'un texte de deux façons.

A - SELON LE CONCEPT D'ÉCOLE

Le texte est un ***élément d'un système*** et il est ***élaboré dans un milieu historique et culturel donné***. A ce titre, ***il appartient à l'histoire de la pensée*** : d'une part, parce qu'il recueille, intègre, voire dépasse les systèmes philosophiques antérieurs à lui et d'autre part, parce qu'il sera à son tour un point de départ pour les systèmes à venir. Le texte peut alors présenter de l'intérêt :

• ***Parce qu'il met en lumière une notion dont l'étude s'avèrera fructueuse dans la réflexion ultérieure :*** par exemple les textes d'**Aristote** où sont distinguées la valeur d'usage de la valeur d'échange d'un bien, distinction qui est à la base de la science économique ; par exemple encore, les textes de **Leibniz** où la science est définie comme une langue sans équivoque, ce qui sera le point de départ de la formalisation mathématique. Il s'agit donc d'effectuer sur ce type de texte une analyse qui anticipe le développement à venir de la pensée scientifique.

• ***Parce qu'il développe au contraire une notion qui va entraver le progrès des connaissances***. Il est par exemple des textes d'**Aristote** qui, à partir de l'étude du vivant, en viennent à affirmer l'existence d'une finalité dans la nature ; cette idée fera pendant de longs siècles obstacle à la recherche objective, car, il ne faut pas l'oublier, jusqu'au XVIIIe siècle la science et la philosophie étaient étroitement imbriquées.

• ***Parce qu'il construit et exploite un concept qui sera le point focal du système*** : analyse de l'Idée chez **Platon**, du Plaisir chez **Epicure**, du « Je pense » chez **Descartes**, de Dieu chez **Spinoza**, du transcendantal chez **Kant**, de l'aliénation chez **Marx**, de l'élan vital chez **Bergson**... Il s'agit alors ici du concept central d'une philosophie, de celui autour duquel les autres s'ordonneront et donc d'un concept que les philosophies à venir devront ou adopter ou réfuter.

Il faut alors, semble-t-il, que vous étudiez en quoi le texte marque une étape dans le développement de la pensée : l'intérêt que présente, dans ce cas, le texte serait très largement assimilable à son intérêt historique. Dès lors le commentaire ne serait-il pas l'affaire du spécialiste de l'histoire de la philosophie ? Or d'après les instructions officielles, il vous est proposé seulement des textes tels que vous ne soyez tenus ni de vous référer à la doctrine de l'auteur, ni à l'histoire de la philosophie ! S'il faut reconnaître que cette instruction n'est pas toujours respectée, il est certain que dans la quasi-totalité des cas l'intérêt philosophique du texte est à comprendre simplement par rapport au « concept mondain » de la philosophie.

B - SELON LE « CONCEPT MONDAIN »

Selon ce point de vue tout homme, de quelque culture qu'il soit, conçoit la ***philosophie*** comme ***la discipline qui tend à exprimer son idéal de la sagesse. Dans cette perspective, le philosophe est avant tout un moraliste***, c'est-à-dire quelqu'un qui pose et résoud des problèmes en relation avec l'action humaine et les fins qu'elle peut se proposer. L'intérêt philosophique d'un texte tient alors à l'importance pour la réflexion des problèmes soulevés et éventuellement résolus ; il s'agit des problèmes qui concernent l'homme dans une de ses définitions essentielles : être social, être raisonnable, être capable de moralité, de langage, de science, d'art, de travail, de religion, etc.

Un texte nous concerne en propre s'il offre une définition de l'homme grâce à laquelle pourront être évalués tous les comportements, si divers soient-ils en apparence.

Malgré le caractère daté et à ce titre historiquement limité de son système, le philosophe aspire selon l'expression de **Hegel** à « saisir le vrai par la pensée » et cette vérité consistera toujours en une réponse à la question : « Qu'est-ce-que l'homme ? » En ce sens, ***toute philosophie présente un intérêt actuel (et pas seulement historique) parce qu'elle donne à penser***. Elle invite le lecteur par des procédés divers que la mise en évidence de la structure du texte et l'étude ordonnée ont fait apparaître — à sortir du « cocon » des opinions toutes faites, à dépasser le niveau des réflexions avancées « pour bavarder », à mettre en question ses propres réponses.

L'intérêt philosophique du texte réside essentiellement dans le fait qu'il donne à penser, ***par la confrontation*** qu'il permet ***entre notre propre pensée qu'il nous oblige à tirer au clair et une autre pensée parfaitement consciente de soi. Kant affirme la nécessité pour la pensée de se mesurer avec la pensée d'autrui*** : « Penserions-nous beaucoup et penserions-nous bien si nous ne pensions pour ainsi dire en commun avec d'autres qui nous communiquent leurs pensée et auxquels nous communiquons les nôtres ? ». Forte de cette pensée en commun, la pensée évite de se perdre dans les divagations et la fausse originalité. L'étude de texte se présente ainsi comme le lieu privilégié de l'exercice de la pensée.

Au sujet de l'enrichissement de la pensée par le dialogue du lecteur avec les textes et par le dialogue des textes entre eux, il est indispensable de se reporter à l'ouvrage novateur de **J. Médina, C. Morali, A. Sénik,** *« Problèmes et débats par les textes », qui repose entièrement sur ces pratiques du dialogue (Magnard éd., 1983).*

Illustrons ces remarques à partir de textes nettement différenciés par leur thème, leur date, leur contexte, leur style mais qui contiennent tous, me semble-t-il, un puissant appel à l'approfondissement de la réflexion personnelle.

Ils sont ici classés selon l'ordre chronologique.

1 - Aristote

« Si les hommes s'associaient et se réunissaient en vue seulement de la prospérité matérielle, leur participation au gouvernement de la cité devrait être exactement proportionnée à leur part dans la propriété, de sorte que l'argument des champions de l'oligarchie apparaîtrait d'une grande force (car il n'est pas juste que l'associé qui, sur un capital de cent mines a fait un apport d'une mine, obtienne une part égale à celle de l'associé qui a versé tout le reste du capital; que la répartition porte sur le capital initial ou sur les profits qui s'y ajoutent). Mais les hommes ne s'associent pas en vue de la seule existence matérielle, mais plutôt en vue de la vie heureuse (car autrement une collectivité d'esclaves ou d'animaux serait un État, alors qu'en réalité c'est là chose impossible, parce que ces êtres n'ont aucune participation au bonheur ni à la vie fondée sur une volonté libre), et ils ne s'associent pas non plus pour former une simple alliance défensive contre toute injustice, et pas davantage en vue seulement d'échanges commerciaux, et de relations d'affaires les uns avec les autres. (...) On voit donc que la cité n'est pas une simple communauté de lieu établie en vue d'empêcher les injustices réciproques et de favoriser les échanges. Sans doute, ce sont là des conditions qui doivent être nécessairement réalisées si l'on veut qu'un État existe; néanmoins en supposant même présentement réunies toutes ces conditions, on n'a pas pour autant un État. »

L'intérêt philosophique du texte tient à ce que ***l'auteur nous invite à mettre en doute un ensemble d'idées reçues*** : la seule raison d'être de la société est la prospérité et la sécurité, le bonheur est affaire personnelle. Ces idées reçues ont pour origine les conceptions contractualistes de l'État qui opposent individu et société : l'individu peut être défini sans référence au cadre social, la société est une création artificielle.

« L'homme est animal politique »

L'affirmation d'**Aristote** selon laquelle « les hommes ne s'associent pas en vue de la seule existence matérielle mais plutôt en vue de la vie heureuse... » heurte bien de front ce que beaucoup ressentent. Lier le bonheur à l'existence de l'État peut apparaître comme un paradoxe, voire comme la justification que pourrait invoquer un gouvernement autoritaire pour consolider son empire.

Nous sommes ici confrontés à un ensemble de problèmes dont la solution concerne chacun au plus haut point : le bonheur est-il affaire personnelle ou collective? La société fait-elle obstacle à l'épanouissement de l'homme ou en est-elle au contraire la condition?

2 - Leibniz

« Les sens, quoique nécessaires pour toutes nos connaissances actuelles, ne sont point suffisants pour les donner toutes, puisque les sens ne donnent jamais que des exemples, c'est-à-dire des vérités particulières ou individuelles. Or tous les exemples, qui confirment une vérité générale, de quelque nombre qu'ils soient, ne suffisent pas pour établir la nécessité universelle de cette même vérité : car il ne suit pas que ce qui est arrivé arrivera toujours de même. Par exemple, les Grecs et les Romains et tous les autres peuples de la terre connue aux Anciens ont toujours remarqué qu'avant le décours de vingt-quatre heures le jour se change en nuit, et la nuit en jour. Mais on se serait trompé si l'on avait cru que la même règle s'observe partout ailleurs.

*D'où il paraît que les vérités nécessaires, telles qu'on les trouve dans les mathématiques pures et particulièrement dans l'arithmétique et dans la géométrie, doivent avoir des principes, dont la preuve ne dépende point des exemples, ni par conséquent du témoignage des sens, quoique sans les sens on ne se serait jamais avisé d'y penser. C'est ce qu'il faut bien distinguer et c'est ce qu'***Euclide** *a si bien compris qu'il démontre souvent par la raison ce qui se voit assez par l'expérience et par les images sensibles. »*

L'homme en tant qu'être capable d'élaborer une connaissance universelle et nécessaire.

L'intérêt philosophique du texte tient à ce que ***l'auteur conduit à s'interroger sur la place réelle qu'il faut accorder au témoignage des sens et des exemples lorsqu'on cherche à établir une vérité.*** Par exemple, au seul témoignage des sens, nous disons volontiers : « c'est un fait », voulant signifier par là qu'il est inutile d'aller au-delà. Or le développement de la science a conduit à récuser le témoignage des sens et à substituer au fait perçu, le phénomène purifié, élaboré dans un dispositif expérimental. Comment, par conséquent, l'homme peut-il atteindre une connaissance certaine ? Quelle définition faut-il proposer de l'homme pour que soit compréhensible l'existence même d'une science qui établit (comme les mathématiques) des vérités nécessaires ? Allant même au-delà du domaine proprement scientifique et envisageant le domaine moral, quel rôle et quelle place convient-il d'accorder aux exemples, aux cas particuliers dans l'élaboration d'une doctrine morale ?

3 - Hegel

« Il est particulièrement nécessaire qu'on fasse de nouveau du « philosopher » une affaire sérieuse. Pour toutes les sciences, les arts, les talents, les métiers, prévaut la conviction qu'on ne les possède pas sans se donner de la peine et faire l'effort de les apprendre et de les pratiquer. Mais, quand on en vient à la philosophie, il paraît régner aujourd'hui un préjugé : si quiconque, en effet, ayant des yeux et des doigts, et à qui on fournit du cuir et un instrument, n'est pas pour cela en mesure de faire des souliers, on croit pourtant que chacun s'entend

à philosopher et à apprécier la philosophie, puisqu'il possède pour cela la mesure de sa raison naturelle; comme s'il ne possédait pas également dans son pied la mesure d'un soulier. Il semble que la possession de la philosophie soit posée précisément dans le défaut de connaissance et d'étude et que celles-ci cessent quand la philosophie commence. »

« Philosopher : l'affaire des professionnels? »

Ici l'intérêt philosophique du texte tient à ce que ***l'auteur récuse la validité du « concept mondain » de philosophie*** : pour philosopher, affirme-t-il, il faut d'abord apprendre la philosophie ! Et en effet — trop souvent — on se réfugie derrière l'idée selon laquelle chacun est capable de penser pour se dérober à la nécessité de l'étude.

Cependant si la philosophie est une discipline qui s'enseigne comme toute autre ou comme un art particulier, elle est purement et simplement affaire de spécialistes. Mais si tel était le cas, pourquoi ne serait-elle pas en tout point assimilable à une science positive? Pourquoi ne fait-elle pas l'accord de tous? Qu'est-ce donc qui rend légitime la prétention de tout homme à penser par lui-même?

4 - Marx

« La misère religieuse est à la fois l'expression de la misère réelle, et, d'autre part, la protestation contre cette misère. La religion est le soupir de la créature accablée, le cœur d'un homme sans cœur, comme elle est l'esprit des temps privés d'esprit. Elle est l'opium du peuple.

La suppression de la religion comme bonheur illusoire du peuple est une exigence de son bonheur réel. L'exigence de renoncer à une condition qui a besoin d'illusions.

La critique de la religion est ainsi virtuellement la critique de la vallée de larmes, dont la religion est l'auréole.

La critique a arraché les fleurs imaginaires qui ornent nos chaînes, non pour que l'homme porte la chaîne prosaïquement, sans consolation, mais afin qu'il rejette la chaîne et cueille la fleur vivante. La critique de la religion désillusionne l'homme, afin qu'il pense, agisse, façonne sa propre réalité comme un homme désillusionné, ayant accédé à la raison, afin qu'il gravite autour de soi-même, son véritable soleil. La religion n'est que le soleil illusoire qui se meut autour de l'homme, tant que celui-ci ne gravite pas autour de lui-même. »

« L'homme en tant qu'être aliéné ».

L'intérêt philosophique du texte tient à ce que ***l'auteur propose une définition démystificatrice de la religion***, qui serait pure illusion provoquée par la situation inhumaine de l'homme dans un certain type de société. Le texte invite donc ici à penser plus au fond ce qu'est la religion. Sans doute pourrait-on remarquer que de nombreux textes religieux présentent une image inversée de la situation réelle de l'homme dans ce monde (« les premiers seront les derniers », « heureux les pauvres ») qui paraissent donner une justification éclatante à la thèse de l'auteur.

Mais la religion exprime aussi un besoin de sacré et faire, comme le suggère ici l'auteur, de l'homme son propre Dieu, n'est-ce pas recréer une religion, substituer une religion de l'humanité ou de l'État (promu au rôle de divinité) à une religion révélée?

L'étude de tous les textes précédents fait apparaître la validité de la réponse de l'auteur au problème posé dans un système bien défini — ***Mais pour chacun des textes nous avons émis des réserves quant à la solution de l'auteur***. Non pas qu'elle soit fausse, et du reste ce serait bien de la présomption que de s'ériger en juge d'une pensée au terme d'un travail très limité, ne serait-ce que dans le temps! Mais parce que cette réponse suppose une certaine définition à laquelle nous n'adhérons pas nécessairement, soit qu'elle nous paraisse négliger certains aspects du réel dont une autre définition rendrait mieux compte, soit parce qu'elle relève d'une décision, d'un choix et que pour notre part nous avons retenu une toute autre option.

L'étude du texte contient ***donc nécessairement une partie critique qui témoigne de la liberté du lecteur***. Il ne s'agit pas de critiquer le texte dans le détail de l'argumentation mais de ***montrer qu'il est possible de donner une autre solution au problème posé.*** Toutefois prenez garde à ne pas exprimer de façon brutale et péremptoire votre propre thèse. Elle doit être ***étayée par des arguments sérieux.***

C'est ainsi que vous établirez l'intérêt philosophique du texte : par la mise en évidence de ce qu'il vous a fourni matière à réfléchir.

Exercice :

En quoi consiste l'intérêt philosophique des textes suivants : Inscrivez au crayon en face du texte votre réponse.

1 - Lucrèce

« La clairvoyance des yeux n'a pas été créée, comme tu pourrais croire, pour nous permettre de voir au loin; ce n'est pas davantage pour nous permettre de marcher à grands pas que l'extrêmité des jambes et des cuisses s'appuie et s'articule sur les pieds; non plus que les bras que nous avons attachés à de solides épaules, les mains qui nous servent des deux côtés, ne nous ont été données pour subvenir à nos besoins. Interpréter les faits de cette façon, c'est faire un raisonnement qui renverse le rapport des choses, c'est mettre partout la cause après l'effet. Aucun organe de notre corps, en effet, n'a été créé pour notre usage; mais c'est l'organe qui crée l'usage. Ni la vision n'existait avant la naissance des yeux, ni la parole avant la création de la langue; c'est bien plutôt la naissance de la langue qui a précédé de loin celle de la parole; les oreilles existaient bien avant l'audition du premier son; bref, tous les organes, à mon avis, sont antérieurs à l'usage qu'on en a pu faire. Ils n'ont donc pu être créés en vue de nos besoins. »

2 - Malebranche

« Je vois, par exemple, que 2 fois 2 font 4, et qu'il faut préférer son ami à son chien, et je suis certain qu'il n'y a point d'homme au monde qui ne le puisse voir aussi bien que moi. Or, je ne vois point ces vérités dans l'esprit des autres, comme les autres ne les voient dans le mien. Il est donc nécessaire qu'il y ait une raison universelle qui m'éclaire et tout ce qu'il y a d'intelligence. Car si la raison que je consulte n'était pas la même qui répond aux chinois, il est évident que je ne pourrais pas être aussi assuré que je le suis que les chinois voient les mêmes vérités que je vois. Ainsi la raison que nous consultons quans nous rentrons dans nous-mêmes est une raison universelle. Je dis quand nous rentrons dans nous-mêmes, car je ne parle pas ici de la raison que suit un homme passionné. Lorsqu'un homme préfère la vie de son cheval à celle de son cocher, il a ses raisons mais ce sont des raisons particulières dont tout homme raisonnable a horreur. Ce sont des raisons qui dans le fond ne sont pas raisonnables, parce qu'elles ne sont pas conformes à la souveraine raison, ou à la raison universelle que tous les hommes consultent. »

3 - Rousseau

« Il n'y a point de liberté sans lois, ni où quelqu'un est au-dessus des lois. Dans l'état même de la nature, l'homme n'est libre qu'à la faveur de la loi naturelle, qui commande à tous. Un peuple libre obéit, mais il ne sert pas ; il a des chefs, et non pas des maîtres ; il obéit aux lois, mais il n'obéit qu'aux lois ; et c'est par la force des lois qu'il n'obéit pas aux hommes. Toutes les barrières qu'on donne dans les républiques au pouvoir des magistrats ne sont établies que pour garantir de leurs atteintes l'enceinte sacrée des lois. Ils en sont les ministres, non les arbitres ; ils doivent les garder, non les enfreindre. Un peuple est libre, quelque forme qu'ait son gouvernement, quand, dans celui qui le gouverne, il ne voit point l'homme, mais l'organe de la loi. En un mot, la liberté suit toujours le sort des lois, elle règne ou périt avec elles. »

4 - Kant

« Une tentative philosophique pour traiter l'histoire universelle en fonction du plan de la nature, qui vise à une unification politique totale dans l'espèce humaine, doit être envisagée comme possible et même comme avantageuse pour ce dessein de la nature. C'est un projet à vrai dire étrange, et en apparence extravagant, que de vouloir composer une histoire d'après l'idée de la marche que le monde devrait suivre, s'il était adapté à des buts raisonnables certains, il semble qu'avec une telle intention, on ne puisse aboutir qu'à un roman. Cependant, si on peut admettre que la nature même dans le jeu de la liberté humaine, n'agit pas sans plan ni sans dessein final, cette idée pourrait bien devenir utile : et bien que nous ayons une vue trop courte pour pénétrer dans le mécanisme secret de son organisation, cette idée pourrait nous servir de fil conducteur pour nous représenter ce qui ne serait sans cela qu'un agrégat des actions humaines comme formant, du moins en gros, un système. »

5 - Nietzsche

« La nature vulgaire se reconnaît à ce qu'elle ne perd jamais de vue son avantage, à ce que cette obsession du but, du bénéfice, est plus forte chez elle que l'instinct le plus violent; ne pas se laisser entraîner par l'impulsion irraisonnée à des actions intempestives : voilà ce qui lui sert de sagesse et de dignité. La nature supérieure est plus déraisonnable; car l'homme, noble, généreux, l'être qui se sacrifie succombe à ses instincts; dans ses meilleurs moments sa raison fait une pause... Il y a chez celui-ci un certain nombre de sentiments, soit attractions, soit répugnances, qui parlent avec une telle force que son intelligence, en face d'eux, ne peut que se taire ou se rendre et se mettre à leur service : le cœur monte au cerveau et l'on parle de « passion ». C'est la déraison de la passion, ou sa fausse raison, que le vulgaire méprise chez l'être noble, surtout lorsque cette passion s'adresse à des objets dont la valeur lui paraît parfaitement chimérique ou arbitraire. Il se fâche contre qui succombe à la passion de son ventre, mais il comprend l'attrait de cette tyrannie; ce qu'il ne comprend pas, c'est, par exemple, comment on peut jouer sa santé et son honneur par passion de la connaissance ».

6 - Freud

« Nous avons souvent entendu formuler l'exigence suivante : une science doit être construite sur des concepts fondamentaux clairs et nettement définis. En réalité, aucune science, même la plus exacte, ne commence par de telles définitions. Le véritable commencement de toute activité scientifique consiste plutôt dans la description de phénomènes, qui sont ensuite rassemblés, ordonnés et insérés dans des relations. Dans la description, déjà, on ne peut éviter d'appliquer au matériel certaines idées abstraites que l'on puise ici ou là et certainement pas dans la seule expérience actuelle. De telles idées — qui deviendront les concepts fondamentaux de la science — sont dans l'élaboration ultérieure des matériaux, encore plus indispensables. Elles comportent d'abord nécessairement un certain degré d'indétermination. (...) Ce n'est qu'après examen plus approfondi du domaine des phénomènes considérés que l'on peut aussi saisir plus précisément les concepts scientifiques fondamentaux qu'il requiert et les modifier progressivement pour les rendre largement utilisables ainsi que libres de toute contradiction. »

Intérêt philosophique :

1 - Lucrèce : Critique de l'idée de finalité et particulièrement de cette idée appliquée à l'étude du vivant. C'est « le hasard et la nécessité » (selon l'expression de **Démocrite** l'un des maîtres de **Lucrèce** utilisée par Jacques Monod comme titre de son célèbre ouvrage), qui déterminent les caractères du vivant.

Le rejet du finalisme, c'est-à-dire de la finalité érigée en système d'explication sera la condition d'une étude objective du vivant.

2 - Malebranche : Tous les hommes possèdent la même raison — ce que prouve à l'évidence selon l'auteur, l'universalité des vérités mathématiques et des jugements moraux. Comment, si cela est exact, expliquer la diversité des morales?
(voir page 218 l'étude ordonnée de ce texte).

3 - Rousseau : La liberté ne peut être pensée en dehors de la loi. Le citoyen est libre lorsqu'il obéit à la loi et non à un homme.
La question à poser sera : qui fait la loi? dire que c'est le peuple c'est jouer sur les mots et de plus, qu'en est-il de la liberté de la minorité? L'intérêt philosophique du texte tient à ce qu'il définit ici le système démocratique comme le seul compatible avec la liberté : n'est-ce pas une définition restrictive de la liberté?

4 - *Kant* : Il faut présumer que l'histoire a un sens. L'historien se double d'un philosophe de l'Histoire. Mais présumer a priori d'un sens relève d'un choix moral non d'une hypothèse scientifique. L'historien peut-il faire l'économie d'une philosophie de l'histoire?

5 - Nietzsche : Il y a deux sortes d'hommes, le vil et le noble, l'inférieur et le supérieur, le raisonnable et le passionné. Cette distinction est-elle légitime? La sagesse et la raison ne sont-elles que le masque que portent ceux qui sont incapables de passion, de risque?

6 - Freud : Toute science commence par tâtonner entre des faits, par élaborer timidement telle ou telle hypothèse. Ce n'est que lorsqu'une science atteint sa maturité qu'elle se présente sous la forme d'un système déductif. L'intérêt philosophique du texte consiste à s'interroger sur le passage de la connaissance empirique à la connaissance scientifique : y a-t-il progrès constants quoiqu'insensibles de l'une à l'autre ou bien rupture dans la manière de penser? Remarquez au passage que point n'est besoin pour étudier ce texte de faire référence à la psychanalyse. Vous pouvez parfaitement illustrer votre étude en choisissant l'exemple de la physique ou de la biologie.

Pour découvrir l'intérêt philosophique du texte, il faudrait parvenir à accomplir les démarches qui vous permettent de saisir l'intuition originale qui anime ses moindres éléments.

Dans la ***Pensée et le Mouvant,*** **Bergson** écrit :

« Avec ce qu'il (le philosophe) a lu, entendu, appris, nous pourrons sans doute recomposer la plus grande partie de ce qu'il a fait. Nous nous mettons donc à l'œuvre, nous remontons aux sources, nous pesons les influences, nous extrayons les similitudes et nous finissons par voir distinctement dans la doctrine ce que nous y cherchions : une synthèse plus ou moins originale des idées au milieu desquelles le philosophe a vécu.

Du « concept d'école »...

... au « concept mondain » de la philosophie.

Mais un contact renouvelé avec la pensée du maître peut nous amener, par une imprégnation graduelle, à un sentiment tout différent... A mesure que nous cherchons davantage à nous installer dans la pensée du philosophe au lieu d'en faire le tour, nous voyons sa doctrine se transfigurer. D'abord la complication diminue. Puis les parties entrent les unes dans les autres. Enfin tout se ramasse en un point unique...

Et ce point est quelque chose de simple, d'infiniment simple, de si extraordinairement simple que le philosophe n'a jamais réussi à la dire. Il n'a fait autre chose, par une complication qui appelait la complication et par des développements juxtaposés à des développements, que rendre avec une approximation croissante la simplicité de son intuition originelle. Toute la complexité de sa doctrine n'est donc que l'incommensurabilité entre son intuition simple et les moyens dont il disposait pour l'exprimer. »

A. Poutiline : *Energie spirituelle*

« Dans les cieux de l'artiste, où toute gravitation est abolie, où l'air est pur, nous participons, débarrassés de tout orgueil, solitaires, plus proches de Dieu, à la sérénité des sphères célestes. »

Garig Basmadjian

SECTION VI :
L'INTRODUCTION ET LA CONCLUSION

L'étude de texte comprend fondamentalement deux parties : l'étude ordonnée et l'intérêt philosophique. Cependant il est de règle dans ce type d'exercice de commencer par une introduction et de terminer par une conclusion. Ces deux éléments du devoir ne peuvent être rédigés qu'au terme des démarches évoquées précédemment.

L'INTRODUCTION

Sa fonction est triple :

- formuler la question dont traite le texte ;
- indiquer la thèse de l'auteur et les procédés de l'argumentation ;
- proposer à partir de cette thèse ou du procédé d'argumentation une question qui constituera l'amorce de la 2e partie du devoir.

Ce qu'il faut absolument proscrire : des généralités à propos du thème ; des considérations sur l'auteur ou sur l'œuvre ; formules stéréotypées du genre : « il s'agit là du problème le plus intéressant », « l'auteur, grand philosophe allemand », etc. Si vous avez dez connaissances précises sur l'œuvre et sur l'auteur, il faut résister à la tentation de les étaler dans l'introduction, vous pourrez par contre les mettre en valeur dans le développement.

Si nous reprenons les exemples analysés dans la section « l'étude ordonnée du texte », nous aurions :

- ***Formuler la question :***

- ***Epictète*** : En quoi consiste la liberté? Telle est la question à laquelle **Epictète** incite à réfléchir dans ce texte.

- ***Kant*** : A quelles conditions une connaissance scientifique de la nature est-elle possible? Telle est la question dont **Kant** traite dans ce texte.

Ne craignez pas d'être trop explicite ou trop simple. Cette première phrase est essentielle car elle apporte la preuve que vous avez compris le sujet : vous avez intérêt à offrir un indice très net de ce que vous ne vous êtes pas égaré dans les détails.

L'ÉTUDE DE TEXTE
SECTION VI
L'INTRODUCTION ET LA CONCLUSION

- ***Indiquer la thèse de l'auteur et les procédés de l'argumentation***

Soit vous la résumez brièvement, soit vous reprenez sous forme de citation la phrase qui l'exprime. Très souvent, il s'agit de la première ou de la dernière phrase du texte, mais la thèse peut tout aussi bien se situer au milieu du texte. Il est ici possible, mais à condition que cela corresponde à un savoir précis, de donner une indication, soit sur l'œuvre à laquelle appartient le fragment, soit sur la doctrine de l'auteur.

- ***Epictète*** : « La liberté consiste à vouloir que les choses arrivent non comme il te plaît mais comme elles arrivent ». Cette définition sur laquelle le texte s'achève nous apparaîtra comme la reprise du thème fondamental de la philosophie stoïcienne : la seule liberté est celle du jugement. C'est en s'adressant directement au lecteur, avec des arguments empruntés à des domaines familiers que l'auteur se propose de susciter insensiblement l'adhésion.

- ***Kant*** : C'est en renonçant à accumuler au hasard des matériaux, c'est en forçant au moyen de ses principes et de l'expérimentation « la nature à répondre à ses questions » que le savant, identifié ici à la raison, parvient à découvrir les lois de la nature. Ce texte, extrait de la préface de la deuxième édition de la Critique de la Raison Pure, choisit l'exemple de la physique pour rendre manifeste qu'il y a entre la connaissance empirique et la connaissance scientifique une rupture dans la manière de penser.

- ***Proposer à partir de la thèse ou du procédé d'argumentation une question qui constituera l'amorce de la 2ème partie du devoir.***

- ***Épictète*** : Cette thèse dont nous proposons d'examiner en premier lieu ce qui la motive par une analyse suivie du texte, n'est-il pas possible de lui adresser une objection? Que sont ces choses qui arrivent? L'homme n'a-t-il pour seul rôle que d'être le spectateur passif et consentant d'événements dans lesquels pourtant il est impliqué? La définition stoïcienne de la liberté peut-elle être comprise autrement que comme une apologie du fatalisme, une idéologie du renoncement?

- ***Kant*** : Cette thèse, dont nous nous proposons d'examiner en premier lieu les arguments qui permettent de l'étayer, affirme que la « Raison ne voit que ce qu'elle produit d'après ses propres plans », ce qui revient par conséquent à affirmer que la connaissance scientifique est à la fois certaine et relative. Comment expliquer ce paradoxe, est-il possible d'admettre cette définition de la science indépendamment de la théorie kantienne de la connaissance?

Ou encore (à supposer que vous ne connaissiez pas suffisamment la théorie kantienne...) cette définition récuse l'idée selon laquelle les lois scientifiques sont des lois statistiques. Pourtant cette dernière conception n'est pas sans trouver d'écho dans les énoncés de la science contemporaine. La conception de la science que défend ce texte vaudrait-elle seulement pour la physique classique?

Il est habile de terminer votre introduction sur une question. Le lecteur « doit » avoir envie de poursuivre sa lecture — ce qui ne serait certainement pas le cas si dans les 15 premières lignes, vous aviez déjà indiqué ce à quoi votre devoir doit en fait aboutir.

Ne pas dévoiler ses batteries, exciter la curiosité, créer une attente, voilà des procédés indispensables à la narration de l'enquête policière, mais qui peuvent aussi bien donner du sel au récit d'une quête philosophique...

LA CONCLUSION

Comme pour l'introduction, sa fonction est triple :

- Définir le principal intérêt du passage
- Signaler les difficultés que laisse subsister l'analyse de l'auteur
- Répondre à la question posée en introduction, ou bien indiquer brièvement les raisons pour lesquelles cela est impossible.

Reprenons nos textes précédents :

• ***Définir le principal intérêt du passage :***

- ***Épictète*** : Le principal intérêt de ce texte c'est qu'il a permis de réfuter les conceptions simplistes de la liberté. L'auteur a parfaitement distingué liberté et caprice, liberté et licence, liberté et déraison. Le stoïcisme nous offre une image exigeante de la liberté.

- ***Kant*** : Le principal intérêt de ce texte est de montrer que la connaissance scientifique n'est pas une « contemplation », une « vision » mais résulte d'une construction. Un phénomène n'est compris que lorsqu'il est intelligible de part en part, lorsqu'il peut en particulier être reproduit expérimentalement.

Cette première partie de la conclusion doit être brève, il faut à tout prix éviter les redites.

• ***Signaler les difficultés que laisse subsister l'analyse de l'auteur***

- ***Épictète*** : Nous avons cependant remarqué le caractère excessif des conclusions de l'auteur ; il semble bien que, de nombre de ces choses qui arrivent, les hommes soient effectivement les artisans. C'est parce qu'il raisonne sur un individu isolé, abandonné à ses propres forces et qui sans doute ne peut à lui seul changer l'ordre du monde qu'**Épictète** peut conclure comme il le fait, mais l'homme isolé est une fiction. Par conséquent, la philosophie stoïcienne nous apparaît comme un fatalisme et même comme une idéologie du renoncement.

- ***Kant*** : Cependant cette conception se heurte à plusieurs difficultés : dans bien des domaines, le fait ne peut être produit (histoire par exemple). D'autre part, les développements de la physique conduisent à affirmer que les lois scientifiques sont statistiques et non pas nécessaires au sens kantien.

Cette deuxième partie de la conclusion ne peut bien entendu être composée que si vous avez correctement compris le texte et si vous êtes en mesure de lui opposer une autre problématique qui rendra mieux compte de la question initiale. Ce ne sont en tout cas jamais des points de détails qui peuvent être opposés à l'argumentation de l'auteur dans la conclusion.

• ***Répondre à la question posée en introduction ou bien indiquer brièvement les raisons pour lesquelles cela est impossible.***

- ***Épictète*** : Définir la liberté comme le vouloir de ce qui arrive nécessairement c'est jouer sur les mots. Je ne suis véritablement libre que si je peux choisir l'absurde aussi bien que le raisonnable, le mal tout autant que le bien. Il n'y a liberté que s'il y a choix véritable.

- ***Kant*** : Répondre à la question initiale semble difficile et l'on pourrait comme **Einstein** s'étonner : « Ce qui est incompréhensible, c'est que le monde soit compréhensible ». Ce texte tente de répondre à cet étonnement mais il faut avouer que bien des difficultés subsistent à moins d'admettre les principes mêmes de la philosophie kantienne.

La dernière phrase de votre conclusion consiste en une prise de position personnelle justifiée par le développement. Vous pouvez la formuler à l'aide d'une citation bien choisie (... n'oubliez pas que vous disposez dans la 3e partie de l'ouvrage, chapitre 1, d'un petit éventail de textes clés), mais ***il est inutile et même nuisible « d'ouvrir » votre conclusion sur une autre question.*** La conclusion doit bien clore le développement.

Il est recommandé de sauter deux lignes entre la fin du développement et la conclusion.

> ***Le soin apporté à l'écriture, plus encore à la correction du style et à l'orthographe, ainsi qu'une disposition matérielle visant à mettre en évidence les étapes de votre argumentation, ne peuvent qu'impressionner favorablement l'examinateur !***

SECTIONS VII : ÉLABORATION ET RÉDACTION

Nous vous proposons l'étude du texte suivant de **Malebranche**, proposé au baccalauréat en 1979 dans l'académie de Paris :

« Je vois, par exemple, que 2 fois 2 font 4, et qu'il faut préférer son ami à son chien, et je suis certain qu'il n'y a point d'homme au monde qui ne le puisse voir aussi bien que moi. Or, je ne vois point ces vérités dans l'esprit des autres, comme les autres ne les voient dans le mien. Il est donc nécessaire qu'il y ait une raison universelle qui m'éclaire et tout ce qu'il y a d'intelligence. Car si la raison que je consulte n'était pas la même qui répond aux Chinois, il est évident que je ne pourrais pas être aussi assuré que je le suis que les Chinois voient les mêmes vérités que je vois. Ainsi la raison que nous consultons quand nous rentrons dans nous-mêmes est une raison universelle.

Je dis quand nous rentrons dans nous-mêmes, car je ne parle pas ici de la raison que suit un homme passionné. Lorsqu'un homme préfère la vie de son cheval à celle de son cocher, il a ses raisons mais ce sont des raisons particulières dont tout homme raisonnable a horreur.

Ce sont des raisons qui dans le fond ne sont pas raisonnables, parce qu'elles ne sont pas conformes à la souveraine raison, ou à la raison universelle que tous les hommes consultent. »

Confucius

FICHE DE PRÉPARATION

I - PREMIÈRES APPROCHES

1. ***Lecture attentive du texte*** en soulignant les mots-outils.

2. ***Quel est l'objectif de ce texte?*** A partir de la première Phrase « Je vois que... je suis certain » nous présumons qu'il s'agit d'établir que la thèse proposée est nécessaire.

3. ***Dégager la structure du texte*** en l'étudiant phrase par phrase et en notant la nature des articulations. Cela vous permet de repérer la thèse, les arguments adverses et les réponses données par l'auteur.

Je vois par exemple ... *... aussi bien que moi*	→	énoncé d'une évidence
Or *je ne vois point des vérités ... dans le mien*	→	objection possible
Il est **donc** *nécessaire...* *... intelligence*	→	condition nécessaire pour soutenir la thèse en dépit de l'objection
Car *si la raison ...* *que je vois*	→	approfondissement de l'objection et reprise de la réfutation
Ainsi *la raison ... est une raison universelle*	→	thèse qui sous-tend l'évidence énoncée en premier lieu
Je dis quand nous rentrons en nous-mêmes ... **car** *je ne parle pas ...* *consultent*	→	réponse à une objection de fait

Il s'agit d'un texte fortement structuré à l'argumentation vigoureuse dans lequel les exemples ont une fonction purement illustrative.

II - PRÉPARATION DE L'ÉTUDE ORDONNÉE

Soumettez le texte aux questions indiquées dans la section l'étude ordonnée du texte.

1. **Auteur**: consultez la 3e partie de l'ouvrage — Chapitre I, section 1 — article 'Malebranche, vous trouvez quelques indications qui vous seront utiles — en particulier le fait que **Malebranche** est un disciple de **Descartes** — mais qui ne veut pas renoncer aux vérités de la foi.

2. **Nature du texte** : dans cette même bibliographie, vous disposez de la référence exacte de ce texte. Il s'agit d'un éclaircissement de l'œuvre principale de l'auteur. Vous vous expliquez ainsi son caractère fortement argumenté. Il s'agit de réfuter à fond les objections à l'encontre de la thèse : « Comment on voit toutes choses en Dieu ».

Pendant l'année, il serait souhaitable — dans la mesure du possible — que vous lisiez le passage dans son contexte. Il ne s'agit pas d'acheter l'ouvrage mais de tirer parti des bibliothèques existantes, en particulier de celle de votre lycée !

3. **Vocabulaire** : Certains termes qui reviennent comme autant de leit-motiv : je vois - je suis certain - l'évidence - vérité - raison - raisonnable - sont ceux du rationalisme classique. On les rencontre par exemple chez **Descartes.**

D'autres, par contre, relèvent d'un autre registre : raison universelle - souveraine raison - vous pouvez présumer qu'il y a là référence, allusion à la thèse centrale de **Malebranche** : la vision en Dieu : cette raison universelle - cette souveraine raison est sans doute une autre façon de nommer Dieu.

4. **A quelle question l'auteur répond-il?** Comment justifier l'évidence du vrai et celle du bien ?

Thèse : « Il est donc nécessaire qu'il y ait une raison universelle qui m'éclaire et tout ce qu'il y a d'intelligence ».

5. **Difficultés**

- Qu'est-ce que cette raison universelle ?
- L'évidence est-elle critère de vérité ?
- Le jugement moral se réduit-il à un jugement de préférence ?

III - INTÉRÊT PHILOSOPHIQUE DU TEXTE

- ***Selon le concept d'école***

- influence de **Descartes** (rôle de l'évidence) ;
- influence de **St-Augustin** (rentrer en soi-même...) ;
- vision en Dieu = concept central de la philosophie de **Malebranche.**

• ***Selon le concept mondain***

- réflexion sur le vrai et le bien ;
- l'homme comme être capable, malgré les erreurs de la passion, d'atteindre des valeurs.

IV - INTRODUCTION ET CONCLUSION

1) ***Introduction***

- question à laquelle l'auteur répond ;
- procédés de l'argumentation ;
- difficultés éventuelles de la thèse.

2) ***Conclusion***

- intérêt du passage ;
- prise de position personnelle sur la thèse proposée.

Rédigez complètement sur votre brouillon l'introduction, sinon vous risqueriez d'être pris par le temps.

ÉTUDE DE TEXTE RÉDIGÉE :

I - INTRODUCTION

Question centrale

Comment fonder en raison l'évidence de la connaissance vraie et du jugement moral : telle est la question autour de laquelle le texte proposé est construit. La réponse de l'auteur s'exprime dans la phrase, qui placée au centre du passage, en constitue le point focal : « Il est donc nécessaire qu'il y ait une raison universelle qui m'éclaire et tout ce qu'il y a d'intelligence ».

Procédés d'argumentation

Cette thèse est vigoureusement argumentée, l'auteur réfute deux objections essentielles : il est impossible pour quiconque de « voir » les évidences d'autrui et par suite l'évidence que j'éprouve est-elle nécessairement critère de vérité ? par ailleurs, l'erreur existe, et ce fait semble incompatible avec la thèse soutenue.

L'auteur procède en deux temps : il montre d'abord que les idées morales ne peuvent avoir pour fondement qu'une sorte de « raison universelle » et en second lieu, que les raisons dites « particulières » du jugement immoral sont en fait contraires à cette raison universelle.

Difficultés

Cette argumentation qui « voit » dans l'évidence le critère du jugement logique et du jugement moral n'est pas sans soulever de difficultés : l'évidence ne suffit peut-être pas à garantir l'objectivité du jugement et par ailleurs identifier la moralité à une préférence — certes fondée en raison — peut surprendre de la part d'un philosophe chrétien.

Il convient donc, avant de dégager l'intérêt philosophique du texte de s'interroger sur le sens et la portée de cette argumentation.

II - ÉTUDE ORDONNÉE DU TEXTE

• La première partie du texte : « Je vois... les mêmes vérités que je vois » a la forme d'un raisonnement rigoureux dont les prémisses sont premièrement l'affirmation de l'identité des vérités morales et intellectuelles, deuxièmement l'expression de la certitude concernant l'objectivité de la connaissance vraie et dont la conclusion est l'existence d'une raison commune à tous les esprits.

Qu'il n'y ait aucune différence de nature entre les vérités intellectuelles et morales ne peut nous surprendre si l'on considère la perspective de l'auteur. Ces vérités sont saisies par un acte simple de l'esprit qui est toujours le même puisqu'il a les caractères d'une « vision » (ce n'est qu'à partir de **Kant** que l'on concevra la connaissance comme une construction). **Malebranche** écrit « **Je vois** que deux et deux font quatre... » : je vois au lieu de « je sais ». On peut reconnaître ici l'évidence cartésienne, critère absolu de la vérité, signe de la présence de l'idée vraie à la pensée. Cette vision est purement mentale, les sens ou l'imagination n'y ont aucune part. Ainsi **Malebranche** peut-il dire « Je vois que deux et deux font quatre et qu'il faut préférer son ami à son chien ». Le choix de l'exemple arithmétique est banal, on peut le retrouver chez **Descartes**, il s'impose du reste en raison de la simplicité de l'objet. Mais le rapprochement de ces deux exemples élémentaires a une portée qu'il n'aurait pu avoir pour **Descartes**, pour lequel deux et quatre sont des idées mathématiques qui n'ont pas de correspondant réel dans le monde alors que « Homme » ou « chien » représentent des êtres extérieurs à la pensée. La thèse implicite de **Malebranche** est donc que les vérités de l'arithmétique et celles de la morale se confondent, non seulement parce qu'elles sont l'objet d'une même vision intellectuelle mais encore parce que ces « visions » ont exactement les mêmes objets. Ce qui est vrai, parce qu'évident, ce n'est ni deux, ni quatre, ni ami, ni chien, ce ne sont pas des termes isolés mais les relations qui les unissent. D'un côté, nous avons deux fois deux égale quatre, c'est-à-dire une relation d'équivalence, de l'autre côté, nous avons ami supérieur à, ou plus grand en dignité, que chien c'est-à-dire une relation d'ordre. Qu'il s'agisse d'un rapport entre quantités numériques ou entre qualités morales, le type d'intelligibilité est identique.

Étude du texte en prêtant attention aux termes signalés dans la recherche du vocabulaire.

Le second élément de la démonstration concerne le lien entre l'évidence et l'objectivité de la connaissance vraie : « **Je vois** que... » et que..., et **je suis certain** qu'il n'y a point d'homme au monde qui ne puisse le voir aussi bien que moi. Si « voir » c'est avoir une évidence irrésistible, « être certain » c'est n'avoir aucune possibilité de douter. Ce qui est évident est donc certain, mais ce qui est certain n'est pas nécessairement évident. Il n'est pas évident que ce qui est vrai pour **Malebranche** le soit effectivement pour les autres — et de fait, sur le même objet beaucoup pensent différemment. En revanche, il est certain que ce qui apparaît évidemment à **Malebranche** comme vrai doit pouvoir, au moins en droit, apparaître ainsi au regard de tout le monde. Une connaissance qui ne serait vraie que pour un seul ne serait pas vraie ; la vérité ne peut être purement subjective.

Prises séparément ces deux affirmations : « la marque de la vérité est l'évidence » et « l'évidence peut être en principe éprouvée toujours et par tous » ne créent aucune difficulté. Mais rapprochées elles font problème ; c'est que l'évidence est subjective, elle ne se découvre que dans la solitude d'une pensée qui se détache du monde des corps pour se rendre uniquement attentive au jeu de ses propres idées. Il s'ensuit que les évidences des autres ne me sont pas évidentes et que moi-même — si je peux bien exprimer à mes semblables mes évidences mentales — je ne peux pas les éprouver à leur place.

De là une difficulté capitale relevée par **Malebranche** qui est en réalité l'objection que l'on peut adresser à cette thèse :

« Or je ne vois point ces vérités dans l'esprit des autres, comme les autres ne voient point dans le mien ». La question qui se pose naturellement alors est de savoir comment je puis être certain que l'évidence subjective me livre une connaissance ayant par elle-même une entière objectivité ?

La réponse de **Malebranche** est simplement cette conclusion :

« Il est donc nécessaire qu'il y ait une raison universelle qui m'éclaire et tout ce qu'il y a d'intelligence ». L'existence d'une telle raison est nécessaire puisque l'évidence et l'objectivité de la connaissance vraie étant tout aussi certaines l'une que l'autre, il faut bien qu'il y ait une raison à leur accord spontané. Mais il s'agit d'une « raison universelle ».

Qu'est-ce-à-dire? Que cette cause ou fondement de l'objectivité du vrai, est une faculté également « empreinte en tous les hommes » selon le mot de Montaigne, et à ce titre pouvant être considérée par **Descartes** comme « la chose du monde la mieux partagée ». C'est à cette première interprétation que semble inviter la justification apportée par **Malebranche** : « Car si la raison que je consulte n'était pas la même que celle qui répond aux Chinois, il est évident que je ne pourrais pas être assuré que les Chinois voient les mêmes vérités que je vois » — notons au passage la référence à la Chine que les récits de voyageurs commençaient à faire connaître. Donc la raison peut être dite universelle car elle est commune à toute l'humanité. Mais cette interprétation ne suffit pas. Prêtons attention aux termes mêmes dont se sert l'auteur : cette raison universelle est une raison qui « m'éclaire », elle est comme une lumière intellectuelle qui permet de voir ses propres idées mais cette lumière éclaire non seulement en moi mais hors de moi « tout ce qu'il y a d'intelligence », et cette raison l'auteur la « consulte » comme si elle était distincte de lui-même et qui plus est, elle « répond ». Cette lumière qui révèle l'homme à lui-même, que l'on questionne et qui répond est-elle seulement une raison humaine? N'est-elle pas plutôt une raison divine qui peut être dite universelle parce qu'elle est la raison de l'univers? Si tel est le cas, l'évidence, procédant de la même et unique source, doit être la même pour tous. Cette interprétation est conforme à la théorie de la connaissance de **Malebranche** qui est essentiellement une théorie de la « vision en Dieu ».

Thèse

La réponse de **Malebranche,** placée ici au centre du texte, sera étayée par l'argumentation de la deuxième partie du passage; sa fonction est de répondre à l'objection suivante : si l'on accepte cette théorie de la vision en Dieu, comment expliquer l'existence de l'erreur? Admettons que la raison divine impose directement toutes les vérités, aussi bien morales, qu'intellectuelles, il y a pourtant des erreurs morales d'autant plus graves qu'elles ne sont pas totalement absurdes, qu'elles ont leur cohérence et leurs motifs. Ce sont celles dont témoignent les conduites passionnées. L'essence de la passion ce n'est pas l'absence d'ordre mais l'inversion de l'ordre réel : est passionné celui qui attribue au sujet ce qui est de l'objet et réciproquement. Cette erreur sur l'ordre par laquelle par exemple la vie du cheval (animal machine) peut être préférée à celle du cocher (être raisonnable) ne peut être imputable à Dieu. Comme elle est aussi bien morale qu'intellectuelle, elle doit être à sa manière le fait d'une raison mais d'une « raison particulière », c'est-à-dire strictement humaine et individuelle. L'auteur oppose donc, pour répondre à l'objection, une « raison particulière » au service de l'erreur passionnelle à la raison universelle et « souveraine » maîtresse de vérité. Comment les distinguer? Précisément par la manière dont nous les « consultons » l'une et l'autre. D'une certaine manière la cause de l'erreur est « dehors ». Pour retrouver le silence et la sérénité de l'entendement pur, il faut rentrer en soi-même.

« Quand nous rentrons en nous-même »... l'auteur utilise à deux reprises cette expression reprenant ainsi une injonction de Saint-Augustin : « Rentre en toi-même, à l'intérieur de l'homme habite la vérité ». Ce n'est évidemment pas là faire de l'introspection mais se rendre religieusement attentif à ce qui relève du domaine des pures idées. Si Dieu est le dépositaire de la vérité, la source première de l'évidence, il faut comprendre que c'est en soi dans la profondeur de la méditation que l'on découvre les vérités évidentes qui résident pourtant de toute éternité en Dieu.

Les dernières lignes du texte revêtent ainsi un indéniable accent religieux.

Transition

Cette argumentation dont nous avons montré la rigueur laisse cependant semble-t-il certaines questions en suspens. En particulier, est-il légitime d'identifier évidence et vérité et de faire de l'évidence le critère de la vérité? D'autre part, lier la moralité à la connaissance — fut-ce celle de l'ordre — semble peu compatible avec la liberté humaine.

III - INTÉRÊT PHILOSOPHIQUE DU TEXTE

L'auteur invite son lecteur à une réflexion au sens propre du terme : à un retour sur soi ; dans le silence des passions, ce qui nous est donné à voir c'est la présence du vrai, l'immédiateté du jugement moral. Les deux exemples qui ouvrent le texte suscitent d'emblée l'adhésion : « Je vois avec évidence que deux et deux font quatre et qu'il faut préférer son ami à son chien ».

Trop souvent la philosophie peut apparaître comme une casuistique qui éloigne de ce qui est immédiatement ressenti. Ici au contraire, nous sommes au centre même d'une expérience que chacun peut effectuer pour son propre compte.

Reprenons ces exemples : le premier n'a de sens qu'en raison de la simplicité des nombres en jeu. Je vois sans doute que deux et deux font quatre mais je ne vois pas combien font 3789 et 7836 : je pourrais le savoir en faisant une addition, opération dont je dois appliquer les règles et à plus forte raison, je ne vois pas le degré d'accélération de la pesanteur en un lieu déterminé! Le vrai n'est pas le résultat d'une « vision » mais bien d'une construction, ou encore est vrai non pas ce qui est évident mais ce qui est vérifié. L'histoire du développement des sciences — aussi bien mathématiques que physiques confirme cette idée. On ne s'expliquerait guère qu'il puisse y avoir de progrès dans la connaissance si elle procédait seulement d'une évidence. Pourquoi **Aristote**, n'aurait-il pas « vu » ce que **Newton** a établi? Sans doute, une fois établie et admise une vérité paraît évidente — mais c'est là une illusion rétrospective. Le second exemple, auquel du reste **Malebranche** consacre la plus grande partie de son argumentation, n'est pas sans ambiguïté : « ... il faut préférer son ami à son chien » : Le terme de préférer suggère l'idée d'un choix sans doute mais qui relève de la subjectivité ; s'il faut préférer c'est parce que — nous l'avons montré —

l'homme est supérieur, dans la hiérarchie des êtres, à l'animal. Mais l'auteur réintroduit un élément subjectif, puisque cet homme qu'il faut préférer est en fait un ami, et donc cet acte n'apparaît pas comme un devoir, il s'agit plutôt d'un sentiment, d'une prédilection.

D'autre part, si le jugement moral est identifié à un jugement de préférence de ce qui est hiérarchiquement supérieur, cela implique que la moralité est de l'ordre de la connaissance : il faut être déraisonnable pour préférer ce qui vaut moins : on comprend mal, si cela est exact, l'aveuglement humain. Sans doute, le dogme du péché originel peut-il rendre compte de cette inversion de l'ordre réel mais l'interprétation proposée par **Malebranche** ne peut complètement nous satisfaire. La moralité nous semble davantage relever d'un acte de volonté que d'un acte de connaissance. **Kant**, par exemple, montrera que le jugement moral est lié à la conscience d'un devoir à accomplir par pur respect de la loi, et c'est parce que l'homme est partagé entre la volonté d'agir par devoir et la volonté d'agir pour des mobiles subjectifs que la moralité apparaît comme l'objet d'un choix radical. Il est du reste surprenant que **Malebranche** efface le caractère dramatique du choix chrétien. Celui qui préfère la vie de son cheval à celle de son cocher n'est « au fond pas raisonnable ». Nous sommes plutôt portés à penser qu'il est positivement immoral — bien que l'on ne puisse en toute rigueur le démontrer.

IV - CONCLUSION

Intérêt du passage

Ainsi le principal intérêt de ce passage est-il de révéler la difficulté de concilier rationalisme et christianisme — cela n'est possible qu'au prix semble-t-il d'un aplatissement du dogme chrétien —, mais il montre aussi les difficultés propres à une théorie purement rationaliste de la connaissance (par exemple la nécessité de prouver Dieu par des idées claires et distinctes pour rendre raison de la portée de telles idées) et les obscurités propres à la théologie (par exemple la présence à l'intérieur de l'homme d'un Dieu qui lui est pourtant transcendant). Et il montre

Prise de position

surtout que pour fonder une morale sur une théorie du savoir, il faut admettre comme allant de soi les idées relatives à l'acte ou à l'objet du savoir, idées dont l'analyse kantienne a révélé ensuite les insuffisances et la fragilité.

CHAPITRE 4
LES ÉPREUVES ORALES

SECTION I :
NATURE ET MODALITES DE L'EPREUVE ORALE

Il s'agit d'un oral de contrôle que vous aurez à « subir », si vous obtenez une moyenne inférieure à 10 sur 20 aux épreuves du premier groupe. La note que vous obtiendrez alors remplacera votre note d'écrit si elle lui est supérieure ; dans le cas contraire, c'est la note d'écrit qui compte. Cette dernière considération peut vous donner quelque tranquilité d'esprit ; vous ne pouvez « perdre » aucun point supplémentaire en passant l'oral. Néanmoins, n'oubliez pas que vous avez des points à rattraper. Il est donc primordial de préparer cet oral. Les instructions officielles définissent ainsi cette épreuve :

« L'épreuve orale portera obligatoirement sur l'une des œuvres ou l'un des fragments d'œuvres présentés dont un bref extrait fera l'objet d'une explication. L'entretien pourra porter également sur toute notion du programme. Les questions au choix étudiées pendant l'année seront prises en considération. L'interrogation sera conduite dans la mesure du possible en liaison avec l'étude du texte. Il est recommandé à l'examinateur de tenir compte des lectures que le candidat a pu faire au cours de l'année. L'épreuve devra essentiellement permettre au candidat de tirer parti de sa culture et de ses qualités de réflexion ».
(Circulaire n° 70-214 du 5 Mai 1970).

Vous devez en effet présenter une liste de trois œuvres extraites du programme officiel (que vous trouverez reproduite dans la première paratie de l'ouvrage) — cela dans la série A. Dans la série B, vous devez présenter deux œuvres ; dans les séries C, D, E, une seule. Dans la série E, l'épreuve de philosophie est obligatoire pour tous les candidats qui passent le second groupe d'épreuves. Par contre, dans les séries A,B,C,D, l'épreuve de philosophie est optionnelle à l'oral : elle fait l'objet d'un choix parmi les épreuves de l'écrit. Enfin les élèves des sections G,F,H n'ont jamais d'épreuve de philosophie à l'oral.

A cette liste d'œuvres s'ajoutent, pour la série A, deux questions au choix (voir programmes commentés, 1re partie) ; pour les séries B,C,D,E une seule. En règle générale, ces questions consistent soit en l'approfondissement de notions du programme, soit en l'approfondissement des œuvres présentées à l'oral.

Si vous êtes candidat libre : tenant compte des difficultés que vous avez à travailler seul, je vous suggère de porter votre choix sur trois (ou deux ou une selon votre section) des œuvres suivantes :

- ***Apologie de Socrate* : Platon**
- ***Ménon* : Platon**
- ***Discours de la Méthode* : Descartes**
- ***Discours sur l'origine de l'inégalité* : Rousseau**
- ***Contrat Social*** - Livre I : **Rousseau**
- ***Idée d'une histoire universelle au point de vue cosmopolitique* : Kant**
- ***Introduction à l'étude de la médecine expérimentale* : Claude Bernard**
- ***Manifeste du Parti Communiste* : Marx**

L'étude de ces œuvres, presque toutes publiées dans des éditions accessibles à tous (par leur diffusion, leur volume et leur prix) doit impérativement être accompagnée de la lecture d'ouvrages critiques eux aussi accessibles, mais plutôt dans les bibliothèques de prêt.

Je vous suggère les suivants :

- Pour **Platon** : « ***Platon*** » de **François Chatelet** (collection « Idées » chez Gallimard).
- Pour **Descartes** : ***Introduction à la lecture de Platon suivie d'entretiens sur Descartes*** d'**Alexandre Koyré** (chez Gallimard).
- Pour **Rousseau** et pour **Marx** : Lecture des notices de présentation et des notes dans l'édition de la Pléiade, par **R. Derathé** pour **Rousseau**, par **M. Rubel** pour **Marx**.
- Pour **Claude Bernard** : ***La logique du vivant,*** de **François Jacob** (Gallimard).

Ce ne sont là bien sûr que des suggestions mais je les crois utiles. Je vous recommande enfin la Collection de poche : Philosophes de tous les temps chez Seghers où un ouvrage de dimension modeste, contenant une biographie, les thèmes majeurs de l'œuvre et des extraits, est consacré à chacun des philosophes.

Il va sans dire que l'étude sérieuse de ces œuvres constitue par ailleurs une excellente préparation pour l'écrit, car cette étude vise à connaître une œuvre dans son intégralité et sa richesse propre. C'est du reste dans cet esprit que, chaque année, j'étudie avec mes élèves trois œuvres philosophiques et c'est sans aucun doute aussi l'intention qui anime votre professeur.

Les modalités de l'épreuve. L'expérience des jurys de baccalauréat me conduit à présumer que l'examinateur, après avoir pris connaissance de votre liste, vous donne à préparer un extrait pendant quelques 15 ou 20 minutes.

Comment utiliser ce temps si bref? je vous suggère de :

1 - ***Situer l'extrait dans l'œuvre*** : il s'agit souvent, pour ne pas dire toujours, d'un passage clef. Quel est son sens, sa portée?

2 - ***Préciser les allusions à d'autres textes (de l'auteur,*** d'autres philosophes). Cela doit être possible puisque vous avez étudié le texte pendant l'année.

3 - ***Dégager les articulations du texte en mettant en relief les concepts principaux*** : ici les conseils de méthode pour l'explication de texte à l'écrit doivent être repris, ainsi que les grilles de lecture pour fragments de textes proposées dans la première partie de l'ouvrage.

Lorsque ce quart d'heure est écoulé, vous devez vous présenter devant l'examinateur et, selon le cas, vous commencez ou non par ***lire le texte à voix haute***. La qualité de votre lecture laisse déjà présager de votre compréhension.

Puis vous présentez un exposé oral qui reprendra les trois points cités plus haut; En règle générale, l'examinateur écoute votre exposé sans l'interrompre et ensuite, il vous pose des questions sur tel ou tel point du texte, non pour vous embarrasser mais pour vous permettre de faire la preuve que vous avez bien compris et que vous ne vous bornez pas à réciter un cours. ***Les questions qu'il vous posera seront toujours centrales***. Ce ne seront pas des questions de pure érudition. Il ne s'agit pas en effet ici d'un oral d'études supérieures de philosophie.

SECTION II : PRÉSENTATION D'UNE ŒUVRE D'ORAL

Je vous propose maintenant l'étude — en vue de l'oral — d'une œuvre relativement courte :

« ***Idée d'une histoire universelle du point de vue cosmopolitique*** » de **Kant**.

Après une brève présentation, nous dégagerons les idées principales, des allusions à d'autres œuvres, les problèmes qu'elle tente de résoudre. Vous pourrez procéder de façon analogue sur l'œuvre de votre choix.

piétisme : doctrine qui insiste sur la nécessité de la piété personnelle plus que sur la stricte orthodoxie doctrinale.
Spener (1635 - 1705) en fut le fondateur.

Cette œuvre fait partie d'une série d'opuscules de **Kant** consacrés à l'histoire, elle ***paraît en 1784*** dans la revue « Berlinische Monatsschrift ». ***Il s'agit d'une tentative de penser l'histoire humaine dans une perspective d'ensemble qui tente de concilier deux courants philosophiques contradictoires***. D'une part, **le pessimisme piétiste** qui est celui des milieux luthériens dans lesquels **Kant** a été plongé dès son enfance, qui développe la conscience du péché, qui met au centre de ses spéculations le « mal radical » imputable au péché originel et que les artifices de la civilisation ne peuvent que masquer ; d'autre part, **l'optimisme du Siècle des Lumières** qui répudie l'idée du péché originel et qui affirme que l'humanité se développe selon un progrès constant, aussi bien matériel que moral.

Kant va développer ses conceptions sur l'histoire humaine et donc aussi sur la politique avec pour maîtres à penser **Jean-Jacques Rousseau** — celui en particulier du ***Discours sur l'origine de l'inégalité*** — et aussi l'**Abbé de Saint Pierre**, auteur d'un ***Projet pour rendre la paix perpétuelle en Europe.***

LES ÉPREUVES ORALES
SECTION II
PRÉSENTATION D'UNE ŒUVRE DE KANT

Kant ***ne fera pas ici œuvre d'historien mais de philosophe réfléchissant sur l'histoire***. Il précise en effet : « croire qu'avec cette idée d'une histoire universelle qui a en quelque manière un fil conducteur a priori, j'ai voulu supprimer l'élaboration de l'Histoire proprement dite comprise d'une façon simplement empirique, ce serait une méprise sur mes intentions ; je ne présente ici qu'une idée de ce qu'une tête philosophique (qui d'ailleurs devrait être très informée en Histoire) pourrait tenter à un autre point de vue. Ce point de vue, c'est celui de la Raison qui exige que les événements historiques réalisent par un progrès certain les fins essentielles à l'espèce humaine ».

A l'inverse de **Rousseau** ***pour lequel « l'homme est bon par nature », pour*** **Kant,** ***l'histoire nous offre le spectacle sans cesse renouvelé des luttes et des guerres que les hommes n'ont cessé de se livrer depuis les débuts de l'humanité.***

N'est-il pas alors absurde d'imaginer que, malgré tout, l'Histoire humaine est celle d'un progrés moral permanent quoiqu'insensible, ne vaudrait-il pas mieux s'en tenir au point de vue de **Hobbes** pour lequel l'État a pour seule fin d'assurer la sécurité d'êtres, pourvus sans aucune intention de la Providence, de raison ? **Kant** en véritable « Philosophe des Lumières » se refuse à cette solution et son raisonnement s'apparente à celui que développent deux œuvres majeures quoique inégalement connues du 18e siècle :

- ***La Fable des Abeilles*** de **Mandeville,** ***l'Essai sur la richesse des nations*** de **Smith.**

Mandeville (1670 - 1733)
Smith (1723 - 1790)

Ces deux auteurs montrent — et ceci sera définitivement acquis pour la pensée politique et économique — qu'il ne faut pas raisonner à partir de l'individu isolé. Ce qui fait l'Histoire, la politique et l'économie, c'est la conjonction d'une série immense d'actions humaimes dont le but final n'avait été prévu, ni voulu par personne. **Smith**, par exemple, dira qu'en poursuivant son intérêt particulier l'homme concourt bien souvent à l'intérêt général beaucoup plus sûrement que s'il s'était proposé de le réaliser. **Kant** participe de cette manière de penser : il la portera à son point de perfection — en supposant, il est vrai, qu'il faut voir dans cette conjonction des actions humaines l'effet de la Providence. Mais c'est en dehors de toute spéculation religieuse qu'il développe ici sa pensée. Son œuvre est remplie d'idées originales qui seront autant d'incitations pour les penseurs à venir, au nombre desquels nous pouvons citer **Hegel** et **Marx**.

L'œuvre se présente sous la forme de neuf propositions précédées d'un préambule. Ce sont ces neuf propositions que nous étudierons successivement dans la traduction de l'édition Gonthier, collection Médiations, qui nous a aimablement autorisés à reproduire ici l'intégralité de l'œuvre. C'est nous qui soulignons dans le texte les passages essentiels.

SECTION III : ÉTUDE DE L'OEUVRE

PRÉAMBULE

Quel que soit le concept qu'on se fait, du point de vue métaphysique, de la liberté du vouloir, ses manifestations phénoménales, les actions humaines, n'en sont pas moins déterminées, exactement comme tout événement naturel, selon les lois universelles de la nature. *L'histoire qui se propose de rapporter ces manifestations, malgré l'obscurité où peuvent être plongées leurs causes, fait cependant espérer qu'en considérant (dans les grandes lignes) le jeu de la liberté du vouloir humain,* ***elle pourra y découvrir un cours régulier, et qu'ainsi, ce qui dans les sujets individuels nous frappe par sa forme embrouillée et irrégulière, pourra néanmoins être connu dans l'ensemble de l'espèce sous l'aspect d'un développement continu, bien que lent, de ses dispositions originelles.*** *Par exemple les mariages, les naissances qui en résultent et la mort semblent, en raison de l'énorme influence que la volonté libre des hommes a sur eux, n'être soumis à aucune règle qui permettre d'en déterminer le*

IDÉES PRINCIPALES

1 - Les actions humaines font partie de la nature — elles sont donc déterminées et peuvent être l'objet de connaissance.

2 - Il est possible d'établir les lois des comportements humains à condition de dégager leurs interactions réciproques.

3 - Il n'y a pas identité entre le but consciemment voulu par un individu et le résultat objectif de son acte.

4 - L'histoire pourrait se borner à collectionner empiriquement les faits ; pourtant elle a pour objet ultime de découvrir que l'ensemble des événements qu'elle retrace concourt, à l'insu même de leurs auteurs, au développement des dispositions originelles de la nature humaine.

5 - La difficulté de l'étude des actions humaines tient à ce que chaque action relève d'un mélange inextricable de raison et d'instinct, de sagesse et de vice.

6 - Le rôle du philosophe est de rechercher s'il existe un dessein de la nature en ce qui concerne l'espèce humaine — dessein auquel les hommes concourraient sans le savoir ni le vouloir. Faute de l'existence d'un tel dessein, l'histoire humaine serait dépourvue de sens.

RÉFÉRENCES

1 - La Critique de la Raison Pure théorique avait distingué l'objet tel qu'il peut être connu — le phénomène — et l'objet tel qu'il peut être pensé — le noumène. L'action humaine qui se déploie dans le temps et s'effectue dans l'espace peut être

objet de science : psychologue et historien peuvent étudier ses antécédents, ses conséquences... mais la volonté libre dont nous présumons qu'elle est à l'origine essentielle de cette action ne peut être connue, elle peut seulement être postulée. **Kant** abandonne donc ici le point de vue purement moral et s'occupe des actions telles qu'elles peuvent être observées.

2 - Le calcul des probabilités inventé au 17e siècle par **Fermat** et **Pascal** pour résoudre les problèmes des jeux est étendu au 18e siècle à l'étude des actions humaines, par exemple au calcul des assurances. Ces sortes de travaux ruinent définitivement l'idée qu'il est raisonnable de généraliser à partir d'un cas particulier. **Hume** , que **Kant** admirait, avait présenté une théorie générale de la nature humaine reposant sur le calcul des probabilités. Il faut cesser d'être prisonnier des cas d'espèces.

3 - **Adam Smith** avait écrit dans « ***La Richesse des nations*** » en 1776 : « Tout individu s'efforce de maximiser son capital en sorte que la valeur de ses produits soit augmentée le plus possible. En règle générale, il ne se propose pas de promouvoir l'intérêt général et il ignore d'ailleurs dans quelle mesure il y parvient. Il ne se préoccupe que de son gain propre... et ce faisant, il est conduit par une Main Invisible à atteindre un objectif qu'il n'avait nullement visé. En poursuivant son intérêt particulier, il sert souvent l'intérêt général plus efficacement que dans les cas où il a réellement l'intention de le promouvoir ».

Annonce d'une thèse de **Marx** : « Les hommes font leur propre histoire, mais ils ne la font pas d'une façon arbitraire ni dans des circonstances librement choisies. Ils la font dans des circonstances qu'ils ont trouvées devant eux, qui leur ont été léguées par le passé, bref dans des circonstances données ». ***« Le 18 brumaire de L.N. Bonaparte ».***

4 - L'objet — selon la Critique de la Raison Pure — c'est ce dont le concept constitue l'unité du divers de l'intuition — Cette définition vaut pour l'histoire dont l'objet est établi à partir des matériaux divers fournis aussi bien par les témoins volontaires et involontaires, par les monuments, etc.

nombre à l'avance par un calcul; et cependant les statistiques annuelles qu'on dresse dans de grands pays mettent en évidence qu'ils se produisent tout aussi bien selon les lois constantes de la nature que les incessantes variations atmosphériques, dont aucune à part ne peut se déterminer par avance mais qui, dans leur ensemble, ne manquent pas d'assurer la croissance des plantes, le cours des fleuves et toutes les autres formations de la nature, selon une marche uniforme et ininterrompue.

Les hommes, pris individuellement, et même des peuples entiers ne songent guère qu'en poursuivant leurs fins particulières en conformité avec leurs désirs personnels, et souvent au préjudice d'autrui, ils conspirent à leur insu au dessein de la nature*; dessein qu'eux-mêmes ignorent, mais dont ils travaillent, comme s'ils suivaient ici un fil conducteur, à favoriser la réalisation; le connaîtraient-ils d'ailleurs qu'ils ne s'en soucieraient guère.*

Considérons les hommes tenant à réaliser leurs aspirations : ils ne suivent pas simplement leurs instincts comme les animaux; ils n'agissent pas non plus cependant comme des citoyens raisonnables du monde selon un plan déterminé dans ses grandes lignes. Aussi une histoire ordonnée *(comme par exemple celle des abeilles ou des castors)* ***ne semble pas possible en ce qui les concerne.*** *On ne peut se défendre d'une* *certaine humeur, quand on regarde la présentation de leurs faits et gestes sur la grande scène du monde, et quand, de-ci de-là, à côté de quelques manifestations de sagesse pour des cas individuels, on ne voit en fin de compte dans l'ensemble qu'un tissu de folie, de vanité puérile, souvent aussi de méchanceté puérile et de soif de destruction. Si bien que, à la fin, on ne sait plus quel concept on doit se faire de notre espèce si infatuée de sa supériorité.* ***Le philosophe ne peut tirer de là aucune autre indication que la suivante : puisqu'il lui est impossible de présupposer dans l'ensemble chez les hommes et dans le jeu de leur conduite le moindre dessein raisonnable personnel, il lui faut rechercher du moins si l'on ne peut pas découvrir dans ce cours absurde des choses humaines un dessein de la nature :*** *ceci rendrait du moins possible, à propos de créatures qui se conduisent sans suivre de plan personnel, une histoire conforme à un plan déterminé de la nature.*

Nous allons voir s'il nous sera possible de trouver un fil conducteur pour une telle histoire, puis nous laisserons à la nature ce soin de produire l'homme capable de rédiger l'histoire selon ce principe. N'a-t-elle pas produit un **Kepler** *qui, d'étonnante façon, soumit les orbites excentriques des planètes à des lois déterminées, et un* **Newton** *qui expliqua ces lois en fonction d'un principe général de la nature?*

Kant réfute ici par avance les conceptions de **Langlois** et **Seignobos** qui affirmeront que l'histoire n'est rien d'autre que la somme des documents sur le passé. Sans doute, l'histoire se fait-elle avec des documents mais encore convient-il de savoir quelles questions leur poser.

Les dispositions originelles de la nature humaine ne sont pas à rechercher dans un passé mythique, le passé n'est plus l'objet d'une valorisation systématique. L'homme a pour qualité essentielle sa perfectibilité : c'est dans l'évolution historique que se déploient des qualités — qui, sans la société, resteraient de pures virtualités.

5 - La tendance quasi-inévitable à considérer isolément les composants antagonistes du caractère humain — l'homme est bon par nature ou l'homme est mauvais par nature — conduit à des constructions utopiques. L'utopie substitue à l'homme réel un homme imaginaire conforme à certains présupposés. La complexité du réel est rebelle à une telle réduction. Les sciences de la nature montrent qu'il est possible de dépasser le niveau des généralisations abusives, même si la science de l'homme en est à ses balbutiements, encore empêtrée de considérations religieuses ou à l'inverse d'un matérialisme borné.

6 - Le philosophe n'a pas à s'écarter du monde, ni à rechercher une vérité hors du temps. C'est l'histoire qui constitue pour lui le texte à déchiffrer. L'exigence de rationalité le conduit à transcender le plan simplement empirique des événements pour dégager un sens. L'idée d'un dessein de la nature doit être mise cependant à l'épreuve des faits.

REMARQUES

Le terme de nature est pris dans deux acceptions distinctes, voire contradictoires : au début du passage, la nature, c'est l'ensemble des phénomènes soumis à des lois, objets de science ; puis il est question du « dessein de la nature » — or un dessein suppose une volonté, une intelligence. Donc prêter à la nature ne serait-ce que la possibilité d'un dessein implique que l'on abandonne le terrain à l'observation objective — que l'on personnifie en quelque sorte la nature, ce qui revient ici à identifier la nature et la Providence. Le passage d'une acception à l'autre est révélateur des idées morales, voire religieuses de l'auteur. N'est-ce pas admettre une exception pour l'homme (et pour l'homme seulement) dans le strict agencement des causes et des effets?

Présumer que l'histoire a un sens — qui plus est un sens conforme à la disposition morale de l'humanité — apparaît comme l'expression d'un engagement éthique, en aucun cas comme la conclusion nécessaire d'un raisonnement rigoureux.

PREMIÈRE PROPOSITION

IDÉES PRINCIPALES

1 - L'étude du vivant permet d'affirmer que rien n'est dû au hasard dans la nature.

2 - Dans l'ordre de la vie, l'idée de finalité peut servir de fil conducteur pour la recherche. Le mécanisme rend compte des phénomènes simplement physiques.

RÉFÉRENCES

1 - Le 18e siècle considère que l'être vivant ne peut pas être expliqué par le seul mécanisme, à preuve l'évidente finalité de certains phénomènes comme le développement d'un œuf en adulte ou l'adaptation de l'animal au milieu.

Dans la ***Critique de la Faculté de juger,*** comparant l'organisme et la machine, **Kant** écrira : « L'être vivant est un être organisé qui s'organise lui-même », c'est-à-dire un être qui porte en soi son principe d'organisation à la différence de la machine dont le mécanisme nécessite une intervention extérieure.

2 - Les matérialistes stricts tels d'**Holbach** ou **La Mettrie** récusent absolument cette idée de finalité, mais aussi un sceptique comme **Hume** : c'est par le simple jeu des combinaisons physiques qu'existe tel individu et tel organe.

REMARQUES

La biologie contemporaine interdirait ce type de raisonnement, ou à tout le moins les conclusions que l'auteur en tire : toutes les propriétés du vivant sont dues aux propriétés physico-chimiques des molécules qui le constituent. La nature est objective de part en part — telle est l'affirmation radicale d'une science positive.

Toutes les dispositions naturelles d'une créature sont déterminées de façon à se développer un jour complètement et conformément à un but. *— Chez les animaux, on vérifie ce principe par l'observation externe aussi bien qu'interne ou par la dissection. Un organe qui n'a pas de raison dêtre, un agencement qui ne remplit pas son but, sont des contradictions dans le système téléologique de la nature.* ***Car si nous nous écartons de ce principe, nous n'avons plus une nature conforme à des lois, mais une nature marchant à l'aveuglette, et l'indétermination désolante remplace le fil conducteur de la raison.***

DEUXIÈME PROPOSITION

IDÉES PRINCIPALES

1 - Pour développer pleinement ses aptitudes, l'individu devrait jouir d'une vie illimitée, ce qui manifestement n'est pas le cas.

Chez l'homme (en tant que seule créature raisonnable sur terre), les dispositions naturelles qui visent à l'usage de sa raison n'ont pas dû recevoir leur développement complet dans l'individu mais seulement dans l'espèce.

2 - L'espèce, dans la succession continue des générations, compense la précarité de l'existence individuelle, la société filtre en quelque sorte les produits de l'activité humaine, elle ne conserve et n'organise que ce qui est digne de durer.

La raison, dans une créature, est le pouvoir d'étendre les règles et desseins qui président à l'usage de toutes ses forces bien au-delà de l'instinct naturel, et ses projets ne connaissent pas de limites. Mais elle-même n'agit pas instinctivement : elle a besoin de s'essayer, de s'exercer, de s'instruire, pour s'avancer d'une manière continue d'un degré d'intelligence à un autre. Aussi chaque homme devrait-il jouir d'une vie illimitée pour apprendre comment il doit faire un complet usage de toutes ses dispositions naturelles. Ou alors, ***si la nature ne lui a assigné qu'une courte durée de vie (et c'est précisément le cas), c'est qu'elle a besoin d'une lignée peut-être interminable de générations où chacune transmet à la suivante ses lumières, pour amener enfin dans notre espèce les germes naturels jusqu'au degré de développement pleinement conforme à ses desseins.*** *Ce terme doit fixer, du moins dans l'idée de l'homme, le but de l'effort à fournir ; car, sans cela, les dispositions naturelles devraient être considérées pour la plupart comme vaines et sans raison d'être.* ***Or ceci détruirait les principes pratiques;*** *par suite, la nature serait suspecte d'un jeu puéril en l'homme seul, elle, dont la sagesse doit servir de maxime fondamentale pour juger toutes ses autres formations.*

3 - Si l'histoire ne manifestait pas dans le cours de son développement un progrès moral de l'espèce, cela réduirait à néant l'idée même de moralité et ferait de l'existence humaine une pure absurdité.

RÉFÉRENCES

1 - **Kant** se souvient peut-être ici de l'aphorisme d'**Hippocrate**, le fondateur de la médecine : « L'art est long, la vie est brève ». L'idée même de l'immortalité trouve dans ce regret une de ses sources. Laïcisée, elle transposera à l'ensemble des générations la tâche d'accomplir ce que la pensée religieuse assignait à une vie immortelle.

2 - **Pascal** anticipait cette façon de penser : « La suite des hommes pendant le cours de tant de siècles doit être considérée comme un même homme qui subsiste toujours et qui apprend continuellement ». *(Opuscules).*

3 - L'existentialisme athée adoptera cette hypothèse : l'histoire humaine est dépourvue de sens, l'existence est absurde — l'idée de moralité est une illusion, pire, une auto-mystification de la conscience.

REMARQUES

Un individu isolé, non plus qu'une société particulière, ne peuvent, semble-t-il, jamais incarner parfaitement l'humanité.

Les despotes ont bien souvent prétendu fonder leur légimité sur l'assurance que les efforts des hommes porteront leurs fruits seulement pour les générations ultérieures. S'assigner pour but le bien des générations futures ne risque-t-il pas de faire admettre trop facilement l'oppression dans le présent? Les lendemains radieux sont-ils autre chose qu'un leurre?

TROISIÈME PROPOSITION

La nature a voulu que l'homme tire entièrement de lui-même tout ce qui dépasse l'agencement mécanique de son existence animale, et qu'il ne participe à aucune autre félicité ou perfection que celle qu'il s'est créée lui-même, indépendamment de

IDÉES PRINCIPALES

1 - La nature est à la fois la réalité comprise comme création divine, œuvre d'un dessein providentiel mais en même temps comme ce dessein providentiel lui-même.

2 - Il est erroné de croire que l'homme était heureux au Paradis. Pourvu par la nature de raison et de liberté, il lui appartient, et à lui seul, d'exploiter ses qualités. Il est donc responsable de ce qu'il devient.

3 - L'usage de la raison et de la liberté aboutit d'une part au développement des sciences et des techniques — donc à une existence plus facile, d'autre part à la réalisation d'une vie plus heureuse dont l'homme seul portera le mérite. La générosité de la nature est une fausse idée en ce qui concerne l'homme.

RÉFÉRENCES

1 - Il s'agit là du rejet de la conception de **Newton**, exposée dans l'article Nature de l'Encyclopédie. « Quand on parle de l'action de la nature, on n'entend point autre chose que l'action des corps les uns sur les autres, conformément aux lois du mouvement ».Plus exactement **Kant** ne rejette pas absolument cette définition de la nature mais selon lui elle ne recouvre qu'une partie de la réalité. Elle doit être complétée par une philosophie de la nature dans le domaine de la vie.

Kant participe ici pleinement au mouvement de la Philosophie des Lumières en ce qui concerne l'image de la nature. Selon **J. Ehrard**, auteur de l'ouvrage ***« L'idée de nature en France dans la deuxième moitié du 18e siècle »*** : « La fortune de l'idée de nature vient de son aptitude à unir les contraires... elle est le lieu géométrique des contradictions de l'époque, de ses aspirations et de ses craintes ».

2 - L'auteur récuse ici la conception chrétienne d'une humanité heureuse au paradis mais aussi toutes les spéculations sur le bonheur des « sauvages » qui avaient cours à son époque. Cette auto-production de l'homme par lui-même sera l'un des thèmes privilégiés de **Marx**.

3 - C'est en terme d'obstacles qu'il faut envisager le développement de l'humanité. Les notions d'effort, de peine, de travail, de mérite, appartiennent à la tradition protestante à laquelle **Kant** se rattache.

l'instinct par sa propre raison. — En effet, la nature ne fait rien en vain, *et elle n'est pas prodigue dans l'emploi des moyens pour atteindre ses buts. En munissant l'homme de la raison et de la liberté du vouloir qui se fonde sur cette raison, elle indiquait déjà clairement son dessein en ce qui concerne la dotation de l'homme. Il ne devait pas être gouverné par l'instinct, ni secondé et informé par une connaissance innée; il devait bien plutôt tirer tout de lui-même. Le soin d'inventer ses moyens d'existence, son habillement, sa sécurité et sa défense extérieure (pour lesquelles elle ne lui avait confié ni les cornes du taureau, ni les griffes du lion, ni les crocs du chien, mais seulement des mains) tous les divertissements qui peuvent rendre la vie agréable, son intelligence, sa sagesse même, et jusqu'à la bonté de son vouloir, devaient être entièrement son œuvre propre. La nature semble même s'être ici complu à sa plus grande économie, et avoir mesuré sa dotation animale au plus court et au plus juste en fonction des besoins les plus pressants d'une existence à ses débuts;* ***comme si elle voulait que l'homme, en s'efforçant un jour de sortir de la plus primitive grossièreté pour s'élever à la technique la plus poussée, à la perfection intérieure de ses pensées, et (dans la mesure où c'est chose possible sur terre) par là jusqu'à la félicité, en doive porter absolument seul tout le mérite, et n'en être redevable qu'à lui-même****; c'est* ***comme si*** *elle avait attaché plus d'importance chez l'homme à l'estime raisonnable de soi qu'au bien-être. Car le cours des choses humaines est hérissé d'une foule d'épreuves qui attendent l'homme. Il semble bien que la nature n'ait pas eu du tout en vue de lui accorder une vie facile, mais au contraire de l'obliger par ses efforts à s'élever assez haut pour qu'il se rende digne, par sa conduite, de la vie et du bien-être.*

Ce qui demeure étrange ici, c'est que les générations antérieures semblent toujours consacrer toute leur peine à l'unique profit des générations ultérieures pour leur ménager une étape nouvelle à partir de

***laquelle elles pourront élever plus haut l'édifice dont la nature a formé le dessein, de telle manière que les dernières générations seules auront le bonheur d'habiter l'édifice auquel a travaillé (sans s'en rendre compte à vrai dire) une longue lignée de devanciers**, qui n'ont pu prendre personnellement part au bonheur préparé par elles. Mais, si mystérieux que cela puisse être, c'est bien là aussi une nécessité, une fois que l'on a admis ce qui suit : il doit exister une espèce animale détentrice de raison et, en tant que classe d'êtres raisonnables tous indistinctement mortels, mais dont l'espèce est immortelle, elle doit pourtant atteindre à la plénitude du développement de ses dispositions.*

REMARQUES

Tout au long du texte, le raisonnement est présenté sur le mode du « comme si ». **Kant** est en effet partagé entre une conception newtonienne de la nature et une conception providentialiste. Il est en effet impossible de prêter, du moins si l'on reste sur le terrain objectif de l'observation et de l'expérimentation, des intentions et des buts à la nature. De là, la présence répétée de ces « comme si » — qui impliquent une adhésion de fond de l'auteur au système providentialiste — dont il sait pourtant qu'il ne peut en aucun cas être prouvé au sens strict du terme.

QUATRIÈME PROPOSITION

Le moyen dont la nature se sert pour mener à bien le développement de toutes ses dispositions est leur antagonisme au sein de la Société, pour autant que celui-ci est cependant en fin de compte la cause d'une ordonnance régulière de cette Société. — J'entends ici par antagonisme l'insociable sociabilité des hommes, c'est-à-dire leur inclination à entrer en société, inclination qui est cependant doublée d'une répulsion générale à le faire, menaçant constamment de désagréger cette société.

L'homme a un penchant à s'associer, car dans un tel état, il se sent plus qu'homme par le développement de ses dispositions naturelles. Mais il manifeste aussi une grande propension à se détacher (s'isoler), car il trouve en même temps en lui le caractère d'insociabilité qui le pousse à vouloir tout diriger dans son sens ; et, de

IDÉES PRINCIPALES

1 - L'homme ne peut réaliser toutes ses dispositions naturelles qu'en vivant en société.

2 - Il existe chez l'homme deux penchants contradictoires : s'associer avec ses semblables mais aussi et peut-être surtout s'opposer à eux, tenter par tous les moyens d'obtenir une satisfaction égoïste.

3 - Les antagonismes entre individus constituent la règle, chacun en fait l'expérience ; ils sont autant d'obstacles que l'individu doit surmonter en mettant en œuvre toutes ses facultés. S'il ne rencontrait aucun obstacle, l'homme resterait proche de la bête brute. C'est la contrainte qui lui permet de développer son humanité.

4 - L'homme n'est pas pacifique par nature — sans quoi rien ne distinguerait l'humanité d'un quelconque troupeau domestiqué.

5 - Ce caractère d'insociabilité peut être tenu pour un bienfait de la nature puisqu'il stimule constamment l'homme.

RÉFÉRENCES

1 - **Rousseau** avait exprimé dans le Contrat Social, Livre I — Chap. 8 une thèse dont **Kant** se souvient manifestement ici : « Le passage de l'état de nature à l'état civil, produit dans l'homme un changement très remarquable en substituant dans sa conduite, la justice à l'instinct et donnant à ses actions la moralité qui leur manquait auparavant ». La société est ici conçue comme le système qui a pour fonction de transformer des hommes mûs par les passions génératrices du désordre en acteurs de leur propre développement.

2 - Si l'on s'en tient au premier penchant, on adoptera la philosophie politique de **Locke** : l'homme est un être sociable par nature et par suite l'État a pour seul rôle d'organiser ce qui dépasse la compétence individuelle. Si l'on admet seulement le deuxième penchant, alors on se ralliera à **Hobbes** : l'homme est un loup pour l'homme ; l'État a pour fonction de réduire par tous les moyens cette insociabilité afin de faire régner la sécurité, bien suprême.

L'originalité de **Kant** est d'admettre simultanément ces deux penchants et d'affirmer que c'est précisément le jeu des antagonismes entre les hommes qui permet le progrès des sociétés vers la liberté.

3 - Cette idée que la contrainte est nécessaire est au centre de la théorie de l'éducation kantienne : « Un des plus grands problèmes de l'éducation est le suivant : comment unir la soumission sous une contrainte légale avec la faculté de se servir de sa liberté ? » L'éducation est identifiée à la socialisation.

4 - De ce mal — l'insociabilité — peut naître un bien : **Kant** participe à l'idéal optimiste du Siècle des Lumières tel qu'il avait été exprimé par **Leibniz** et quelque peu raillé par **Voltaire** dans son ***Candide.***

5 - Les esprits chagrins (moralisateurs et religieux) qui s'attachent à montrer le caractère fâcheusement pervers de l'homme ne comprennent pas que ce caractère est la condition de la perfectibilité humaine.

REMARQUES

De cette double nature de l'homme — thème bien connu des penseurs chrétiens — **Kant** tire argument pour affirmer la possibilité d'un progrès moral tenu pour nécessaire. A cet optimisme, on pourrait opposer la thèse de **Freud** pour

ce fait, il s'attend à rencontrer des résistances de tous côtés, de même qu'il se sait par lui-même enclin à résister aux autres. ***C'est cette résistance qui éveille toutes les forces de l'homme, le porte à surmonter son inclination à la paresse, et, sous l'impulsion de l'ambition, de l'instinct de domination ou de cupidité, à se frayer une place parmi ses compagnons qu'il supporte de mauvais gré, mais dont il ne peut se passer.*** *L'homme a alors parcouru les premiers pas qui, de la grossièreté, le mènent à la culture dont le fondement véritable est la valeur sociale de l'homme ; c'est alors que se développent peu à peu tous les talents, que se forme le goût et que même cette évolution vers la clarté se poursuivant, commence à se fonder une forme de pensée qui peut, avec le temps, transformer la grossière disposition naturelle au discernement moral en principes pratiques déterminés. Par cette voie, un accord pathologiquement extorqué en vue de l'établissement d'une société, peut se convertir en un tout moral.* ***Sans ces qualités d'insociabilité, peu sympathiques certes par elles-mêmes, source de la résistance que chacun doit nécessairement rencontrer à ses prétentions égoïstes, tous les talents resteraient à jamais enfouis en germes, au milieu d'une existence de bergers d'Arcadie, dans une concorde, une satisfaction, et un amour mutuels parfaits ; les hommes, doux comme les agneaux qu'ils font paître, ne donneraient à l'existence guère plus de valeur que n'en a leur troupeau domestique ;*** *ils ne combleraient pas le* *néant de la création en considération de la fin qu'elle se propose comme nature raisonnable. Remercions donc la nature pour cette humeur peu conciliante, pour la vanité rivalisant dans l'envie, pour l'appétit insatiable de possession ou même de domination. Sans cela toutes les dispositions naturelles excellentes de l'humanité seraient étouffées dans un éternel sommeil. L'homme veut la concorde, mais la nature sait mieux que lui ce qui est bon pour son espèce : elle veut la discorde. Il veut vivre commodément et à son aise; mais la nature veut qu'il soit obligé de sortir de son inertie et de la satisfaction passive, de se jeter dans le travail et dans la peine pour trouver en retour les moyens de s'en libérer sagement.* ***Les ressorts naturels qui l'y poussent, les sources de l'insociabilité et la résistance générale d'où jaillissent tant de maux, mais qui, par contre, provoquent aussi une nouvelle tension des forces et, par là, un développement plus complet des dispositions naturelles, décèlent bien l'ordonnance d'un sage créateur, et non pas la main d'un génie malfaisant qui se serait mêlé de bâcler le magnifique ouvrage du Créateur, ou l'aurait gâté par jalousie.***

lequel l'agressivité fondamentale n'est la plupart du temps que masquée mais non réellement surmontée. Il écrit dans ***L'avenir d'une illusion*** : « Il est curieux que les hommes qui savent si mal vivre dans l'isolement se sentent lourdement opprimés par les sacrifices que la civilisation attend d'eux afin de leur rendre possible la vie en commun... Il faut, je pense, compter avec le fait que chez tout homme existent des tendances destructives donc anti-sociales et anti-culturelles, et que chez un grand nombre de personnes, ces tendances sont assez fortes pour déterminer leur comportement dans la société humaine... ».

L'histoire du XXe siècle semble s'inscrire en faux contre l'optimisme — nuancé il est vrai — de **Kant**.

« Il retourne chez ses égaux »

CINQUIÈME PROPOSITION

Le problème essentiel pour l'espèce humaine, celui que la nature contraint l'homme à résoudre, c'est la réalisation d'une Société civile administrant le droit de façon universelle. — *Ce n'est que dans la société, et*

IDÉES PRINCIPALES

1 - C'est dans une société libérale que l'homme peut trouver — l'espèce humaine aussi par suite — les conditions de son épanouissement : quand les obstacles politiques (par l'émancipation des sujets) et les obstacles économi-

ques (par la liberté des échanges) seront levés, les antagonismes entre les hommes joueront leur rôle de stimulants du progrès.

2 - Le but de la société n'est pas d'établir le bonheur mais la liberté individuelle garantie par le droit.

RÉFÉRENCES

1 - On trouve ici une exaltation des idéaux de la pensée libérale du 18e siècle que la révolution française contribuera à réaliser en affirmant l'égalité des hommes devant la loi et la liberté des métiers dégagés du carcan des corporations. Pour la théorie libérale, la lutte, la contestation, la discussion, la concurrence sont les moyens naturels du développement social. L'on pourra, à partir de ces critères, opposer les sociétés statiques dans lesquelles les conflits sont tués dans l'œuf par un pouvoir tout puissant, aux sociétés dynamiques dans lesquelles la liberté politique laisse les conflits se développer jusqu'à leur résolution finale profitable à toutes les parties. **Kant** reprendra ce thème dans l'opuscule ***Qu'est-ce-que les Lumières?***.

2 - Il existe, dans la philosophie politique du 18e siècle, deux définitions de la liberté : tantôt liberté signifie faculté d'accomplir ou de ne pas accomplir certaines actions quand on n'est pas empêché par d'autres, ou par la Société ou par l'État, tantôt pouvoir de n'obéir qu'à la seule loi que je me suis imposée à moi-même. Dans le premier sens, être libre signifie jouir d'une sphère d'action plus ou moins large non contrôlée par les organes du pouvoir (**Locke** représenterait cette thèse et aussi **Montesquieu**) ; dans le deuxième sens, obéir seulement à la loi édictée par la volonté générale (**Rousseau**). C'est le premier sens auquel **Kant** se rallie ici. Dans la ***Doctrine du Droit***, il écrit en effet : « le droit est l'ensemble des conditions moyennant lesquelles la volonté arbitraire de l'un peut s'accorder avec celle d'un autre selon une loi universelle de liberté... La liberté est la faculté d'agir sans être empêché par d'autres. »

REMARQUES

Cette confiance dans les vertus d'une société libérale a été violemment attaquée. L'image même de l'enclos qui représente ici la sphère dans laquelle l'individu jouit de sa liberté, protégé de l'empiètement d'autrui, sera retournée ironiquement par **Marx** dans ***Argent, État et Prolétariat*** : « Les limites dans lesquelles chacun peut se mouvoir sans préjudice pour autrui sont fixées par la loi, comme les limites de deux champs le sont par le piquet d'une clôture. Il s'agit de

plus précisément dans celle où l'on trouve le maximun de liberté, par là-même un antagonisme général entre les membres qui la composent, et où pourtant l'on rencontre aussi le maximum de détermination et de garantie pour les limites de cette liberté, afin qu'elle soit compatible avec celle d'autrui; ***ce n'est que dans une telle société, disons-nous, que la nature peut réaliser son dessein suprême, c'est-à-dire le plein épanouissement de toutes ses dispositions dans le cadre de l'humanité.*** *Mais la nature exige aussi que l'humanité soit obligée de réaliser par ses propres ressources ce dessein. de même que toutes les autres fins de sa destination. Par conséquent, une société dans laquelle la liberté soumise à des lois extérieures se trouvera liée au plus haut degré possible à une puissance irrésistible, c'est-à-dire une organisation civile d'une équité parfaite, doit être pour l'espèce humaine la tâche suprême de la nature. Car la nature, en ce qui concerne notre espèce, ne peut atteindre ses autres desseins qu'après avoir résolu et réalisé cette tâche. C'est la détresse qui force l'homme, d'ordinaire si épris d'une liberté sans bornes, à entrer dans un tel état de contrainte, et, à vrai dire, c'est la pire des détresses : à savoir, celle que les hommes s'infligent les uns aux autres, leurs inclinations ne leur permettant pas de subsister longtemps, les uns à côté des autres, dans l'état de liberté sans frein. Mais alors, dans l'enclos que représente une association civile, ces mêmes inclinations produisent précisément par la suite le meilleur effet.* ***Ainsi, dans une forêt, les arbres, du fait même que chacun essaie de ravir à l'autre l'air et le soleil, s'efforcent à l'envi de se*** *dépasser les uns les autres, et par suite, ils poussent beaux et droits. Mais au contraire, ceux qui lancent en liberté leurs branches à leur gré, à l'écart d'autres arbres, poussent rabougris, tordus et courbés. Toute culture, tout art formant une parure à l'humanité, ainsi que l'ordre social le plus beau, sont les fruits de l'insociabilité, qui est forcée par elle-même de se discipliner et d'épanouir de ce fait complètement, en s'imposant un tel artifice, les germes de la nature.*

la liberté de l'homme comme monade isolée et repliée sur elle-même... Cette liberté individuelle, tout comme sa mise en pratique, constituent la base de la société civile. Elle laisse chaque homme trouver dans autrui, non la réalisation, mais plutôt la limite de sa propre liberté ».

Marx raille encore dans les « ***Principes d'une Critique de l'Économie Politique*** » : « Les individus paraissent indépendants... ils paraissent s'affronter librement et au sein de cette liberté procéder à des échanges; mais ils n'apparaissent tels qu'à celui qui fait abstraction des conditions d'existence dans lesquelles ces individus entrent en contact (et ces conditions sont elles aussi indépendantes des individus et, bien que créées par la société, elles font figure de conditions naturelles, c'est-à-dire qui échappent à leur maîtrise) ».

Ce problème est le plus difficile; c'est aussi celui qui sera résolu en dernier par l'espèce humaine. *— La difficulté qui saute aux yeux dès que l'on conçoit la simple idée de cette tâche, la voici :* ***l'homme est un animal qui, du moment où il vit parmi d'autres individus de son espèce, a besoin d'un maître.*** *Car il abuse à coup sûr de sa liberté à l'égard de ses semblables et, quoique, en tant que créature raisonnable, il souhaite une loi qui limite la liberté de tous, son penchant animal à l'égoïsme l'incite toutefois à se réserver dans toute la mesure du possible un régime d'exception pour lui-même.* ***Il lui faut donc un maître qui batte en brèche sa volonté particulière*** *et le force à obéir à une volonté universellement valable, grâce à laquelle chacun puisse être libre.* ***Mais où va-t-il trouver ce maître? Nulle part ailleurs que dans l'espèce humaine. Or ce maître, à son tour, est tout comme lui un animal qui a besoin d'un maître. De quelque façon qu'il s'y prenne, on***

SIXIÈME PROPOSITION

IDÉES PRINCIPALES

1 - Si l'on considère la liberté en chaque individu, elle ne peut s'exercer qu'en admettant d'être limitée par la liberté d'autrui. De là, la nécessité de règles extérieures sanctionnées par un pouvoir politique qui circonscrit sa sphère d'action. Il faut donc rejeter définitivement l'idée utopique d'une société sans contrainte, d'un pouvoir sans force, d'un peuple sans maîtres.

2 - Le maître qui veille à l'application du droit appartient, lui aussi, à l'espèce humaine, par suite, il est fort vraisemblable qu'il va tenter d'abuser à son profit du pouvoir qui est le sien.

3 - Réaliser une société dans laquelle le pouvoir politique ait pour seule fonction de permettre le développement de la liberté individuelle est le but auquel tend l'humanité, mais ce but est encore lointain.

RÉFÉRENCES

1 - Loin de l'angélisme de certains qui affirment la bonté naturelle de l'homme, **Kant** dénonce l'utopie d'une société « permissive ». Cependant en aucun cas, la contrainte qui demeure nécessaire ne peut servir à justifier l'arbitraire du pouvoir politique, non plus que l'assujétissement des sujets. « J'avoue que je ne puis me faire à ces façons de parler dont se servent même des gens fort sages : « tel peuple (en train d'élaborer sa liberté et ses lois) n'est pas mûr pour la liberté » ; « Les serfs de tel grand seigneur ne sont pas encore mûrs pour la liberté »... Mais dans cette hypo-

thèse, la liberté n'arrivera jamais car on ne peut mûrir pour la liberté qu'à la condition préalable d'être placé dans cette liberté... « Il est certain que les premiers essais seront grossiers... » ***(La religion dans les limites de la simple raison).***

2 - La question de la nature du maître a été très diversement résolue dans la philosophie politique :

- pour les penseurs monarchistes, le maître participe en quelque façon de la divinité. Donc on lui doit obéissance absolue. Même les mauvais souverains doivent être obéis car ils sont, disait **Bossuet**, « des fléaux que Dieu envoie aux hommes pour les éprouver ». Ce sera la théorie célèbre de l'obéissance passive à laquelle s'opposeront les principes de la Révolution française en plaçant au nombre des droits fondamentaux de l'homme, celui de la résistance à l'oppression.

- pour **Rousseau**, le maître devrait être d'une nature surhumaine — Il substitue du reste, le terme de législateur à celui de maître. Moïse, Lycurgue fournissent des exemples de chefs au-dessus des passions humaines et si de tels hommes n'existent pas, il n'y a guère de chance de fonder une société viable. « Il faudrait des dieux pour donner des lois aux hommes ». Les livres III et IV du ***Contrat Social*** tentent de résoudre cette question en étudiant les rapports des pouvoirs exécutifs et législatifs, ainsi que le rôle de la religion dans la constitution de l'État.

3 - L'État idéal ne pourra être édifié que par les générations de l'avenir : **Kant** rejette l'idée qu'un tel État a pu exister autrefois. Les images mythiques de sociétés modèles sont récusées. Pourtant en 1785, **Herder** dira encore dans les « ***Idées pour la philosophie de l'histoire de l'humanité*** » (dont **Kant** fera par ailleurs un compte rendu critique) : « Athènes fut incontestablement la cité la plus éclairée de notre monde connu. Ni Paris, ni Londres, ni Rome, ni Babylone et encore moins Memphis, Jérusalem, Pékin et Bénarès ne lui disputeront son rang à cet égard... Pour ce qui est de la diffusion des lumières politiques, nous sommes donc redevables à la seule Athènes du plus de choses et des plus belles ». (Livre 13)

REMARQUES

La question de l'obéissance est des plus aiguës dans les sociétés démocratiques où la nature humaine des gouvernants ne fait plus doute pour personne; le soupçon que les gouvernants jouissent de privilèges injustifiés conduit souvent à récuser la nécessité même d'une contrainte. **Freud** se fait l'écho dans « ***L'avenir d'une illusion*** » de ces problèmes dans des termes

ne conçoit vraiment pas comment il pourrait se procurer, pour établir la justice publique, un chef juste par lui-même : *soit qu'il choisisse à cet effet une personne unique, soit qu'il s'adresse à une élite de personnes triées au sein d'une société. Car chacune d'elles abusera toujours de la liberté si elle n'a personne au-dessus d'elle pour imposer vis-à-vis d'elle-même l'autorité des lois.*

Herder

Or le chef suprême doit être juste pour lui-même, et cependant être un homme. Cette tâche est par conséquent la plus difficile à remplir de toutes; à vrai dire sa solution parfaite est impossible; *le bois dont l'homme est fait est si noueux qu'on ne peut y tailler des poutres bien droites. La nature nous oblige à ne pas chercher autre chose qu'à nous approcher de cette idée. Réaliser cette approximation, c'est aussi le travail auquel nous nous attelons le plus tardivement : ceci résulte du fait que, pour y parvenir, ce qui est exigé, ce sont des concepts exacts touchant la nature d'une constitution possible, c'est une grande expérience, riche du profit de maints voyages à travers le*

Carte d'Europe

L'EUROPE DES LUMIÈRES

Les prétentions hégémoniques des Habsbourg (16e siècle, première moitié du 17e siècle), souverains absolus, ont fait place à l'impérieux et parfois brutal arbitrage que la riche et puissante Angleterre, désormais maîtresse des mers, exerce en Europe et dans le monde. L'Angleterre d'alors est aussi le berceau de l'« Habeas Corpus » (1679), de la monarchie contrôlée (déclaration des droits de 1689) et de la révolution industrielle (instituée vers 1750). En 1783, c'est-à-dire l'année qui précède la rédaction de l'« Idée d'une histoire universelle au point de vue cosmopolitique », la monarchie britannique a reconnu par la signature du Traité de Versailles l'existence de la République fédérée des Etats-Unis : pour la première fois, des sujets — les colons anglais d'Amérique —, après l'avoir emporté par l'idée et par les armes sur l'oppression monarchique, ont pu jeter les linéaments d'un système pleinement démocratique.

En Europe Continentale la Prusse et la Russie affirment de plus en plus leur puissance et surtout leurs ambitions territoriales. Le « despotisme éclairé » de Frédéric II (1740-1786), de Catherine II (1762-1796) et de Joseph II (empereur de 1765 à 1790) a plus à voir avec le « despotisme » qu'avec les « Lumières » de la Raison, qui sont alors censées illuminer l'Europe. Le plus souvent la désinvolture des souverains européens à l'égard de leurs propres peuples s'accompagne d'un parfait cynisme en matière diplomatique. Le partage de la Pologne par les trois puissances citées plus haut, amorcé en 1772 (et parachevé en 1793 et 1795) éclaire d'un jour cruel ces tristes pratiques. On comprend aisément qu'Emmanuel Kant ait dû faire appel à toutes les ressources de son intelligece pour tenter d'incliner ses lecteurs à considérer le cours de l'histoire avec optimisme...

peu éloignés de ceux mêmes de **Kant**. « On peut douter qu'il soit jamais possible, ou du moins déjà de nos jours, de prendre de telles dispositions (susceptibles d'influencer les hommes dans le sens du renoncement à la satisfaction des instincts). On peut se demander d'où surgirait la légion de guides supérieurs, sûrs et désintéressés, devant servir d'éducateurs aux générations à venir...
Mais on ne pourra contester le grandiose de ce plan ni son importance pour l'avenir de la civilisation humaine ».

monde, et par-dessus tout, c'est une bonne volonté, disposée à accepter cette constitution. Trois conditions qui ne peuvent être réunies que difficilement et, quand cela se produit, ne peuvent l'être que très tardivement, après de multiples et vaines tentatives.

SEPTIÈME PROPOSITION

IDÉES PRINCIPALES

1 - Il est douteux de réussir la constitution d'une société de droit si les sociétés qui l'environnent sont despotiques.

2 - Les mêmes causes qui permettent l'avènement d'une société obéissant aux règles du droit, valent pour la constitution d'une Société des Nations où les antagonismes entre États se résoudront par l'établissement d'une paix perpétuelle.

3 - Instaurer la paix ne relève ni de la bonne volonté des États, encore moins de leur nature.

4 - Les guerres, provoquées par le désir des États d'imposer à d'autres leurs volontés par la force finissent par aboutir à un complet bouleversement des situations acquises. Elles doivent conduire les États à conclure par nécessité des accords, des traités qui garantiront leur sécurité.

5 - La paix est le fruit de la discussion, de la raison qui, contrainte par l'expérience, comprend qu'il vaut mieux régler les différends par la négociation. La paix est un résultat durement conquis ; jamais un état initial.

Le problème de l'établissement d'une constitution civile parfaite est lié au problème de l'établissement de relations régulières entre les États, et ne peut pas être résolu indépendamment de ce dernier. *— A quoi bon travailler à une constitution civile régulière, c'est-à-dire à l'établissement d'une communauté entre individus isolés? La même insociabilité qui contraignait les hommes à s'unir est à son tour la cause d'où il résulte que chaque communauté, dans les relations extérieures, c'est-à-dire dans ses rapports avec les autres États, jouit d'une liberté sans contrainte; par suite, chaque État doit s'attendre à subir de la part des autres exactement les mêmes maux qui pesaient sur les hommes et les contraignaient à entrer dans un État civil régi par des lois. La nature a donc utilisé une fois de plus l'incompatibilité des hommes et même l'incompatibilité entre grandes sociétés et corps politiques auxquels se prête cette sorte de créatures, comme un moyen pour forger au sein de leur inévitable antagonisme un état de calme et de sécurité.* ***Ainsi, par le moyen des guerres, des préparatifs excessifs et incessants en vue des guerres et de la misère qui s'ensuit intérieurement pour chaque État, même en temps de paix, la nature, dans des tentatives d'abord imparfaites, puis finalement, après bien des ruines, bien des naufrages, après même un épuisement intérieur radical de leurs forces, pousse les États à faire ce que la raison aurait aussi bien pu leur apprendre sans qu'il leur en coûtât d'aussi tristes épreuves, c'est-à-dire à sortir de l'état anarchique de sauvagerie pour entrer dans une Société des Nations.*** *Là, chacun, y compris le plus petit État, pourrait atten-*

Caricature : Plantu

6 - L'idée d'une Société des Nations, telle qu'elle vient d'être exposée est soumise à un ensemble de questions :

1° Est-ce par l'effet du hasard que les États finiront par trouver une forme politique qui rende possible la vie en commun?

2° Existe-t-il un plan de la nature tendant inévitablement à ce but?

3° Ne doit-on pas plutôt conclure — en raison de la constante réapparition des guerres — qu'il n'existe pas de plan providentiel et que l'histoire n'est que la répétition de conflits qui n'ont aucun sens.

7 - Il faut, malgré les objections possibles, présumer que l'histoire a un sens — c'est-à-dire la réalisation de la constitution politique la plus parfaite — sans quoi il faudrait admettre que les sociétés humaines se perdront pour rien dans le néant de la barbarie.

8 - Si un tel État ne parvient pas à s'instaurer, la moralité, destination suprême de l'espèce humaine ne pourra pas se réaliser.

9 - L'éducation des citoyens revient à la communauté mais une telle entreprise ne pourra réussir tant que les États seront préoccupés de la guerre offensive ou défensive et interdiront le libre exercice de la réflexion.

RÉFÉRENCES

1 - De nombreux philosophes avaient, avant **Kant**, envisagé la question du régime politique le meilleur — mais ce régime était isolé au milieu de régimes pervers qui l'assaillaient nécessairement.

On peut citer par exemple **Platon** : l'état idéal des Lois est sur une île, loin des autres pour écarter le risque de corruption — ou encore **Thomas More** : l'Utopie est aussi une île perdue loin des terres habitées, ou encore — proche de **Kant** — **Rousseau**

dre la garantie de sa sécurité et de ses droits, non pas de sa propre puissance ou de la propre appréciation de son droit, mais uniquement de cette grande Société des Nations (Fœdus Amphyctionum), c'est-à-dire d'une force unie et d'une décision prise en vertu des lois fondées sur l'accord des volontés. Si romanesque que puisse paraître cette idée, et bien qu'elle ait été rendue ridicule chez un ***Abbé de Saint-Pierre*** *ou un* ***Rousseau*** *(peut-être parce qu'ils en croyaient la réalisation toute proche), telle est pourtant bien l'issue inévitable de la misère où les hommes se plongent les uns les autres, et qui doit forcer les États à adopter la résolution (même si ce pas leur coûte beaucoup) que l'homme sauvage avait accepté jadis tout aussi à contre-cœur : résolution de renoncer à la liberté brutale pour chercher repos et sécurité dans une constitution conforme à des lois.* ***Toutes les guerres sont de ce fait autant de tentatives (non pas bien entendu dans l'intention des hommes, mais dans celle de la nature) pour réaliser de nouvelles relations entre les États, et, par leur destruction, ou du moins par leur démembrement général, pour former de nouveaux corps;*** *ceux-ci à leur tour, soit dans leurs rapports internes, soit dans leurs relations mutuelles ne peuvent se maintenir, et par conséquent doivent subir d'autres révolutions analogues. Un jour enfin, en partie par l'établissement le plus adéquat de la constitution civile sur le plan intérieur, en partie sur le plan extérieur par une convention et une législation communes, un état de choses s'établira qui, telle une communauté civile universelle, pourra se maintenir par lui-même comme un automate.*

Et maintenant, est-ce d'un concours épicurien des causes efficientes qu'il nous faut attendre que les États, comme les atomes de la matière essaient, en s'entrechoquant au hasard, toutes sortes de structures qu'un nouveau choc détruira à leur tour, jusqu'à ce qu'enfin, un jour, par hasard, l'une d'elles réussisse à se conserver dans sa forme (heureux hasard, dont on n'imagine pas sans peine la réussite!)? Ou bien doit-on plutôt admettre que la nature suit ici un cours régulier en conduisant notre espèce du degré inférieur de l'animalité au degré supérieur de

l'humanité par un art qui lui est propre, bien qu'imposé de force à l'homme, tandis qu'elle développe ces dispositions primitives, selon un plan tout à fait régulier en dépit du désordre apparent qui préside à son arrangement?

Ou bien prétendra-t-on au contraire que toutes ces actions et réactions des hommes, dans leurs ensemble, n'aboutissent nulle part à rien, à rien de sage du moins, que tout continuera comme par le passé et qu'on ne peut prévoir si la discorde naturelle à notre espèce ne nous préparera pas finalement, malgré l'état de civilisation, un enfer de maux, en anéantissant peut-être une fois de plus par une destruction barbare cette civilisation et tous les progrès que nous fîmes jusqu'ici dans la culture (menace d'un destin dont rien ne saurait nous garantir sous le règne du hasard aveugle qui pratiquement s'identifie à la liberté sans loi, à moins qu'on ne soumettre cette liberté à un principe naturel d'une secrète sagesse)?

Toutes ces hypothèses reviennent à peu près à se poser la question suivante : est-il raisonnable d'admettre la finalité de l'organisation de la nature dans le détail et cependant l'absence de finalité dans l'ensemble? *L'état des sauvages, dépourvu de finalité, d'abord entrave toutes les dispositions naturelles de notre espèce; mais, en fin de compte, il les a forcés, par le moyen des maux où il les plongeait, à sortir de cet état pour entrer dans une constitution civile où tous ces germes ont pu se développer. La liberté barbare des États déjà établis réalise également cette transformation. En effet, l'application de toutes les forces des communautés à s'armer les unes contre les autres, les ravages que provoque la guerre, et bien plus encore la nécessité de se sentir continuellement prêt à la guerre, gênent le complet développement des dispositions de la nature dans leurs cours. Mais par contre aussi, les maux qui découlent de cette situation contraignent notre espèce à imaginer une loi de compensation en face de cette opposition (en soi-même salutaire), que manifestent nombre-*

dont le ***Projet de Constitution pour la Corse*** (déjà!) rêve d'une société à l'abri des autres et du temps. Les États parfaits sont par essence pacifiques mais on peut qualifier toutes ces conceptions d'utopiques puisqu'il est impossible d'isoler ainsi une société.

2 - Les divers États sont entre eux comme les individus entre eux. Les relations internationales fournissent un excellent exemple de ce qu'est l'état de nature. **Hobbes** avait ainsi décrit ces relations : « Sans pouvoir commun, il n'y a pas de lois ; sans lois, il n'y a pas de justice... Force et ruse sont à la guerre les vertus cardinales ».

3 - Sont récusées ici les vues pacifistes de **Rousseau** ou de **Bernardin de Saint-Pierre** : il ne suffit pas de rêver à la paix pour l'obtenir. **Kant** s'oppose nettement à une certaine sensiblerie en vogue de son temps. Dans le ***Projet de Paix perpétuelle*** de 1795, **Kant** affirme : « L'état de paix entre les hommes vivant côte à côte n'est pas un état de nature ; celui-ci est bien plutôt un état de guerre... cet état de paix doit donc être institué. »

4 - Cette idée que la guerre est la condition obligée des transformations de l'humanité, **Hegel** la reprend à son compte en allant d'ailleurs jusqu'à glorifier la guerre : « Par la guerre se conserve la santé morale des peuples dans leur indifférence envers la sclérose des phénomènes finis ; tout comme le mouvement des vents protège la mer contre les pourritures dans lesquelles la plongerait un calme durable. Il en est de même des peuples subissant une paix durable et surtout une paix perpétuelle. » (***Philosophie du droit,*** additif au § 324).

On peut aussi évoquer le rôle révolutionnaire attribué par **Marx** aux conflits sous toutes leurs formes : « L'histoire de toute société jusqu'à nos jours est l'histoire de la lutte des classes ». (***Manifeste du Parti Communiste*** — 1re partie).

5 - L'humanité primitive n'est pas pacifique. Il est tentant pour le moraliste de se faire l'apôtre du pacifisme, mais il ne s'agit que d'une arme de plus donnée à l'ennemi. Cette défiance à l'égard du pacifisme a valu à **Kant** de nombreuses attaques. Certains interprètes ont présenté ce texte comme faisant partie de l'école de « la glorification de la guerre ». Le contexte dément formellement cette interprétation.

6 - **Kant** envisage plusieurs hypothèses — celle en particulier selon laquelle l'histoire humaine serait dépourvue de sens. Ce que l'historien retracerait, ce serait alors simplement le jeu des passions dissimulées sous des idéologies diverses. C'est ainsi par exemple que **Thucydide**, en étudiant la guerre du Péloponèse qui avait mis aux prises Sparte et Athènes, n'y voyait que l'effet des passions éternelles de l'homme. Cette guerre n'était en rien une étape vers un développement progressiste de la civilisation grecque (cf. **R. Aron** ***: « Dimensions de la Conscience historique »***.

7 - Les objections possibles viennent de toutes parts assaillir l'esprit : le matérialiste affirme que tout dans le monde est le seul résultat du hasard et de la nécessité, le sceptique que rien de nouveau n'existe sous le soleil, le chrétien que seule la grâce peut sauver l'humanité du péché originel. Ce sont là des rationalisations qui justifient après coup la passivité devant les événements.

8 - Le vrai progrès moral ne peut être que le résultat d'une constitution fondée sur le droit, car avant qu'une telle constitution ne soit établie, la moralité ne peut pas exister pour les hommes concrets.

d'États vivant côte à côte, et, pour donner du poids à cette loi, à introduire une force unifiée, et par suite une situation cosmopolitique de sécurité publique des États, d'où le danger ne soit pas tout à fait exclu (car il ne faut pas que les forces des hommes s'assoupissent complètement), mais que règle un principe d'égalité pour leurs actions et réactions mutuelles, afin qu'ils ne se détruisent pas les uns les autres. Tant que ce dernier pas n'est point franchi, (à savoir l'association des États), ce qui ne représente guère qu'une moitié du développement pour la nature humaine, cette dernière endure les pires maux sous l'apparence trompeuse d'un bien-être extérieur; et **Rousseau** *n'avait pas tellement tort de préférer l'état des sauvages, abstraction faite, évidemment, de ce dernier degré auquel notre espèce doit encore s'élever.* ***Nous sommes hautement cultivés dans le domaine de l'art et de la science. Nous sommes civilisés, au point d'en être accablés, pour ce qui est de l'urbanité et des bienséances sociales de tout ordre. Mais quant à nous considérer comme déjà moralisés, il s'en faut encore de beaucoup. Car l'idée de la moralité appartient encore à la culture; par contre, l'application de cette idée, qui aboutit seulement à une apparence de moralité dans l'honneur et la bienséance extérieure, constitue simplement la civilisation.*** Mais aussi longtemps que des États consacreront toutes leurs forces à des vues d'expansion chimériques et violentes, et entraveront ainsi sans cesse le lent effort de formation intérieure de la pensée chez leurs citoyens, les privant même de tout secours dans la réalisation de cette fin, on ne peut escompter aucun résultat de ce genre; car un long travail intérieur est nécessaire de la part de chaque communauté pour former à cet égard ses citoyens. Par contre, tout bien qui n'est pas greffé sur une disposition moralement bonne n'est que pure chimère et faux clinquant. ***Le genre humain restera sans doute dans cette position jusqu'à ce que, de la manière que je viens d'indiquer, il se dégage laborieusement de la situation chaotique où se trouvent les rapports entre États.***

Clausewitz : portrait
Auteur de l'ouvrage « de la guerre » (voir p. 377)

9 - Le rôle de l'éducation est primordial dans la pensée politique de **Kant** comme il l'était dans celle de **Rousseau** : « Un principe de pédagogie que devraient surtout avoir devant les yeux, les hommes qui font des plans d'éducation, c'est qu'on ne doit pas élever les enfants d'après l'état présent de l'espèce humaine, mais d'après un état meilleur, possible dans l'avenir, c'est-à-dire d'après l'idée de l'humanité et de son entière destination ». *(Quelques pensées sur l'éducation).*

REMARQUES

L'originalité de **Kant** consiste ici à intégrer — à une place centrale — le problème de la politique dans celui des relations internationales avec une idée force : les sociétés fondées sur le droit ne peuvent que vouloir la paix ou du moins régler leurs différends par des accords, non par la guerre. Il semble — sur ce point l'histoire paraît bien donner raison à **Kant** — que les guerres du 20e siècle ont bien été sinon déclenchées, du moins voulues par des régimes autoritaires, voire totalitaires qui cherchent par ce moyen à se donner une légitimité et à résoudre des problèmes qui n'avaient pu l'être par la politique intérieure.

HUITIÈME PROPOSITION

On peut envisager l'histoire de l'espèce humaine en gros comme la réalisation d'un plan caché de la nature pour produire une constitution politique parfaite sur le plan intérieur et, en fonction de ce but à

IDÉES PRINCIPALES

1 - L'idée selon laquelle l'histoire humaine manifeste « la réalisation d'un plan caché de la nature... » n'est pas une rêverie de visionnaire. (Millénarisme ou Chiliasmus de Millénium : règne de mille ans attendu par les

« millénaires » pour qui le Messie règnerait mille ans avant le jugement dernier. Par extension : âge d'or). L'histoire en tant que science naissante nous permet d'affirmer qu'il existe un progrès continu de l'espèce humaine — à condition de ne pas s'attacher aux cas particuliers. Il faut saisir l'ensemble des événements à la façon des astronomes qui étudient les mouvements des corps célestes et qui ainsi parviennent à dégager les lois.

2 - La prise de conscience de ce fait permettra peut-être de hâter la réalisation d'un tel état.

3 - L'époque présente manifeste au plus haut point qu'il ne s'agit pas là d'une chimère : les relations entre États sont devenues si étroites et si vitales que les gouvernants ne peuvent pas se permettre de négliger la formation de leurs citoyens sous peine d'être inférieurs aux autres en cas de conflit. De même, ils ne peuvent pas s'opposer au développement de la liberté car le résultat en serait une infériorité obligée sur le plan économique. Donc, même mûs par leurs seuls intérêts immédiats et égoïstes, les États jouent sans le savoir, ni le vouloir, le jeu de la Providence.

4 - Le développement de la liberté, sous toutes ses formes, qui fait du 18e siècle le siècle des Lumières, est à chercher dans l'intérêt égoïste de chaque État ; il rend possible l'émergence d'un esprit public éclairé qui pourra jouer un rôle politique. La politique ne sera plus ainsi l'apanage d'une élite, mais bien l'affaire de tous.

5 - Occupé par ses fonctions économiques et militaires, l'État moderne est contraint de relâcher sa tutelle sur les individus. Des ilôts de liberté se constituent et gagnent de proche en proche toute la société.

6 - Certains États, non impliqués dans les conflits, peuvent jouer un rôle de médiateurs et préparer l'avènement d'un État cosmopolitique universel.

atteindre, également parfaite sur le plan extérieur; c'est le seul état de choses dans lequel la nature peut développer complètement toutes les dispositions qu'elle a mises dans l'humanité. *— Cette proposition découle de la précédente. On le voit, la philosophie pourrait bien avoir aussi son millénarisme (Chiliasmus) ; mais pour en favoriser l'avènement, l'idée qu'elle s'en fait, encore de très loin seulement, peut jouer un rôle par elle-même.* ***Ce n'est donc nullement une rêverie de visionnaire.*** *Il s'agit seulement de savoir si l'expérience révèle quelque chose qui justifie un tel processus dans les plans de la nature. Je dis « un tant soit peu », car ce circuit semble exiger un tel laps de temps avant de se fermer que, si nous nous fondons sur la portion infime parcourue jusqu'ici par l'humanité dans ce domaine, on ne peut déterminer la forme de ce circuit et les rapports des parties au tout qu'avec bien peu de certitude. Pareillement, en s'appuyant sur toutes les observations du ciel faites jusqu'ici, entrevoit-on bien difficilement la course qu'accomplit notre soleil et tout son cortège de satellites dans le grand système des planètes ; cependant le peu qu'on a observé du fondement général de la constitution systématique de l'édifice du monde nous donne assez de certitude pour conclure à la réalité de cette révolution. En attendant, la nature humaine adopte l'attitude suivante : Même à l'égard de l'époque la plus éloignée que doit atteindre notre espèce, elle ne demeure pas indifférente, à condition de pouvoir l'atteindre avec certitude.*

En particulier, nous pouvons d'autant moins être indifférents dans notre cas, puisque, semble-t-il, nous sommes capables par notre propre disposition raisonnable d'amener plus vite l'avè-

nement de cette ère si heureuse pour nos descendants. A ce titre, pour nous-même, les faibles indices de son approche sont très importants.

Aujourd'hui déjà, les États entretiennent des rapports mutuels si raffinés qu'aucun d'eux ne peut relâcher sa culture intérieure sans perdre à l'égard des autres de sa puissance et de son influence; par conséquent, sinon le progrès, du moins la conservation de ce but naturel, est suffisamment garantie par les desseins ambitieux que ceux-ci nourrissent. Bien plus, la liberté du citoyen ne peut plus guère être attaquée sans que le préjudice s'en fasse sentir dans tous les métiers, et particulièrement dans le commerce; mais aussi, du même coup, se manifeste l'affaiblissement des forces de l'État dans ses relations extérieures. Or cette liberté s'étend d'une manière continue.

Quand on empêche le citoyen de chercher son bien-être par tous les moyens qu'il lui plaît, avec la seule réserve que ces moyens soient compatibles avec la liberté d'autrui, on entrave le déploiement de l'activité générale, par suite en retour, les forces de la collectivité.

C'est pourquoi les restrictions apportées à la personne, dans ses faits et gestes, sont de plus en plus atténuées; c'est pourquoi la liberté universelle de religion est reconnue; ainsi perce peu à peu sous un arrière-fond d'illusions et de chimères, l'ère des lumières; *C'est là un grand bien dont le genre humain doit profiter en utilisant même la soif égoïste de grandeur de ses chefs, pour peu que ceux-ci comprennent leur propre intérêt. Mais ces lumières, et avec elles encore un certain attache-*

RÉFÉRENCES

1 - L'idée de progrès prend tout son développement au 18e siècle. Son extension est liée au déclin des croyances religieuses, mais aussi au développement des sciences et de leurs applications qui transforment la vie jusque-là fondée sur la tradition. Si la réalité du progrès n'est pas niable dans certains domaines (sciences, techniques, conditions d'existence), il est beaucoup plus périlleux de parler d'un progrès général de l'humanité. **Kant** voit dans l'avènement d'un état de droit, la preuve de ce progrès qui selon lui doit s'étendre à toute l'humanité rendant tout retour à la barbarie impossible. Il faut bien avouer que l'histoire des quarante dernières années est bien loin de corroborer cet optimisme. L'état de droit n'est souvent qu'une donnée fragile.

2 - Si le dessein de la nature, en ce qui concerne l'espèce humaine, est bien la constitution d'un état de droit, on pourrait penser qu'il est inutile de travailler réellement à son avènement puisqu'il se réalisera nécessairement. On trouve une analyse analogue chez **Marx** lorsqu'il affirme que des contradictions du capitalisme doit nécessairement surgir une société nouvelle. Pourtant, **Marx**, comme ici **Kant**, affirmera l'importance de l'action individuelle. C'est qu'un tel état réalise, en fait, des buts éthiques et il serait absurde d'envisager l'existence d'un tel but si l'on tenait l'action humaine pour insignifiante. Il faut cependant ici remarquer la prudence de **Kant** qui met en garde contre une trop grande confiance dans le rôle effectif que peut jouer la volonté.

3 - Reprise de l'idée énoncée dans les premières propositions, appliquée maintenant aux États qui, sans le vouloir ni le savoir, contribuent à l'avènement d'une forme juridique universelle. On a pu faire le même raisonnement en ce qui concerne l'économie libérale. Si l'on admet que le but d'un tel système est la recherche du profit, alors tous les hommes seront considérés de la même façon ; si je veux vendre mes produits, peu m'importe la nationalité, la croyance ou la race de mon client. Cependant, c'est supposer ici que l'intérêt bien compris puisse l'emporter dans les motivations humaines sur les sentiments ou les préjugés. Cela est bien loin d'être une évidence!

4 - Contrairement à nombre de ses contemporains tels **Diderot** ou **Voltaire** — qui voient dans la volonté des monarques éclairés le moyen de permettre la réalisation d'un état de droit, **Kant** affirme ici la nécessité de l'existence d'un public éclairé. C'est le rejet du caractère élitiste de la politique.

Pour **Platon**, par exemple, « tant que les philosophes ne seront pas rois ou à moins que les rois ne deviennent philosophes, il n'y aura pas de trêve aux maux dont souffrent les hommes ». Dans l'essai pour « la Paix perpétuelle », **Kant** corrige ainsi **Platon** : « Que des rois se mettent à la philosophie, que des philosophes deviennent rois, cela n'est pas vraisemblable, mais n'est pas non plus souhaitable parce que la détention du pouvoir gâte irrémédiablement le libre jugement de la raison ».

5 - L'État moderne est contraint de renoncer à exercer une tutelle idéologique et religieuse absolue quand ses ressorts deviennent économiques.

6 - **Kant** prolongera ses réflexions en 1795 dans son Essai « Pour la Paix perpétuelle ». A ce moment, la France et la Prusse venaient de conclure la Paix de Bâle et les temps lui paraîtront propices à la réalisation de grands espoirs. Les thèses énoncées dans la 8ᵉ proposition seront reprises : « La constitution de chaque État doit être républicaine » et d'autre part « le droit des gens doit être fondé sur une fédération d'États libres ».

REMARQUES

L'ère des Lumieres n'est pas due à l'existence d'esprits particulièrement clairvoyants — de tels esprits ont en effet existé de tous temps — mais à un ensemble de facteurs objectifs — dont le développement des relations entre États, l'universalité des échanges. Ce sont ces facteurs objectifs, et d'une certaine façon, indépendants de la volonté des particuliers, qui rendent possible un saut qualitatif.

Il n'y a plus de place pour les chimères et les illusions d'un âge d'or situé à l'aube de l'histoire. Sans faire comme

ment que l'homme éclairé témoigne inévitablement pour le bien dont il a la parfaite intelligence, doivent peu à peu accéder jusqu'aux trônes et avoir à leur tour une influence sur les principes de gouvernement. Prenons un exemple : si nos gouvernements actuels ne trouvent plus d'argent pour subventionner les établissements d'éducation publique, et d'une manière générale pour tout ce qui représente au monde les vraies valeurs, parce que tout est déjà dépensé par avance pour la guerre à venir, il y va pourtant de leur véritable intérêt de ne pas entraver du moins les efforts, certes bien faibles et lents, que leurs peuples accomplissent à titre privé dans ce domaine. Et enfin, la guerre ne se borne pas à être une entreprise aux rouages très subtils, très incertaine quant au dénouement pour les deux camps; mais encore pour les fâcheuses conséquences dont se ressent l'État écrasé sous le poids d'une dette toujours croissante (c'est là une invention moderne), et dont l'amortissement devient imprévisible, elle finit par devenir une affaire épineuse; en même temps l'influence que le seul ébranlement d'un État fait subir à tous les autres finit par devenir si sensible (tant chacun d'eux est indissolublement lié aux autres sur notre continent par ses industries) que ceux-ci sont obligés par la crainte du danger qui les menace, et hors de toute considération législatrice, de s'offrir comme arbitres, et ainsi, longtemps à l'avance, de faire tous les préparatifs pour l'avènement d'un grand organisme politique futur dont le monde passé ne saurait produire aucun exemple. Bien que cet organisme politique pour le moment ne soit encore qu'une ébauche très grossière, un sentiment se fait déjà pour ainsi dire jour chez tous les membres; la conservation de la collectivité leur importe. ***Ce qui donne l'espoir*** *qu'après maintes révolutions et maints changements, finalement, ce qui est le dessein suprême de la nature, un État cosmopolitique universel, arrivera un jour à s'établir : foyer où se développeront toutes les dispositions primitives de l'espèce humaine.*

Hegel de « la lecture des journaux, sa prière quotidienne » **Kant** est sensible à l'extraordinaire mutation du siècle ; en témoigne l'orientation de sa philosophie qui n'a pas pour fonction exclusive de rechercher la vérité. « Je me considèrerais comme bien plus inutile que le travailleur le plus ordinaire si je ne considérais que ma philosophie peut aider les hommes à établir leurs droits. »

NEUVIÈME PROPOSITION

Une tentative philosophique pour traiter l'histoire universelle en fonction du plan de la nature, qui vise à une unification politique totale dans l'espèce humaine, doit être envisagée comme possible et même comme avantageuse pour ce dessein de la nature. — C'est un projet à vrai dire étrange, et en apparence extravagant, que de vouloir composer une histoire d'après l'idée de la marche que le monde devrait suivre, s'il était adapté à des buts raisonnables certains ; il semble qu'avec une telle intention, on ne puisse aboutir qu'à un roman. Cependant, si on peut admettre que la nature même, dans le jeu de la liberté humaine, n'agit pas sans plan ni sans dessein final, cette idée pourrait bien devenir utile ; et, bien que nous ayons une vue trop courte pour pénétrer dans le mécanisme secret de son organisation, cette idée pourrait nous servir de fil conducteur pour nous représenter ce qui ne serait sans cela qu'un agrégat des actions humaines comme formant, du moins en gros, un système. Partons en effet de l'histoire grecque, la seule qui nous transmette toutes les autres histoires qui lui sont antérieures ou contemporaines, ou qui du moins nous apporte des documents à ce

IDÉES PRINCIPALES

1 - L'étude de l'histoire doit permettre d'élaborer une philosophie de l'histoire révélant que l'humanité franchit progressivement les étapes de l'animalité à la raison.

2 - C'est le perfectionnement de la constitution politique qui fournit ce fil conducteur et il consiste en une extension du système démocratique à l'ensemble des collectivités humaines. Pour les Anciens, seuls quelques-uns sont libres (les citoyens) puis malgré l'existence de monarchies centralisées, la sphère de la liberté ne cesse de s'étendre.

RÉFÉRENCES

1 - Les études historiques sont, au 18e siècle, partagées en deux courants bien différents : l'un davantage tourné vers l'érudition, l'accumulation des matériaux ; l'autre vers les vastes synthèses.

Le premier courant se rattache à la méthode inaugurée par **Bayle** dans son ***dictionnaire historique et critique*** (1696) : il s'agit avant tout pour l'historien d'établir les faits. Le fait n'est pas pour **Bayle** le point de départ de l'histoire mais son point d'aboutissement, le rôle de l'étude critique est précisément d'établir le fait dégagé de la gangue de la tradition et des préjugés.

Le second courant est représenté par **Montesquieu** et **Voltaire**. Dans ***l'Esprit des Lois,*** **Montesquieu** écrit — et **Kant** se souvient manifestement de sa leçon : « Ceux qui ont dit qu'une fatalité aveugle produit tous les effets que nous voyons dans le monde a dit une grande absurdité, car quelle plus grande absurdité qu'une fatalité aveugle qui aurait produit des êtres intelligents » (livre I — chapitre 1). Il est vrai que par ailleurs, **Montesquieu** envisage l'histoire humaine (Europe, Orient) en dégageant une typologie des régimes politiques sans proposer à proprement parler d'interprétation d'ensemble du devenir des sociétés humaines, mais, et c'est en cela qu'il est proche de **Kant**, la vie politique constitue le centre du monde historique.

Voltaire dans son ***Essai sur les Mœurs*** centre l'analyse non plus sur la seule histoire politique mais sur l'histoire de l'esprit. L'histoire a pour but de faire comprendre la lente marche de l'humanité et tous les obstacles qu'elle doit surmonter pour arriver à sa perfection. **Voltaire** s'interroge sur un dilemme que **Kant** retrouvera : d'une part les progrès de l'humanité sont indéniables, et d'autre part, persiste l'idée selon laquelle l'humanité n'a pas changé et est « au fond » restée la même. Mais la nature humaine n'est pas donnée une fois pour toutes, elle se forme peu à peu au travers des obstacles et des résistances.

2 - L'histoire à laquelle **Kant** entend se limiter est l'histoire politique, et d'autre part, elle est presque exclusivement européocentriste — les « peuples barbares » dont il est fait mention ne sont pas autrement précisés. Le fil conducteur de l'histoire est le point de vue cosmopolitique, c'est-à-dire la tendance à l'unification de l'espèce humaine.

Dans un texte plus tardif de 1798, ***Le conflit des facultés,*** **Kant** verra dans la Révolution française une preuve des vues exposées ici : « D'un événement de notre temps qui prouve cette tendance morale de l'humanité. » (I § 7).

sujet; suivons son influence sur la formation et le déclin du corps politique du peuple romain, lequel a absorbé l'État grec; puis l'influence du peuple romain sur les Barbares qui à leur tour le détruisirent, pour en arriver jusqu'à notre époque; mais joignons-y en même temps épisodiquement l'histoire politique des autres peuples, telle que la connaissance en est peu à peu parvenue à nous par l'intermédiaire précisément de ces nations éclairées.

On verra alors apparaître un progrès régulier du perfectionnement de la constitution politique dans notre continent (qui vraisemblablement donnera, un jour, des lois à tous les autres).

Bornons-nous donc à considérer la constitution politique et ses lois d'une part, les rapports internationaux d'autre part, dans la mesure où les deux choses ont, par ce qu'elles renfermaient de bon, servi pendant un certain temps à élever des peuples (du même coup à élever les arts et les sciences), et à les faire briller, mais dans la mesure aussi où ils ont servi à précipiter leur chute par des imperfections inhérentes à leur nature (en sorte qu'il est pourtant toujours resté un germe de lumières, germe qui, au travers de chaque révolution se développant davantage, a préparé un plus haut degré de perfectionnement); ***alors nous découvrirons un fil conducteur qui ne sera pas seulement utile à l'explication du jeu embrouillé des affaires humaines ou à la prophétie politique des transformations civiles futures — (profit qu'on a déjà tiré de l'histoire des hommes, tout en ne la considérant que comme le résultat incohérent d'une liberté sans règle) —; mais ce fil conducteur ouvrira encore (ce qu'on ne peut raisonnablement espérer sans présupposer un plan de la nature) une perspective consolante***

sur l'avenir où l'espèce humaine nous sera représentée dans une ère très lointaine sous l'aspect qu'elle cherche de toutes ses forces à revêtir : *s'élevant jusqu'à l'état où tous les germes que la nature a placés en elle pourront être pleinement développés et où sa destinée ici-bas sera pleinement remplie. Une telle justification de la nature ou mieux de la Providence n'est pas un motif négligeable pour choisir un centre particulier de perspective sur le monde. Car à quoi bon chanter la magnificence et la sagesse de la création dans le domaine de la nature où la raison est absente ; à quoi bon recommander cette contemplation si, sur la vaste scène où agit la sagesse suprême, nous trouvons un terrain qui fournit une objection inéluctable et dont la vue nous oblige à détourner les yeux avec mauvaise humeur de ce spectacle ?*

Et ce serait le terrain même qui représente le but final de tout le reste : L'histoire de l'espèce humaine. Car nous désespérerions alors de jamais rencontrer ici un dessein achevé et raisonnable, et nous ne pourrions plus espérer cette rencontre que dans un autre monde.

Croire que j'ai voulu, avec cette idée d'une histoire du monde qui possède dans une certaine mesure un fil conducteur a priori, évincer l'étude de l'histoire proprement dite comprise de façon empirique, ce serait se méprendre sur mon intention ; j'ai simplement été guidé par la pensée de ce qu'une tête philosophique (qui, par ailleurs, devrait être très avertie des problèmes historiques) pourrait encore tenter de faire en se plaçant à un autre point de vue : en outre la minutie, louable sans doute, avec laquelle on rédige à présent l'histoire contemporaine, doit malgré tout faire naître naturellement en chacun une inquiétude : celle de

« Cette révolution trouve dans les esprits de tous les spectateurs qui ne sont pas eux-mêmes engagés dans ce jeu, une sympathie d'aspiration qui frise l'enthousiasme... elle ne peut avoir d'autre cause qu'une disposition morale du genre humain. Cette cause morale est double : d'abord c'est celle du droit qu'a un peuple de ne pas être empêché par d'autres puissances de se donner une constitution politique à son gré ; deuxièmement, c'est celle de la fin (qui est aussi un devoir) : seule est en soi conforme au droit et moralement bonne la constitution d'un peuple qui est propre par sa nature à éviter selon des principes la guerre offensive ; ce ne peut être que la constitution républicaine — théoriquement du moins. »

REMARQUES FINALES

La philosophie de l'histoire repose sur trois affirmations :

1 - Il y a un progrès constant de l'humanité pour parvenir à un but conforme à sa nature raisonnable.

2 - Ce but est d'une part la réalisation d'une constitution républicaine, d'autre part l'instauration de la paix entre les États.

3 - L'histoire humaine réalise — à l'insu et parfois contre le gré de ses acteurs — un dessein de la nature, c'est-à-dire de la Providence.

L'idée de progrès — centrale dans cette œuvre — est représentée ici, malgré les précautions de l'auteur, comme pourvue d'une valeur quasi-mystique et remplit le rôle jusque-là dévolu à la religion. Contre la séduction d'une telle idée, contre aussi les aberrations auxquelles elle peut donner lieu, **Cournot**, quelque soixante-dix ans après notre texte, mettait en garde le lecteur :

« Aucune idée parmi celles qui se réfèrent à l'ordre des faits naturels ne tient de plus près à la famille des idées religieuses que l'idée de progrès et n'est propre à devenir le principe d'une sorte de foi religieuse pour ceux qui n'en ont plus d'autres. Elle a, comme la foi religieuse, la vertu de relever les âmes et les caractères. L'idée de progrès indéfini, c'est l'idée d'une perfection suprême, d'une loi qui domine toutes les lois particulières, d'un but éminent auquel tous les êtres doivent concourir dans leur exis-

tence passagère. C'est donc au fond l'idée du divin ; et il ne faut pas être surpris si, chaque fois qu'elle est spécieusement invoquée en faveur d'une cause, les esprits les plus élevés, les âmes les plus généreuses se sentent entraînées de ce côté. Il ne faut pas s'étonner non plus que le fanatisme y trouve un aliment et que la maxime qui tend à corrompre toutes les religions, celle que l'excellence de la fin justifie les moyens, corrompe aussi la religion du progrès. ». ***Considérations sur la marche des idées et des événements dans les temps modernes.***

Pour approfondir votre compréhension de cette œuvre, vous pourrez lire :

Annales de Philosophie politique : la philosophie politique de Kant, P.U.F. 1962. En particulier, les articles de **E. Weil** et **Th. Ruyssen**.

Victor Delbos : *La philosophie pratique de* Kant : P.U.F. 1965. En particulier, 2e partie — chapitre III.

savoir comment nos descendants éloignés s'y prendront pour soulever le fardeau de l'histoire que nous pourrons leur laisser d'ici quelques siècles. Sans aucun doute, ils apprécieront celle des temps les plus reculés, dont les documents se seront perdus pour eux depuis longtemps, du seul point de vue de la contribution ou du préjudice que les peuples et les régimes ont apporté sur le plan cosmopolitique. Prendre garde à cela et tenir compte aussi tant de l'ambition des chefs d'État que celle de leurs serviteurs, pour attirer leur attention sur le seul moyen qu'ils ont de transmettre leur glorieux souvenir à la postérité, voilà encore un petit motif supplémentaire pour tenter une telle histoire philosophique.

SECTION IV : TRAVAIL PERSONNEL

• Exercez-vous à présent à composer vous-même un commentaire, à partir des indications précédentes sur les passages suivants, pouvant donner lieu à interrogation.

- 2e proposition intégralement.
- 3e proposition : « en effet, la nature ne fait rien en vain... pour qu'il se rende digne par sa conduite de la vie et du bien-être ».
- 4e proposition : « Sans ces qualités d'insociabilité... seraient étouffées dans un éternel sommeil ».
- 5e proposition : « C'est la détresse qui force l'homme... les germes de la nature ».
- 6e proposition : « L'homme est un animal... poutres bien droites ».
- 7e proposition : « Ainsi par le moyen des guerres... constitution conforme à des lois ».
- 8e proposition : « Aujourd'hui, déjà les États entretiennent... principes de gouvernement ».
- 9e proposition : « C'est un projet à vrai dire étrange... des lois à tous les autres ».
  « Croire que j'ai voulu avec cette idée... histoire philosophique ».

• En liaison avec l'étude de cette œuvre, vous pouvez choisir — parmi les questions au choix la 6e : (voir 1re partie, programmes commentés) « Étude d'une doctrine, d'un courant ou d'un moment de la pensée ayant joué un rôle majeur dans l'histoire de la culture, par exemple : les Lumières. » Vous trouverez dans l'ouvrage de **Cassirer « *La philosophie des Lumières* »** (Fayard) des éléments précieux pour mener à bien cette étude.

• Voici enfin quelques sujets de dissertation que la connaissance de cette œuvre permettrait de développer.

- A quelles conditions un changement peut-il être qualifié de progrès?
- L'idée de progrès peut-elle servir à interpréter l'histoire?
- Peut-on concevoir l'histoire comme un processus continu?
- L'organisation politique est-elle conciliable avec la liberté que revendiquent les hommes?
- Peut-il exister une société sans conflit?
- Les luttes et les guerres sont-elles un effet de la nature des hommes, une étape nécessaire de leur devenir historique, un effet du hasard?
- Faut-il présumer que l'histoire a un sens?

Paul et Virginie

3e PARTIE
REPÈRES ET RÉFÉRENCES

CHAPITRE 1 :
LES TEXTES CLÉS

SECTION I :
LES GRANDS AUTEURS

Les indications ci-après font, en général, référence à des ouvrages que des élèves de Terminale peuvent lire sans grosse difficulté de compréhension. Vous trouverez dans chacune des rubriques consacrées à un auteur :

1 - Un rappel des **éditions les plus accessibles** de ses œuvres.

2 - Une liste des **œuvres dont la lecture est conseillée,** soit sous leur forme intégrale, soit en extraits, accompagnée d'une description sommaire de leur contenu. Les œuvres précédées d'un **astérisque (*) sont particulièrement importantes.**

3 - La liste des **passages que vous devez,** nous semble-t-il, **connaître,** le début du passage vous est indiqué, mais n'oubliez pas qu'il ne s'agit là que de ses premières lignes!

4 - Les titres de **quelques ouvrages de commentaire** que nous vous recommandons si vous souhaitez approfondir votre connaissance de l'auteur. Il s'agira presque toujours d'ailleurs d'ouvrages de présentation de l'auteur et de son œuvre.

N.B. Pour situer chronologiquement ces différents auteurs, reportez-vous à la **chronologie**, qui fait suite au présent chapitre et à l'index des auteurs (IIIe partie, chapitre 3).

PLATON

(Voir aussi fiche **Socrate** dans « quelques maîtres penseurs de la philosophie, IIIe partie, ch. 2).

Éditions :

La Pléïade, œuvres complètes, 2 volumes. Pas de notice de présentation, quelques notes sur l'établissement ou le sens du texte en fin de chaque volume. L'intérêt de cette édition, c'est que l'on a sous une forme très maniable l'œuvre intégrale. Le 1er volume est consacré essentiellement aux premiers dialogues, dits socratiques, et à la République ; le 2e volume contient les grands dialogues dans lesquels Platon expose sa philosophie.

Édition Les Belles Lettres, collection Guillaume Budé en 14 volumes. Il s'agit là d'une édition bilingue grec-français. L'intérêt de cette édition tient à ce que chaque œuvre est accompagnée d'une notice de présentation très complète.

Oeuvres les plus accessibles :

* **Apologie de Socrate -** C'est le discours que Socrate aurait pu tenir devant ses juges ; il décrit son itinéraire, sa méthode, son action.

Hippias majeur : qu'est-ce que le beau ?

Euthyphron : qu'est-ce que la piété ?

* **Ménon :** qu'est-ce que la vertu ? peut-elle s'enseigner ? Ces dialogues constituent des exemples parfaits de la « maïeutique ». Ils sont aporétiques, c'est-à-dire qu'ils se terminent sur une aporie : la question posée n'est pas résolue, le lecteur est invité à poursuivre la recherche après avoir été purgé de son faux savoir.

Théétète : qu'est-ce que la science ? en particulier exposé et critique de la thèse qui fait dériver la science de la sensation et qui affirme que l'homme est mesure de toutes choses.

Phédon : sur l'immortalité de l'âme. Dialogue qui rapporte les derniers jours de Socrate, il traite de l'attitude du philosophe devant la mort.

* **Cratyle :** quelles relations entretiennent entre eux les choses et les noms qui leur sont donnés. Y a-t-il des dénominations naturelles ou relèvent-elles toutes de la convention ? Voir fiche lecture 1re partie, chapitre 2, section 4.

Le Banquet : de l'amour des belles choses à l'amour du beau en soi. Rôle pédagogique de l'amour.

Gorgias : sur la rhétorique. Étude de la forme particulière de violence que l'on peut exercer sur autrui, par la maîtrise de la rhétorique. Opposition de la sophistique et de la philosophie.

* **La République :** de la justice ; définition de l'homme juste à partir de l'étude de la cité juste. La cité idéale, rôle de l'éducation. Place du philosophe dans la cité. Comment le régime idéal est conduit à dégénérer.

Passages à connaître :

La maïeutique : Théétète 150 b - 150 d.

Apprendre, c'est se ressouvenir, Ménon 81 e - 86 b.

La justice selon la nature et la justice selon la loi : Gorgias 483 b - 484 - 491 à 491 c.

L'âme et le corps : Phédon 65 b - 67 b.

Mythe de la caverne : République VII - 514 a - 520.

Ouvrages d'initiation :

• **François Chatelet :** Platon - Gallimard, collection Idées 1965. Les grands axes de la philosophie de Platon, étude centrée sur le rôle prédominant de la politique dans la pensée de Platon.

• **Alexandre Koyré :** Introduction à la lecture de Platon, suivie d'entretiens sur Descartes. Étude de la technique du Ménon, enjeu de ce dialogue. Gallimard 1962.

• **J. Moreau :** Réalisme et Idéalisme chez Platon - P.U.F. 1951. Le sens de l'idéalisme platonien; lecture plus difficile, à entreprendre éventuellement après les deux ouvrages ci-dessus.

ARISTOTE

Voir 3e partie - Chapitre 2.

Éditions

Éditions Vrin : La Métaphysique, 2 volumes, traduction et notes de J. Tricot. La Politique 2 volumes. Physique II - Premiers analytiques - Traduction et commentaire de O. Hamelin.

Éditions Garnier. Texte bilingue grec-français : Éthique à Nicomaque. Rhétorique et poétique.

P.U.F. : Collection Les grands textes : Morale et politique, Textes choisis. Permet une excellente initiation aux grands thèmes de la philosophie politique et morale d'Aristote.

Oeuvres les plus accessibles

La politique : C'est dans la cité que l'homme peut pleinement réaliser sa vie d'être raisonnable. Celui qui ne vit pas en société est ou un animal ou un dieu. La tâche de la politique est de permettre la réalisation d'un tel idéal, mais aussi de reconnaître les obstacles qui s'y opposent. Voir grille lecture 1re partie. Chapitre 2, section 2.

* **Éthique à Nicomaque :** Aristote se défie des considérations abstraites dans le domaine de la pratique. On ne peut pas, dans ce domaine, procéder par démonstrations, valables seulement dans les études théoriques. Il faut tenir compte aussi bien de la nature humaine que des conditions sociales pour donner à l'idéal moral un contenu. Le bonheur, objet de la recherche constante des hommes, ne peut consister que dans la vie raisonnable. Cette œuvre est riche d'analyses concrètes, d'exemples familiers.

Passages à connaître

- « Nous concevons le sage comme possédant la totalité du savoir... » Métaphysique livre A, 2.
- « D'une manière générale, l'art ou bien exécute ce que la nature est impuissante à effectuer ou bien l'imite ». Physique Livre II, chapitre 2.
- « Si chaque instrument pouvait, sur un ordre reçu ou par une vue anticipée, accomplir son ouvrage... Si les navettes tissaient toutes seules... les chefs de famille n'auraient pas besoin d'esclaves ». Politique Livre I - Chapitre 3.
- « L'homme est par nature un animal politique ». Politique Livre I.
- « Le plaisir vient parachever l'activité qui se déploie... à la manière d'un ornement... comme la beauté pour ceux qui sont dans la fleur de la jeunesse ». Éthique à Nicomaque Livre X, Chapitres 4 et 5.

- « La vertu est fille de l'habitude ». Éthique à Nicomaque Livre II, Chapitre 7.

Ouvrages d'initiation

Jean Brun : Aristote et le lycée. Collection Que Sais-je? P.U.F. 1961.

J. Moreau : Aristote et son École. P.U.F. 1962.

ÉPICURE

Voir 3ᵉ partie, chapitre 2.

Éditions

Herman : Épicure - Doctrines et Maximes. Textes traduits par M. Solovine, accompagnés d'une note sur le clinamen. Inroduction de J.-P. Faye.

P.U.F. : Collection Sup : Épicure et les Épicuriens. Textes choisis par J. Brun.

Les Belles Lettres : Lucrèce : De la nature.

Oeuvres les plus accessibles

- **Épicure :** Lettre à Hérodote sur la physique : Rien ne naît de rien, l'univers est infini, composé d'atomes et de vide.
- **Épicure :** Lettre à Menécée sur la morale : Les désirs naturels et nécessaires, le plaisir, les dieux, le sage devant la mort...
- **Lucrèce :** De la Nature. La philosophie d'Épicure présentée par un disciple poète.

Passages à connaître

« Notre premier principe, c'est que rien n'est jamais créé de rien par l'effet d'une puissance divine. »
Lucrèce : De la nature I 5 (vers 151-264).

« Familiarise-toi avec l'idée que la mort n'est rien pour nous... »
Épicure : Lettre à Menécée (124-125).

« Parmi nos désirs, les uns sont naturels, les autres vains et parmi les premiers, il y en a qui sont nécessaires et d'autres qui sont naturels seulement. »
Épicure : Lettre à Menecée (127-128).

« Le plaisir est le commencement et la fin de la vie heureuse. »
Épicure : Lettre à Menecée (129-131).

Ouvrage d'initiation

Jean Brun : L'épicurisme. P.U.F. Collection Que sais-je? 1959.

LES STOÏCIENS

Voir fiche Épictète, 3e partie, Chapitre 4.

Éditions

Gallimard : Collection La Pléiade ; Les Stoïciens.

Garnier-Flammarion : Marc Aurèle : Pensées pour moi-même suivies du manuel d'Épictète.

P.U.F. Collection Les Grands Textes : Les Stoïciens. Textes choisis.

Oeuvres les plus accessibles

* **Le Manuel et les Entretiens d'Épictète** s'adressent à des jeunes gens riches destinés aux carrières publiques qu'il faut prémunir contre la servilité, la flatterie, les revers de fortune. Ils répètent sous des formes variées, exhortation, méditation, dialogue la même vérité : le bien et le mal dépendent pour l'homme exclusivement du jugement. Être libre c'est s'affranchir des opinions fausses.

* **Les Pensées** de Marc-Aurèle, l'empereur philosophe, constituent des exemples parfaits de méditation intérieure. Il s'agit pour le philosophe, au milieu de ses soucis politiques et de ses campagnes contre les Barbares de se protéger du découragement. Les thèmes essentiels sont la croyance en la bonté de l'univers et l'union de l'homme et du monde.

Passages à connaître

- « Puisque l'homme libre est celui à qui tout arrive comme il le désire, me dit un fou, je veux aussi que tout m'arrive comme il me plaît. » Épictète - Entretiens Livre I n° 35.
- « Quoi chétif philosophe, me dit un grand Seigneur qui se pique de liberté... » Épictète - Entretiens Livre IV n° 2.
- « Souviens-toi que tu dois te conduire dans la vie comme dans un festin. » Épictète - Manuel n° 15.
- « De toutes les choses du monde, les unes dépendent de nous, les autres n'en dépendent pas. » Épictète - Manuel n° 1.
- « La durée de la vie humaine est un point, la matière un flux perpétuel. » Marc-Aurèle - Pensées Livre II n° 17.

4 Ouvrages d'initiation

Jean Brun : Le Stoïcisme - Collection Que Sais-je? P.U.F. 1958.

A. Bridoux : Le Stoïcisme et son influence - Vrin 1966. La philosophie stoïcienne étudiée dans ses trois étapes (ancien stoïcisme, moyen stoïcisme, stoïcisme impérial) situées dans leur contexte philosophique et historique.

SAINT-AUGUSTIN

Éditions

• **Budé** : coll. Les Belles Lettres - Traduction P. de Labriolle : Les Confessions (2 volumes).

• **Desclée de Brouwer** : Bibliothèque augustinienne : Œuvres complètes avec une introduction et un commentaire développé.

Oeuvres les plus accessibles

• **Les Confessions** en particulier :
Livre VII : Le mal et le péché
Livre IX : La mémoire et le temps

• **La Cité de Dieu** en particulier : Livre XIV, les deux cités; la cité terrestre, la cité céleste. Livre XIX : La cité de Dieu, la cité terrestre et l'histoire.

Passages à connaître

• « Car nous sommes et nous connaissons que nous sommes et nous aimons notre être et notre connaissance… Si je me trompe, je suis, puisque l'on ne peut se tromper que si l'on est. »
Cité de Dieu XI - 26. Texte à rapprocher du Cogito cartésien.

• « Tu m'écris qu'il faut saisir la vérité par la foi plutôt que par la raison… il ne s'agit pas de rejeter la foi mais de chercher à saisir par la lumière de la raison ce que tu possèdes déjà fermement par la foi. »
Lettre 120 : rapports de la raison et de la foi.

• « Qu'est-ce-donc que le temps? Si personne ne me le demande et que je veuille l'expliquer, je ne le sais plus. Pourtant je déclare hardiment, je sais que si rien ne passait, il n'y aurait pas de temps passé : que si rien n'arrivait, il n'y aurait pas de temps à venir; que si rien n'était, il n'y aurait pas de temps présent. » Les Confessions livre XI - chap. 14.

Ouvrage d'initiation

H. Marrou : Saint-Augustin et l'augustinisme - Le Seuil (1962) Collection Maîtres spirituels.

SAINT-THOMAS

Éditions

Desclée et Cie : Somme théologique.

Lethielleux : Contre les Gentils.

Vivès : Œuvres complètes en 34 volumes.

Oeuvres les plus accessibles

• **Somme théologique** : en particulier Livre I : la Création ; La raison ne peut démontrer ni que le monde a un commencement, ni qu'il est éternel ; **Platon** et **Aristote** à la lumière de la foi.

• **Contre les Gentils** : en particulier II : Rapports de la théologie et de la philosophie - Spécificité de l'homme.

Passages à connaître

• « Créer est-ce faire quelque chose de rien? Pour répondre à cette question, il n'y a pas lieu de considérer seulement l'émanation de quelque être particulier par rapport à sa cause particulière mais aussi l'émanation de tout l'être procédant de l'agent universel qui est Dieu. » Somme théologique : Partie I - question 45 - article 1.

• « **Platon** établissait une différence entre l'intelligence et les sens et prétendait que l'intelligence est une faculté immatérielle... **Saint-Augustin** se réfère à ce point de vue... **Aristote** qui prend une voie moyenne... (affirme que) les sensations n'ont pas d'activité propre sans l'intermédiaire du corps, de sorte qu'éprouver des sensations n'est pas l'acte de l'âme seule mais du composé âme-corps. »
Somme théologique : Partie I - question 84.

• « Puisque l'ultime bonheur de l'homme ne se trouve pas dans les biens extérieurs, dits biens de fortune, ni dans les biens du corps, ni dans ceux de l'âme... il ne peut se trouver que dans la contemplation de la vérité. »
Contre les Gentils III - chap. 37

Ouvrage d'initiation

S. Breton : Saint-Thomas d'Aquin - Seghers coll. Philosophes de tous les temps 1965.

MACHIAVEL

Éditions :

Gallimard - Bibliothèque de la Pléiade : œuvres complètes.

U.G.E. coll. 10-18 « Le Prince et autres textes ».
En particulier : Discours sur la 1re décade de Tite-Live (larges extraits).

Oeuvres les plus accessibles :

• **Le Prince** : « Le machiavélisme est la philosophie des moyens... Il étend à la politique, à une politique sans éthique, un technicisme que les anciens réservaient généralement à l'agronomie, à la chirurgie ou à la rhétorique. » (W. Jankélévitch).

• **Discours sur la première décade de Tite-Live** : plaidoyer contre l'oppression, pour la liberté des peuples.

Passages à connaître :

• « Sur cela s'est élevée la question de savoir s'il vaut mieux être aimé que craint, ou être craint qu'aimé ? On peut répondre que le meilleur serait d'être l'un et l'autre. Mais comme il est très difficile que les deux choses existent ensemble... il est plus sûr d'être craint que d'être aimé... »
Le Prince : chapitre 17.

• « Vous devez donc savoir qu'il y a deux manières de combattre, l'une avec les lois, l'autre avec la force. La première est propre aux hommes, l'autre nous est commune avec les bêtes ; mais lorsque les lois sont impuissantes, il faut bien recourir à la force... ».
Le Prince : chapitre 18.

• « Le désir qu'ont les nations d'être libres est rarement nuisible à la liberté car il naît de l'oppression ou de la crainte d'être opprimé... ». Discours sur la 1re Décade de Tite-Live. Livre I : extrait 4. (Le Prince coll. 10-18).

• « Il est incontestable qu'une cité corrompue qui vit sous le pouvoir d'un prince ne recouvrera jamais sa liberté quand bien même ce prince et sa race viendraient à être détruits... » Discours sur la 1re Décade de Tite-Live. Livre I - Extrait 10 (idem).

• « On gouverne sans peine un État dont le peuple n'est pas corrompu : là où l'égalité existe, il ne peut se former une principauté et là où elle ne se trouve point, on ne peut établir de République. »
Discours sur la 1re Décade de Tite-Live - Livre I - extrait 18 (idem).

Ouvrage d'initiation

G. Mounin : Machiavel, sa vie, son œuvre avec un exposé de sa philosophie. P.U.F. - 1964.

LES TEXTES CLÉS
SECTION I

Machiavel
« Machiavel était un honnête homme... Mais, attaché à la maison des Médicis, il était forcé de déguiser son amour pour la liberté... En feignant de donner des leçons aux rois il en a donné de grandes aux peuples. Le prince de Machiavel est le livre des républicains ».
Rousseau (Contrat Social)

MONTAIGNE

Éditions :

Gallimard : Bibliothèque de la Pleïade : Oeuvres complètes.

Gallimard : Collection Idées : Apologie de Raimond Sebond.

U.G.E. : Collection 10-18 : Les Essais.

Oeuvres les plus accessibles

• **Les Essais** - en particulier Livre II - Chapitre XII : l'Apologie de Raimond Sebond.

Passages à connaître

- « Les hommes (dit une sentence grecque ancienne) sont tourmentés par les opinions qu'ils ont des choses, non par les choses mêmes... » Les Essais I - Chapitre 14.
- « Que philosopher c'est apprendre à mourir » Les Essais I - Chapitre 20.
- « C'est à la vérité une très utile et grande partie que la science. Ceux qui la méprisent témoignent assez leur bêtise ; mais je n'estime pas sa valeur jusqu'à cette mesure extrême qu'aucuns lui attribuent... Ce que je ne crois pas, ni ce que d'autres ont dit que la science est mère de toute vertu et que tout vice est produit par l'ignorance... » Les Essais - Livre II - Chapitre 12 (Apologie de Raimond Sebond).
- « Non parce que **Socrate** l'a dit, mais parce qu'en vérité c'est mon humeur et à l'aventure, non sans quelque excès, j'estime tous les hommes mes compatriotes et embrasse un Polonais comme un Français... » Les Essais III - Chapitre 9.
- « Pour moi donc, j'aime la vie et la cultive telle qu'il a plu à Dieu de nous l'octroyer... ». Les Essais III - Chapitre 13.

Ouvrage d'initiation

F. Jeanson : Montaigne par lui-même. Le Seuil « Écrivains de toujours ».

HOBBES

Voir 3e partie, chapitre 2.

Éditions

Sirey : Léviathan avec une introduction et des notes de François Tricaud.

Vrin : De la nature humaine.

Garnier-Flammarion : Le Citoyen ou les fondements de la politique. Cette édition comporte outre le texte de Hobbes, l'article Hobbes du dictionnaire historique et critique de Bayle ainsi que l'article Hobbisme rédigé par Diderot pour l'Encyclopédie.

Oeuvres les plus accessibles

Léviathan : Traité de la nature, de la forme et du pouvoir de la république ecclésiastique et civile. En particulier : Introduction, 1re partie, chapitre XIII : Description de l'état de nature, 2e partie, chapitre 26 : Des lois civiles.

Le Citoyen : Lire en particulier la 2e partie « L'empire », chapitre 5 : Discours et comment se sont formées les sociétés civiles.

Passages à connaître

- « La nature a fait les hommes si égaux quant aux facultés du corps et de l'esprit... que tout bien considéré la différence d'un homme à un autre n'est pas si considérable qu'un homme puisse de ce chef réclamer pour lui-même un avantage auquel un autre ne puisse prétendre aussi bien que lui. » Léviathan, 1re partie, chapitre 13.
- « Cette guerre de chacun contre chacun a une autre conséquence : (dans l'état de nature) rien ne peut être injuste. » Léviathan, 1re partie, chapitre 13.
- « Si le souverain ordonne à un homme... de se tuer, de se blesser ou de se mutiler; ou bien de ne pas résister à ceux qui l'attaquent, ou bien de s'abstenir d'user de la nourriture, de l'air, des médicaments ou de toute autre chose sans laquelle il ne peut vivre; cet homme a néanmoins la liberté de désobéir. » Léviathan, 2e partie, chapitre 21.
- « Ceux qui se sont assemblés pour former une société civile ont dès lors commencé une démocratie; car en ce qu'ils se sont assemblés de leur bon gré, on suppose qu'ils se sont obligés à consentir à ce qui sera résolu par le plus grand nombre. » Le Citoyen, 3e partie, chapitre VII, § 5.

Ouvrage d'initiation

J.-J. Chevalier : Les grandes œuvres politiques, Armand Colin (1964), chapitre 3.

LES TEXTES CLÉS
SECTION I
LES GRANDS AUTEURS

DESCARTES

Voir 3e partie, chapitre 2.

Éditions

Gallimard - Collection La Pléiade : œuvres et lettres en particulier Discours de la méthode, Méditations métaphysiques, les Principes de la philosophie, Correspondance avec la princesse Élisabeth, les Passions de l'âme.

Union générale d'Éditions - Collection 10/18 : Discours de la méthode suivi des Méditations métaphysiques. Texte présenté et annoté par F. Mizraki.

Oeuvres les plus accessibles

* **Discours de la méthode** (voir fiche lecture œuvre philosophique, 1re partie, chapitre 2, section 4.

* **Méditations métaphysiques :** en particulier 1re, 2e et 4e méditations.

Passages à connaître

- « C'est proprement avoir les yeux fermés, sans tâcher jamais de les ouvrir que de vivre sans philosopher... Toute la philosophie est comme un arbre dont les racines sont la métaphysique... » Principes de la philosophie : Préface.
- « Le bon sens est la chose du monde la mieux partagée. » Discours de la méthode, 1re partie.
- « Ne recevoir jamais aucune chose pour vraie que je ne la connaisse évidemment être telle... » Discours de la méthode, 2e partie.
- « Je pense, donc je suis. » Discours de la méthode, 4e partie.
- « Prenons pour exemple ce morceau de cire... » 2e Méditation métaphysique.
- « Il n'y a que la volonté seule ou la seule liberté du franc arbitre que j'expérimente en moi être si grande... que c'est elle principalement qui me fait connaître que je porte l'image et la ressemblance de Dieu. » 4e Méditation métaphysique.
- « Ainsi, je crois que la vraie générosité qui fait qu'un homme s'estime au plus haut point... » Passions de l'âme, articles 152-153.

Ouvrage d'initiation

F. Alquié : Descartes - Hatier 1956.

PASCAL

Éditions :

Gallimard : Bibliothèque de La Pléiade : Œuvres complètes.

Hachette : Les Pensées — annotations de Brunschvicg et Desgranges.

Pascal

Oeuvres les plus accessibles

• **Provinciales** : œuvre d'une dialectique serrée contre les jésuites. **Pascal** soutient la doctrine janséniste de ses amis de Port-Royal : en particulier 4e et 18e Provinciale : doctrine de la grâce et du libre arbitre ; critique de l'autorité, revendication de la liberté de penser dans le domaine scientifique (la condamnation de Galilée par le Saint-Office est récente).

• **Pensées** : **Pascal** laisse à sa mort un ensemble de notes, matériaux, plans qui devaient constituer une apologie de la religion chrétienne. Ce sont ces fragments inachevés publiés en 1670 qui ont reçu le nom de « Pensées ». Les références données ci-après sont celles de l'édition Brunschvicg.

Passages à connaître

- « Il y a un certain modèle d'agrément et de beauté qui consiste en un certain rapport entre notre nature, faible ou forte telle qu'elle est et la chose qui nous plaît... » Pensée 32.
- « Qu'est-ce qu'un homme dans l'infini ? » Pensée 72.
- « Imagination. C'est cette partie dominante dans l'homme, cette maîtresse d'erreur et de fausseté et d'autant plus fourbe qu'elle ne l'est pas toujours... » Pensée 82.
- « Infini. Rien. Notre âme est jetée dans le corps... » Pensée 233 : Le Pari.
- « La distance infinie des corps aux esprits figure la distance infiniment plus infinie des esprits à la charité car elle est surnaturelle. » Pensée 793 : Les Trois ordres.

Ouvrage d'initiation

A. Beguin : Pascal par lui-même - Le Seuil (1964). Collection Écrivains de toujours.

SPINOZA

Voir 3e partie, chapitre 2.

Éditions

Gallimard - Collection La Pléiade : Oeuvres Complètes (en particulier traité de la Réforme de l'entendement, l'Éthique, traité théologico-politique, traité politique, correspondance). Nombreuses notes, excellente notice de présentation.

Garnier Flammarion : l'Éthique.

Oeuvres les plus accessibles

* **Traité de la Réforme de l'entendement :** autobiographie philosophique qui révèle l'élan initial de la philosophie spinoziste.

* **Éthique :** Livre I - Appendice : étude critique du préjugé finaliste.

* **Traité théologico-politique :** premier examen scientifique - philosophique et sociologique - de la Bible; la philosophie ne doit rien à la théologie parce qu'elle est l'œuvre de la lumière naturelle. Une politique rationnelle et inséparable d'une critique du fondement des opinions religieuses. Voir grille lecture, 1re partie, chapitre 2, section 2.

Traité politique : La politique ne peut changer l'homme qu'en le comprenant tel qu'il est. Spinoza définit, dans la lignée de Machiavel, la politique sur le plan du réel, non de l'utopie.

Passages à connaître

- « Les hommes supposent communément que toutes les choses de la nature agissent comme eux-mêmes en vue d'une fin. » Éthique 1, appendice.
- « La plupart croient que les insensés troublent l'ordre de la nature plutôt qu'ils ne la suivent, et la plupart aussi conçoivent les hommes dans la nature comme un empire dans un empire. » - Éthique III : Scolie, proposition 9.
- « L'homme qui est dirigé par la Raison est plus libre dans la cité où il obéit à la loi commune que dans la solitude où il n'obéit qu'à lui-même. » Éthique IV : proposition 35.
- « Il ne faut pas confondre le sens d'un discours avec la vérité des choses. » Traité théologico-politique, chapitre 7.
- « Lorsque les sujets d'une nation sont trop terrorisés pour se soulever en armes, on ne devrait pas dire que la paix règne dans ce pays. » Traité politique, chapitre 5, § 4.

Ouvrages d'initiation

- **G. Deleuze :** Spinoza. P.U.F., coll. S.U.P. 1970.
- **J. Moreau :** Spinoza et le Spinozisme. P.U.F., coll. Que sais-je? 1971.
- **S. Zac :** Spinoza et l'interprétation de l'Écriture. P.U.F. 1965.

LOCKE

Voir 3e partie, chapitre 2.

Éditions

Vrin : Essai philosophique concernant l'entendement humain Deuxième traité de gouvernement civil - Quelques pensées sur l'éducation.

P.U.F. : Lettre sur la tolérance.

Oeuvres les plus accessibles

* **Essai philosophique concernant l'entendement humain :** Locke s'élève contre l'innéisme de Descartes et montre que toutes les connaissances humaines dérivent de l'expérience. Ce texte sera à son tour critiqué par Leibniz dans ses « Nouveaux Essais ».

Deuxième traité du gouvernement civil : Locke distingue l'état de nature de l'état social ; il développe une conception libérale de l'État.

Passages à connaître

« Supposons donc qu'au commencement l'âme est une table rase... » Essai sur l'entendement humain II ! 1-9.

« Les mots, par un long et familier usage, excitent certaines idées dans l'esprit si régulièrement... que les hommes sont portés à penser qu'il y a une liaison naturelle entre ces deux choses. » Essai sur l'entendement humain III 2 § 8.

« Les hommes sont tous par nature libres, égaux et indépendants... et nul ne peut être dépossédé de ses biens ni soumis au pouvoir politique d'un autre, s'il n'y a lui-même consenti. » 2e traité sur le gouvernement civil, § 95-96.

Ouvrage d'initiation

E. Naërt : Locke - Seghers collection « Philosophes de tous les temps ».

MALEBRANCHE

Éditions :

Vrin :

- De la recherche de la vérité (3 volumes).
Introduction par G. Lewis.

- Entretiens sur la métaphysique et la religion, suivis des Entretiens sur la mort - Édition critique, introduction et notes de A. Cuvilier.

- Correspondance avec Dortous de Mairan avec une introduction sur **Malebranche** et le Spinozisme par J. Moreau.

OEuvres les plus accessibles :

• **De la recherche de la vérité** : Disciple de **Descartes, Malebranche** ne sépare pas la foi de la raison. La recherche de la vérité est placée à la fois sous l'auspice de la lumière du dogme chrétien et de l'évidence cartésienne.

En particulier : livre II « De l'imagination ».

Livre III : 2e partie : De l'entendement pur.

Livre V : Des passions - Éclaircissements - Xe éclaircissement : Comment on voit toutes choses en Dieu.

• **Entretiens sur la métaphysique et la religion** : en particulier 5e entretien : De l'usage des sens dans les sciences ; 6e entretien : établit la différence entre les sciences exactes, comme l'arithmétique ou la géométrie qui portent sur les idées ou les essences et les sciences qui, comme la physique, portent sur les « ouvrages de Dieu », c'est-à-dire les existences. Faute de cette distinction on « tomberait » dans le spinozisme.

Passages à connaître :

- « L'erreur est la cause de la misère des hommes ; c'est le mauvais principe qui a produit le mal dans le monde... »
  Recherche de la vérité. Livre I - Chapitre 1.
- « L'on peut dire que si nous ne voyions Dieu de quelque manière, nous ne verrions aucune chose ; de même que si n'aimions Dieu, je veux dire si Dieu n'imprimait sans cesse en nous l'amour du bien en général, nous n'aimerions aucune chose ».
  Recherche de la vérité Livre III - Chapitre 6.
- « Les passions de l'âme sont des impressions de l'auteur de la nature, lesquelles nous inclinent à aimer notre corps et tout ce qui peut être utile à sa conservation... »
  Recherche de la vérité - Livre 5 - Chapitre 1.
- « Je vois par exemple que 2 fois 2 font 4 et qu'il faut préférer son ami à son chien et je suis certain qu'il n'y a point d'homme au monde qui ne puisse le voir aussi bien que moi... »
  Recherche de la vérité - Xe éclaircissement.
- « Non je ne vous conduirai pas dans une terre étrangère mais je vous apprendrai peut-être que vous êtes étranger vous-même, dans votre propre pays » - 1er entretien Métaphysique.

Ouvrage d'initiation :

G. Rodis-Lewis : Nicolas Malebranche P.U.F. 1958.

LEIBNIZ

Leibniz

Éditions

Vrin : Le Discours de métaphysique - Opuscules philosophiques choisis.

Delagrave : La théodicée.

Garnier-Flammarion : Les Nouveaux Essais.

P.U.F. - Collection Sup : L'entendement humain. Textes choisis par L. Guillermit.

Oeuvres les plus accessibles

- Opuscules philosophiques : contiennent entre autres une réfutation de la physique de Descartes, en particulier des lois du mouvement. « Sa physique (de Descartes) aurait mérité d'être suivie, s'il avait donné moins à ses hypothèses imaginaires et s'il s'était attaché davantage aux expériences. »
- Les Nouveaux Essais : cette œuvre répond à l'Essai sur l'entendement humain de Locke. Elle se présente sous la forme d'un dialogue entre deux personnages Philalèthe et Théophile, le premier représentant Locke, le second Leibniz. A la formule de Locke : « il n'y a rien dans l'intelligence qui n'ait d'abord été dans les sens », Leibniz ajoute : « Si ce n'est l'intelligence elle-même! »

Passages à connaître

- « Les sens, quoique nécessaires pour toutes nos connaissances actuelles, ne sont pas suffisants pour nous les donner toutes. » Nouveaux Essais, avant-propos.
- « Cette table rase dont on parle tant n'est à mon avis qu'une fiction. » Nouveaux Essais, 2e partie, chapitre 1, § 2.
- « Je sais qu'on a coutume de dire dans les écoles et partout ailleurs que les significations des mots sont arbitraires... Il y a peut-être quelques langues artificielles. » Nouveaux Essais, 3e partie, chapitre 2, § 1 et 2.
- « Le terme de liberté est fort ambigu. Il y a liberté de droit et de fait. » Nouveaux Essais, 2e partie, chapitre 21, § 8.

Ouvrage d'initiation

- **A Cresson :** Leibniz. P.U.F. Coll. Sup Philosophes 1958.

MONTESQUIEU

Editions :

Gallimard - Bibliothèque de la Pleïade - œuvres complètes (2 volumes).

LES TEXTES CLÉS
SECTION I
LES GRANDS AUTEURS

Garnier - Collection « classiques » : Lettres Persanes. De l'esprit des lois (2 volumes).

Hatier - Collection « classiques » : Grandeur et décadence des Romains.

DE L'ESPRIT
DES
LOIX

OU DU RAPPORT QUE LES LOIX DOIVENT AVOIR AVEC LA CONSTITUTION DE CHAQUE GOUVERNEMENT, LES MOEURS LE CLIMAT, LA RELIGION, LE COMMERCE, &c.

à quoi l'Auteur a ajouté.

Des recherches nouvelles sur les Loix Romaines touchant les Succeſſions, ſur les Loix Françoiſes, & ſur les Loix féodales.

TOME PREMIER.

A GENEVE,
Chez BARILLOT, & FILS.

Frontispice « Esprit des lois »

OEuvres les plus accessibles

• **Lettres Persanes** : « Quand les Persans iront dans Paris demandant le pourquoi de chaque coutume et de chaque rite, l'important ne sera pas la réponse à ce pourquoi... Il y a là un « comment peut-on être Français? qui répond implicitement au comment peut-on être Persan? L'épreuve des masques est une épreuve de la vérité ». (J. Starobinski : Montesquieu par lui-même).

• **Esprit des Lois** : En particulier : Livre I : des lois en général; Livre II des lois qui dérivent directement de la nature du gouvernement.

Livre III : des principes des trois gouvernements.

Livre XII : des lois qui forment la liberté politique dans son rapport avec le citoyen.

Livre XV : comment les lois de l'esclavage civil ont du rapport avec la nature du climat.

Passages à connaître

• « Les lois, dans la signification la plus étendue sont les rapports nécessaires qui dérivent de la nature des choses et dans ce sens, tous les êtres ont leurs lois... Ceux qui ont dit qu'une fatalité aveugle a produit tous les effets que nous voyons dans le monde ont dit une grande absurdité, car quelle plus grande absurdité qu'une fatalité aveugle qui aurait produit des êtres intelligents? »
Esprit des Lois - Livre I -Chapitre 1.

• « La vertu dans une république est une chose très simple : c'est l'amour de la république, c'est un sentiment et non une suite de connaissances... » Esprit des Lois - Livre V - Chapitre 2.

• « La liberté politique dans un citoyen est cette tranquillité d'esprit qui provient de l'opinion que chacun a de sa sûreté; et pour qu'on ait cette liberté, il faut que le gouvernement soit tel qu'un citoyen ne puisse pas craindre un autre citoyen... »
Esprit des Lois - Livre XI - Chapitre 6.

• « Si j'avais à soutenir le droit que nous avons eu de rendre les nègres esclaves, voici ce que je dirais... »
Esprit des Lois - Livre XV - Chapitre 5.

Ouvrage d'initiation

J. Starobinski : Montesquieu par lui-même. Le Seuil « Écrivains de toujours » 1953.

HUME

Voir 3e partie, chapitre 2.

Éditions

Aubier : Traité de la nature humaine (2 volumes) - Enquête sur l'entendement humain. Enquête sur les principes de la morale.

Pauvert : Dialogues sur la religion naturelle suivis de l'Essai sur les miracles.

Oeuvres les plus accessibles

- **Traité de la nature humaine :** Le point de départ de la réflexion philosophique est à chercher dans les données originaires de la conscience. Il faut se garder des « idées indistinctes et obscures » auxquelles se plaisent trop souvent les philosophes, écarter tout verbalisme. Critique célèbre de l'idée de causalité qui tirera Kant de « son sommeil dogmatique ». Le Traité de la nature humaine est présenté comme un essai pour introduire la méthode expérimentale de raisonnement dans les sujets moraux.
- **Dialogue sur la religion naturelle :** Toute enquête sur la religion doit s'attacher à résoudre deux problèmes : celui du fondement de la religion, c'est-à-dire celui des preuves philosophiques de l'existence de Dieu et celui des sources psychologiques de la croyance religieuse. Les dialogues constituent un examen critique et souvent ironique des principales « preuves » de l'existence de Dieu.

Passages à connaître

« De causes qui paraissent semblables, nous attendons des effets semblables... L'accoutumance est le grand guide de l'action humaine... » Enquête sur l'entendement humain - Sections IV et V.

« Prenez une action reconnue comme vicieuse, un meurtre prémédité par exemple... » Traité de la nature humaine, Livre III, 1re partie, section 1.

« Je ne croirais pas une telle histoire, même si Caton me la racontait... » Essai sur les miracles.

Ouvrage d'initiation

André Vergez : Hume. P.U.F. Collection S.U.P. Philosophes 1969.

LES TEXTES CLÉS
SECTION I
LES GRANDS AUTEURS

ROUSSEAU

Voir 3e partie, chapitre 2.

Éditions

Gallimard - Collection La Pléiade : Œuvres complètes en particulier tome III : Du Contrat Social, Écrits Politiques; tome IV : Émile ou de l'éducation. Cette édition comporte des notices de présentation de chaque œuvre rédigées par des spécialistes de Rousseau et des notes sur les textes très riches qui, en particulier dans le tome III, explicitent toutes les allusions.

Union Générale d'Éditions : Collection 10-18 : Du Contrat Social suivi des Discours.

Oeuvres les plus accessibles

* **Discours sur l'origine de l'inégalité parmi les hommes :** Rousseau oppose deux sortes d'inégalités : naturelles et sociales. Il démontre que si les sociétés existantes reposent bien sur l'inégalité sociale, il est impossible de prétendre que ces inégalités ont une origine naturelle. Texte virulent et prophétique sur les causes du « malaise dans la civilisation ». Voir fiche lecture 1re partie, chapitre 2, section 4.

* **Du Contrat Social :** Définition de l'État qui repose sur un contrat volontaire entre le souverain et les sujets. Le but de l'association politique est de garantir la sécurité tout en sauvegardant la liberté.

* **Émile :** Théorie de l'éducation. L'enfant n'est pas un adulte en miniature, l'éducation doit être progressive et respecter les étapes du développement sensitif, affectif et intellectuel de l'enfant. Au livre IV : la Profession de foi du vicaire savoyard.

Passages à connaître

- « Je conçois dans l'espèce humaine deux sortes d'inégalités... Commençons donc par écarter tous les faits car ils ne touchent pas à la question. » Discours sur l'origine de l'inégalité, préambule de la 1re partie.
- « Le premier qui, ayant enclos un terrain, s'avisa de dire : « ceci est à moi » et trouva des gens assez simples pour le croire, fut le vrai fondateur de la société civile. ». Discours sur l'origine de l'inégalité, 2e partie.
- « L'homme est né libre et partout, il est dans les fers. » Contrat social I, chapitre 1.
- « Le plus fort n'est jamais assez fort pour être toujours le maître, s'il ne transforme sa force en droit et l'obéissance en devoir. » Contrat Social I, chapitre 3.
- « Renoncer à sa liberté, c'est renoncer à sa qualité d'homme... » Contrat Social I, chapitre 4.

- « Celui qui refusera d'obéir à la volonté générale y sera contraint par tout le corps, ce qui ne signifie autre chose sinon qu'on le forcera d'être libre. » Contrat Social I, chapitre 7.
- « Conscience, conscience, instinct divin... » Émile, 4e partie.

Ouvrage d'initiation

- **G. May :** Rousseau. Le Seuil. Écrivains de toujours, coll. Microcosme 1961.
- **J. Starobinski :** L'œil vivant. Gallimard 1961.

KANT

Voir 3e partie, chapitre 2.

Éditions

P.U.F. : Critique de la Raison Pure théorique (traduction Tremesaygues-Pacaud) - Critique de la Raison Pure Pratique.

Vrin : Critique de la faculté de juger. Anthropologie au point de vue pragmatique.

Delagrave : Les Fondements de la Métaphysique des mœurs.

Gonthier Bibliothèque Médiations : La philosophie de l'histoire (opuscules).

P.U.F. : Collection Les grands textes. Textes choisis : La Raison Pure - La Raison Pratique - Le Jugement esthétique.

Oeuvres les plus accessibles

* **Critique de la Raison pure :** Préface de la 2e édition : Science et Métaphysique - La Révolution Copernicienne - Phénomène et Noumène - Le Savoir et la foi - Comment concilier l'affirmation scientifique du déterminisme et l'exigence morale de la liberté.

* **Critique de la Faculté de juger :** 1re partie : le jugement esthétique, la définition du beau et du sublime ; le génie. Voir grille de lecture, 1re partie, chapitre 2, section 2.

* **Fondements de la Métaphysique des mœurs :** La bonne volonté, le devoir, le respect, légalité et moralité, rôle des exemples dans la moralité, l'impératif hypothétique et catégorique. La Liberté, l'autonomie de la volonté.

* **La Philosophie de l'Histoire :** Lire en particulier : Idée d'une histoire universelle au point de vue Cosmopolitique (voir 2e partie, chapitre 3). Réponse à la question : Qu'est-ce que les Lumières ? Conjecture sur les débuts de l'histoire humaine.

Passages à connaître

- « Quand Galilée fit rouler des sphères sur un plan incliné... » Critique de la Raison Pure - Préface 2e édition.

- « Que toute notre connaissance commence avec l'expérience, cela ne soulève aucun doute. » Critique de la Raison Pure - Introduction, 2e édition.

- « Quand on juge les objets en vertu de concepts seuls, toute représentation de beauté disparaît... » Critique de la Faculté de juger : 1re partie, Section I, Livre Ier, § 8.

- « De tout ce qu'il est possible de concevoir dans le monde... il n'est rien qui puisse sans restriction être tenu pour bon si ce n'est seulement une bonne volonté. » Fondements de la métaphysique des mœurs : 1re section.

- « On ne pourrait non plus rendre un plus mauvais service à la moralité que de vouloir la faire dériver d'exemples... » Fondements de la métaphysique des mœurs, 2e section.

- « Deux choses remplissent le cœur d'une admiration et d'une vénération toujours nouvelles et toujours croissantes à mesure que la réflexion s'y attache et s'y applique : le ciel étoilé au-dessus de moi, la loi morale en moi. » Critique de la Raison pure pratique : Conclusion.

Ouvrages d'initiation

- **G. Pascal :** Pour connaître la pensée de Kant. Bordas 1966.
- **F. Alquié :** La critique kantienne de la métaphysique. P.U.F. - Collection S.U.P. Philosophes 1968.

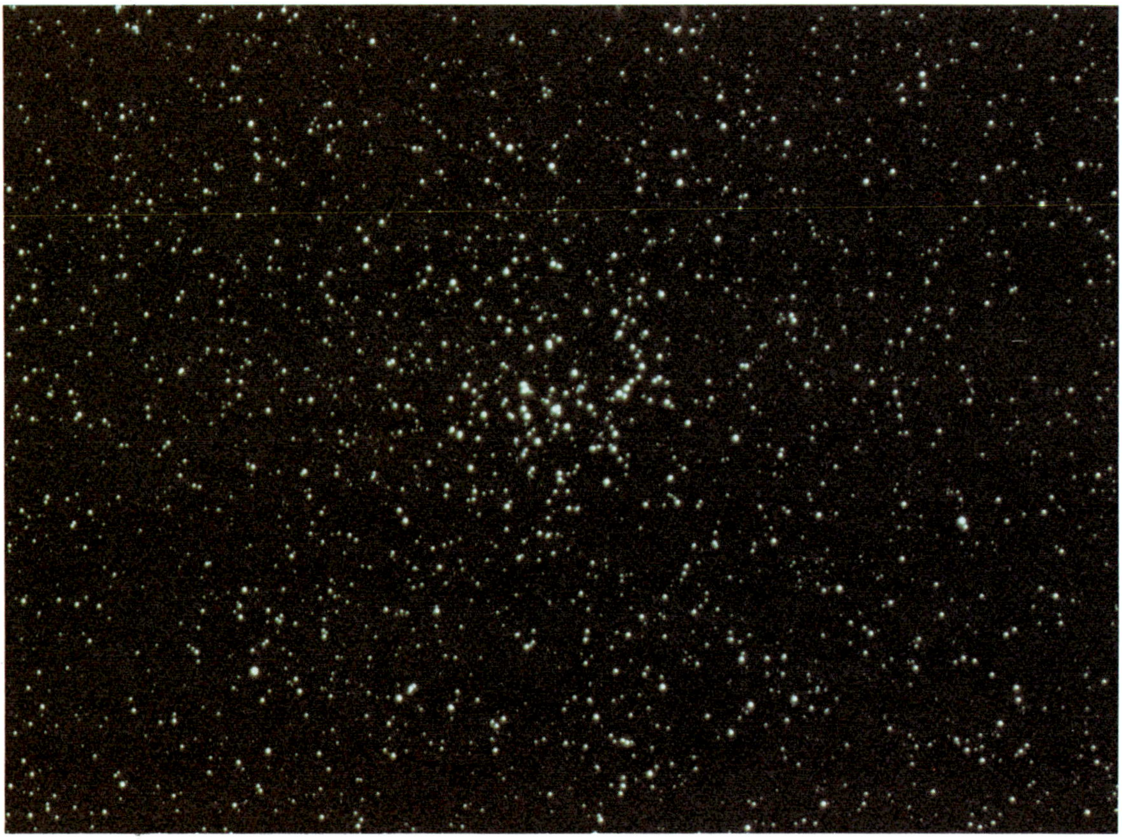

Nébuleuse
Sur la tombe de Kant à Köenigsberg (aujourd'hui Kaliningrad) sont gravés simplement ces mots, extraits de la conclusion de la Critique de la Raison Pratique : « Le ciel étoilé au-dessus de moi, la loi morale en moi ».

HEGEL

Voir 3e partie, chapitre 3.

Éditions

Aubier : La Phénoménologie de l'Esprit (2 volumes) - Propédeutique philosophique.

Vrin : L'esprit du christianisme et son destin.

P.U.F. : Collection Les Grands Textes : Esthétique, textes choisis par C. Khodoss.

Gallimard : Collection Idées : Principes de la philosophie du droit.

Union générale d'Éditions : Coll. 10-18 : La Raison dans l'histoire avec une introduction et des notes de K. Papaioannou.

Oeuvres les plus accessibles

* **Phénoménologie de l'Esprit : Préface.** L'auteur explique le but qu'il poursuit : décrire les voies multiples, apparemment contradictoires, mais pourtant ordonnées que suit la conscience lorsqu'elle tente de se reconnaître comme esprit.

* **Esthétique :** Le but essentiel de l'art n'est ni d'imiter la nature, ni de moraliser l'existence, mais de créer le Beau. L'Art se réalise dans les beaux-arts et il passe historiquement par trois étapes : symbolisme, classicisme, romantisme. Le beau est de l'ordre de l'esprit.

* **La Raison dans l'Histoire :** En poursuivant leurs intérêts particuliers, les hommes font l'histoire et sont en même temps « les outils et les moyens de quelque chose de plus élevé, de plus vaste, qu'ils ignorent et qu'ils réalisent de façon inconsciente. »

Passages à connaître

- « Il paraît particulièrement nécessaire de faire de nouveau de la philosophie une affaire sérieuse... » Phénoménologie de l'Esprit. Préface.
- « Ce qui est limité à une vie naturelle n'a pas par soi-même la possibilité d'aller au-delà de son être là immédiat... » Phénomènologie de l'Esprit. Préface.
- « Cette liberté purement négative qui consiste à faire abstraction de la réalité naturelle présente, ne correspond pas au concept de la liberté... Le vouloir propre et singulier du serviteur se défait... dans la crainte qu'il éprouve à l'égard du maître. » Propédeutique philosophique, 2e cours, § 35-37.
- « L'art est le milieu entre l'insuffisante existence objective et la représentation purement intérieure : il nous fournit les objets mêmes, mais tirés de l'intérieur... il limite notre intérêt à l'abstraite apparence qu'il présente à un regard purement contemplatif. » Esthétique P.U.F. Textes choisis, pp. 215-216.
- « Nous devons dire que rien de grand ne s'est accompli dans le monde sans passion... Les grands hommes sont suivis par un cortège jaloux qui dénonce leurs passions comme des fautes. » La Raison dans l'Histoire, chapitre 3, § 2.

Ouvrage d'initiation

- **Kostas Papaioannou :** Hegel - Seghers Collection Philosophes de tous les temps.

LES TEXTES CLÉS
SECTION I
LES GRANDS AUTEURS

COMTE

Éditions

Aubier : OEuvres choisies (larges extraits du cours de philosophie positive) avec une introduction de H. Gouhier.

U.G.E. Coll. 10-18 : Discours sur l'esprit positif.

Garnier-Flammarion : Catéchisme positiviste.

OEuvres les plus accessibles

• **Cours de philosophie positive** : en particulier 1re leçon : lois des trois états philosophiques par lesquels est passée l'humanité ; positivisme et ordre social, critique de l'introspection.

2e leçon : classification des sciences selon les principes suivants : simplicité et généralité décroissante (des mathématiques à la sociologie), dépendance croissante des phénomènes étudiés par rapport à l'observateur.

• **Catéchisme positiviste** : lire en particulier le 11e entretien qui contient le calendrier positiviste. Chaque mois étant placé sous l'égide d'un grand homme (**Moïse, Homère, Aristote, Archimède, César, Saint-Paul, Charlemagne, Dante, Gutenberg, Shakespeare, Descartes, Frédéric, Bichat**, représentant la théocratie initiale, la poésie ancienne, la philosophie ancienne, la science ancienne, la civilisation militaire...)

Passages à connaître

- « L'esprit humain, par sa nature, emploie successivement dans chacune de ses recherches trois méthodes de philosopher dont le caractère est essentiellement différent et même radicalement opposé : d'abord la méthode théologique, ensuite la méthode métaphysique et enfin la méthode positive... »
  Cours de philosophie positive 1re leçon.
- « Tant que les intelligences individuelles n'auront pas adhéré par un assentiment unanime à un certain nombre d'idées générales capables de former une doctrine sociale commune, on ne peut se dissimuler que l'état des nations restera de toute nécessité essentiellement révolutionnaire, malgré tous les palliatifs politiques qui pourront être adoptés... »
  Cours de philosophie positive : 1re leçon.
- « La décomposition de l'humanité en individus proprement dits ne constitue qu'une analyse anarchique, autant irrationnelle qu'immorale qui tend à dissoudre l'existence sociale au lieu de l'expliquer puisqu'elle ne devient applicable que quand l'association cesse... »
  Cours de philosophie positive 2e leçon.
- « Considéré d'abord dans son acception la plus ancienne et la plus commune, le mot positif désigne le réel par opposition au chimérique... en un second sens... il indique le contraste de l'utile à

l'oiseux… suivant une troisième signification… l'opposition entre la certitude et l'indécision… une quatrième acception… consiste à opposer le précis au vague… une cinquième application… quand on emploie le mot positif comme le contraire du négatif ».
Discours sur l'esprit positif

Ouvrage d'initiation

Alain : Idées (chapitre consacré à A. Comte) U.G.E. Coll. 10-18.

KIERKEGAARD

Éditions

Aubier : Crainte et tremblement.

Seuil : Miettes philosophiques.

Gallimard : Post-scriptum aux miettes philosophiques - Ou bien… ou bien - Traité du désespoir - La répétition - Le journal du séducteur - Coll. Idées : le concept de l'angoisse. Coll. Tel : Étapes sur le chemin de la vie.

Oeuvres les plus accessibles

Crainte et tremblement : contre Hegel auquel Kierkegaard reproche de dissoudre l'existence singulière dans un système. Il y a antinomie entre l'existence et le système. Abraham est le symbole parfait du mystère et du paradoxe de la Foi qui réveille l'individu dans sa singularité indépassable.

Miettes philosophiques : l'idée centrale de cette œuvre est d'opposer la vérité telle que la concevaient les Grecs, vérité qui existe déjà en tout homme et que le maître (Socrate) a pour fonction de révéler et la vérité religieuse dans laquelle le maître (Dieu), est un sauveur auquel le disciple se trouve attaché par un lien d'amour.

Kierkegaard

Passages à connaître

- « Le héros tragique renonce à lui-même pour exprimer le général ; le chevalier de la foi renonce au général pour devenir l'individu. Crainte et tremblement - Problème II.
- « Dans quelle mesure la vérité peut-elle s'apprendre… ? » Miettes philosophiques I.
- « Dans la langue de l'abstraction, ce qui constitue la difficulté de l'existant, loin d'être éclairci, n'apparaît à vrai dire jamais. » Post-scriptum aux miettes philosophiques.

Ouvrages d'initiation

M. Grimault : Kierkegaard par lui-même - Le Seuil. Coll. Écrivains de toujours 1962.

G. Gusdorf : Kierkegaard - Seghers. Coll. Philosophes de tous les temps.

MARX

Voir 3e partie, chapitre 2.

Éditions

Gallimard - Collection La Pléiade : Tome I Le Capital, Livre 1, tome II : Économie et philosophie - Principes d'une critique de l'économie politique - Le Capital, Livres 3 et 4.

Tome III, Œuvres philosophiques, en particulier l'Idéologie allemande. Principe d'une critique de la philosophie du droit de Hegel, Manuscrits de 1844... Cette édition, établie par M. Rubel, comporte des notices de présentation et des notes très complètes.

Éditions Sociales : Manifeste du Parti Communiste - L'idéologie allemande.

Oeuvres les plus accessibles

* **Manuscrits de 1844 :** Fragments philosophiques qui contiennent entre autres l'analyse désormais célèbre du travail aliéné.

* **L'Idéologie allemande :** Critique de la philosophie idéaliste contre laquelle il s'agit de montrer que ce n'est pas la conscience qui détermine la vie, mais la vie qui détermine la conscience.

* **Manifeste du Parti communiste :** Exposé des principes du matérialisme dialectique à l'occasion de la Constitution de la Ligue des Communistes, association ouvrière internationale à Londres en 1847.

Le Capital : Seul le Livre 1 paraît du vivant de l'auteur. Étude du mode de production capitaliste et des rapports de production et d'échange qui lui correspondent.

Passages à connaître

- « Avec la valorisation du monde des choses, la dévalorisation du monde des hommes s'intensifie dans un rapport directement proportionnel. » Manuscrits de 1844.
- « En quoi consiste l'aliénation du travail ? » Manuscrits de 1844.
- « L'histoire de toute société jusqu'à nos jours, c'est l'histoire de la lutte des classes... » Manifeste du Parti communiste, 1re partie.
- « Le caractère mystique de la marchandise ne provient pas de sa valeur d'usage... » Capital, Livre 1, 1re section, chapitre 1, § 4.
- « Le domaine de la liberté commence seulement là où cesse le travail qui est déterminé par la nécessité et la finalité extérieure... » Capital, Livre III, 2e partie, chapitre 48.

Ouvrage d'initiation

Henri Lefebvre : Marx. P.U.F. Collection Sup Philosophes 1972.

NIETZSCHE

Éditions

Aubier-Montaigne : Considérations Intempestives (édition bilingue, 2 volumes).

Gallimard : La Volonté de puissance (2 volumes). **Coll. Idées :** La Naissance de la philosophie à l'époque de la tragédie grecque. Le Gai savoir. La Généalogie de la morale. Collection Livre de Poche : Ainsi parlait Zarathoustra.

U.G.E. Coll. 10-18. Par-delà le bien et le mal.

Nietzsche
« Pour voir beaucoup de choses, il faut apprendre à détourner les yeux de soi ».
Nietzsche : Ainsi parlait Zarathoustra

Oeuvres les plus accessibles

Considérations Intempestives : Il s'agit de quatre écrits de combats qui déclarent la guerre aux savants, au public « cultivé » et à toutes les institutions de culture. Les deux premiers critiquent la satisfaction béate des Allemands après leur victoire de 1870 et l'abus qui est fait de l'histoire dans l'enseignement. Les deux dernières proposent un modèle de culture sous l'égide de Schopenhauer et de Wagner.

* **Le Gai Savoir :** Ensemble d'aphorismes d'une forme achevée qui exaltent l'art et la vie.

* **Généalogie de la morale :** Voir fiche lecture 1re partie, chapitre 2, section 4.

Par-delà le bien et le mal : « Ce livre est une critique de l'esprit moderne, sans en excepter la science moderne, l'art moderne ni même la politique moderne ; il contient aussi les linéaments d'un type opposé aussi peu moderne que possible, un type aristocratique et positif, on peut dire que c'est l'école du gentilhomme. » (Nietzsche).

Ainsi parlait Zarathoustra : Œuvre célèbre de l'auteur, mais une des plus difficiles d'accès. Affirmation lyrique d'une vie nouvelle au-delà du nihilisme, d'une vie recréée et donnée dans la surabondance du génie, mais qui propose de l'existence la vision la plus dure.

Passages à connaître

- Aux professeurs de désintéressement - Gai Savoir, § 21.
- Art et nature - Gai Savoir, § 80.
- L'origine de notre notion de connaissance - Gai Savoir, § 355.
- « La révolte des esclaves dans la morale commence lorsque le ressentiment lui-même devient créateur et enfante des valeurs... » Généalogie de la morale I 10.
- « Vous voulez vivre « en conformité avec la nature » ? O nobles Stoïciens, quelle duperie dans les mots... ! » Par-delà le bien et le mal I 9.
- « Je ne vous enseigne pas le prochain, je vous enseigne l'ami. Que l'ami vous soit la fête de la terre et un pressentiment du surhomme... » Ainsi parlait Zarathoustra I - De l'amour du prochain.

Ouvrage d'initiation

G. Deleuze : Nietzsche et la philosophie. P.U.F. 1962.

LES TEXTES CLÉS
SECTION I
LES GRANDS AUTEURS

FREUD

Éditions :

P.U.F. : Abrégé de psychanalyse - Inhibition, symptôme et angoisse - Cinq psychanalyses - La naissance de la psychanalyse -Études sur l'hystérie - La technique psychanalytique - Malaise dans la civilisation - L'avenir d'une illusion.

Petite Bibliothèque Payot : Introduction à la psychanalyse - Cinq leçons sur la psychanalyse - Essais de psychanalyse - Totem et tabou - Psychopathologie de la vie quotidienne.

Gallimard collection Idées : Trois essais sur la théorie de la sexualité - Moïse et le monothéisme - Métapsychologie - Ma vie et la psychanalyse - Le rêve et son interprétation - Le mot d'esprit dans ses rapports avec l'inconscient - Essais de psychanalyse appliquée.

Oeuvres les plus accessibles :

• ***Introduction à la psychanalyse**

• **Le rêve et son interprétation** : Le rêve n'est pas un déchet de la vie psychique endormie mais un phénomène doué de signification dont l'absurdité et l'incohérence disparaissent lorsqu'on parvient à l'interpréter à l'aide d'une méthode appropriée.

• ***Psychopathologie de la vie quotidienne** : c'est l'œuvre qui a réellement popularisé la psychanalyse. Au travers de l'analyse minutieuse des mille et un faits sans importance de la vie quotidienne, lapsus, oublis, pertes... **Freud** établit un trait d'union entre la pathologie et la psychologie de l'homme normal, deux domaines jusque-là séparés dont il montre les racines communes.

• **Totem et tabou** : Sur l'origine de la civilisation.

• **Moïse et le monothéisme** : « Le Moïse est comme le compendium des théories essentielles qui composent la doctrine psychanalytique, « le complexe d'OEdipe », le complexe de castration, le refoulement..., la « sublimation », le « roman familial », le « retour du refoulé » prennent place dans l'essai pour y rappeler les positions freudiennes fondamentales sur tout ce qui touche les relations de l'individu humain avec les lois de la civilisation qu'il a lui-même créées ». (M. Robert : D'OEdipe à Moïse - Calmann Lévy 1974).

Passages à connaître

- « De divers côtés, on nous conteste le droit de postuler l'existence d'un psychisme inconscient... Nous répondrons que l'hypothèse de l'inconscient est nécessaire et légitime... »
  Métapsychologie : l'inconscient § 1.

- « La théorie psychanalytique admet sans réserves que l'évolution des processus psychiques est régie par le principe de plaisir... »
  Essais de psychanalyse 1re partie.

LES TEXTES CLÉS
SECTION I
LES GRANDS AUTEURS

- « L'inconscient dans la vie psychique est la partie infantile de cette vie... » Le rêve et son interprétation.
- « On reconnut que le royaume de l'imagination était une « réserve » organisée lors du passage douloureusement ressenti du principe de plaisir au principe de réalité afin de permettre un substitut à la satisfaction instinctive à laquelle il fallait renoncer dans la vie réelle. L'artiste comme le névropathe s'était retiré loin de la réalité insatisfaisante dans ce monde imaginaire... »
  Ma vie et la psychanalyse, p. 79-81.
- « Il est curieux que les hommes qui savent si mal vivre dans l'isolement se sentent cependant lourdement opprimés par les sacrifices que la civilisation attend d'eux afin de leur rendre possible la vie en commun. La civilisation doit ainsi être défendue contre l'individu. »
  L'avenir d'une illusion. Chap. I.

Ouvrage d'initiation

M. Robert : La révolution psychanalytique : la vie et l'œuvre de Freud. Petite Bibliothèque Payot 1964.

Freud et sa femme

HUSSERL

Éditions

P.U.F. Logique formelle et logique transcendantale. L'origine de la géométrie. Leçons pour une phénoménologie de la conscience intime du temps ; Recherches logiques.

Gallimard : Idées directrices pour une phénoménologie.

Vrin : Méditations cartésiennes.

OEuvres les plus accessibles

• **Leçons pour une phénoménologie de la conscience intime du temps** : mise en relief du caractère intentionnel de la conscience. « L'a priori du temps est ce que nous cherchons à tirer au clair en explorant la conscience du temps, en amenant au jour sa constitution essentielle » (introduction). **Heidegger** qui fut le disciple de **Husserl** subira profondément l'influence de cette œuvre.

• **Méditations cartésiennes** : **Husserl** substitue au doute cartésien une attitude plus nuancée qui est « la mise entre parenthèses » du monde. Ce qui est seulement donné, ce n'est pas le cogito, car je ne me saisis pas comme « moi pensant » mais comme « pensant quelque chose ». Toute conscience est conscience de quelque chose, toute conscience vise un objet et c'est cette visée que **Husserl** appelle « intentionnalité ». De plus, notre conscience reconnaît d'autres consciences dans son expérience originaire.

Passages à connaître

- « Contrairement à **Descartes**, nous nous proposerons pour tâche de dégager le champ infini de l'expérience transcendantale... »
  1re méditation cartésienne.
- « Je perçois les autres - et je les perçois comme existant réellement dans des séries d'expériences à la fois variables et concordantes ; et d'autre part, je les perçois comme objets du monde ; non pas comme de simples choses de la nature... ».
  5e méditation cartésienne § 43.

Ouvrage d'initiation

Kelkel et Scherer : Husserl, sa vie, son œuvre, textes choisis.

P.U.F. Coll. SUP/Philosophes.

BERGSON

Éditions

P.U.F. : Édition du Centenaire. Œuvres en particulier : Essai sur les données immédiates de la conscience, Matière et Mémoire, l'Évolution créatrice, les deux sources de la morale et de la religion, l'énergie spirituelle, la pensée et le mouvant, Le rire.

LES TEXTES CLÉS
SECTION I
LES GRANDS AUTEURS

Oeuvres les plus accessibles

* **Essai sur les données immédiates de la conscience :** Certains problèmes philosophiques paraissent inextricables parce qu'on confond durée et étendue, succession et simultanéité, quantité et qualité. Le problème de la liberté commun à la psychologie et à la métaphysique et à propos duquel s'affrontent les déterministes et leurs adversaires, peut être résolu, et les objections élevées contre la liberté, réfutées.

Matière et mémoire : Il y a deux réalités : l'esprit et la matière et le dualisme n'est pas sans soulever des difficultés. L'étude des rapports de l'esprit et de la matière (de l'âme et du corps) est conduite à partir de l'analyse de la mémoire.

L'évolution créatrice : La pensée dans sa forme logique est incapable de se représenter la nature de la vie, la signification du mouvement évolutif. La philosophie ne doit cependant pas renoncer à approfondir la nature de la vie, car une véritable théorie de la connaissance est inséparable d'une théorie de la vie.

* **Les deux sources de la morale et de la religion :** La société contraint et façonne l'individu, lui impose des règles qu'il est contraint de suivre, mais en même temps il éprouve une aspiration à dépasser cette morale close. Cette aspiration est suscitée par l'exemple des grands hommes : Socrate, les prophètes juifs, Jésus Christ. Chaque individu fait l'expérience de cette dualité de la morale, il lui appartient de s'élancer vers la morale ouverte des héros et des saints.

Passages à connaître

- « Pour retrouver le moi fondamental, tel qu'une conscience inaltérée l'apercevrait, un vigoureux effort d'analyse est nécessaire... » Essai sur les données immédiates de la conscience. Chapitre 2 (les deux aspects du moi).
- « J'étudie une leçon et pour l'apprendre par cœur, je lis d'abord en scandant chaque vers... Le souvenir de la leçon apprise par cœur a tous les caractères d'une habitude... » Matière et Mémoire, chapitre II.
- « Qui dit esprit dit avant tout conscience. Mais qu'est-ce que la conscience?... Conscience signifie d'abord Mémoire... » L'énergie spirituelle (La conscience et la vie).
- « Quel est l'objet de l'art? Si la réalité venait frapper directement nos sens et notre conscience, si nous pouvions entrer en communication immédiate avec les choses et avec nous-mêmes, je crois bien que l'artiste serait inutile ou plutôt que nous serions tous artistes... » Le Rire, chapitre 3.

- « Qu'une émotion neuve soit à l'origine des grandes créations de l'artiste, de la science et de la civilisation en général, cela ne paraît pas douteux... » Les Deux Sources de la Morale et de la Religion, chapitre 1 (la force créatrice de l'émotion).

Ouvrage d'initiation

M. Barthélémy-Madaule : Bergson. P.U.F. Coll. Sup Philosophes 1968.

ALAIN

Éditions :

Gallimard : Bibliothèque de la Pleïade : Volume I : Propos ;

Volume II : Les Arts et les Dieux ;

Volume III : Les Passions et la Sagesse.

Gallimard : Collection Idées : Propos sur le bonheur - Éléments de philosophie - Système des beaux-arts - Spinoza - Mars ou la guerre jugée.

U.G.E. Coll. 10-18 : Idées (introduction à la philosophie).

OEuvres les plus accessibles :

- Propos sur le bonheur ; propos sur l'éducation.
- Idées : Études sur **Platon - Descartes - Hegel - A. Comte** « En ces grands hommes que j'ai voulu faire paraître en ces pages, l'étudiant trouvera le maître qui lui convient » (avertissement au lecteur).

Passages à connaître :

- « On soutient communément que c'est le toucher qui nous instruit et par constatation pure et simple sans aucune interprétation. Mais il n'en est rien. Je ne touche pas ce dé cubique. Non... je juge que cet objet est cubique ». Éléments de philosophie, p. 22-23.

- « Un objet n'est pas donné ; il est posé, supposé, pensé... Disons donc que la perception est une recherche du vrai de l'objet par une enquête qui élimine ce qui tient à l'état de notre corps... » Système des beaux-arts, p. 23-24.

- « Le freudisme, si fameux est un art d'inventer en chaque homme un animal redoutable, d'après des signes tout à fait ordinaires ; les rêves sont de tels signes... seulement il faut éviter ici plusieurs erreurs que fonde le terme d'inconscient... » Éléments de philosophie - Livre II - Chap. 16.

- « Le pouvoir proprement dit me paraît bien distinct de la richesse... quelque pouvoir qu'ait Harpagon par ses richesses on peut se moquer d'Harpagon... Le pouvoir dans le sens réel du mot est essentiellement militaire... »
  Mars ou la guerre jugée chapitre 78.

Ouvrage d'initiation

A. Bridoux : Alain, sa vie, son œuvre avec un exposé de sa philosophie et des textes choisis. P.U.F. Collection SUP/Philosophes.

HEIDEGGER

Éditions

Gallimard : Qu'est-ce que la métaphysique? Kant et le problème de la métaphysique - Essais et conférences - Le principe de raison - Chemins qui ne mènent nulle part - L'être et le temps - Qu'est-ce qu'une chose?

P.U.F. : Qu'appelle-t-on penser?

Oeuvres les plus accessibles

« Essais et Conférences » ; Les essais consacrés à « La question de la technique » - « Science et méditation » - « Que veut dire : penser? ».

* **L'être et le temps :** chapitre 4. Perdu dans ses tâches quotidiennes, diverti de lui-même, l'homme reçoit sa règle de vie d'un conformisme anonyme, la dictature du « on ». Voir fiche de lecture 1re partie, chapitre 2, section 4.

Chemins qui ne mènent nulle part : en particulier l'origine de l'œuvre d'art.

* **Qu'est-ce qu'une chose?** A : Diverses manières d'interroger en direction de la chose en particulier II, III, IV.

Passages à connaître

- « Dans l'angoisse, nous « flottons en suspens ». Plus clairement dit, l'angoisse nous tient ainsi suspendus parce qu'elle produit un glissement de l'existant en son ensemble... » : « Qu'est-ce que la métaphysique ? ».

- « Le sentiment des gens dans la banalité quotidienne des relations humaines, « connaît » la mort comme un accident qui survient continuellement... » L'être et le temps dans : « Qu'est-ce que la métaphysique ? ».

- « Un bâtiment, un temple grec n'est à l'image de rien. Il est là, simplement, debout dans la vallée rocheuse... » Chemins qui ne mènent nulle part : L'origine de l'œuvre d'art (l'art et la vérité).

- « Mais aussitôt que nous nous apprêtons à déterminer ces choses qui nous entourent, nous tombons dans l'embarras... » Qu'est-ce qu'une chose? 1ere partie section 3.

Ouvrages d'initiation

J. Beaufret : Introduction aux philosophies de l'existence. Denoël-Gonthier - Bibliothèque Médiations 1971.

G. Steiner : Heidegger, Albin Michel 1981.

BACHELARD

Éditions

Vrin : La formation de l'esprit scientifique.

P.U.F. : Le nouvel esprit scientifique - Le rationalisme appliqué - L'activité rationaliste de la physique contemporaine.

Gallimard : Collection Idées : La psychanalyse du feu.

José Corti : L'eau et les rêves - l'air et les songes.

Oeuvres les plus accessibles

* **La formation de l'esprit scientifique :** C'est en terme d'obstacles qu'il faut envisager la formation de l'esprit scientifique. Il y a rupture entre la connaissance générale et la connaissance scientifique.

* **La psychanalyse du feu :** La poésie et la science qui paraissent aux antipodes l'une de l'autre sont pourtant complémentaires. Il y a un lien incessant entre les connaissances objectives et sociales et les connaissances subjectives et personnelles. On peut découvrir dans l'expérience scientifique les traces de l'expérience enfantine. De là la recherche sur l'imaginaire qui porte ici sur cet élément primordial qu'est le feu.

Passages à connaître

- « La science dans son besoin d'achèvement comme dans son principe s'oppose absolument à l'opinion... » La formation de l'esprit scientifique, chapitre 1.
- « L'esprit scientifique doit se former contre la nature, contre ce qui est en nous et hors de nous l'impulsion et l'instruction de la nature... » La formation de l'esprit scientifique, chapitre 2.
- « Il suffit que nous parlions d'un objet pour nous croire objectifs... » Psychanalyse du feu, avant-propos.
- « Pour sortir de l'impasse de culture où nous mènent les mots et les choses, il faut faire comprendre que la capacité de la bouteille de Leyde n'est pas la capacité d'un récipient, qu'elle ne contient pas vraiment de l'électricité... » Le Rationalisme appliqué.

Ouvrage d'initiation

P. Quillet : Bachelard. Seghers. Philosophes de tous les temps 1964.

MERLEAU-PONTY

Éditions :

Gallimard : La phénoménologie de la perception - Humanisme et terreur (essai sur le problème communiste) - Éloge de la philosophie -Les aventures de la dialectique - Signes - Le visible et l'invisible.

Nagel : Sens et non-sens.

P.U.F. : La structure du comportement.

Merleau Ponty

OEuvres les plus accessibles

- ***La phénoménologie de la perception** : en particulier l'introduction qui répond à la question « Qu'est-ce que la phénoménologie? ».

• **La structure du comportement** : le comportement n'est pas, comme le prétendent les béhavioristes une somme de réflexes provoqués par des stimuli mais il apparaît au contraire comme un ensemble de réactions significatives. L'organisme n'est pas passif, loin d'être expliqué par le milieu, il « s'explique » constamment avec lui.

• **Sens et non-sens** en particulier Marxisme et philosophie, pp. 267 et suivantes.

Passages à connaître

• « Il s'agit de décrire et non pas d'expliquer ni d'analyser. Cette première consigne que **Husserl** donnait à la phénoménologie commençante, d'être une « psychologie descriptive » ou de revenir « aux choses mêmes » c'est d'abord le désaveu de la science... Tout ce que je sais du monde, même par science, je le sais à partir d'une vue mienne ou d'une expérience du monde, sans laquelle les symboles de la science ne voudraient rien dire... »
Phénoménologie de la perception. Introduction.

• « D'abord la parole n'est pas le « signe » de la pensée si l'on entend par là un phénomène qui en annonce un autre comme la fumée annonce le feu... en réalité elles sont enveloppés l'une dans l'autre, le sens est pris dans la parole et la parole est l'existence extérieure du sens... »
Phénoménologie de la perception, pp. 111 et 59.

• « Il n'est pas une de mes actions, pas une de mes pensées même erronées, du moment que j'y ai adhéré qui n'ait visé une valeur ou une vérité et qui ne garde en conséquence son actualité dans la suite de ma vie, non seulement comme fait ineffaçable mais encore comme étape nécessaire vers les vérités ou les valeurs plus complètes que j'ai reconnues dans la suite... »
Phénoménologie de la perception, pp. 450-451.

• « Il est inutile de contester que la philosophie boîte : elle habite l'histoire et la vie mais elle voudrait s'installer en leur centre, au point où elles sont avènement, sens naissant... »
Eloge de la philosophie.

Ouvrage d'initiation

J. F. Lyotard : La phénoménologie - P.U.F. Coll. Que sais-je 1961.

SARTRE

Voir 3e partie, chapitre 2.

Éditions

Gallimard : (Bibliothèque des Idées) l'Imaginaire - L'être et le néant. Critique de la Raison dialectique - Situations I, II, III.

P.U.F. : L'imagination.

Nagel : L'existentialisme est un humanisme.

Oeuvres les plus accessibles

• **L'Imaginaire :** Description de la fonction « Irréalisante » de la conscience (l'imagination) et de son corrélatif l'imaginaire.

* **L'existentialisme est un humanisme :** exposé parfaitement clair des thèses principales de l'existentialisme sartrien.

* **Situations II :** Qu'est-ce que la littérature? Rôle et engagement de l'intellectuel.

• **L'Être et le Néant :** 1re partie, chapitre 2 : la mauvaise foi : L'homme préfère souvent aliéner sa liberté que de vivre dans l'angoisse. La mauvaise foi (qu'il faut distinguer du mensonge) n'est possible que parce que l'essence de l'homme c'est la liberté. Ensemble d'analyses.

Passages à connaître

- « L'acte d'imagination est un acte « magique »; c'est une incantation destinée à faire apparaître l'objet auquel on pense, la chose qu'on désire de façon qu'on puisse en prendre possession... » L'imaginaire, 4e partie, chapitre 1.
- « Quand nous disons que l'homme se choisit, nous entendons que chacun de nous se choisit, mais par là nous voulons dire aussi qu'en se choisissant, il choisit tous les hommes... » L'existentialisme est un humanisme, p. 24-27.
- « L'écrivain « engagé » sait que la parole est action : il sait que dévoiler, c'est changer et qu'on ne peut dévoiler qu'en projetant de changer ». Situations II : Qu'est-ce que la littérature? I
- « Cette possibilité pour la réalité humaine de secréter un néant qui l'isole, Descartes après les Stoïciens lui a donné un nom : C'est la liberté... » L'être et le néant. 1re partie, chapitre 2.
- « Voici par exemple une femme qui s'est rendue à un premier rendez-vous... » L'être et le néant, chapitre 2.

Ouvrage d'initiation

F. Jeanson : Sartre par lui-même. Le Seuil. Écrivains de toujours 1955.

SECTION II : LISTE D'OUVRAGES ÉTABLIE PAR NOTION DU PROGRAMME

Pour avoir des précisions sur les auteurs cités, se reporter aux chapitres 2 et 3.

Comme précédemment, nous indiquons des ouvrages accessibles aux élèves de Terminale. Sont signalés d'un **astérisque (*)** ceux dont la lecture est **absolument indispensable** pour approfondir le thème.

L'ordre adopté ci-après est celui du programme de la Terminale A.

1. L'HOMME ET LE MONDE

LA CONSCIENCE

Que dit ta conscience : « Tu dois devenir celui que tu es ». **Nietzsche.**

* **Descartes :** Discours de la méthode, 4e partie.

Bergson : Essai sur les données immédiates de la conscience. (P.U.F).

Sartre : Esquisse d'une théorie des émotions. (Hermann) 1960.

L'INCONSCIENT

« L'inconscient est ce chapitre de mon histoire qui est marqué par un blanc ou occupé par un mensonge : c'est le chapitre censuré. Mais la vérité peut être retrouvée, le plus souvent déjà, elle est écrite ailleurs. » **Lacan.**

- **Théorie psychanalytique de l'inconscient**

* **Freud :** Métapsychologie, (Gallimard), en particulier pp. 96-98 : l'hypothèse de l'inconscient est nécessaire et légitime.

Freud : Introduction à la psychanalyse, Payot.

Lacan : Écrits, (Le Seuil 1966). Lecture ardue mais des idées stimulantes - à ne pas lire avant Freud.

- **Inconscient et phénomènes culturels**

* **Levi-Strauss :** Anthropologie structurale, (Plon), en particulier : Rapports de l'Histoire et de l'ethnologie.

Freud : Moïse et le Monothéisme, (Gallimard).

« Le freudisme si fameux est un art d'inventer en chaque homme un animal redoutable d'après des signes tout à fait ordinaires. » **Alain.**

- **Critique de la théorie psychanalytique** et de ses présupposés philosophiques.

Alain : Éléments de philosophie, (Gallimard), en particulier livre II, chapitre 16.

LE DÉSIR

- **Le désir et son objet**

Platon : République, Livre 4.

Spinoza : Éthique, (Garnier-Flammarion), IIIe partie, propositions 6, 7, 8.

- **L'homme défini comme désir qui porte sur un autre désir humain.**

* **Kojève :** Introduction à la lecture de Hegel, (Gallimard), en particulier pp. 11-34.

Freud : Essais de psychanalyse, (Payot), chapitre « Au-delà du principe de plaisir ».

Girard : Mensonge romantique et vérité romanesque, (Grasset), en particulier chapitre 1 : le désir triangulaire.

Kende : L'abondance est-elle possible? (Gallimard, coll. Idées), étude des rapports du désir et du besoin.

« Une place pour les rêves, mais les rêves à leur place. » **Desnos.**

LES PASSIONS

Descartes : Traité des passions, articles 27, 28, 29.

Hegel : Leçons sur la philosophie de l'histoire, (Vrin), en particulier. Analyse du rôle de la passion dans l'Histoire, la passion définie comme ruse de la Raison.

* **De Rougemont :** L'Amour et l'Occident. Étude du mythe de l'amour passion en occident à partir de l'analyse de la légende de Tristan et Yseult.

Alquié : Le désir d'éternité (P.U.F). La passion comme refus du temps, le problème de l'origine de la passion est celui de l'origine de l'erreur passionnelle.

« Les passions détruisent plus de préjugés que la philosophie. » **Diderot.**

L'ILLUSION

* **Pascal :** Pensées, section 2.
* **Kant :** Critique de la Raison Pure, (P.U.F) I, 2e division, livre II, chapitre 1. « Des paralogismes de la Raison Pure. »

Freud : L'avenir d'une illusion. (P.U.F), en particulier chapitre 6. La religion est décrite comme illusion et non comme erreur.

« La vie humaine n'est qu'une illusion perpétuelle; on ne fait que s'entre-tromper et s'entre-flatter... L'homme n'est que déguisement, mensonge et hypocrisie. » **Pascal.**

AUTRUI

* **Aristote :** Éthique à Nicomaque, livres 8-9.

Scheler : Nature et formes de la sympathie. (Payot).

Jankelevitch : Traité des Vertus, (Bordas), en particulier I, chapitre 1 : l'autre et l'ego; II, chapitre 11 : le prochain et le lointain.

* **Sartre :** L'Être et le Néant, (Gallimard), IIIe partie, Le Pour-Autrui.

« Sans amis, nul ne voudrait vivre. » **Aristote.**

« J'aime qu'on me distingue et pour le trancher net l'ami du genre humain n'est pas du tout mon fait » **Molière.**

L'ESPACE, LA PERCEPTION

• **Le problème de l'espace :**

Descartes : Méditations métaphysiques II.

* **Kant :** Critique de la Raison Pure I, 1re partie.

• **La perception des formes :**

Guillaume : La psychologie de la forme, (Flammarion).

• **Rôle de l'affectivité et de la culture dans la perception :**

Francès : La perception (P.U.F.), en particulier pp. 95-115.

LES TEXTES CLÉS
SECTION II
LES NOTIONS DU PROGRAMME

LA MÉMOIRE, LE TEMPS

• **Les différentes formes de mémoire :**

* **Bergson :** Matière et mémoire, (Félix Alcan).

• **Le problème de l'oubli :**

* **Saint-Augustin :** Confessions, Livre 10.

• **Théorie psychanalytique de l'oubli :**

Freud : Introduction à la psychanalyse, (Payot).

• **Le temps comme forme a priori de la sensibilité**

* **Kant :** Critique de la Raison pure, livre I, chapitre 1.

• **Durée vécue, temps abstrait :**

Bergson : Essai sur les données immédiates de la conscience, (P.U.F.).

LA MORT

« On ne meurt qu'une fois, et c'est pour si longtemps. » **Molière.**

* **Platon :** Le Phédon, sur l'immortalité de l'âme, le philosophe et la mort.

Tolstoï: La mort d'Ivan Illitch, nouvelle.

* **Heidegger :** L'être et le temps, dans Qu'est-ce que la métaphysique? (Gallimard).

Jankelevitch : La mort, (Flammarion).

Morin : L'homme et la mort dans l'histoire, (Corréa). Introduction et 1re partie.

L'EXISTENCE

« Un être qui s'habitue à tout; voilà, je pense, la meilleure définition qu'on puisse donner de l'homme. » **Dostoïevsky.**

Sartre : L'existentialisme est un humanisme, (Nagel).

* **Kierkegaard :** Post-Scriptum aux miettes philosophiques, (Gallimard), en particulier pp. 201-220. Antinomie de la pensée abstraite et de l'existence : « Exister vraiment... la tâche est ardue ».

NATURE ET CULTURE

« L'homme naturel n'est ni antérieur, ni extérieur à la société. Il nous appartient de retrouver sa forme immanente à l'état social hors duquel la condition humaine est inconcevable. » **Levi-Strauss.**

* **Kant :** Conjectures sur les débuts de l'histoire humaine, dans « la Philosophie de l'histoire », (Aubier).

* **Levi-Strauss :** Tristes tropiques, (coll. 10/18), en particulier pp. 340-354.

Levi-Strauss : Structures élémentaires de la parenté, (P.U.F.), en particulier : Introduction, chapitre 1, nature et culture - 1re partie, chapitre 7, l'illusion archaïque.

* **Lenoble :** Histoire de l'idée de nature, (A. Michel).

Malson : Les enfants sauvages, (coll. 10/18). Les enfants-loups. Étude critique d'un mythe tenace.

Bettelheim : La Forteresse vide. Gallimard, en particulier 3e partie.

L'HISTOIRE

Marx : Manifeste du Parti communiste. (Éditions sociales).

* **Nietzsche :** Considérations inactuelles II, (Aubier) : de l'utilité et des inconvénients des études historiques pour la vie.

Bloch : Apologie pour l'histoire ou métier d'historien, (Armand Colin).

* **Marrou :** De la connaissance historique, (Le Seuil).

Aron : Dimensions de la conscience historique, (Coll. 10/18).

« L'histoire est le hasard traversé par de grands hommes. » **Voltaire.**

2. LA CONNAISSANCE ET LA RAISON

LE LANGAGE

• **Philosophie du langage,** rapports du langage et de la pensée.

* **Platon :** Cratyle. Pléiade 1.

* **Hegel :** Esthétique, (extraits P.U.F.). Étude comparée du signe, du symbole, de l'image.

* **Descartes :** 5e partie du Discours de la méthode; texte repris et commenté par **Chomsky :** le langage et la pensée, (Payot), en particulier pp. 24-27.

« Tout a été dit sans doute, si les mots n'avaient changé de sens et les sens de mots. » **Paulhan.**

• **Philosophie et linguistique**

* **de Saussure :** Cours de linguistique générale.

Todorov : Les théories du Symbole, (Le Seuil).

Genette : Mimologiques, (Le Seuil), en particulier chapitre 1, étude du Cratyle de Platon.

* **Ducrot :** Dire et ne pas dire, (Hermann) - L'implicite et l'explicite dans le discours.

• **Langage et écriture**

Vendryes : Le langage, (A. Michel), en particulier 5e partie, chapitres 1 et 2.

* Lévi-Strauss : Tristes tropiques, (coll. 10/18), 7e partie, chapitre 28 : leçon d'écriture.

« Qui ne sait se borner ne sut jamais écrire. » **Boileau.**

L'IMAGINATION

Alain : Vingt leçons sur les beaux-arts, (Gallimard).

Bachelard : L'air et les songes, (Éditions José Corti). Opposition de l'imagination reproductrice et de l'imagination créatrice. La fonction de l'irréel est le propre de l'imagination créatrice dont la rêverie constitue un exemple privilégié.

« Imagination, c'est cette partie dominante dans l'homme, cette maîtresse d'erreur et de fausseté et d'autant plus fourbe qu'elle ne l'est pas toujours. » **Pascal.**

Sartre : L'imaginaire, (Gallimard). Poser une image, c'est constituer un objet en marge de la totalité du réel, c'est tenir le réel à distance, s'en affranchir. Pour que la conscience puisse imaginer, il faut qu'elle échappe au monde par sa nature même, il faut qu'elle soit libre.

LE JUGEMENT, L'IDÉE

« Le jugement est la marque spécifique de ce que l'on nomme le bon sens et au manque de quoi, aucun enseignement ne peut suppléer. » **Kant.**

* **Descartes :** Méditations métaphysiques. La 4e méditation contient la théorie cartésienne du jugement : l'entendement propose, la volonté dispose.

Spinoza : Éthique : 2e partie, proposition 48-49 : théorie intellectualiste du jugement.

Bergson : La pensée et le mouvant, (Félix Alcan), en particulier l'introduction qui traite de l'origine de la structure et de la valeur des idées générales.

LA FORMATION DES CONCEPTS SCIENTIFIQUES

« Il fallait être Newton pour apercevoir que la Lune tombe alors que tout le monde voit bien qu'elle ne tombe pas. » **Valéry.**

* **Bachelard :** La formation de l'esprit scientifique, (Vrin) : ouvrage fondamental et tout-à-fait accessible.
* **Koyré :** Études galiléennes, (Hermann) : Étude de la destruction de la conception grecque de la nature et son remplacement par la science moderne. Liaison des conceptions scientifiques et philosophiques.

Blanché : La méthode expérimentale et la philosophie de la physique, (Armand Colin), en particulier pp. 83-108.

Canguilhem : Études d'histoire et de philosophie des sciences, (Vrin).

THÉORIE ET EXPÉRIENCE

« Mon cher ami, grise est toute théorie, mais vert et florissant est l'arbre de la vie. » **Goethe.**

* **Kant :** Critique de la Raison Pure. Préface de la 2e édition, (P.U.F.).
* **Claude Bernard :** Introduction à l'étude de la médecine expérimentale, (Garnier-Flammarion).

Bachelard : Le rationalisme appliqué, (P.U.F.).

* **Einstein et Infeld :** L'évolution des idées en physique, (Payot) (voir fiche de lecture).

Paul Couderc : La relativité P.U.F, (Que sais-je?).

LOGIQUE ET MATHÉMATIQUE

« Il ne croit qu'en 2 et 2 sont quatre et en quatre et quatre sont huit. » **Molière.**

Pascal : Pensées de l'esprit géométrique.

Kant : Critique de la Raison Pure. Introduction.

Blanché : L'axiomatique, (P.U.F.).

Itard : Mathématiques et mathématiciens, (Magnard).

* **Warusfel** : Les mathématiques modernes, (Le Seuil), coll. Microcosme.

LA CONNAISSANCE DU VIVANT

Rostand : Esquisse d'une histoire de la biologie, (Gallimard), coll. Idées.

* **Jacob** : La logique du vivant, une histoire de l'hérédité. (Gallimard). Voir fiche lecture, chapitre I, section 4.

Monod Jacques : Le hasard et la nécessité, (Le Seuil), en particulier chapitres 1 et 2.

Canguilhem : La connaissance de la vie, (Hachette).

CONSTITUTION D'UNE SCIENCE DE L'HOMME : LA SOCIOLOGIE

* **Durkheim** : Les règles de la méthode sociologique, (P.U.F.).

Mauss : Sociologie et Anthropologie, (P.U.F.).

Lévi-Strauss : Anthropologie structurale, (Plon).

Monnerot : Les faits sociaux ne sont pas des choses, (Gallimard). Critique de la méthode durkheimienne.

* **Aron** : Les étapes de la pensée sociologique (Gallimard) : Analyse percutante et claire de la pensée de Durkheim, Comte, Marx, Tocqueville, Weber, Pareto.

« Les peuples heureux n'ont pas de sociologie, mais ils ont des mœurs, des institutions et des lois. » **Monnerot.**

L'IRRATIONNEL

* **Schopenhauer** : Le monde comme volonté et comme représentation, en particulier Livre II, chapitres 26, 27, 28, 29 : l'intelligence, la raison n'est pas à la racine des choses; les principes qu'elle introduit demeurent à la surface du réel parce qu'ils sont surajoutés. La réalité qui fonde les existences particulières est elle-même sans fondement, sans raison.

Heidegger : Le principe de raison, (Gallimard).

« Le privilège de l'absurdité est réservé à la seule créature humaine. » **Hobbes.**

« Ça n'a pas de sens! » **Raymond Devos.**

LE SENS

* **Spinoza** : Traité théologico-politique, (Garnier), chapitre 7 (cf. grille de lecture).

Hyppolite : Logique et existence : essai sur la logique de Hegel, (P.U.F.), en particulier étude du concept de sens, pp. 28-29.

Todorov : Symbolisme et interprétation, (Le Seuil) : Les deux méthodes principales d'interprétation d'un texte.

* **Sartre** : Qu'est-ce que la littérature? (Gallimard, coll. Idées), distinction éclairante entre sens et signification.

« Pourquoi donc citez-vous un certain Aristote en Grec? C'est, répliqua le savant, qu'il faut bien citer ce qu'on ne comprend pas du tout dans la langue qu'on entend le moins. » **Voltaire.**

« La philosophie donne moyen de parler vraisemblablement de toutes choses et de se faire admirer des moins savants. »
Descartes.

LA VÉRITÉ

- **Ouvrages classiques fondamentaux**

* **Descartes :** Méditations : 1re méditation qui oppose le doute méthodique et provisoire au doute sceptique.

Kant : Prolégomènes à toute métaphysique, (Vrin) : comment établir les conditions objectives d'une connaissance universelle et nécessaire. En particulier, paragraphes 13, 14, 36.

Heidegger : De l'essence de la vérité, (Vrin) : stimulant, mais difficile.

- **Ouvrage d'initiation**

* **Mugnier :** Le problème de la vérité, (P.U.F., coll. Initiation philosophique).

3. LA PRATIQUE ET LES FINS

« Le domaine de la liberté commence seulement là où cesse le travail qui est déterminé par la nécessité et la finalité extérieures. »
Marx.

LE TRAVAIL, LES ÉCHANGES

* **Ricardo :** Principes de l'économie politique, (Calman-Lévy), en particulier chapitre 1, détermination de la valeur d'une marchandise, comment échanger équitablement un saumon contre un daim?

Marx : Introduction à la critique de l'économie politique, (Éditions sociales), chapitre 1er. Marx utilise à contre-courant l'exemple du sauvage.

* **Marx :** Manuscrits de 1844. Opposition célèbre du travail libre et du travail aliéné.

« Il faut travailler, sinon par goût, au moins par désespoir, puisque, tout bien vérifié, travailler est moins ennuyeux que s'amuser. »
Baudelaire.

Lafargue : Le droit à la paresse, (Maspéro). Pamphlet virulent et brillant du gendre de Marx contre le dogme du travail.

Taylor : La direction scientifique des entreprises, (Dunot) : L'organisation scientifique du travail présentée par son inventeur.

Mauss : Essai sur le don, forme archaïque de l'échange. Dans Sociologie et anthropologie, (P.U.F.).

LA TECHNIQUE

« La culture se conduit envers l'objet technique comme l'homme envers l'étranger quand il se laisse emporter par la xénophobie primitive. »
Simondon.

Leroi-Gourhan : Le geste et la parole, (Albin-Michel) : Étude du rôle essentiel du développement des premières techniques dans la transformation des sociétés.

* **Heidegger :** Essais et conférences. (Gallimard) : la question de la technique.

Ellul : La technique ou l'enjeu du siècle, (Armand Colin).

* **Simondon :** Du mode d'existence des objets techniques, (Aubier, éditions Montaigne) : Critique de l'opposition dressée entre la culture et la technique au nom d'un humanisme facile; critique de mythes et de stéréotypes comme celui du robot au service d'une humanité paresseuse et comblée.

LES TEXTES CLÉS
SECTION II
LES NOTIONS DU PROGRAMME

L'ART

- **Texte fondamental**

* **Kant :** Critique de la faculté de juger. 1re partie : texte absolument capital, analyses accessibles même au débutant. Étude du jugement esthétique, définition du beau, problème de l'origine de l'œuvre d'art.

- **Art et nature**

Gombrich : L'art et l'illusion, (Gallimard), en particulier chapitre II.

- **Art et société**

Francastel : Peinture et société, (Gallimard, coll. Idées) : La représentation perspectiviste est présentée comme un mode d'expression conventionnel fondé sur un certain état de la société et des techniques.

- **L'art comme lien entre le monde intérieur et extérieur**

Huyghe : Dialogue avec le visible, (Flammarion).

- **Art et psychanalyse**

Freud : Un souvenir d'enfance de Léonard de Vinci, (Gallimard. Coll. Idées).

« Tout homme bien portant peut se passer de manger pendant deux jours, de poésie, jamais. » **Baudelaire.**

« Le beau est une promesse de bonheur. » **Stendhal.**

LA RELIGION

* **Pascal :** Pensées, (Hachette), en particulier n° 89, 574, 587.

* **Spinoza :** Traité théologico-politique, (Pléiade) : 1re partie : fondements d'une critique scientifique de la Bible.

Rousseau : L'Émile, en particulier la 4e partie qui contient la Profession de foi du vicaire savoyard, adepte de la religion naturelle.

Rousseau : Contrat Social, livre 4, chapitre : de la religion civile où sont étudiés les liens entre la religion et la société.

* **Nietzsche :** La Généalogie de la morale, (Gallimard. Coll. Idées).

Durkheim : Les formes élémentaires de la vie religieuse, (P.U.F.).

« Si les triangles faisaient un dieu, ils lui donneraient trois côtés. » **Montesquieu.**

« Une religion est un système solidaire de croyances et de pratiques relatives à des choses sacrées. » **Durkheim.**

LA SOCIÉTÉ, L'ÉTAT

* **Rousseau :** Discours sur l'origine et le fondement de l'inégalité parmi les hommes. Texte essentiel, lecture facile qui étudie la genèse de la société civile.

* **Rousseau :** Du Contrat social ou principes du droit politique. Texte capital.

* **Tocqueville :** De la démocratie en Amérique. (10/18) : quelle est la nature et quel est l'avenir des sociétés démocratiques? en particulier les 8 derniers chapitres.

Engels : Origine de la famille, de la propriété privée, de l'État. (Éditions sociales) : l'état est ici défini comme produit et masque des contradictions sociales.

« L'homme est né sujet. » **Bossuet.**

« L'homme est né libre. » **Rousseau.**

Aron : Dix-huit leçons sur la société industrielle, (Gallimard, coll. Idées).

LE POUVOIR

« Tout pouvoir sans contrôle rend fou. » **Alain.**

* **Weber :** Le savant et la politique, (Plon) : en particulier : le métier et la vocation d'homme politique où sont définis les fondements de la légitimité et l'État comme détenteur du monopole de la violence physique légitime.

LA VIOLENCE

« La guerre est un acte de violence destiné à contraindre l'adversaire à exécuter notre volonté. » **Clausewitz.**

* **Platon :** Le Gorgias, texte essentiel qui oppose la sophistique à la philosophie.
* **Clausewitz :** De la guerre, (Coll. 10/18), en particulier Livres I et VIII.

Freund : L'essence du politique, (Sirey), en particulier pp. 512-517 qui présentent une distinction éclairante entre la force et la violence.

Arendt : Du mensonge à la violence, (Calmann-Lévy).

LE DROIT

Platon : République II. Le droit et la force. Opposition du sophiste Thrasymaque et de Socrate, l'anneau de Gygès.

« Les lois sont semblables aux toiles d'araignées qui attrapent les petites mouches mais laissent passer guêpes et frelons. » **Swift.**

Mauss : Manuel d'ethnographie, (Payot). Comment distinguer la sphère du droit et celle de la morale à partir de l'étude des sociétés primitives.

* **Derathé :** Rousseau et la science politique de son temps. Ouvrage essentiel qui étudie l'origine du droit naturel, ses rapports avec le droit positif à partir de l'examen de la philosophie politique du 16e au 18e siècle.

LA JUSTICE

* **Aristote :** Éthique à Nicomaque, (Garnier-Flammarion), Livre V : les différentes formes de justice.

Hume : Traité de la nature humaine, (Aubier) : livre III : la justice est une convention humaine qui trouve son origine dans l'égoïsme.

LE DEVOIR

« Le devoir est la nécessité d'accomplir une action par respect pour la loi. » **Kant.**

* **Kant :** Fondements de la métaphysique des mœurs. Analyse du devoir, de la bonne volonté, opposition de la loi morale et de la loi juridique.
* **Nietzsche :** La Généalogie de la morale, (Gallimard, coll. Idées) : Négation de l'unité et de la transcendance de la morale. La morale des maîtres s'oppose à la morale des esclaves que le christianisme est parvenu à faire triompher.

Bergson : Les deux sources de la morale et de la religion, (P.U.F.) : Opposition radicale à la morale kantienne ; il n'y a pas opposition entre la raison et la nature, entre la liberté et la vie.

LA VOLONTÉ

* **Ricœur :** Philosophie de la volonté, (Aubier), tome 1. Le volontaire plonge dans l'involontaire : celui du corps et celui de la situation historique à laquelle l'homme appartient et qui circonscrit le champ de son action.

Jankelevitch : La volonté de vouloir, tome 3 de : « Le je-ne-sais-quoi et le presque-rien », (Seuil 1980).

« Trente moines et leur abbé ne peuvent faire braire un âne contre sa volonté. » **Cervantès.**

LA PERSONNE

* **Kant :** Fondements de la métaphysique des mœurs, (Delagrave), en particulier : opposition du prix des choses et de la dignité des personnes, pp. 148-150.

Mounier : Le personnalisme, (P.U.F. coll. « Que sais-je ? »), en particulier chapitres 2 et 3. La personne s'affirme contre le monde impersonnel de l'« **on** », le monde de l'irresponsabilité, de l'idéologie, du bavardage.

« Si un homme vaut plus lui seul que tout le reste de sa ville, il n'aurait pas raison de se vouloir perdre pour la sauver. » **Descartes.**

LE BONHEUR

* **Aristote :** Éthique à Nicomaque, (Garnier-Flammarion), livres I, VII, X. Le bien s'identifie avec le bonheur ; définitions du bonheur ; pour le sage, le bonheur est l'activité conforme à la vertu.

Kant : Fondements de la métaphysique des mœurs, (Delagrave), 2e section : le bonheur est un idéal de l'imagination, non de la raison.

« Le bonheur est une idée neuve en europe. » **Saint-Just.**

LA LIBERTÉ

• **Liberté et choix**

* **Aristote :** Éthique à Nicomaque : étude du choix réfléchi distingué de l'action volontaire.

Descartes : Lettres, (P.U.F.). Lettre au Père Mesland, pp. 113-114, distinction entre la liberté d'indifférence et le libre-arbitre.

* **Kant :** Critique de la Raison pratique. (P.U.F.), p. 29 : Tu dois, donc tu peux.

Sartre : Situations I, (Gallimard). Commentaire stimulant de la conception cartésienne de la liberté. L'être et le néant. Gallimard, pp. 561-563.

« Le plus difficile au monde est de dire en y pensant ce que tout le monde dit sans penser. » **Alain.**

• **Liberté et nécessité**

* **Spinoza :** Éthique, (Garnier-Flammarion). Livre I, prop. 28-32. Livre III, proposition 2.
La liberté consiste en cela seulement que les hommes sont conscients de leurs actes et ignorants des causes qui les déterminent.

« Tous les hommes sont des bêtes, les princes sont des bêtes qui ne sont pas attachées. » **Montesquieu.**

• **Liberté et société**

* **Rousseau :** Contrat social. Livres I, II; la liberté définie comme obéissance à la loi qu'on s'est prescrite à soi-même.

Camus : L'homme révolté, (Gallimard, coll. Idées).

4. ANTHROPOLOGIE-MÉTAPHYSIQUE-PHILOSOPHIE

ANTHROPOLOGIE

« Sans la culture qui conserve les gains passés et façonne chaque génération, selon ses modèles, l'homo sapiens ne serait qu'un singe anthropoïde terrestre. » **R. Linton.**

• ***Anthropologie culturelle***

Lévi-Strauss : Tristes Tropiques, collection 10/18. Entretiens avec Georges Charbonnier, (coll. 10/18).

R. Linton : De l'homme, (Éditions de Minuit).

• ***Anthropologie philosophique***

Kant : Anthropologie au point de vue pragmatique. Vrin. « Connaissance pragmatique de ce que l'homme en tant qu'être de libre arbitre fait ou peut ou doit faire de lui-même. »

MÉTAPHYSIQUE

• ***Sur la conception traditionnelle de la métaphysique, sur la signification et l'origine du terme, sur ses ambiguïtés :***

Gourinat : De la philosophie, tome 1, (Hachette Université). Chap. 6 : Qu'est-ce-que la métaphysique? Exposé accessible des trois étapes de la métaphysique occidentale : la notion aristotélicienne de la métaphysique - apogée et destruction de la métaphysique - la métaphysique moderne. Ce texte comporte des références bibliographiques très riches.

PHILOSOPHIE

• ***La philosophie, sa définition, son rôle dans la culture humaine***

« Jusqu'ici, on ne peut apprendre aucune philosophie : car où est-elle, qui la possède et à quoi peut-on la reconnaître? On ne peut qu'apprendre à philosopher. » **Kant.**

Gourinat : De la philosophie, tome 1, (Hachette Université). Dénonce le préjugé selon lequel la philosophie est amenée à disparaître du fait des progrès de la connaissance scientifique; en particulier chapitre 2 : Science et philosophie scientifique et chapitre 4 : Qu'est-ce que la philosophie?

• ***Critique de la tradition philosophique***

Auguste Comte : Cours de philosophie positive. (Éditions Garnier), en particulier leçon I. L'auteur, après avoir étudié les trois états par lesquels est passée l'humanité : théologique, métaphysique, positif, définit la philosophie positive qui exclut toute recherche de cause pour lui substituer le principe positiviste des lois.

« Les philosophes n'ont fait qu'interpréter le monde de différentes manières, ce qui importe, c'est de le transformer. » **Marx.**

Marx et Engels : L'Idéologie allemande. (Éditions Sociales). Critique de la philosophie idéaliste présentée comme idéologie. « Ce n'est pas la conscience qui détermine la vie, mais la vie qui détermine la conscience. »

CHAPITRE 2
QUELQUES MAÎTRES PENSEURS DE LA PHILOSOPHIE

CHRONOLOGIE

ATHÈNA PENSIVE
(stèle de marbre, milieu du Ve siècle), Athènes, Musée de l'Acropole).

... Fille du dieu suprême ; déesse
de l'intelligence, des travaux paisibles...
et des combats ! Créatrice de l'olivier,
dont elle fit cadeau aux Athéniens...

ANTIQUITÉ

	– 750 / 500	500 / 250	250 / 0	0 / 250	250 / 500	500 / 750
Événements politiques	587 Nabuchodonosor à Jérusalem	490 Marathon échec perse prépondérance d'Athènes 356/323 Alexandre Le Grand		— 27/ + 395 Empire romain	250/600 Grandes Invasions 433 Attila roi des Huns 476 Chute de l'Empire romain d'Occident	
PHILOSOPHIE	PYTHAGORE 580/500 HÉRACLITE 576/480 PARMÉNIDE 540/450 CONFUCIUS 551/479 LAO TSEU 605/520	SOCRATE 470/399 DÉMOCRITE 460/350 PLATON 429/347 ARISTOTE 384/322 PYRRHON 365/265 ÉPICURE 341/270 ZÉNON 335/265 CHRYSIPPE 281/129	CARNEADE 215/129 LUCRÈCE — 98/— 55	SÉNEQUE 4/65 ÉPICTÈTE 50/125 MARC AURÈLE 121/181 PLOTIN 205/270	SAINT AUGUSTIN 354/430	
Religion	Prophètes d'Israël BOUDDHA 563/483		Jésus-Christ — 3/30	Mani 215/277	Concile de Nicée 325	Mahomet 570/632
Art littérature	Iliade et Odyssée vers 800 Statue romaine de la louve du capitole 500	Parthénon d'Athènes 446/438 Phare d'Alexandrie 280	Vénus de Milo 200 Bibliothèque de Pergame 159	Incendie de la bibliothèque d'Alexandrie + 48		Sainte Sophie de Constantinople 537 Grande mosquée de Kairouan 670
Science		Hippocrate 450/356 Archimède 287/212 Euclide : les éléments 300		Calendrier julien + 46 Gallien 129/201		

Auteurs mentionnés dans les textes clés, fiches et grille de lecture.

Auteurs qui font l'objet d'un article : chapitre « Quelques maîtres penseurs ».

MOYEN-AGE ET RENAISSANCE

	800	900	1000	1100	1200	1300	1400	1500
Événements politiques	CHARLEMAGNE Empereur romain germanique	Naissance de l'Europe féodale Invasions normandes		1095 —— Croisades —— 1270	1215 Grande charte d'Angleterre	Voyage de Marco Polo en Chine (1271-1295) 1337 Guerre de Cent Ans 1453 1387 Empire mongol de Tamerlan Ligue Hanséatique		Formation des États européens modernes Apogée de l'empire Inca
PHILOSOPHIE	SCOT ERIGÈNE 810/880		SAINT ANSELME 1033/1109 ABELARD 1079/1142	AVERROES 1126/1198 MAIMONIDE 1135/1198	ALBERT LE GRAND 1206/1280 SAINT THOMAS 1225/1274 MAÎTRE ECKARDT 1260/1328 DUNS SCOT 1274/1308		ÉRASME 1464/1556 MACHIAVEL 1469/1527 THOMAS MORE 1478/1535	
Religion		Fondation de l'abbaye de Cluny	1054 Rupture des chrétiens d'Orient et de la papauté 1095 Prédication de la 1re croisade vers la Terre Sainte	1182-1226 Vie de St-François d'Assise	1208 Prédication de la croisade contre les Albigeois 1244 Prise de la forteresse Cathare de Montségur	1309 La papauté en Avignon 1369-1415 Jean Hus	1483-1546 Martin Luther	1509-1564 Jean Calvin 1562-1598 Guerres de religion
Art littérature	Temples d'Angkor		1040 Ste Sophie de Kiev 1065 Chanson de Roland	1163-1182 Notre Dame de Paris 1170 Tristan et Yseut	1248 Sainte Chapelle 1266-1337 Giotto	1307-1321 La Divine Comédie 1390-1441 Van Eyck	1452-1519 Léonard de Vinci 1494-1553 Rabelais	
Science technique	863 Alphabet cyrillique		1093 Ogive utilisée à la cathédrale de Durham	Moulin à vent	1214 Université d'Oxford	1330 Boussole en Italie	Vers 1440 Invention des caractères mobiles d'imprimerie européens (Gutenberg) 1473-1543 Copernic	

Auteurs mentionnés dans les textes clés, fiches et grille de lecture.

Auteurs qui font l'objet d'un article : chapitre « Quelques maîtres penseurs ».

XVIIe-XVIIIe SIÈCLES

1500 — 1550 — 1600 — 1650 — 1700 — 1750

Règnes

Absolutismes

- Charles Quint 1519/1556
- Elisabeth d'Angleterre 1558/1603
- Henri IV 1589/1610
- Boris Godounov, tsar 1598/1605
- Louis XIV 1661/1715
- Pierre Le Grand 1682/1725

Despotismes éclairés

- Marie Thérèse 1740/1780
- Frédéric II 1740/1786
- Catherine II 1762/1796
- Joseph II 1765/1790

Autres événements politiques

- 1529 Vienne assiégé par les Turcs
- 1571 Bataille navale de Lépante
- 1588 Désastre de l'Invincible Armada
- 1609 République Hollandaise des Provinces Unies.
- 1649/1660 Suspension par Cromwell de la royauté anglaise
- 1679 Promulgation de l'« Habeas corpus » au Royaume Uni
- 1685 Révocation de l'Édit de Nantes (1598)

PHILOSOPHIE

- MONTAIGNE 1533/1592
- BRUNO 1548/1600
- BACON 1561/1626
- CAMPANELLA 1568/1639
- HOBBES 1588/1679
- DESCARTES 1596/1650
- PASCAL 1623/1662
- SPINOZA 1632/1677
- LOCKE 1632/1704
- MALEBRANCHE 1638/1715
- LEIBNIZ 1646/1716
- BERKELEY 1685/1753
- HUME 1711/1776
- ROUSSEAU 1712/1778
- KANT 1724/1804

Art littérature

- Shakespeare 1564/1616
- Cervantes 1547/1616
- Rembrandt 1606/1669
- Molière 1622/1673
- La Fontaine 1621/1695
- 1703 Fondation de Saint-Petersbourg
- Bach 1685/1750
- Goethe 1749/1832
- Mozart 1756/1791

Science technique

- 1519/1522 : tour du monde (Magellan)
- 1569 : Carte du monde (Mercator)
- 1590 : Microscope (Janssen)
- Kepler 1571/1630
- Galilée 1564/1642
- 1608 : Télescope (Lippershey)
- Huygens 1629/1695
- Newton 1642/1727
- 1687 : machine à vapeur (D. Papin)
- Buffon 1707/1788
- Lavoisier 1743/1794
- 1733 : navette de tissage volante (J. Kay)
- 1747 : machine à tisser (Vaucanson)

Auteurs mentionnés dans les textes clés, fiches et grille de lecture. Auteurs qui font l'objet d'un article : chapitre « Quelques maîtres penseurs ».

XIXe-XXe SIÈCLES

1750 — 1800 — 1850 — 1900 — 1950 — 2000

Événements politiques

- 1772 premier partage de la Pologne
- 1776 Déclaration d'indépendance des États-Unis
- 1789 Révolution française
- Metternich, chancelier d'Autriche 1809/1848
- 1811 apogée de l'empire napoléonien
- Victoria d'Angleterre 1837/1901
- Bismarck, président du conseil (Prusse) 1862/1890
- MOUVEMENT DES NATIONALITÉS
- Japon : ère **Meiji** 1868/1912
- 1re guerre 1914/1918
- Staline, secrétaire du PCUS 1922/1953
- 1929 Grande crise
- Roosevelt 1933/1945
- Hitler 1933/1945
- 2e guerre 1939/1945

PHILOSOPHIE

- FICHTE 1762/1814
- HEGEL 1770/1831
- SCHOPENHAUER 1788/1860
- COMTE 1798/1857
- COURNOT 1801/1877
- KIERKEGAARD 1813/1855
- MARX 1818/1883
- NIETZSCHE 1844/1900
- FREUD 1856/1939
- HUSSERL 1859/1938
- BERGSON 1859/1941
- ALAIN 1868/1951
- BACHELARD 1884/1962
- HEIDEGGER 1889/1976
- SARTRE 1905/1980

Art littérature

- Beethoven 1770/1827
- Delacroix 1798/1863
- Victor Hugo 1802/1885
- Wagner 1813/1883
- Tolstoï 1828/1910
- Rodin 1840/1917
- Les Impressionnistes
- Debussy
- Picasso 1881/1973
- 1918 Manifeste Dada
- 1922 Fondation de la United Artists par Chaplin

Science et technique

- 1795 : système métrique (en France)
- 1814 : locomotive à vapeur (Stephenson)
- Révolution industrielle
- Pasteur 1822/1895
- 1865 Théorie chromosomique
- 1886 : ondes électromagnétiques (Hertz)
- Einstein 1879/1955
- 1908 Ford lance la chaîne du modèle T
- 1933 F. et I. Joliot-Curie : radioactivité artificielle
- 1945 Explosion de la 1re bombe atomique
- 1946 **L'ENIAC** 1er calculateur électronique mis en service (Philadelphie)
- 1961 1er vol orbital (URSS)
- 1969 Débarquement américain sur la Lune
- Essor de la robotique

Auteurs (en vert) mentionnés dans les textes clés, fiches et grille de lecture.
Auteurs (en orange) qui font l'objet d'un article : chapitre « Quelques maîtres penseurs ».

QUELQUES MAÎTRES PENSEURS DE LA PHILOSOPHIE

SOCRATE

ITINÉRAIRE

La biographie de Socrate nous est connue par l'œuvre de Platon et par les *Mémorables* de Xénophon.

- Né à Athènes d'une mère sage-femme et d'un père sculpteur, il reçoit l'éducation traditionnelle des jeunes Athéniens qui consiste essentiellement dans l'apprentissage de la lecture et de l'écriture à partir de l'œuvre l'Homère. Versé dans les doctrines philosophiques antérieures et contemporaines : Parménide, Zénon, Héraclite, il participe au renouveau de la culture entrepris par les Sophistes professeurs de rhétorique qui se préoccupent de l'homme, de son action, de son langage et qui s'efforcent d'enseigner l'art du discours plutôt que de spéculer sur la nature ou les dieux.

- Épouse Xanthippe, célèbre dans l'antiquité pour son humeur acariâtre, et dont il aura trois enfants.

- Il remplit scrupuleusement ses devoirs de citoyen en servant comme hoplite dans l'armée et en participant avec courage à la bataille de Potidée

- Appelé par le sort à siéger au Sénat des 500, manifeste sa liberté d'esprit en combattant des mesures qu'il juge injustes et garde son indépendance face aux luttes qui mirent aux prises les partis démocratique et aristocratique.

- Accomplit, pour obéir à une voix intérieure, une tâche d'éducateur à la fois public et gratuit.

- Accusé de vouloir introduire de nouveaux dieux à Athènes et de corrompre la jeunesse, reconnu coupable à une faible majorité, il irrite ses juges par son attitude ironique et est condamné à mort.

- Il refuse de se soustraire à l'application de la sentence comme ses amis lui en donnaient la possibilité ; il meurt en buvant la cigüe.

« Socrate, ce « sage homme » habile à graisser les conduits des enfantements spirituels.

Montaigne

« Si quelqu'un veut efficacement combattre pour la justice et si l'on veut néanmoins qu'il conserve la vie un peu de temps, il doit rester simple particulier et ne pas se faire homme public. »

Apologie de Socrate

QUELQUES MAÎTRES PENSEURS DE LA PHILOSOPHIE
SOCRATE

THÈMES MAJEURS

● **La méthode socratique.**

L'oracle de Delphes consulté par Chérophon, ami de Socrate, avait affirmé que Socrate était le plus sage des hommes. Que veut-il signifier par là ? Socrate, respectueux de la parole du dieu, entreprend d'interroger les Athéniens les plus réputés pour leur sagesse et découvre, lors de cette enquête, qu'aucun ne possède de véritable savoir. Lui, par contre, **l'emporte sur eux tous en cela seulement que, ne sachant rien, il ne croit pas non plus savoir.** Son art d'interroger, la **«Maïeutique»,** consiste à forcer l'interlocuteur à développer sa pensée sur une question qu'il pense connaître pour le conduire, de conséquence en conséquence, à se contredire et donc à avouer qu'il ne sait pas. Il faut donc d'abord reconnaître son ignorance en découvrant par l'analyse des opinions que nos croyances sont contradictoires. Puis, à cette ignorance il s'agit de substituer un savoir dont on puisse développer les conséquences sans contradiction. Ce savoir n'est pas donné de l'extérieur, comme si l'esprit était un tonneau vide qu'il s'agirait de remplir, c'est au contraire un savoir que chacun porte en soi et dont il faut seulement prendre conscience. La maïeutique c'est l'art d'accoucher les esprits, comme la sage-femme accouche les corps. Une proposition étant donnée, Socrate la confronte avec le plus grand nombre possible d'exemples et d'opinions, en la complétant ou en l'élargissant et le résultat, la définition qui s'applique à tous les cas, est l'objet de la science qui a pour but le général. Il faut rechercher ce qu'est chaque chose dans son essence. A la question, p. ex. : qu'est-ce que le beau, l'interlocuteur répond en énumérant des belles choses, belle femme, belle jument, bel enterrement, etc. Il faut remplacer l'énumération par la question : qu'est-ce qui est commun à toutes les choses que j'appelle belles ? **Socrate ne professe pas un savoir positif,** il se borne à mettre sur le chemin de l'interrogation, il arrache l'esprit à la sécurité des lieux communs, des idées toutes faites : c'est seulement alors que **son interlocuteur éprouvera la nécessité de rechercher ce qui, au départ de l'interrogation, semblait acquis.**

Les étapes du savoir :
- *ignorer son ignorance*
- *connaître son ignorance*
- *ignorer son savoir*
- *connaître son savoir*

Faut-il par exemple apprendre aux jeunes gens le maniement des armes ? C'est là une question controversée et qui ne peut être résolue en se rangeant du côté de l'avis qui compte le maximum de partisans ; il appartient, en effet, à celui qui sait, de trancher dans son domaine : c'est le médecin, non le cuisinier, qui doit déterminer le régime le meilleur pour la santé. Donc ici : pourquoi apprendre le maniement des armes ? Pour apprendre à être courageux. Mais qu'est-ce que le courage ? Ne pas reculer devant l'ennemi dit l'un des interlocuteurs. Sans doute, mais certaines armées ont pour tactique de reculer. Le courage consiste à agir comme il convient en présence du danger et suppose donc la connaissance de ce qui est à craindre et à éviter. Cela renvoie à la question de ce qui est juste et donc suppose que l'on ait la science du juste. Le courage dépourvu de cette connaissance n'est que la témérité dont l'animal lui-même fait preuve. **Il faut donc remplacer la question initiale par son enjeu : qu'est-ce que le juste, comment en acquérir la connaissance.**

• **Connais-toi toi même**

Il ne s'agit pas pour Socrate de se livrer à une investigation psychologique, **mais d'acquérir la science des valeurs que l'homme porte en lui.** Cette science importe essentiellement — bien avant de connaître la nature ou les dieux. Comment conduire sa vie pour être heureux ; voilà la question qui hante tous les hommes. L'opinion, confortée en cela par les sophistes, identifie le bonheur à la jouissance, au pouvoir, à la fortune, à la beauté. Sans doute tout cela n'est-il pas négligeable, mais ce sont là des biens équivoques qui peuvent nous être utiles, ou nous nuire selon les circonstances, l'usage qui en est fait. Pour qu'ils deviennent utiles, il faut que nous sachions nous en servir et si l'homme agit toujours en vue de son bien propre, il peut se tromper sur sa définition. Si nul n'est méchant volontairement, c'est d'abord parce que nul ne veut consciemment se nuire à lui-même et donc ce n'est que par accident que la conduite qu'il adopte peut éventuellement s'avérer mauvaise. Par accident, non volontairement, il faut entendre par là par ignorance : si je ne connais pas la hiérarchie des biens, je serai nécessairement malheureux. Par exemple, celui qui consacre son existence à acquérir la richesse, en viendra naturellement à nuire à autrui, donc il s'exposera à la rigueur de la loi ; de plus c'est là un bien qui dépend en large partie du hasard et qui peut échapper à tout instant. Il est donc inconcevable que sachant tout cela on puisse vouloir agir de la sorte. **C'est la science qui détermine l'action,** elle ne peut être vaincue par les passions, seulement par l'ignorance.

« Nul n'est méchant volontairement ».
Protagoras

Le primat donné à la science explique les railleries dont Socrate accable aussi bien les institutions, en particulier le tirage au sort des magistrats, que l'inspiration qui permettrait à certains de bien agir par une sorte d'illumination.

Faisant confiance au savoir et pensant que tous les hommes — fut-ce l'esclave — portent en eux le germe de ce savoir, c'est une vision délibérément optimiste que Socrate offre de l'humanité.

IMPACT

- L'influence de Socrate est essentielle pour toute l'histoire de la philosophie occidentale et cela bien qu'il n'ait rien écrit. « Père de la philosophie » pour Cicéron, mais surtout **le premier esprit qui ait déclaré une guerre ouverte avec les seules armes de l'ironie et de la logique à la superstition et aux pouvoirs qui propagent cette superstition pour maintenir par l'ignorance leurs sujets dans l'asservissement.**

- La partie polémique de l'ignorance socratique (tout ce que je sais c'est que je ne sais rien) **vise la prétention d'un savoir qui, faute de pouvoir être démontré (parce qu'il est en fait presque toujours préjugé) débouche presque automatiquement sur la violence.**

QUELQUES MAÎTRES PENSEURS DE LA PHILOSOPHIE
SOCRATE

Le refus des opinions confortables, cette interrogation ironique, cette remise en cause perpétuelle de soi, inspireront les pères fondateurs de la philosophie, Platon et Aristote, et ce sera le ferment qui travaillera de l'intérieur la philosophie à la façon de Nietzsche ou de Kierkegaard.

Socrate le premier apprend à ne pas se payer de mots, la philosophie a pour enjeu non la métaphysique mais l'existence humaine aux prises avec la violence et l'ignorance.

LE MONDE GREC ANTIQUE

La Grèce antique, géographiquement très cloisonnée, était constituée de nombreuses ***cités.*** *La cité (« polis », d'où vient le mot « politique ») est un petit État. Son territoire englobe une ville importante, la campagne et les bourgades qui entourent cette ville.*

La géographie politique de la Grèce ancienne est donc caractérisée par l'émiettement et aussi par l'épanouissement des particularismes. L'éventail des régimes politiques y était très large : monarchies, aristocraties, oligarchies, démocraties, tyrannies se succédèrent ou coexistèrent. A cette variété des expériences politiques est liée une ample, profonde et précoce réflexion sur la conduite des affaires publiques, sur la nature de la chose politique.

D'autre part, le caractère maritime de nombreuses villes et les multiples liens et contacts avec l'Afrique septentrionale, l'Occident et surtout l'Asie proche et lointaine ont certainement favorisé l'essor de la pensée grecque.

ARISTOTE

ITINÉRAIRE

- 384 : naissance à Stagire, ville de Chalcidique qui dépend du royaume de Macédoine ; l'hégémonie macédonienne s'étend sur toute la Grèce. Le père d'Aristote était le médecin du roi Amyntas II, père de Philippe de Macédoine.
- 366 : **Aristote** se rend à Athènes où il suit les cours de l'Académie jusqu'à la mort de **Platon** en 347. Il se lie avec les disciples de **Platon**, **Eudoxe**, **Xénocrate**. Selon la tradition, **Platon** lui confia l'enseignement de la rhétorique. Il diffuse les leçons de **Platon** bien qu'il n'admette pas l'ensemble des doctrines platoniciennes, en particulier la théorie des Idées.
- 347-343 : séjourne à Assos en Troade, puis à Mytilène.
- 343 : devient, à la demande de Philippe de Macédoine, le maître de son fils alors âgé de 13 ans, le futur Alexandre le Grand.
- 336 : après l'assassinat de Philippe, **Aristote** quitte la cour de Macédoine et regagne Athènes où il ouvre une école : « Le Lycée » qui sera le rival de l'Académie. **Aristote** y enseigne 12 ans, constitue une bibliothèque et rassemble des collections d'animaux et de plantes.
- 323 : à la mort d'Alexandre, **Aristote** proche du partie macédonien est tenu pour suspect. Il se réfugie à Chalcis en Eubée, ville natale de sa mère.
- 322 : meurt à Chalcis, l'année même du suicide de Démosthène qui avait violemment combattu à Athènes le parti macédonien.

THÈMES MAJEURS

- ***Primauté de l'expérience sur la méthode***

Un voyageur a besoin de deux instruments seulement, une boussole - osons un anachronisme -, afin de se diriger malgré son ignorance du terrain, et une carte, afin d'identifier les lieux en les rapportant à d'autres déjà connus. S'il ignore où il se trouve, le voyageur ainsi équipé n'a pas à s'interroger longtemps : à coup sûr, si quelque chose ne va pas, c'est soit du côté de la méthode (boussole déréglée) soit du côté de l'expérience (carte inexacte) ou bien des deux côtés ensemble.

Quels que soient le style et l'objet de notre savoir, il ne se définit que comme expérience et méthode.

QUELQUES MAÎTRES PENSEURS DE LA PHILOSOPHIE
ARISTOTE

Platon est le philosophe de la méthode, Aristote celui de l'expérience. En termes scolaires, on comprend que la philosophie, interrogation sur le savoir, puisse passer pour un ressaisissement, une actualisation constante de la pensée de ces deux hommes.

*« La philosophie commence avec **Platon** et s'achève avec **Aristote** »*
Heidegger

Pour ceux qui voudraient ignorer l'histoire de la pensée, toute discussion des thèmes aristotéliciens renvoie, au-delà du dialogue entre deux penseurs, à la question très pratique du rapport entre méthode et expérience, bref à la question de l'efficacité du savoir pour celui qui cherche la vérité du monde et le sens de la vie.

• ***La critique des idées de Platon***

On ne peut pas parler d'une opposition simple d'**Aristote** à **Platon**. Tous deux font référence à **Socrate**. Tous deux sont d'accord sur l'essentiel : philosopher c'est connaître la nature des choses, l'ordre du monde expliquant son désordre apparent. Tous deux sont grecs : puisque la civilisation grecque s'est répandue sur tout le monde méditerranéen et même largement au-delà sans perdre son originalité, elle pouvait donner naissance à la pensée philosophique, c'est-à-dire à une réflexion qui repose sur la croyance en des caractères universels, les idées, dont toutes les choses du monde seraient affectées.

« Le but de notre présente discussion c'est de montrer que, sous la dénomination de sagesse, chacun entend communément ce qui traite des premières causes et des premiers principes. »
Aristote
Métaphysique

Reste à savoir comment la connaissance des idées concerne les choses. C'est à ce propos qu'**Aristote** conteste le point de vue de **Platon**. L'expérience commune n'éprouve pas la séparation que **Platon** affirme entre nos actes et nos volontés : aussi confuses soient-elles, des intentions imprègnent nos gestes, nos façons d'agir et de voir ; il y a une rationalité de l'action humaine. Fabriquer une table, par exemple, implique des raisons qui sont comme des causes directement agissantes — sa forme, l'agencement de ces parties, les propriétés de la matière choisie, etc. C'est au point que le savoir théorique lui-même tient parfaitement compte du « désordre » des choses singulières : le médecin qu'était le père d'**Aristote** rétablissait la santé particulière de tel ou tel malade et non chez le malade en général une santé abstraite et générale. Il y a de l'idée dans le moindre usage et c'est pourquoi l'usager est encore le mieux placé pour apprécier ***la réalisation des idées dans les choses.***

L'hypothèse platonicienne de la transcendance des idées n'est pas satisfaisante non plus sur le plan du raisonnement. A part des choses, les idées platoniciennes seraient des choses spéciales auxquelles il faudrait faire correspondre d'autres idées, et ainsi de suite à l'infini. Or, malgré l'impossibilité ***logique*** de saisir une seule idée déterminée, nous sommes ***en fait*** capables de prévoir, de réaliser, d'accomplir des projets, d'influencer des décisions. Fâcheusement impressionné par l'immoralisme déclaré des sophistes, **Platon *a sacralisé l'idéal***, en exigeant un changement radical de la vie, une conversion ; il a pris le risque de rendre l'idéal inhumain.

« On est bien embarrassé de préciser l'utilité que retirerait un tisserand ou un charpentier de la connaissance de ce bien en soi et dans quelle mesure la contemplation de cette idée faciliterait la pratique de la médecine ou de la stratégie. »

Ethique à Nicomaque

QUELQUES MAÎTRES PENSEURS DE LA PHILOSOPHIE
ARISTOTE

*« **Socrate**, dont les préoccupations portaient sur les choses morales, et nullement sur la nature dans son ensemble. »*

Métaphysique

« L'être se prend en plusieurs acceptions, mais c'est toujours relativement à un terme unique, à une seule nature déterminée. »

Métaphysique

Aristote appelle ***catégories*** les déterminations des choses par lesquelles nous les connaissons. Nous n'avons d'ailleurs qu'un petit nombre d'idées ou plutôt de façons d'être, les genres ou les fonctions de ces idées sont peu nombreux. C'est pour **Aristote** la preuve qu'une science des choses physiques est possible, que leurs lois sont universelles et pas seulement générales ou détachées de leur existence singulière.

Platon a préféré la connaissance à l'expérience. **Aristote** considère que leur dissociation n'a pas de sens : ***les chemins de la connaissance sont ceux de la vie***. Cette critique de l'idéalisme platonicien se manifeste dans la conception de la nature : l'adaptation biologique, la reproduction du type dans la génération des vivants sont la marque la plus nette de l'incarnation de « l'idée » dans les choses. ***L'idée s'identifie ici avec la finalité.*** L'idée d'homme n'est pas séparable de tel être particulier, elle est en acte dans le développement parfait de l'adulte et c'est parce que de multiples accidents font obstacle à sa réalisation que se développe la croyance au caractère séparé de l'idée et du réel. La nature est « un principe immanent, agissant dans le sujet même où il réside ».

• ***L'éducation encyclopédique***

Premier cycle : d'apprentissage technique

Poétique,
Rhétorique,
Topique.

Deuxième cycle : d'instruction civique

Ethique
Politique

Troisième cycle : d'enseignement des sciences.

Mathématiques
Physique
Philosophie première (ou métaphysique).

La conséquence logique de cette confiance d'**Aristote** dans l'existence d'une raison des choses, c'est ***le projet conçu, pour la première fois, de procéder à une classification de toutes les connaissances***. L'ordre des sciences sera calqué sur la manière dont se réalise l'éducation des hommes. Or les progrès se font moins par stades que par cycles; il s'agit moins d'une accumulation que d'une amélioration, le mouvement est semblable à celui d'une vrille.

Les sciences « poétiques » ont pour objet l'activité humaine la plus naïve, celle qui s'exerce « au dehors » et dont l'intérêt réside tout entier dans le résultat : l'art ou la technique. Je fabrique les choses que je trouve utiles ou belles (ou les deux) délibérément et non pas au hasard comme agirait la nature.

Mais nous savons aussi que nos actes ont une valeur propre, indépendante de la valeur de leurs effets. C'est que la nature sociale ou politique de ce que nous faisons, donc de ce que nous sommes, s'impose à nous : il faut des sciences « pratiques » qui étudient ce fond commun qui qualifie notre situation.

Enfin il faut réserver un sort particulier aux plus désintéressées des actions humaines, celles dont la recherche de la vérité est l'unique mobile. Mais si les sciences théoriques ou "théorétiques" sont les plus nobles, ce sont aussi les plus inutiles.

On voit comment **Aristote** s'oppose ici aussi à ce qu'il croit être le défaut de son maître **Platon** : un parti pris « excessif » en faveur de la spéculation, « dédaigneuse de la vie du monde ». Le titre donné à l'œuvre logique d'**Aristote** (Organon : instrument) est à cet égard significatif. La distinction du fond et de la forme des discours, qui, dans les temps modernes fonde la constitution de la logique formelle, paraît aux yeux d'**Aristote** moins importante que l'unité profonde du discours et de son objet. La valeur des sciences ne doit pas, pour **Aristote,** recouvrir celle des individus qui s'y appliquent.

ÉTHIQUE ET POLITIQUE

Que mes actes aient une valeur propre, cela ne veut pas dire qu'ils sont détachés de tout. Une bonne action n'est pas parfaite absolument mais relativement à celui qui l'accomplit.

On ne doit pas exiger la même vertu d'un père de famille et d'un enfant. La conduite vertueuse est donc un équilibre fait de finesse et d'exactitude. Le juste milieu est moins un centre où s'annulent toutes les différences qu'un sommet, qui les surmonte. Comme science pratique de la vertu, l'éthique s'adresse à ceux qui ne sont pas toujours sages et qui n'en désirent pas moins, avec raison, être heureux. Contrairement aux sages dont le bonheur est quasi divin, contemplatif, la plupart des hommes vivent un bonheur qui dépend d'une longue habitude, d'une acquisition patiente qui doit inventer sa démarche à chaque occasion.

« C'est tout un travail que d'être vertueux; en toute chose en effet, on a peine à trouver le milieu. »

Éthique à Nicomaque

L'originalité du point de vue d'Aristote est de comprendre la vertu non comme un héroïsme mais comme l'activité raisonnable par excellence. La raison est une faculté pratique puisqu'elle nous rend capables de justifier nos actions, d'apprécier la valeur de nos passions, de considérer une situation concrète. Dans ma volonté, je reconnais certes la poussée d'un désir mais une poussée pure, si l'on peut dire, un simple appétit propre à l'être raisonnable.

L'animal a aussi ses tendances, mais elles se présentent à lui en désordre, sans synthèse possible, si bien que la plus forte l'emporte toujours, sans qu'il ait à réfléchir. Si la volonté n'est pas l'instinct, c'est qu'elle est capable de liberté parce qu'elle est une tendance sans objet particulier, ou du moins qu'aucun objet ne peut satisfaire vraiment : être heureux, c'est bien sûr satisfaire des désirs, mais c'est surtout continuer à désirer.

Aristote confirme ce privilège de la raison par une analyse, ou une investigation (pour lui, c'est tout un) des variations ou des degrés de vertu, toujours définis par rapport à un excès et un défaut. Plutôt qu'un maître en morale, l'homme vertueux est un virtuose dont l'aisance relève davantage de ce que nous appelons « expérience » que d'une application routinière de principes de comportement.

« A Olympie, on ne couronne pas les hommes les mieux bâtis, mais les vainqueurs au combat. »

Éthique à Nicomaque

Pour juger de la vertu d'un homme, il faut donc tenir compte de tout : ses dons naturels, son éducation, l'effort qu'il a dû fournir. C'est sans doute par ce réalisme, qui n'exclut nullement la précision, qu'**Aristote** se distingue des moralistes.

L'équilibre raisonnable de la conduite ne se réalise que dans la vie sociale. L'humanité véritable est un état qui s'acquiert en exerçant ***la sociabilité,*** qui distingue l'homme des bêtes et des dieux. C'est pourquoi l'éthique ne se conçoit pas sans la politique, science de l'indépendance ou autarcie, signe principal du vrai bonheur. Puisque la société est formatrice, la connaissance de sa structure rationnelle est indispensable. Aussi, **Aristote** en propose-t-il une théorie rigoureuse.

Le phénomène social fondamental y est ***la division du travail;*** source et expression de la richesse d'une cité, elle produit trois effets : la propriété, l'échange (théorie de la monnaie) et la valeur. Non seulement **Aristote** établit les éléments d'une véritable économie politique mais encore, il leur ajoute une critique systématique des sociétés marchandes : la décadence de l'esprit civique s'y manifeste dans l'essor du mercantilisme, de l'usure et du salariat. Toute richesse reposant sur le travail, il est scandaleux que la monnaie puisse porter intérêt (« enfanter la monnaie ») et le versement d'un salaire représente l'extension à l'homme libre d'un statut réservé de droit comme de fait à l'esclave.

MAÎTRES LIVRES

- Rhétorique.
- Éthique à Nicomaque.
- De l'interprétation.
- Organon (ensemble des traités de logique : en particulier Premiers Analytiques : sur le syllogisme en général et Seconds Analytiques : sur la démonstration).

IMPACT

- Le Moyen Age, à partir du XIIe siècle, s'est rallié à **Aristote**. Par réaction, les temps modernes ont été platoniciens **(Descartes, Pascal, Malebranche).**
- On assiste aujourd'hui à un retour à **Aristote. Hegel** s'est expressément présenté comme un disciple d'**Aristote**; **Husserl** également et toute la logique. Dans l'histoire de la pensée occidentale, l'influence de l'œuvre ne s'est jamais démentie. **Saint-Thomas** retenait sa métaphysique. L'optimisme lucide de **Spinoza** et de **Leibniz** rappelle la confiance d'**Aristote** dans l'accomplissement d'une vie heureuse. L'enthousiasme scientifique des Lumières rappelle son éclectisme systématique. Si **Kant** réécrit une table des catégories, sa critique de la métaphysique doit beaucoup aux objections d'**Aristote** contre **Platon**.

« On lui demandait : quelle différence y a-t-il entre les savants et les ignorants?
- Celle qu'il y a entre les vivants et les morts. »

Diogène Laërce

QUELQUES MAÎTRES PENSEURS DE LA PHILOSOPHIE
ARISTOTE

- Cette fertilité philosophique exemplaire correspond à celle de deux attitudes intellectuelles bien typées :
  - d'une part ***l'encyclopédisme*** qui affirme la continuité de l'instruction et de l'éducation, du savoir et de la conduite,
  - d'autre part, ***l'empirisme raisonnable*** qui est l'attention portée au champ limité mais infiniment riche et divers de l'expérience humaine.

« Quiconque a voyagé a pu voir combien l'homme est sympathique à l'homme. »

Cartographe du savoir, père de la science du langage, de l'économie politique, de la science du vivant (la conception finaliste de la nature a été certes un obstacle à la compréhension scientifique des êtres vivants, mais en liant le vivant à l'idée d'une finalité interne, **Aristote** avait bien perçu ce qui en fait l'originalité), penseur de la démocratie : avec **Aristote**, toute la vie profane accède au regard de la philosophie. Le sens commun est aristotélicien quand il comprend la philosophie comme un savoir-vivre.

Aristote

QUELQUES MAÎTRES PENSEURS DE LA PHILOSOPHIE

Epicure

ÉPICURE

ITINÉRAIRE :

- 341 : naissance à Samos. Son père était maître d'école et sa mère devineresse. Commence à philosopher à 14 ans : C'est la lecture de Démocrite qui le conduit à la philosophie.
- 323 : il s'installe à Athènes où il reste peu de temps, en raison semble-t-il de l'hostilité des Macédoniens d'Athènes à son égard après la mort d'Alexandre. Fut peut-être l'élève de Pamphile et Xénocrate.

  Enseigne à Lampsaque et Mytilène (Asie Mineure).
- 306 : revient à Athènes où il fonde une école de philosophie qui comptait aussi bien des femmes que des hommes et qui, pour cette raison, donna naissance à toute une série d'anecdotes scandaleuses !

  Atteint de paralysie, il trouve dans l'amitié de ses disciples une consolation.
- 270 : meurt à Athènes.

THÈMES MAJEURS :

- ***La physique : Rien ne se perd, rien ne se crée;*** l'univers reste toujours identique à lui-même et est constitué de corps et de vide, c'est-à-dire d'un espace sans matière. S'il n'y avait pas de vide, les corps formeraient une masse compacte et ne pourraient se mouvoir. Les corps eux-mêmes sont composés d'éléments indivisibles (les atomes) — de formes variées, mais invisibles. Cela heurte sans doute l'opinion de parler d'éléments invisibles, mais combien de choses dont la réalité est incontestable échappent à notre vue! Le vent n'est pas vu, c'est pourtant une réalité matérielle d'une grande puissance; les plantes, les animaux, etc. grandissent : et pourtant notre vue ne discerne pas les minuscules parcelles dont dépend leur accroissement. Ces atomes sont en nombre infini dans un vide infini. Chacun d'eux possède une pesanteur propre, tous les atomes sont emportés par leur poids, ils tombent en ligne droite dans le vide. Mais alors comment expliquer que se forment les agrégats que sont les corps? Il faut

« Il s'est avancé loin des barrières enflammées de notre univers. De l'esprit et de la pensée, il a parcouru le tout immense pour en revenir victorieux nous enseigner ce qui peut naître, ce qui ne le peut pas, enfin les lois qui délimitent le pouvoir de chaque chose. »

Lucrèce

supposer que certains atomes sont amenés, sans raison appréciable à dévier très peu de la ligne droite, donc des chocs ne peuvent manquer de se produire. Il suffit d'ailleurs qu'un seul atome ait dévié de la ligne droite pour qu'il en entraîne des centaines puis des milliers. De là les combinaisons d'atomes. C'est la théorie de la « déclinaison » des atomes, ce que Lucrèce, disciple d'Épicure, appellera « clinamen ». De ce chaos sort, non pas un monde unique, mais une pluralité de mondes séparés par des espaces vides où vivent les dieux. Mais de ces mondes, nous n'en connaissons qu'un : celui qui est éclairé et réchauffé par le soleil, la lune et les étoiles.

- ***La connaissance : l'âme est matérielle, composée d'atomes,*** mais elle ne peut subsister seule ; elle est protégée par un corps plus solide, elle permet la sensation. Chaque corps émet par sa surface une multitude de petites images, de simulacres faits à sa ressemblance. Ces simulacres flottent dans l'espace où ils se déplacent : ce sont eux qui pénètrent en nous par nos sens pendant la veille, qui s'introduisent par les pores de la peau pendant que nous dormons, de là les rêves. Ces sensations, à force de s'accumuler, permettent la connaissance, la précision ; par répétition de sensations semblables, l'homme forme des concepts, c'est-à-dire une notion générale. L'imagination consiste à former des images mentales en assemblant des éléments qui n'existent pas seuls dans la réalité : c'est là l'origine de l'erreur. Une connaissance qui ne résulte pas d'une sensation est nécessairement fallacieuse, il en est ainsi, en particulier, de toutes les spéculations religieuses.
- ***La morale : le critère du bien et du mal réside dans la sensation :*** « le plaisir est le commencement et la fin de la vie heureuse. Nous reconnaissons que c'est là notre Bien essentiel et naturel et il nous guide dans nos choix ». Mais si le plaisir est en lui-même un bien, tous les plaisirs ne doivent pas être recherchés. Il faut distinguer :

  -les désirs à la fois naturels et nécessaires : manger un morceau de pain, boire un verre d'eau, coucher à l'abri sur une planche...

  -les désirs naturels, mais non nécessaires : manger un plat raffiné, boire une boisson qui flatte le palais, désirs sexuels...

  -les désirs ni naturels, ni nécessaires : qui ont leur source dans la vie artificielle que nous menons dans les sociétés humaines : il n'y a pour eux ni modération, ni terme possible ; il convient d'y renoncer complètement.

Le sage doit donc satisfaire les premiers pour mener une vie équilibrée ; les seconds, on peut, à condition de ne pas se créer des habitudes, les satisfaire quand les circonstances sont favorables.

Les vertus du sage seront donc la prudence, la tempérance, le courage qui lui permet de vivre sans souci, de libérer le corps et l'esprit de toute inquiétude, et enfin la justice. La justice, du reste, est d'origine sociale, c'est l'ensemble des conditions que les hommes ont élaboré pour vivre en commun.

« Lorsque nous disons que le plaisir est le souverain-bien, nous ne parlons pas des plaisirs des débauchés ni des jouissances sensuelles comme le prétendent quelques ignorants qui nous combattent et défigurent notre pensée ».

Lettre à Ménecée

« Le sage n'a que des désirs limités, il méprise la mort, il n'a aucune crainte des Dieux parce qu'il s'en fait une idée juste ; il n'hésite pas s'il estime que c'est le mieux, à quitter volontairement la vie ».

MAÎTRES LIVRES

Épicure a beaucoup écrit, on lui attribue 300 ouvrages dont subsistent :

— Pensées qui présentent un résumé du système.

— Lettre à Hérodote sur la nature.

— Lettre à Pythodès sur les corps célestes.

— Lettre à Menecée sur la conduite de la vie.

IMPACT

- ***Le 1er matérialisme conséquent*** où l'on a voulu voir « l'ancêtre » des théories scientifiques modernes : tout ce qui existe est le fruit du « hasard et de la nécessité » selon la formule de Démocrite. **Karl Marx**, le fondateur du matérialisme moderne, avait choisi pour sujet de thèse de philosophie « Différence de la philosophie naturelle chez Démocrite et Épicure ».
- ***Première tentative pour donner du monde une explication naturelle*** et éliminer les idées superstitieuses qui attribuent aux dieux la plupart des phénomènes qui étonnent ou effraient.
- ***Doctrine morale qui, bien que caricaturée par ses adversaires, présente une grande cohérence.*** C'est elle qui inspirera **Freud** lorsqu'il verra dans le principe de plaisir l'une des pulsions fondamentales du vivant.

QUELQUES MAÎTRES PENSEURS DE LA PHILOSOPHIE

ÉPICTÈTE

ITINÉRAIRE

- 50 : Épictète naît à Hiérapolis en Phrygie. Fils d'esclave, esclave lui-même, affranchi à la mort de son maître Épaphrodite.
- Suit à Rome les leçons du Stoïcien Musonius Rufus, puis, quand il fut affranchi, enseigna la philosophie à Rome.

94 : quitte la ville à la suite d'un senatus consulte pris par l'empereur Domitien pour se débarrasser de la philosophie.

- Se retire à Nicopolis en Épire où il continue d'enseigner la philosophie. Meurt en 120 dans les premières années du règne d'Hadrien.

THÈMES MAJEURS

Épictète reprend la conception physique des fondateurs du stoïcisme : le monde est un grand être unique, tout ce qui existe est partie de ce tout. Mais ce tout a une âme, présente en toutes les parties et qui les unifie. Dieu est l'âme du monde, immanent au monde. Il l'anime et l'ordonne, donc règne dans le monde une nécessité absolue. Le destin régit tout.

Mais l'âme est libre, ce qui dépend de moi, c'est d'accepter l'événement au lieu de me révolter parce que je comprends que tout ce qui arrive est nécessaire.

- ***Contrairement aux fondateurs de l'école pour lesquels la physique, l'étude de la nature est primordiale, Épictète donne la première place à la morale.*** L'homme est libre et reste maître de ses pensées, quelles que soient les circonstances. Rien ne nous appartient que nos pensées et aucune puissance ne peut nous contraindre à reconnaître comme vrai ce que nous jugeons être faux.

  L'usage primordial de cette liberté est de distinguer les choses qui dépendent de nous de celles qui n'en dépendent pas.

- ***Dépendent de nous nos jugements :*** les idées que nous nous faisons des choses, nos désirs.
- ***Ne dépendent pas de nous, les choses qui ne peuvent pas être notre œuvre :*** notre corps, nos richesses, nos fonctions, l'opinion que les autres ont de nous.

« Les stoïciens comparent la philosophie à un animal : les os et les nerfs ce sont la logique, la chair c'est la morale, l'âme c'est la physique ; ou bien ils la comparent à un œuf : la coquille c'est la logique, le blanc c'est la morale, le jaune c'est la physique... »

Diogène Laërce

Le sage doit donc se pénétrer de cette distinction et il sera heureux, par opposition à l'homme du commun qui attend bonheur et malheur des choses extérieures. Le malheur vient des idées fausses que nous nous faisons.

«Ne te dis jamais philosophe et ne débite pas de belles maximes devant les ignorants. Fais plutôt ce que ces maximes prescrivent».

Manuel

- ***Cette connaissance permet au sage d'éviter de former des désirs téméraires.*** Par exemple celui de vivre, moi et mes amis, indéfiniment. L'ordre du monde est voulu par les dieux, donc il est le meilleur possible.

  « Ne dites jamais : j'ai perdu cela — dites plutôt : je l'ai rendu; mon fils est mort, je l'ai rendu… on m'a pris mon domaine — et bien cela aussi a été rendu. »

- ***Le reproche d'insensibilité fait à Épictète n'est pas fondé,*** car il proclame la valeur des liens de la famille, de l'amitié, des relations entre les hommes, mais il faut être conscient de notre situation réelle.
- ***L'accent religieux est très fort dans les entretiens :*** son Dieu est sans doute le Dieu Stoïcien et l'homme, par la connaissance, s'apparente à Dieu, mais des nuances apparaissent par rapport au stoïcisme classique. Dieu est reconnu par Épictète comme « le Père des hommes ». Il ne s'agit plus simplement d'un rapport de raison, mais presque d'un rapport entre deux personnes. L'hymne à Dieu d'Épictète s'apparente par sa tonalité aux textes de la Bible, et le Manuel a été adopté presque sans changements par des auteurs chrétiens.

MAÎTRES LIVRES

- Entretiens.
- Manuel.

Épictète ne laissa pas d'œuvres écrites, mais après sa mort on publia les notes prises par un disciple Arrien.

IMPACT

- ***La réputation d'Épictète fut prodigieuse après sa mort.*** Le Manuel fut le livre de chevet de Marc-Aurèle, l'empereur philosophe surnommé «les délices du genre humain» et auteur des «Pensées», puis les chrétiens l'adoptèrent. Beaucoup l'ont su par cœur : par exemple, Pascal dont bon nombre de pensées sont des pensées stoïciennes. ***Le jansénisme*** et sa morale austère doivent beaucoup au stoïcisme.
- ***La morale d'Épictète, qui proclame la nécessité de l'acceptation de ce qui est, a inspiré de nombreux esprits, en particulier dans les périodes de troubles.*** La seule grandeur de l'homme est dans la pensée et dans sa liberté de jugement, idée que Descartes adoptera : sa morale, malgré quelques réserves, est stoïcienne.

- ***Les impératifs du Manuel se retrouvent dans l'impératif catégorique de Kant,*** l'idéal du sage stoïcien dans la pureté de la loi morale.
- ***Les devoirs et les pouvoirs qu'Épictète*** assigne à l'homme sont toujours d'actualité, car malgré les progrès de la science et de la technique, l'homme ne peut compter que sur ses propres forces pour affronter la souffrance et la mort.

Epictète

HOBBES

ITINÉRAIRE

- 1588 : naissance près de Malmesbury, études à Oxford. Diplômé, il devient en 1608 le précepteur du comte de Cavendish, à la famille duquel il restera lié toute sa vie.
- 1621 : rencontre Bacon,.voyage avec son élève en France et en Italie où il découvre la science nouvelle de Galilée. Étudie les classiques, se prend de passion pour Euclide.
- 1640 : début de la longue crise révolutionnaire du règne de Charles-Ier (décapité en 1649). Hobbes s'exile à Paris où il restera 11 ans. Il fréquente le cercle de Mersenne qui lui communique les Méditations de Descartes, pas encore publiées, auxquelles il adressera des objections ; se brouille avec Descartes.
- 1651 : retour en Angleterre, se rallie à la dictature de Cromwell, puis se consacre à son œuvre, mais elle ne peut être publiée en Angleterre en raison du bill d'athéisme lancé par le Parlement contre lui. Soutient des controverses violentes sur la liberté et la nécessité. Nombre de réfutations de ses œuvres circulent, auxquelles il ne peut répondre directement. Mais sa renommée est considérable tant en Angleterre que sur le continent.
- 1679 : meurt à Hardwich.

THÈMES MAJEURS

- ***L'état de nature :*** c'est l'état où l'on suppose que les relations des hommes entre eux sont laissées à la libre initiative de chacun. Alors «l'homme est un loup pour l'homme». En effet, l'homme, en l'absence de toute socialisation, peut être conçu comme un mécanisme mû par le désir : est bon ce qui lui procure du plaisir, mauvais ce qui lui nuit. Il est animé jusqu'à la mort d'un désir perpétuel de puissance, mais cette avidité à jouir de la vie, les autres hommes l'éprouvent aussi et chacun va s'efforcer de triompher de l'autre par la force ou la ruse. De plus, si l'on considère les choses en gros, tout homme est l'égal d'un autre en sorte que la rivalité sera permanente. Une telle vie est « solitaire, pauvre, grossière, abêtie et... courte ». Ce qui distingue l'homme de l'animal, c'est qu'il ***est doué de raison***, et ***il***

faut entendre par là l'aptitude à prévoir dans le temps l'effet de ses comportements : il sait ainsi qu'il vaut mieux parfois renoncer à une satisfaction immédiate pour se procurer ultérieurement un plaisir plus grand ou plus durable. D'autre part, à côté de son avidité, il est animé de l'espoir d'une vie tranquille et de la crainte d'une mort violente. Or, sans règles établies, les relations de guerre vouent inéluctablement chacun à une mort prématurée.

- ***L'état social :*** pour toutes ces raisons, les hommes décident de trouver une façon raisonnable de vivre ensemble, sous peine de destruction et ainsi s'explique la création de l'État. La société n'est pas naturelle, l'homme n'est pas naturellement sociable, il ne recherche la compagnie des autres que par intérêt : ***la société politique est l'œuvre artificielle d'un pacte volontaire, d'un calcul;*** tous les hommes sont égaux par nature, ils vont renoncer à l'exercice de leur puissance et donner à l'un d'entre eux tout pouvoir pour organiser les règles de la vie sociale avec un seul impératif : assurer la sécurité — en échange, chacun renonce à sa liberté naturelle.
- ***Rôle du souverain :*** il est d'abord le pouvoir suprême reconnu par tous qui décide de la loi : est juste ce qu'elle ordonne, injuste ce qu'elle interdit ; pouvoir absolu puisqu'il peut changer la loi et qu'il n'y est pas assujetti. ***Pour lui, un seul impératif : assurer la sécurité et la prospérité de ses sujets qui lui doivent une obéissance totale.*** Ayant renoncé, au profit du souverain, à leur liberté, les hommes renoncent aussi à leur jugement personnel : il n'est pas question de contester la loi au nom d'une quelconque autorité spirituelle. Le souverain est d'ailleurs aussi le chef de l'Église. Si le souverain n'assure plus ce pour quoi il a été choisi, les sujets sont alors déliés de leur obéissance à son égard et libres, par conséquent, de choisir un autre souverain. ***Le pouvoir absolu est donc légitime tant*** que **et autant qu'il assure la paix civile.**

« Il n'y a (dans cette soumission) rien de dur, car les affaires humaines ne vont jamais sans inconvénient. L'inconvénient (de se soumettre) n'est pas imputable au pouvoir souverain, mais aux hommes eux-mêmes. Car s'ils savaient se gouverner par l'autorité qu'ils ont chacun sur eux-mêmes..., ils n'auraient pas besoin de former des sociétés civiles ni d'être soumis à une autorité commune. »

D'une part il y a véritable divinisation du souverain, mais d'autre part nulle mystique : le souverain n'a pas pour fonction de changer la nature humaine, son rôle est purement utilitaire.

Hobbes appelle ce souverain ***Léviathan :*** c'est l'indomptable et terrifiant dragon biblique dont parle le Livre de Job ; aucune puissance sur terre ne peut lui être comparée.

MAÎTRES LIVRES

1642 : De Cive : du citoyen.

1651 : Léviathan ou la matière, la forme et la puissance d'un état écclésiastique et civil.

1659 : De homine : de l'homme.

IMPACT

- ***Farouchement contesté de son vivant*** et après sa mort (Rousseau : « le système monstrueux de Hobbes »), il s'attache à la racine du pouvoir politique : il n'a pas d'origine divine, mais il n'en est pas moins absolu, et cela en raison du rôle qui est le sien.
- ***Par sa négation d'une idée universelle et morale du droit :*** il est à l'origine des conceptions totalitaires de l'État, avec cependant une réserve : les sujets ont non seulement le droit, mais encore le devoir de rejeter par tous les moyens un pouvoir qui n'assure pas leur sécurité et leur prospérité.
- ***C'est l'intérêt et l'intérêt seul*** qui peut amener les hommes à conclure des pactes. Mais la paix est un état précaire, elle repose sur l'équilibre des forces et non sur une quelconque bonne volonté.

Frontispice de Leviathan

QUELQUES MAÎTRES PENSEURS DE LA PHILOSOPHIE

DESCARTES

ITINÉRAIRE

- Né en 1596 en Touraine, orphelin très tôt de mère, études brillantes et précoces au Collège Royal de La Flèche tenu par les Jésuites, bachelier et licencié en droit canon à Poitiers en 1616.

Descartes

- En 1618 : s'engage, comme le faisaient souvent les jeunes gens bien nés, dans l'armée de Maurice de Nassau aux Pays-Bas. Lors d'un cantonnement de l'armée à Breda, il rencontre Beeckman qui lui révèle la nouvelle physique à laquelle il adhère avec enthousiasme ; puis passe en Allemagne pour le couronnement de l'Empereur et s'engage une fois encore dans les troupes de Maximilien de Bavière qui combat contre le roi de Bohème (début de la guerre de Trente Ans) puis revient en France où il règle la succession de sa mère : il se trouve assez de biens pour ne pas avoir à prendre un métier.
- 1625-1628 : séjour à Paris où il fréquente le milieu des savants ; rencontre le cardinal de Bérulle qui l'engage à se consacrer à la philosophie pour concilier la nouvelle physique, le mécanisme, et le Christianisme. Il s'agira de montrer que non seulement il n'y a pas incompatibilité entre science et religion, mais encore que les vérités du christianisme sont nécessaires pour fonder la physique nouvelle.
- 1629 : se fixe en Hollande où il trouve le climat intellectuel nécessaire à ses travaux et il y restera, à l'exception de quelques voyages, jusqu'en 1649. Il se consacre d'abord à son œuvre scientifique — mathématique et physique jusqu'en 1637, ensuite à la philosophie qui surplombe la science, sans toutefois jamais apparaître comme sa rivale. Il entretient, à partir de 1645, une correspondance avec la Princesse Elisabeth, fille aînée de Frédéric de Bohême, qui avait été déchu de son trône en 1620. Dans cette correspondance, il formulera sa morale définitive.
- 1650 : meurt à Stockholm, où l'avait appelé la reine Christine de Suède.

QUELQUES MAÎTRES PENSEURS DE LA PHILOSOPHIE
DESCARTES

THÈMES MAJEURS

• *La connaissance*

Constituer un savoir qui apporte dans tous les domaines la certitude jusque-là réservée aux mathématiques. « Toute la philosophie est comme un arbre dont les racines sont la métaphysique ; le tronc est la physique et les branches qui sortent de ce tronc sont toutes les autres sciences qui se réduisent à trois principales, à savoir : la médecine, la mécanique et la morale. » (Principes de la philosophie).

Par intuition j'entends non pas le témoignage changeant des sens ou le jugement trompeur d'une imagination qui compose mal son objet mais la conception d'un esprit pur et attentif...

Règles pour la direction de l'esprit III.

Toute connaissance vraie suppose deux opérations, l'intuition qui nous en présente les termes, la déduction qui les lie et qui permet de s'élever du simple au complexe. La méthode consiste à éliminer tout ce que nous admettons sans raison : c'est le ***doute méthodique,*** très différent du doute sceptique pour lequel la raison est incapable d'atteindre le vrai. Il faut tenir pour faux tout ce en quoi peut se glisser la plus légère suspicion d'erreur, « ne recevoir jamais aucune chose pour vraie que je ne la connusse, évidemment être telle, c'est-à-dire éviter soigneusement la précipitation et la prévention et de ne comprendre rien de plus en mes jugements que ce qui se présenterait si clairement et si distinctement à mon esprit que je n'eusse aucune occasion de le mettre en doute ». (Discours de la méthode, 2e partie)

• *Le Monde*

Le monde sur lequel porte la connaissance est dépouillé de toute réalité propre, la nature n'a pas de profondeur, pas de fin. Elle est ***créée à chaque instant par Dieu.*** Cette nature est toute entière offerte aux prises de la connaissance et à l'activité technique de l'homme. Sont détruites les barrières qui, traditionnellement, opposaient physique et astronomie, matière et vie. Tout peut être expliqué par les lois du mouvement exprimées en langage mathématique. L'animal est un automate, le corps s'explique par le ***mécanisme.***

• *L'homme*

« Je suis, j'existe : cela est certain ; mais combien de temps ? à savoir autant de temps que je pense ; car peut-être se pourrait-il faire, si je cessais de penser, que je cesserais en même temps d'être ou d'exister ».

Méditations Métaphysiques II.

Cette analyse du monde s'accompagne d'une conscience aiguë de ce que l'homme vaut mieux que ce qu'il peut faire et penser. Les ***Méditations*** établissent la preuve du primat de l'esprit et de sa nature entièrement différente du corps. La démarche philosophique consiste à passer de l'objet pensé à la pensée de l'objet. Je peux douter de tout : de l'évidence sensible, des mathématiques, de l'existence même de Dieu, mais non de mon activité intellectuelle qui me révèle un être tel que les plus extravagantes suppositions des sceptiques ne sauraient entamer la certitude de son existence : « ***je pense, donc je suis.*** » Ce sera la première vérité de la philosophie nouvelle. Je pense, mais je ne suis pas seul, car l'examen de mes idées me conduit à affirmer l'existence de Dieu, lui-même garant des vérités mathématiques qui nous permettent, par leurs applications pratiques, d'agir sur le monde. Se trouve ainsi assurée l'existence du monde, champ de l'activité de l'homme.

• ***La morale***

L'homme concret n'est pas cependant cette âme, cette substance pensante révélée par l'activité rationnelle ni non plus le corps connu par la physique. Comment penser les rapports de l'âme et du corps? Telle sera la question posée par la Princesse Elisabeth.

Il ne s'agit pas d'ériger des règles de conduite universelles; jamais Descartes ne se pose en réformateur de la conduite d'autrui; ce qui est essentiel, c'est le perfectionnement individuel. On trouve intimement mêlées dans cette morale, conceptions stoïciennes, épicuriennes et chrétiennes, le point central en sera la juste estimation des biens. ***Dans cette hiérarchie des biens, le rang suprême sera donné à la liberté, non au savoir.*** Ainsi Descartes récuse-t-il l'intellectualisme moral, il ne suffit pas toujours de «bien juger pour bien faire». La correspondance avec la Princesse Elisabeth donne à l'intention droite le rôle majeur: ***la morale ne peut en aucun cas dériver de la seule connaissance.***

MAÎTRES LIVRES

- 1628 Règles pour la direction de l'esprit.
- 1637 Discours de la méthode pour bien conduire sa raison et trouver la vérité dans la science.
- 1641 Méditations.
- 1644 Principes de la philosophie.
- 1649 Les passions de l'âme.

IMPACT

- **Rejet de l'autorité :** ce qui est essentiel, c'est de juger par soi-même, de ne donner son assentiment qu'à ce que nous pouvons comprendre clairement et démontrer rationnellement. Il vaut mieux avoir bien en vue ce dont on parle que de parler selon les règles de la rhétorique. Le 18e siècle érigera en règle absolue cette exigence que Descartes avait limité à l'ordre du savoir, en l'étendant aux domaines jusque-là interdits de la morale, de la politique, de la religion.
- **Les mathématiques** constituent désormais le modèle et le langage de toute connaissance scientifique : elles substituent la quantité mesurée à la qualité sentie. **La connaissance nous permet de nous rendre comme «maîtres et possesseurs de la nature»; c'est à l'homme qu'il appartient de modeler le monde selon ses volontés propres.**

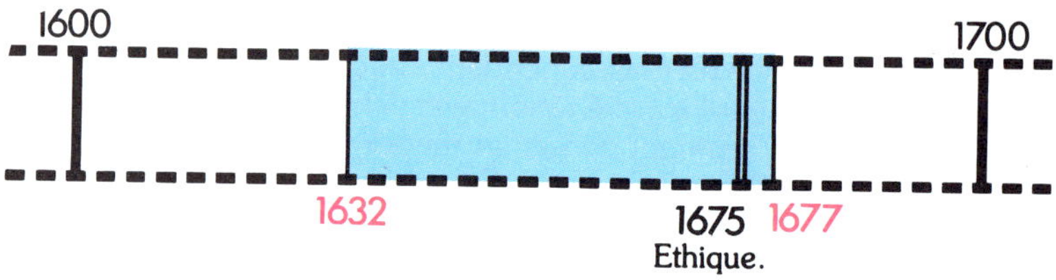

SPINOZA

ITINÉRAIRE

• 1632 : naissance à Amsterdam dans une famille juive originaire du Portugal.

• 1639-1650 : suit les cours d'une école hébraïque où il étudie la Bible, le Talmud, l'hébreu. Apprend dans sa famille l'espagnol, le portugais, ainsi que l'allemand, le hollandais, le français. Travaille dans la maison d'importation de son père.

• 1652-1655 : études latines chez Van Den Emden, rencontre des protestants libéraux. Apprend le latin, le grec. Se familiarise avec la philosophie de **Descartes** et la science nouvelle ; entreprend une étude critique de la Bible.

• 1656 : excommunié de la communauté juive d'Amsterdam : qualifié à la fois de juif et d'athée, il entreprend d'expliquer son point de vue sur la religion.

• 1656-1660 : travaille avec son père, apprend la taille des verres optiques. Il vivra de ce métier, fabriquant des verres pour les lunettes, les télescopes ; il y acquerra une grande renommée.

• 1660 : s'installe à Rijnsburg près de Leyde, où il forme un cercle d'études avec des amis protestants ; Jarig Jelles, Simon de Vries, Peter Balling ; il compose le Traité de la Réforme de l'entendement, les Principes de la Philosophie de **Descartes**, le 1er livre de l'Éthique.

• 1663 : rencontre Jan de Witt, Grand Pensionnaire des Provinces Unies, dont il admire le libéralisme. Quitte Rijnsburg pour Voorburg près de La Haye. Compose le Traité théologico-politique qui sera publié anonymement en 1670.

• 1670 : s'installe à La Haye où il vit sous la protection de Jan de Witt qui sera assassiné en 1672 avec son frère par les partisans du prince d'Orange soutenu par les Calvinistes.

Spinoza veut placarder sur les murs de la ville une affiche stigmatisant cet assassinat « Ultimi Barbarorum ». Il en est empêché par un ami. La république libérale de Hollande est remplacée par le régime autoritaire du prince d'Orange Guillaume III. Spinoza vit la résurgence du fanatisme politique et religieux.

• 1673 : refuse une chaire de philosophie à Heidelberg.

• 1676 : reçoit la visite de **Leibniz** auquel il communique le dernier manuscrit de l'Éthique.

« Quand l'expérience m'eut enseigné que dans le cours ordinaire de la vie tout est vain et futile, comme je constatais que tout ce qui était pour moi cause ou objet de crainte était bon ou mauvais, non pas en soi-même mais en tant seulement que j'en étais ému, j'en vins à décider de chercher s'il n'existait pas quelque chose qui fut un bien véritable... dont la découverte et la possession me fissent éprouver pour l'éternité une joie permanente et souveraine ».
Traité de la réforme de l'entendement.

• 1677 : meurt d'une maladie pulmonaire aggravée par l'inhalation des poussières de verre; ses manuscrits furent publiés à la fin de l'année, grâce à un don anonyme.

THÈMES MAJEURS

• *Philosophie et rationalité*

Une conviction centrale éclaire toute la philosophie spinoziste et se retrouve dans chacune de ses propositions : l'intelligence peut parvenir au savoir absolu, l'essence de Dieu et des choses est totalement intelligible.

Comprendre que tout ce qui est procède d'un ordre éternel et immuable et à partir de cette compréhension former une société capable de permettre au plus grand nombre d'accéder à cette connaissance : telles sont les conditions de la liberté et du bonheur. Mais, si l'on considère les relations que l'homme entretient avec lui-même, avec les autres et avec Dieu, on ne peut qu'être frappé par la tristesse, la crainte voire la haine dont elles sont empreintes. L'homme pourtant comme tout être aspire fondamentalement à persévérer dans son être, à augmenter sa puissance d'agir, à passer d'une moindre à une plus grande perfection, à éprouver de la joie.

Faut-il se résigner à vivre avec les délires de l'imagination et les violences des passions ou bien peut-on, par une réforme de la manière de penser, parvenir à cet état de béatitude que la philosophie nous présente comme compatible avec la vraie nature de l'homme?

Spinoza montre (dans le Traité de la réforme de l'entendement) qu'une conversion à la pensée vraie est possible à condition de procéder à une prise de conscience. L'homme est spontanément enclin à projeter sur le monde ses propres sentiments, à imaginer la nature d'après sa propre psychologie, voire à prêter à Dieu des attributs purement humains.

« Avant tout il faut réfléchir sur le moyen de guérir l'entendement et de le purifier, autant qu'on le peut au début pour qu'il comprenne les choses facilement, sans erreur et le mieux possible. »

Traité de la réforme de l'entendement §12.

Ces mécanismes psychologiques, religieux et idéologiques, s'expliquent par la situation de l'homme dans une nature que d'abord il ne connaît pas et qui donc l'effraye. Le moyen primitif d'action sur la nature sera la prière, le sacrifice, comme si les maux inhérents à la faiblesse humaine provenaient d'une quelconque divinité toute puissante qu'il faudrait se concilier. La représentation d'un Dieu créateur, tout puissant, capable donc de suspendre le cours de la nature par des miracles est un exemple de ce délire — entretenu d'ailleurs par celui des puissances politiques dont le fanatisme et la superstition sont les meilleurs auxiliaires. De même la crainte et l'ignorance conduisent les hommes à prêter à la nature des intentions; et de façon plus générale tout ce qui est avantageux se voit qualifié de bon, et de mauvais ce qui nuit. Les hommes jugent donc du bien et du mal en fonction de leur situation propre dont ils ne saisissent pas les déterminismes. Ce qui ne peut dans ce système recevoir d'explication se verra attribué à « la volonté de Dieu, cet asile de l'ignorance ».

Il faut se déprendre de cette vision inversée de la réalité. ***Dieu c'est la nature conçue comme totalité, dont l'entendement humain ne peut concevoir que deux attributs : la pensée et l'étendue.*** Les choses particulières (les modes finis dans le vocabulaire spinoziste) expriment de leur point de vue la substance infinie. Ce sont les mathématiques qui montrent la voie à la philosophie : de même que le mathématicien définit et comprend les propriétés des figures à partir de leur définition, le philosophe doit commencer par définir Dieu (ou la Nature) pour comprendre les propriétés des choses particulières.

Par Dieu, j'entends un être absolument infini, c'est-à-dire une substance consistant en une infinité d'attributs dont chacun exprime une essence éternelle et infinie.

Éthique I
Définition 6

L'Éthique, œuvre centrale de Spinoza, se présente sous la forme d'un traité de géométrie : axiomes, postulats, définitions, propositions, démonstrations se succèdent dans un ordre rigoureux manifestant le fait que ***toute connaissance vraie se réalise par une déduction de type géométrique.*** Elle débute par la définition de l'être, cause de soi sans lequel rien ne peut être ni être connu, pour se terminer sur la puissance de l'entendement ou de la liberté humaine ; les livres II, III, IV, traitant respectivement de la nature et de l'origine de l'esprit, de l'origine et de la nature des sentiments et de la servitude humaine : c'est par la connaissance de Dieu, du monde, de soi que l'homme peut parvenir à la liberté.

• ***Les degrés de la connaissance***

« Je prie les lecteurs de distinguer soigneusement entre une idée, autrement dit un concept de l'esprit, et les images des choses que nous imaginons. Il est nécessaire aussi de bien faire la distinction entre les idées et les mots par lesquels nous désignons les choses ». La connaissance humaine comporte trois degrés :

Traité de la réforme de l'entendement §89.

Le premier (connaissance du premier genre) est purement empirique, c'est la connaissance par ouï-dire, par expérience vague, par images. Elle exprime davantage le sujet avec ses désirs et ses craintes que l'objet. Cette connaissance est fondamentalement mutilée, elle ne saisit qu'un aspect très partiel du réel. La connaissance « du premier genre » est la cause principale du fanatisme et de la superstition. Mélange de réel et de fictif, elle est le produit de l'imagination et la source des passions. Elle induit un usage ambigu du langage : nous érigeons des termes abstraits en autant de réalités objectives, les paroles permettent toutes les libertés (tous les délires) et sur ce terrain se déploient les fictions, les mythes. Les mots sont les signes des choses telles qu'elles apparaissent à l'imagination, non à l'entendement.

Le deuxième genre de connaissance, c'est la connaissance discursive qui procède par enchaînements de raisonnements, la connaissance claire et distincte telle que les mathématiques nous en fournissent l'exemple.

Le troisième genre de connaissance, c'est la connaissance intuitive, la perception évidente, immédiate d'un lien logique d'implication. Elle seule permet de parvenir à l'idée vraie, celle qui rend compte d'une réalité par la totalité de ses causes ou de ses déterminations logiques. C'est une connaissance qui relie chaque chose à toutes les autres, elle seule sera adéquate (à son objet), complète. Il sera donc nécessaire de définir l'objet par sa seule essence ou sa cause prochaine, ce n'est qu'ensuite que l'on pourra déduire ses propriétés. Par exemple, le cercle est une figure décrite par tout segment de droite dont une extrêmité est fixe et l'autre mobile. A partir de cette définition, on pourra déduire les propriétés du cercle. Par exemple : les droites menées du centre à la circonférence sont égales. Le concept de la chose (ou sa définition) doit être tel que toutes ses propriétés puissent en être déduites.

Il est remarquable que les exemples de connaissance du 3e genre (intuitive ou de l'essence) et du 2e genre (enchaînement de déductions) soient empruntés aux mathématiques ; c'est là en effet la science qui ne laisse aucune prise au délire de l'imagination ni au verbalisme.

L'idée ne consiste ni dans l'image ni dans les mots mais dans l'exercice de l'intellect qui coïncide avec son objet. La vérité ne sera donc pas du côté du senti ou du vécu, de l'existence en général, car tout ce qui s'offre à la perception sensible ou à l'imagination n'a aucune nécessité.

• ***Servitude humaine et liberté***

La connaissance du 2e et du 3e genre a pour objet de prédilection Dieu ou la nature mais la fin de cette connaissance est de libérer l'homme de la servitude des sentiments et des passions afin qu'il puisse vivre en harmonie avec ses semblables sous la conduite de la raison. La connaissance par suite ne doit pas s'arrêter devant les « mystères de l'âme humaine ou la violence des passions » : ceci aussi appartient à la nature et doit pouvoir recevoir une explication rationnelle.

« Celui qui a une idée vraie n'ignore pas qu'une idée vraie enveloppe la certitude la plus haute. Avoir une idée vraie ne signifie rien d'autre que connaître une chose parfaitement ou le mieux possible, et certes, personne n'en peut douter à moins de penser qu'une idée est quelque chose de muet comme une peinture sur un tableau et non un mode du penser, à savoir l'acte même de comprendre ».

Éthique II proposition XVIII Scolie.

Spinoza

QUELQUES MAÎTRES PENSEURS DE LA PHILOSOPHIE SPINOZA

« La puissance humaine est très limitée et infiniment surpassée par la puissance des causes extérieures. Et par conséquent, nous n'avons pas le pouvoir absolu d'adapter à notre usage les choses extérieures. »

Éthique IV
Appendice ch. XXXII

« Le bon et le mauvais ne manifestent rien de positif dans les choses... et ne sont que des modes de penser : Une même chose, la musique, est bonne pour le mélancolique, mauvaise pour celui qui est dans l'affliction, ni bonne ni mauvaise pour un sourd. ».

Éthique IV
Préface.

« Dans cette vie, nous faisons avant tout effort pour que le corps de l'enfance se change autant que sa nature le souffre et s'y prête en un autre qui soit apte à un très grand nombre de choses et se rapporte à un esprit qui soit le plus possible conscient de lui-même et de Dieu et des choses et tel que tout ce qui se rapporte à sa mémoire et à son imagination ait à peine d'importance au regard de l'entendement. »

Éthique V
Proposition XXXIX Scolie.

L'état primitif de l'homme est la passivité car la tendance à persévérer dans l'être commence par subir l'influence des modifications imposées à notre corps.

La passion, c'est d'abord la passivité : des changements liés à des causes extérieures affectent le corps et ces changements sont représentés à notre esprit par des idées confuses, tant que nous n'en connaissons ni l'origine ni le mécanisme.

Si quelque chose augmente ou diminue, favorise ou empêche notre puissance d'agir, l'idée de cette chose augmente ou diminue la puissance de penser de notre âme.

La joie, la tristesse et le désir sont les trois affections primitives dont naissent toutes les autres : la joie ce sera l'expérience du passage d'une moindre à une plus grande perfection, la tristesse l'expérience contraire ; quant au désir, il exprime la tendance de l'être à persévérer dans son être, à augmenter sa puissance d'agir. Ainsi — par les mécanismes de l'association par contiguïté, ressemblance, contraste — notre âme aimera l'objet dont elle associe l'image à sa tristesse. Mais l'analyse montre que le lien entre l'objet d'amour et l'amour est tout à fait fortuit : ce n'est pas parce qu'un objet est aimable que nous l'aimons, mais bien plutôt parce qu'il se trouve satisfaire une tendance, que nous le jugeons aimable. ***Le bien, le mal, le beau, le laid ne sont pas des propriétés des choses mais des modes d'imaginer.***

Nous sommes une partie de la nature qui ne peut se suffire à elle-même ; les passions assujétissent les individus à l'influence des circonstances extérieures mais elles n'ont qu'une nécessité de circonstance ; il est possible de réfréner l'imagination en s'attachant à la poursuite d'un bien propre à satisfaire la pensée quelles que soient les circonstances : ce bien c'est la connaissance de la nature dans sa nécessité ou, par rapport à l'homme, la connaissance de ce qu'il est de ce qu'il peut. Or « nous ne savons même pas ce que peut un corps ». (Éthique III — proposition 2 scolie).

La spéculation philosophique n'a que trop tendance à disserter sur l'âme, la conscience, l'esprit, à imaginer l'influence de l'esprit sur le corps ou vice versa.

L'esprit et le corps expriment tous deux — et de façon égale — la nature : « l'ordre des actions et des passions de notre corps va par nature de pair avec l'ordre des actions et des passions de l'esprit », car plus un corps est apte à agir et à pâtir de plus de façons à la fois, plus son esprit est apte à percevoir de choses à la fois ; et plus les actions d'un corps dépendent de lui seul et moins d'autres corps concourent avec lui à une action, plus son esprit est apte à comprendre distinctement.

Tout ce que peut un corps c'est son droit naturel, et la société a pour fonction de rendre possible le développement du maximum de puissance du corps et de l'esprit.

Isolé à la naissance, nul n'est ni raisonnable, ni fort, ni libre. L'enfant dépend au plus haut point des causes extérieures.

QUELQUES MAÎTRES PENSEURS DE LA PHILOSOPHIE
SPINOZA

Adam est l'image de l'enfance de l'humanité : triste, faible, esclave, ignorant. La société conforme à la nature de l'homme est celle où la puissance d'agir et de penser est possible, c'est-à-dire une société de laquelle la superstition serait exclue : c'est ***la superstition*** qui menace toutes les entreprises de l'homme, et aussi bien la tâche du philosophe est éminement politique : ***dénoncer les systèmes politiques qui ne pourraient s'imposer qu'en inspirant aux hommes des passions tristes dont ils profitent.***

C'est dans ***la cité*** que l'homme réalisera sa liberté. « Le sage est plus libre dans la cité où il obéit à la Loi commune que dans la solitude où il n'obéit qu'à ses passions ».

« Si deux individus s'étant mis d'accord unissent leurs forces, la puissance et par conséquent le droit dont tous deux jouissent ensemble activement au sein de la nature dépassent la puissance et le droit de chacun pris isolément.

Plus les individus qui s'unissent d'une telle alliance sont nombreux et plus le droit dont ils jouissent ensemble sera considérable. »
Traité politique I§13.

MAÎTRES LIVRES

Publiés du vivant de l'auteur :

- Principes de la philosophie de Descartes, 1663.
- Traité théologico-politique, 1670.

Posthumes

- Traité de la réforme de l'entendement, 1677.
- Éthique démontrée selon la méthode géométrique, 1672.
- Traité politique, 1677.

IMPACT

- Le XVIIIe siècle a unanimement rejeté **Spinoza,** « l'athée de système ».

  Ce rationalisme intégral qui récuse toute distinction « morale », toute subjectivité, toute finalité de la nature, ce point de vue de l'éternité qui saisit l'homme comme un simple « mode fini de la substance infinie » a violemment heurté (et continue de heurter) la prétention de l'homme à être le centre et la fin de l'univers.
- Le XIXe siècle — particulièrement les romantiques — ont réhabilité **Spinoza** en lisant son système comme une philosophie panthéiste de la nature.
- Pour qui réfléchit ***le choix est entre le spinozisme et l'irrationalisme*** : ou bien tout ce qui existe, entendons par là aussi l'homme et ses activités, peut recevoir une explication rationnelle, ou bien il faut reconnaître que l'existence n'appartient pas à la sphère de la rationalité.

  Kant proposera une solution, la seule concevable peut-être, à ce dilemme ; **Marx, Nietzsche** et **Freud** s'engageront dans la voie tracée par Spinoza en élaborant une vision naturaliste de l'homme et du monde.

LOCKE

ITINÉRAIRE.

- 1632 : naissance à Wrington près de Bristol.
- 1646 : élève à Westminster School.
- 1652-1665 : entre à Christ Church à Oxford où les professeurs s'étaient faits les avocats de la tolérance religieuse. Rebuté par la scolastique, il étudie la chimie et la médecine. Lecteur de grec puis de rhétorique, fait partie du cercle du physicien **Boyle**.
- 1665 : secrétaire de la mission diplomatique auprès de l'électeur de Brandebourg.
- 1667 : retour à Londres, devient l'ami, le médecin et le tuteur du fils de Lord Ashley qui deviendra Lord Chancelier d'Angleterre.
- 1668 : élu membre de la Société Royale de Londres.
- 1675-1679 : séjour en France à Montpellier où il se fait soigner, puis à Paris où il approfondit sa connaissance de **Descartes**.
- 1679 : retour en Angleterre, au service de Lord Ashley devenu comte de Shaftesbury, qui, pour avoir comploté contre le roi Charles II est contraint à l'exil.
- 1683-1689 : **Locke** compromis par la disgrâce de son protecteur se réfugie en Hollande. Début de sa renommée européenne, il défend la liberté religieuse, la souveraineté du peuple.
- 1689 : retour en Angleterre sous la protection de Guillaume d'Orange le futur Guillaume III.
- 1690 : Publication de l'Essai sur l'entendement humain qui eut un énorme succès.
- 1691 : se retire à Oates dans l'Essex chez des amis, où il meurt en 1704.

« Les hommes sont tous par nature, libres égaux et indépendants... et nul ne peut être dépossédé de ses biens ni soumis au pouvoir politique d'un autre s'il n'y a lui-même consenti. »
Deuxième traité du gouvernement civil.

QUELQUES MAÎTRES PENSEURS DE LA PHILOSOPHIE
LOCKE

THÈMES MAJEURS.

• *L'empirisme*

La connaissance humaine a son origine dans la sensation : « Il n'y a rien dans l'intelligence qui n'ait d'abord été dans les sens ». Contre **Descartes**, **Locke** entreprend de prouver qu'il n'y a pas d'idées innées dans l'esprit humain. « Supposons qu'au commencement l'âme est ce qu'on appelle une table rase, vide de tous caractères sans aucune idée quelle qu'elle soit : Comment vient-elle à recevoir les idées? Par quel moyen en acquiert-elle cette prodigieuse quantité que l'imagination de l'homme toujours agissante, lui présente avec une variété presque infinie? D'où puise-t-elle ces matériaux qui sont le fond de tous ses raisonnements et de toutes ses connaissances? A cela, je réponds en un mot : de l'expérience ». (Essai II 1). L'expérience peut être subdivisée en deux parties, la sensation et la réflexion. La sensation est provoquée par une action directe de l'objet, puis ces sensations sont réfléchies par la conscience et se transforment en souvenirs, images, croyances.

A partir de ces données, l'entendement va produire de nouvelles idées par abstraction — c'est-à-dire qu'il sépare par la pensée ce qui dans le réalité n'est pas séparable. Par exemple, je perçois un objet avec des caractères bien spécifiques, un fox terrier à poils courts ou bien un basset roux ou bien un caniche, je peux à partir de toutes ces sensations former l'idée abstraite du chien, ainsi du reste qu'auparavant j'avais formé l'idée abstraite du fox terrier, du basset ou du caniche — puis terme ultime du processus d'abstraction je vais dire que le « chien » est un animal qui et que… comme si « le chien » existait dans la réalité : ce qui existe c'est telle ou telle chose singulière, « chien » ce n'est qu'un nom. Comble de l'ironie, si j'étais platonicien je dirais que ce qui est seul réel c'est l'idée de chien ! On peut ainsi expliquer toutes les idées, nul besoin de faire intervenir un innéisme quelconque.

« Tant de raisonneurs ayant fait le roman de l'âme, il en a fait modestement l'histoire. »
Voltaire.

Il faut du reste remarquer que l'entendement humain s'il est passif à l'origine, puisqu'il est tributaire des sens, a par ailleurs un rôle actif : il peut combiner les idées simples en une variété presque infinie et il forme ainsi des idées complexes.

A cette conception s'ajoute une étude du langage : sa fonction est d'une part de permettre la communication entre les hommes, d'autre part de fixer et de stabiliser la pensée, mais l'utilisation du langage n'est pas sans danger : nous risquons de prendre le mot pour la chose ou encore nous utilisons souvent des mots auxquels n'est attachée aucune idée claire et distincte — c'est une tentation fréquente que de prendre « la paille des termes pour le grain des choses » (selon la formule employée par Leibniz).

« Il y a non seulement des enfants mais des hommes faits qui parlent souvent comme des perroquets, se servant de plusieurs mots par la seule raison qu'ils ont appris ces sons et qu'ils se sont faits une habitude de les prononcer. »

L'empirisme de* Locke *conduit à accorder à la probabilité un rôle essentiel dans la connaissance. Lorsqu'un fait s'accorde avec toute mon expérience et avec le témoignage constant de tous les hommes, par exemple, que le feu brûle, qu'il rend le plomb fluide… se produit une assurance qui approche de la certitude. De là le rôle essentiel accordé par **Locke** à la méthode expérimentale dans la constitution de la science.

• **Politique et Société**

La conséquence logique de cet empirisme se révèle dans la conception de l'état social et du pouvoir politique. Le fondement du pouvoir politique n'est à rechercher ni dans le droit divin ni dans la volonté absolue d'un souverain tout puissant. Or lorsqu'en 1690 paraissent les deux traités du gouvernement civil, l'œuvre de **Filmer** « Patriarcha ou le pouvoir naturel des rois » et celle de **Hobbes** « Léviathan » entendent fonder le pouvoir politique sur ces principes.

« On ne saurait prêter à une créature raisonnable l'intention de changer d'état pour être plus mal. »

Locke consacre à la réfutation du droit divin et à celui de l'absolutisme une grande part de son œuvre politique — Il s'agit là encore de revenir aux choses mêmes et de renoncer aux spéculations. Les hommes se réunissent en société pour « sauvegarder leurs vies, leurs libertés et leurs fortunes, en un mot leur propriété » — le but de la société est donc la conservation de ce qui est propre à chacun : nous pouvons en effet trouver dans l'histoire de nombreux exemples de sociétés politiques, nées d'une réunion volontaire et du consentement mutuel des hommes, et du reste l'homme reste toujours libre de quitter telle société politique qu'il juge déraisonnable. Là encore **Locke** tire la conclusion de son expérience : il choisit de quitter l'Angleterre lorsque liberté et sécurité étaient menacées.

« Ceux qui détiennent le pouvoir suprême de faire les lois en Angleterre, en France ou en Hollande ne sont pour un Indien, comme pour le reste du monde, que des hommes sans autorité. »

Le pouvoir est légitime lorsqu'il est l'émanation de la volonté populaire, la souveraineté appartient donc au peuple qui la délègue à une assemblée ou à un monarque mais il reste libre de la reprendre lorsque les représentants utilisent un pouvoir qui leur est délégué pour supprimer la liberté.

Avant Marx, Locke établit que le fondement de la propriété est le travail (second essai, chapitre 5), « toutes les fois qu'un homme fait sortir un objet de l'état où la nature l'a mis et l'a laissé, il y mêle son travail, il y joint quelque chose qui lui appartient et de ce fait il se l'approprie. Cet objet, soustrait par lui à l'état commun dans lequel la nature l'avait placé, se voit adjoindre par ce travail quelque chose qui exclut le droit commun des autres hommes » — C'est le travail qui fait la propriété et donc la propriété ne peut être que privée ; mais la loi de nature en fixe les limites : tout homme a droit à ce que lui procure son travail, mais son travail seul. Du reste la propriété privée accroît la richesse commune « un acre de terre enclose et cultivée a un rendement au moins égal à celui de dix acres d'une terre aussi riche mais restée en friche ». L'invention de la monnaie va rendre cependant nécessaire l'instauration de lois positives pour régler le droit de propriété.

MAÎTRES LIVRES.

1690 - Lettre sur la tolérance.

1690 - Deux traités sur le gouvernement civil.

1690 - Essai concernant l'entendement humain.

1693 - Quelques pensées sur l'éducation.

IMPACT.

- ***Philosophique.***
  - **Leibniz** précisera son propre système par référence à *l'Essai sur l'entendement humain* auquel il répondra par les *Nouveaux Essais*. La reconnaissance du rôle essentiel de l'expérience dans la connaissance constituera également un des points marquants de ***la théorie kantienne.***
  - **Rousseau** pour sa part reprendra nombre d'idées de **Locke** concernant l'éducation, la propriété, le pacte social.
- ***Politique.***

  Locke est le premier à formuler nettement les principes du libéralisme, à affirmer les droits naturels de l'homme. Cette vision « raisonnable » de l'homme met en garde contre les excès de théories qui sous couleur de rationalité aboutissent à la négation de l'individu.

Locke

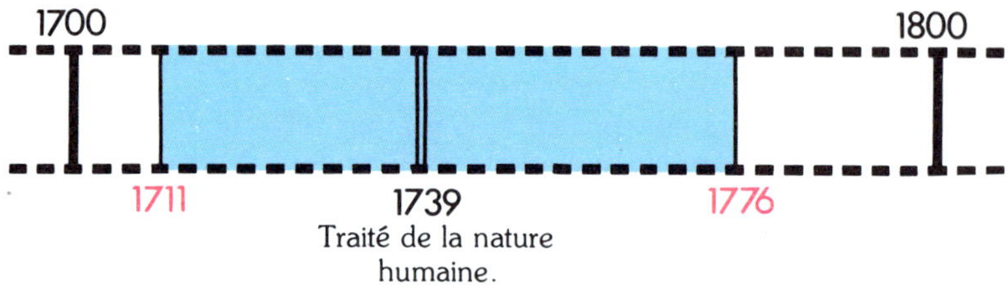

HUME

ITINÉRAIRE

- 1711 : naissance à Edimbourg. Études à l'université de 1723 à 1726, puis étudie le droit qu'il abandonne vite. S'intéresse aux lettres et à la philosophie, s'essaie dans les affaires puis part pour la France.
- 1734-1737 : séjour en France à La Flèche où l'attira peut-être le souvenir de Descartes.
- 1744 : brigue la chaire de philosophie à l'université d'Edimbourg, il échoue en raison de l'accusation d'athéisme portée à l'encontre de son Traité de la nature humaine.
- 1748 : accompagne le général Saint-Clair dans ses ambassades à Vienne et à Turin, puis essuie encore un échec, à Glasgow cette fois, pour succéder à Adam Smith dans la chaire de logique.
- 1751 : nommé bibliothécaire de la faculté de droit à Edimbourg, se livre (enfin « maître de 30 000 volumes ») à une intense activité littéraire.
- 1763 : revient en France comme secrétaire d'ambassade, d'où il repart en 1766 avec Rousseau qui fuyait la persécution des encyclopédistes. Rousseau l'accusera bientôt d'avoir partie liée avec ses ennemis et regagnera rapidement la France.
- 1769 : fatigué de la vie publique et de l'Angleterre, il s'établit à Edimbourg où il mena une vie paisible, recevant ses amis des milieux intellectuels. Il y mourut en 1776 laissant, au dire d'Adam Smith, « le souvenir d'un homme sage et vertueux, tel que la nature humaine en vit rarement de tel ».

THÈMES MAJEURS

• ***Aucune théorie générale de la réalité n'est possible :*** Hume emprunte à Locke sa théorie de la connaissance : l'homme ne peut créer des idées, il est entièrement soumis à l'expérience. Par suite, la métaphysique n'a pas de réel contenu.

Toutes nos connaissances viennent de l'expérience : ce sont des impressions fortes, actuelles ; les idées sont des impressions faibles, reflets des sensations.

QUELQUES MAÎTRES PENSEURS DE LA PHILOSOPHIE HUME

La science elle-même n'atteint jamais que des certitudes morales, entendons par là que ses vérités sont de l'ordre de la propabilité : les relations que le savant découvre entre les phénomènes lui sont données par l'expérience à partir de laquelle il généralise, mais ce passage du particulier au général, de quelques à tous est illégitime.

Il n'y a pas de causalité objective : la science affirme, pour justifier ce passage du particulier au général, que le cours de la nature est assujetti à un déterminisme objectif : les mêmes causes produisent toujours les mêmes effets. Mais, à y regarder de près, c'est là une illusion. C'est seulement parce que je saisis dans l'expérience que A succède à B, que j'affirme que B est la cause de A, mais il n'y a là nulle nécessité logique.

C'est l'habitude de voir se succéder les phénomènes dans un certain ordre qui me fait attendre A lorsque B a été perçu. Mais l'habitude est un état purement psychologique à partir duquel je n'ai pas le droit de conclure qu'il existe une nécessité quelconque dans la nature.

«Il concluait [de l'analyse de l'idée de causalité] que la raison se faisait tout à fait illusion sur cette notion, la considérant à tort comme sa progéniture alors qu'elle n'était qu'un bâtard de l'imagination, qui fécondée par l'expérience, a placé certaines représentations sous la loi d'association, faisant passer la nécessité subjective qui en dérive, c'est-à-dire une habitude pour une nécessité objective fondée sur la connaissance».

Kant
Prolégomènes

- ***A la certitude, il convient donc de substituer la probabilité. Cette idée est illustrée par l'analyse du miracle :*** le miracle constitue précisément une exception à cet ordre habituel des phénomènes : donc rien ne s'oppose à ce que l'on admette une telle dérogation à l'ordre habituel. Le calcul des probabilités va résoudre cette question : quelle est la probabilité pour que le fait miraculeux se soit effectivement produit? et en regard quelle est la probabilité que ceux qui l'ont enregistré se soient trompés ou aient voulu nous tromper? La probabilité — établie par la comparaison des cas effectivement enregistrés — nous conduit à tenir le miracle pour hautement improbable : il est beaucoup plus probable que les témoins se soient trompés ou aient voulu nous abuser!

- ***Les dialogues sur la religion naturelle tirent les conclusions sur le plan religieux*** de cette théorie de la connaissance. Sont récusées les prétentions aussi bien de la religion naturelle que des religions révélées de placer à l'origine du monde une cause absolue; de même la finalité que nous croyons saisir dans la nature — et qui donc semble révéler l'existence d'un être providentiel, provient de l'extension illégitime de l'expérience humaine : l'homme crée sans doute des objets pour son utilité, mais si le soleil brille ou si le melon est divisé en parties, il est absurde d'en conclure que cela est l'œuvre d'un dieu.

Le scepticisme est la condition de la tolérance, de la coexistence pacifique des hommes.

HUME

MAÎTRES LIVRES

1739 : Traité de la Nature Humaine.

1741 : Essais moraux et politiques.

1758 : Essais philosophiques sur l'entendement humain.

1752 : Discours politiques.

1779 : Publication posthume : Dialogues sur la religion naturelle.

IMPACT

- ***Détermine l'orientation de la pensée de Kant*** par sa critique de la causalité « Hume me tira de mon sommeil dogmatique », et par son approche phénoménologique avant la lettre, contribue à la formation de Husserl.
- ***L'empirisme devient, à partir de Hume, une doctrine qui repose sur la certitude d'un fossé infranchissable entre la logique et l'existence.*** La connaissance humaine n'existe que sur le mode de la probabilité ; ce qui, positivement, signifie que l'état présent de la science n'est jamais le dernier degré de connaissance auquel on puisse parvenir.

Hume

QUELQUES MAÎTRES PENSEURS DE LA PHILOSOPHIE

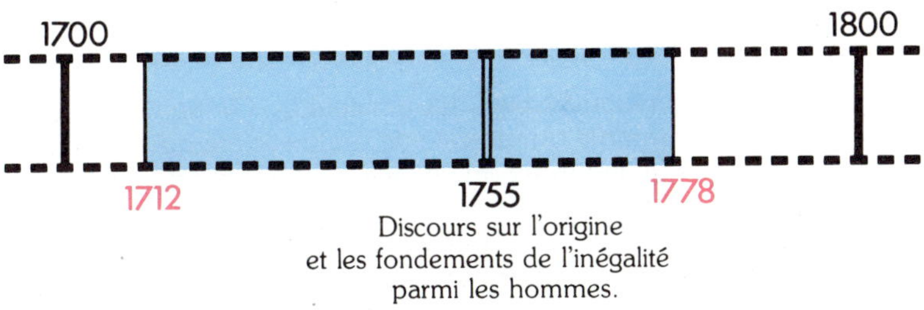

ROUSSEAU

Rousseau

ITINÉRAIRE.

- 1712 : Naissance à Genève dans une famille d'origine française; il évoquera souvent sa qualité de « Citoyen de Genève ». Orphelin de mère très jeune, il est confié en 1722 à un pasteur, puis apprend le métier de graveur.
- 1723 : Rencontre Madame de Warens qui lui fera donner une éducation catholique. Années de pérégrinations entre Lausanne, Neufchâtel, Paris, Chambéry, Lyon, Venise où il est secrétaire de l'ambassadeur de France.
- 1742 : S'installe à Paris, se lie avec le milieu des encyclopédistes en particulier **Diderot**, se répand dans la société mondaine, compose diverses œuvres musicales ; en 1745, début d'une longue liaison avec Thérèse Levasseur, lingère, inculte, dont il aura cinq enfants qu'il abandonnera à l'Assistance Publique.
- 1750 : Discours sur les Sciences et les Arts qui marque sa rupture avec l'optimisme du siècle des Lumières.
- 1755 : Discours sur l'origine de l'inégalité. Acquiert la célébrité. Polémiques nombreuses, en particulier avec **Voltaire**.
- 1756 : S'installe au château de Montmorency à l'invitation du Maréchal de Luxembourg ; il y compose l'Émile.
- 1762 : La publication de l'Émile et du Contrat Social le contraint à l'exil. Se réfugie en Suisse, puis en Angleterre auprès de **Hume**, avec lequel il se brouillera très vite.
- 1767 : Retour en France ; après diverses résidences, il acceptera à Ermenonville l'hospitalité du marquis de Girardin.
- 1778 : Meurt à Ermenonville, sépulture dans l'île des Peupliers puis en 1794, sépulture nationale au Panthéon.

« En livrant mes enfants à l'éducation publique, faute de pouvoir les élever moi-même, en les destinant à devenir ouvriers et paysans plutôt qu'aventurier et coureurs de fortune, je crus faire acte de citoyen et de père et je me regardai comme un membre de la République de **Platon** *».*
Confessions, Livre VIII.

« Depuis que j'avais secoué le joug de mes tyrans, je menais une vie assez égale et paisible ; privé du charme des attachements trop vifs, j'étais libre aussi du poids de leurs chaînes ».
Confessions, Livre X.

« Commençons donc par écarter tous les faits car ils ne touchent pas à la question. Il ne faut pas prendre les recherches dans lesquelles on peut entrer sur ce sujet pour des vérités historiques mais seulement pour des raisonnements hypothétiques et conditionnels plus propres à éclaircir la nature des choses qu'à montrer leur véritable origine ».
Discours sur l'origine de l'inégalité, 1re partie.

« L'homme naturel n'est ni antérieur, ni extérieur à la société. Il nous appartient de retrouver sa forme immanente à l'état social hors duquel la condition humaine est inconcevable, donc de tracer le programme des expériences qui seraient nécessaires pour parvenir à connaître l'homme naturel ».
C. Levi-Strauss.

« Il y a une autre qualité très spécifique (qui distingue l'homme de l'animal) c'est la qualité de se perfectionner, faculté qui à l'aide des circonstances développe successivement toutes les autres et réside parmi nous tant dans l'espèce que dans l'individu au lieu qu'un animal est au bout de quelques mois ce qu'il sera toute sa vie et son espèce au bout de 1000 ans. »
Discours sur l'origine de l'inégalité, 1re partie.

THÈMES MAJEURS.

• ***L'homme est bon par nature, c'est la société qui le corrompt.***

Cette idée maîtresse recouvre bien des ambiguités. On peut l'interpréter comme une condamnation radicale de toute société qui dépravant l'homme le rendrait malheureux. Et ce sera la postérité romantique de **Rousseau** qui exaltera l'individu incompris. Le Werther de **Goethe** appartient à cette lignée. Mais pour **Rousseau**, il ne faut pas l'entendre dans un sens aussi radical. La Société n'est pas corruptrice par essence, mais seulement un certain type de société. A vrai dire, toutes celles qui reposent sur l'affirmation de l'inégalité naturelle des hommes, oppriment l'immense majorité au profit d'une minorité de privilégiés de la naissance et de la fortune. Si en effet, on examine attentivement les inégalités entre les hommes, seules celles de leurs possessions matérielles qui, par des mécanismes comme l'héritage, sont provoquées par le type d'organisation de la société, sont indéniables. Mais c'est un sophisme, ou à tout le moins un jugement précipité de conclure que de telles inégalités ont pour origine des différences de nature. Si l'on dépouille par la pensée l'homme de tout ce qui chez lui relève du social, et donc du hasard, c'est bien l'égalité qui nous frappera : l'habileté de l'un peut compenser la force de l'autre. **Rousseau** reprend ici l'affirmation de l'égalité naturelle proclamée par les penseurs de l'école du droit naturel. ***L'homme de la nature, c'est donc la nature de l'homme.***

• ***L'homme diffère essentiellement des autres êtres naturels et en particulier de l'animal par sa perfectibilité.*** Ce qu'il est naturellement en puissance ne peut s'actualiser que dans la vie en commun. Ce n'est que parce qu'il vit en société que l'homme peut devenir moral, substituer dans sa conduite la justice à l'instinct. Il est donc le produit de l'homme, aussi bien par son éducation que par le système de législation. Et le problème fondamental sera dès lors de trouver une forme de société dans laquelle l'homme puisse préserver sa liberté naturelle et assurer sa sécurité.

« Trouver une forme d'association qui défende et protège de toute la force commune la personne et les biens de chaque associé et par laquelle chacun s'unissant à tous n'obéisse pourtant qu'à lui-même et reste aussi libre qu'auparavant ».

Le Contrat Social propose une solution à ce difficile problème : Le souverain c'est l'ensemble des membres de la société. Chaque homme est donc à la fois législateur et sujet : il obéit à la loi qu'il a lui-même établie. Cela suppose l'existence d'une volonté générale distincte de la somme des volontés particulières. Chaque homme a comme individu une volonté particulière qui le conduit à vouloir son intérêt particulier et qui en ce sens le conduit à s'opposer aux autres; mais il a aussi comme citoyen une volonté générale qui lui fait vouloir le bien de l'ensemble dont il est membre. Il appartient à l'éducation de former cette volonté générale et **Rousseau** développera ce thème dans son projet de gouvernement pour la Pologne. « C'est l'éducation qui doit donner aux âmes la force nationale et diriger tellement leurs opinions et leurs goûts qu'elles soient patriotes par inclination, par passion, par nécessité. Un enfant en ouvrant les yeux doit voir la patrie et jusqu'à la mort ne doit plus voir qu'elle ». Les personnages historiques de **Moïse** ou de **Lycurgue** sont des exemples de législateurs qui sont parvenus à former leur peuple. Il est vrai que de nos jours, on ne peut guère espérer rencontrer de tels hommes ; c'est pourquoi, à défaut d'unanimité, les lois pourront ne traduire que la volonté de la majorité.

• ***Le régime idéal est donc démocratique, mais*** **Rousseau** est conscient des difficultés d'un tel régime. En premier lieu dans les grands États, le peuple ne peut légiférer directement : il doit donc choisir des représentants et le risque est grand de voir ces représentants détourner à leur profit le mandat du peuple. D'autre part, il faut un organisme capable de faire appliquer les lois : c'est là le rôle du gouvernement. Or un gouvernement même représentatif et sous contrôle populaire peut usurper la souveraineté... ne serait-ce que parce qu'il dispose de la force publique pour veiller à l'application des lois. Et, de fait, les conflits entre le législatif et l'exécutif sont nombreux et finissent presque toujours à l'avantage de l'exécutif. La démocratie n'est pas à l'abri des coups d'état, sans compter que même si l'on suppose qu'un tel état puisse s'établir et durer, il sera aux prises avec les états despotiques voisins qui n'auront de cesse de l'assujettir. Et si les citoyens de cet état démocratique sont chrétiens, ils se laisseront subjuguer puisqu'ils sont pacifistes par principe.

Malgré tous ces obstacles, c'est là le seul espoir de mener une vie digne d'être vécue : « Un homme libre obéit mais il ne sert pas ; il a des chefs et non des maîtres, il obéit aux lois mais il n'obéit qu'aux lois et c'est par la force des lois qu'il n'obéit pas aux hommes ».

A supposer qu'un régime de liberté soit impossible à établir, il reste alors la possibilité de se consacrer à l'homme isolé. L'Émile est le projet d'éducation d'un homme libre dans une société corrompue ; il pourra former avec d'autres hommes élevés selon les mêmes principes une petite société dont le modèle est décrit dans la Nouvelle Héloïse. C'est là un pis-aller car « ce n'est qu'en devenant sociable qu'il devient un être moral, un animal raisonnable, le roi des autres animaux et l'image de Dieu sur la terre ».

« J'avais vu que tout tenait radicalement à la politique et de quelque façon qu'on s'y prit, aucun peuple ne serait jamais que ce que la nature de son gouvernement le ferait être ».

Confessions L. VIII.

« La loi réunissant l'universalité de la volonté et celle de l'objet, ce qu'un homme quelqu'il puisse être, ordonne de son chef n'est pas une loi...j'appelle donc République tout État régi par des lois sous quelque forme d'administration que ce puisse être ».

Contrat Social L. II.

MAÎTRES LIVRES.

1750 : Discours sur les Sciences et les Arts.

1755 : Discours sur l'origine et les fondements de l'inégalité parmi les hommes.

1762 : Du Contrat Social ou principe du droit politique.

1762 : Émile ou de l'éducation.

« La nuit s'avançait. J'aperçus le ciel, quelques étoiles, un peu de verdure. Cette première sensation fut un moment délicieux ».
Rêverie du promeneur solitaire.

« La première éducation doit donc être purement négative. Elle consiste non à enseigner la vertu ni la vérité mais à garantir le cœur du vice et l'esprit de l'erreur ».
L'Émile.

« A prendre le terme dans la rigueur de l'acception, il n'a jamais existé de véritable démocratie et il n'en existera jamais ».
Contrat Social L. 3.

Posthumes.

1780 : Rousseau juge de Jean-Jacques.

1782 : Confessions.

1782 : Considérations sur le gouvernement de Pologne.

IMPACT.

• ***Sur la sensibilité*** : il renouvelle la sensibilité d'un siècle libertin par l'exaltation du sentiment de soi, du sentiment de la nature. Les Rêveries du promeneur solitaire comme La Nouvelle Héloïse, constitueront la bible des romantiques.

• ***Sur l'éducation*** : l'enfant cesse avec **Rousseau** d'être un homme en miniature ; il a sa propre loi de développement que l'éducation doit respecter ; il ne faut pas brûler les étapes, le meilleur moyen de gagner du temps c'est d'abord de savoir en perdre. De nombreux pédagogues se mettront à l'école de **Rousseau**.

• ***Sur la politique*** : il définit l'idéologie moderne de l'État : la démocratie, sans nier les difficultés d'un tel régime. Ses lecteurs se nommeront **Kant, Hegel, Michelet, Marx.**

L'interprétation de son œuvre politique continue à susciter des polémiques passionnées ; pour les uns, il est le chantre de la liberté, pour les autres, le théoricien de l'état totalitaire. C'est la preuve du caractère fécond de sa pensée.

QUELQUES MAÎTRES PENSEURS DE LA PHILOSOPHIE

KANT

ITINÉRAIRE

• 1724 : naissance à Koenigsberg en Prusse Orientale (aujourd'hui Kaliningrad) dans une famille modeste. Son père était sellier, sa mère, quoique sans aucune instruction, eut sur sa formation morale une importance décisive.

Élève au collège Frédéric où il fut marqué par un enseignement piétiste rigoureux.

Kant

• 1740-1746 : étudiant à l'université de Koenigsberg où il découvre les philosophies rationalistes de **Leibniz** et de **Wolf** et la physique de Newton. Sa première œuvre en 1746 : « Pensées sur la véritable estimation des forces vives » sera consacrée à l'examen d'une théorie physique de **Leibniz.**

• 1746-1755 : précepteur dans diverses familles des alentours de Koenigsberg.

• 1755 : nommé assistant (titulaire mais sans rémunération officielle) à l'université de sa ville natale : Ce sont les étudiants inscrits à ses cours qui le rémunérent. Il enseigne des sujets fort divers, des mathématiques à la philosophie en passant par la logique et la géographie. Entre en relation avec des penseurs de premier plan (Mendelsohn, Lambert, Hamman « Le Sage du Nord »), forme des étudiants qui, comme Herder, deviendront célèbres.

Le professeur ne doit pas apprendre des pensées... mais à penser. Il ne doit pas porter l'élève mais le guider si l'on veut qu'à l'avenir il soit capable de marcher de lui-même.

Annonce de M. **Emmanuel Kant** sur le programme de ses leçons pour le semestre d'hiver 1765-1766.

• 1770 : élu professeur en titre de logique et métaphysique, poste qu'il occupera pratiquement jusqu'à sa mort. Il refusera en 1778 un poste à l'université de Halle pourtant très renommée.

• 1781 : la publication de la Critique de la Raison Pure lui confère immédiatement une notoriété européenne, partisans et adversaires vont s'affronter sur la signification de l'œuvre.

• 1781-1793 : période d'intense activité intellectuelle, échange une correspondance importante avec des interlocuteurs variés.

• 1793 : la publication de la « Religion dans les limites de la simple raison » lui vaut l'hostilité du roi Frédéric-Guillaume II et les foudres de la censure. Il lui sera interdit de traiter de sujets religieux dans son enseignement.

Durant toutes ces années, il ne s'éloignera jamais de Koenigsberg, mais s'intéressera avec passion aux événements politiques de son temps. En particulier il suivit avec enthousiasme les progrès de la Révolution Française.

• 1804 : meurt à Koenigsberg, ses dernières années ayant vu peu à peu décliner ses forces intellectuelles et physiques.

THÈMES MAJEURS

• Le projet fondamental : rendre possible la coexistence du déterminisme affirmé par la science et de la liberté revendiquée par la conscience.

Le progrès de la connaissance scientifique et l'extension de la méthode expérimentale à tous les domaines, en particulier à l'étude de l'homme, placent au XVIIIe siècle la réflexion philosophique devant un dilemme : ou bien la science est capable de rendre compte de la totalité du réel et par conséquent de reconnaître un caractère strictement déterminé aux pensées et aux actes de l'homme, ce qui revient à nier la liberté et à faire de la moralité une illusion ou une mystification, ou bien la science renonce à prendre l'homme pour objet d'étude ; elle se borne à inventorier les lois de l'univers matériel, du monde des objets, limitation qui autorise l'affirmation de la liberté et l'existence de la moralité.

La première thèse avait déjà été soutenue au XVIIe siècle par **Spinoza** : « l'homme n'est pas un empire (de liberté) dans un empire (de nécessité) »... « La liberté que tous les hommes se vantent d'avoir consiste en cela seulement qu'ils sont conscients de leurs actes et ignorants des causes qui les déterminent ».

La seconde thèse avait été soutenue par **Descartes**. La science a pour seul objet la matière, l'étendue ; l'esprit, la pensée lui échappent. Mais ce dualisme s'il sauve sa liberté ne rend pas vraiment compte de l'existence humaine : l'homme n'est ni une âme, ni une pensée : l'observation montre qu'il est impossible de faire abstraction du corps.

La philosophie des Lumières avait radicalisé cette contradiction : la philosophie ne peut être que Spinoziste ou irrationnelle. D'autre part, il n'est aucune raison sérieuse d'interdire à la science d'étendre le champ de ses investigations : pourquoi l'homme et l'homme seul, échapperait-il aux techniques de la méthode expérimentale ? Cependant il est impossible de ne tenir aucun compte de cette certitude qu'éprouve tout homme, du plus inculte au plus savant, que son existence ne se réduit pas à celle d'un morceau quelconque de matière : si j'agis, c'est parce que je me représente un but non encore donné, c'est aussi parce que je dois agir d'une certaine façon plutôt que d'une autre. La conscience d'un devoir-être réduit à néant la thèse qui voit dans la liberté une simple illusion. En bref, il est impossible de limiter le champ d'investigation de la science, mais on ne peut pas davantage nier la liberté.

La question centrale de la préface de la 2e édition de la Critique de la Raison Pure formule précisément et de façon radicale ce dilemme : « Comment du même être, par exemple de l'homme, pourrais-je dire que sa volonté est libre et qu'en même temps elle est soumise à la nécessité physique, c'est-à-dire qu'elle n'est pas libre, sans tomber dans une contradiction manifeste ? »

Ce dilemme a été mis en relief par le succès des sciences positives, qu'il est impossible, à moins d'irrationalisme, voire de mysticisme, de nier.

La solution kantienne sera donnée par la Critique de la Raison Pure théorique : ***la science porte sur les phénomènes, non sur les choses en soi.*** Connaître, ce sera ***saisir les liaisons nécessaires des phénomènes*** et la connaissance est rendue possible par la structure même de l'esprit humain.

• ***Connaître et penser***

La Critique de la Raison Pure présente un inventaire des formes a priori de l'esprit humain. D'abord la ***sensibilité*** : c'est la faculté de recevoir ***des intuitions sensibles***. Ces intuitions s'effectuent ***dans l'espace et le temps***, mais espace et temps ne sont ni des choses, ni des concepts empiriques (formés à partir d'expériences antérieures) : Ce sont des conditions a priori de la sensibilité.

Puis ***l'entendement*** : c'est la faculté de former des concepts qui permettront de lier le divers donné dans l'intuition sensible. Pour qu'il y ait ***connaissance***, il doit nécessairement y avoir ***un donné fourni par l'intuition et une mise en forme opérée par l'entendement***. La connaissance authentique (celle dont la science révèle la possibilité) ne peut être expliquée ni par l'empirisme ni par le rationalisme dogmatique. « Sans concept, les intuitions sont aveugles » ; c'est-à-dire que s'il n'existait pas un entendement unifiant le divers, les données empiriques resteraient éparpillées au hasard. Mais en contre-partie « sans intuition, les concepts sont vides » ; si aucun donné ne vient remplir le cadre fourni par le concept, il y a raisonnement dans le vide. Les sciences fournissent un exemple de connaissance universelle et nécessaire ;

« La colombe légère, lorsque dans son libre vol, elle fend l'air dont elle sent la résistance pourrait s'imaginer qu'elle réussirait bien mieux dans le vide. C'est justement ainsi que ***Platon*** *quitta le monde sensible parce que ce monde oppose à l'entendement trop d'obstacles divers et se risqua au-delà de ce monde, sur les ailes des idées dans le vide de l'entendement pur »*

Critique de la Raison Pure - Introduction.

__Platon__ remarquait fort bien que notre faculté de connaissance éprouve un besoin beaucoup plus élevé que celui d'épeler simplement des phénomènes... et que notre raison s'élève naturellement à des connaissances trop hautes pour qu'un objet que l'expérience est capable de donner puisse jamais y correspondre mais qui n'en ont pas moins leur réalité et qui ne sont nullement de simples chimères.

Critique de la Raison Pure, (Dialectique transcendantale).

la métaphysique offre au contraire l'exemple d'un fonctionnement « à vide » de l'esprit. L'esprit humain est d'abord sensibilité et entendement, mais il est aussi **Raison**, c'est-à-dire faculté des Idées — qui sont des constructions de l'esprit qui s'efforce d'atteindre l'inconditionné, l'absolu. Contrairement à ce qu'affirmait la métaphysique, ces idées ne permettent pas d'atteindre une réalité car aucun objet ne vient leur donner un contenu. **Kant** reprend de façon originale une évidence dont la métaphysique n'a pas su tirer les conséquences : l'homme pense. Qu'est-ce à dire? On peut sans doute identifier penser et connaître, et voir dans le connaître la forme achevée de la pensée : on prendra alors pour modèle la démarche et la méthode des sciences. Mais ***penser n'est pas seulement découvrir les propriétés et les relations des objets; c'est aussi et surtout dépasser toute expérience et tout objet particulier, s'efforcer d'atteindre l'inconditionné.***

Jusqu'au XVIIe siècle, connaître c'est essentiellement voir, ***contempler***. La révolution scientifique lancée par Copernic et Galilée a entraîné un changement d'état d'esprit. Connaître, ce n'est pas contempler un être hors de nous, tel qu'il serait « en soi », mais ***construire*** ; on ne peut connaître que par rapport aux structures et aux limites de l'esprit, c'est-à-dire seulement la chose pour nous, telle qu'elle nous apparaît : ***le phénomène.*** C'est pourquoi la métaphysique qui prétend atteindre ***la chose en soi*** échoue, elle ne progresse pas et le sceptique a beau jeu de dénoncer la vanité de son entreprise.

Pourtant ***la métaphysique*** témoigne d'une exigence naturelle de la Raison : elle subsisterait « quand bien même toutes les autres conquêtes de la civilisation sombreraient dans le gouffre d'une barbarie dévastatrice ». Peut-il y avoir un changement d'orientation en métaphysique analogue à celui que l'on a observé dans les sciences ? Autrement dit, la métaphysique qui, jusque-là, se bornait à contempler l'être, éventuellement à démontrer son existence, ne réussirait-elle pas mieux dans son entreprise, si, comme les sciences, elle se rendait compte que son objet n'est pas donné mais construit, ou plutôt à construire ? Que ***son objet n'est pas l'être mais le devoir être ?***

La dialectique transcendantale montre que la métaphysique s'est consacrée historiquement à trois objets dont les divers systèmes ont prétendu fournir une démonstration : le moi, le monde, Dieu. Ces trois objets ne correspondent pas à des données de l'expérience. C'est pourquoi, on peut à leur propos « prouver » n'importe quoi : qu'ils sont ceci ou cela, qu'ils existent, qu'ils n'existent pas. La dialectique de la Raison Pure consiste à passer d'une thèse à l'autre, l'illusion est inévitable car elle tient à la nature de la Raison et non à des éléments affectifs.

Contrairement aux penseurs des « Lumières » qui expliquent la métaphysique comme réponse à des besoins affectifs (l'homme a peur, il veut être rassuré, donc il démontre qu'il y a un Dieu ou au contraire qu'il n'y en a pas et donc que ses craintes sont vaines) **Kant** voit dans la métaphysique l'expression d'une tendance invincible et infatigable de la Raison à l'inconditionné, tendance constamment contrariée par les maigres résultats auxquels elle parvient.

• ***Ce besoin d'absolu se manifeste dans la question primordiale que l'homme et le philosophe se posent : Que dois-je faire?*** Cette question n'a de sens que parce que l'homme est libre. Toutes les métaphysiques sont des tentatives de réponse rationnelle à cette question et il faudrait pour bien les comprendre les remettre à l'endroit. Considérons l'épicurisme : cette philosophie se présente d'abord comme une théorie de la nature : que sont les choses? (des atomes et du vide) comment les connaître? (par la sensation) et par suite une fois que ceci est établi, semble logiquement déduite la règle de vie : je dois vivre selon la sensation, suivre la nature. Mais c'est l'ordre inverse qui est seul réel. Le philosophe a pensé : « Je dois vivre selon la nature ». Puis il a tenté de justifier ce choix et il a construit un système — en l'occurrence matérialiste.

A la question « que dois-je faire », aucune science — fut-ce celle de l'Être en tant qu'Être, ne peut répondre.

Au contraire de la connaissance qui est finie — même si elle progresse indéfiniment — ***la pensée est infinie***; cet infini n'est pas objet de savoir mais de foi. Il n'y a là ni mysticisme ni irrationalisme, c'est simplement la prise en compte de ce qu'il est des domaines qui ne relèvent pas d'un savoir de type scientifique.

Ainsi s'explique la phrase célèbre de la Critique de la Raison Pure « J'ai dû abolir le savoir pour laisser une place à la croyance ». Entendons par là, non pas abolir le savoir scientifique mais ***la prétention à atteindre par voie de démonstration ce qui relève de la liberté.***

La science peut sans doute nous donner ***les moyens*** d'atteindre efficacement ***un but, mais ce but lui-même est librement posé par le sujet.***

• ***La liberté et l'histoire***

La liberté paraît d'abord une pure illusion dans l'expérience quotidienne des passions : « C'est plus fort que moi »; j'appartiens à la nature, je suis pure « marionnette ou automate de Vaucanson ».

Une expérience cruciale conduirait à reconnaître que nous ne sommes pas mûs mécaniquement par des forces extérieures à nous. Même lorsque ma vie est en jeu, le plus bas degré de la liberté autorise encore un calcul réfléchi des plaisirs et des peines : je peux me représenter les conséquences de mes actes et en tirer une maxime d'action conforme à mon intérêt, différer la satisfaction d'un désir pour rester en vie. Mais cela ne suffit pas, car on peut alors prétendre que l'homme est déterminé dans ce cas par un désir plus puissant.

Une dernière expérience est nécessaire : être amené à choisir entre le devoir et la vie. Il est hors de doute que je dois faire mon devoir : cela signifie que je le peux car il serait absurde de se reconnaître un devoir s'il était impossible de l'accomplir.

KANT

« Supposons que quelqu'un affirme en parlant de son penchant au plaisir qu'il lui est tout à fait impossible d'y résister quand se présente l'objet aimé et l'occasion : si, devant la maison où il rencontre cette occasion une potence étaient dressée pour l'y attacher, aussitôt qu'il aurait satisfait sa passion, ne triompherait-il pas alors de son penchant : On ne doit pas chercher longtemps ce qu'il répondrait. Mais demandez-lui si, dans le cas où son prince lui ordonnerait en le menaçant d'une mort immédiate de porter un faux témoignage contre un honnête homme qu'il voudrait perdre sous un prétexte plausible, il tiendrait comme possible de vaincre son amour pour la vie si grand qu'il puisse être. Il n'osera peut-être assurer qu'il le ferait ou qu'il ne le ferait pas, mais il accordera sans hésiter que cela lui est possible. Il juge donc qu'il peut faire une chose parce qu'il a conscience qu'il doit la faire et il reconnaît ainsi en lui la liberté qui, sans la loi morale lui serait restée inconnue ».

Critique de la Raison Pratique

Est clair pour la plupart d'entre nous que si un tel cas se présentait effectivement, nous trouverions vraisemblablement toute une série d'échappatoires, de ces « bonnes raisons » dont l'animal humain est prodigue. Mais au fond de nous-mêmes, nous saurions fort bien nous incliner devant celui qui, même au péril de sa vie, agirait par pur respect du devoir.

***C'est donc la conscience du devoir qui nous conduit à postuler la liberté humaine** : **« Je dois donc je peux »**.*

Tout homme réalise pour son propre compte cette expérience ; toute personne est donc digne de respect en tant qu'être capable de jugement moral.

La moralité ne sera définie ni par la réussite, ni par l'importance de l'action accomplie, ni par la noblesse des sentiments, mais par ***la pureté de l'intention.***

L'objet de la moralité peut s'exprimer en une seule phrase : « Considérer l'humanité en notre personne et en celle d'autrui toujours comme une fin, jamais simplement comme un moyen ».

L'homme cependant n'est pas un être isolé, il vit en société, il appartient à une histoire et il semble bien qu'il y ait antagonisme entre l'expérience personnelle de la liberté et du devoir et les conditions historiques qui de toutes parts dépassent l'homme.

Quel sens y a-t-il à être moral si les autres ne le sont pas ou si les conditions historiques sont telles que l'homme est un être avili et méprisé?

Ce paradoxe de la morale, que **Sartre** placera au centre de son œuvre, pose la question du rapport de la fin et des moyens.

Kant refuse l'utilisation de moyens immoraux, pourtant il verra avec enthousiasme dans la Révolution française une preuve de la disposition morale du genre humain. Il veut interpréter l'histoire de l'humanité comme la réalisation progressive — malgré divers retours en arrière et peut-être malgré la volonté avouée des hommes qui poursuivent des buts égoïstes — de la moralité.

Il faut présumer que l'histoire a un sens sans quoi l'existence serait absurde, de même qu'il faut présumer que la liberté existe sans quoi le devoir serait un non-sens. Là encore se retrouve l'appel à la foi, à la croyance : il faut, on peut, croire que l'humanité après des guerres et des luttes finira par élaborer une forme de constitution rendant possible la liberté de chacun dans un système régi par le droit.
(Voir IIe partie - Chapitre III).

QUELQUES MAÎTRES PENSEURS DE LA PHILOSOPHIE KANT

MAÎTRES LIVRES

- Critique de la Raison Pure 1781 (2e édition, 1787).
- Prolégomènes à toute métaphysique future qui aura le droit de se présenter comme science, 1783.
- Fondements de la métaphysique des mœurs, 1785.
- Critique de la Raison Pratique, 1788.
- Critique de la faculté de juger, 1790.
- La religion dans les limites de la simple raison, 1793.
- Projet de paix perpétuelle, 1795.

IMPACT

Kant est le philosophe des antinomies : expérience et raison, mathématiques et philosophie naturelle, science et moralité, savoir et croyance : les contradictions surgissent de partout et exigent d'être surmontées. **Kant** instaure une démarche et une méthode nouvelles dans la théorie de la connaissance et dans l'ensemble des questions philosophiques : le kantisme est l'horizon de la culture contemporaine.

Sur la portée de la philosophie kantienne lire ***A. Philonenko*** *« L'œuvre de* ***Kant*** *» Vrin*

La signification et le lien des notions de liberté, d'obligation, de dignité de la personne, d'égalité juridique et morale développées par **Kant** constituent le fondement moral de notre civilisation ; la reconnaissance des domaines séparés de la science et de la croyance est le meilleur garant contre une vision « technocratique » de l'homme.

HEGEL

ITINÉRAIRE

• 1770 : Naissance à Stuttgart de **Georg Wilhelm Friedrich Hegel.** Son père était un modeste fonctionnaire de l'un des 269 États — le Wurtemberg — représentés à la diète du Saint-Empire Romain germanique. Au lycée (gymnase) de sa ville natale, il fait de bonnes études classiques et s'initie à la philosophie rationaliste de l'« Aufklärung » (Les « Lumières » allemandes).

• 1789 : **Hegel,** boursier au séminaire de théologie protestante de Tübingen, s'enthousiasme pour les débuts de la révolution française. La légende veut qu'il ait planté un arbre de la liberté avec **Schelling** et **Hölderlin,** ses compagnons d'études. Lit les penseurs à la mode comme **Lessing,** père de la critique d'art allemande et des philosophes politiques **Rousseau** et **Fichte.** N'éprouvant aucune vocation pour le sacerdoce, il devient précepteur.

• 1801-1808 : Docteur en philosophie, enseigne à l'Université d'Iéna, près de Weimar « l'Athènes de l'Allemagne », où se rencontrent deux générations intellectuelles — les classiques **Goethe** et **Schiller** et les romantiques — écrivains **Brentano, Tieck,** philosophes **Fichte** et **Schelling.**

Le romantisme est pour **Hegel** l'expression du néant politique allemand. En 1806, **Hegel** termine la Phénoménologie de l'Esprit, la veille du jour où **Napoléon** rentre dans Iéna.

• 1809 : Directeur du Gymnase à Nuremberg où il rédige la Science de la Logique. Marié en 1811 à Marie von Tucker dont il aura deux fils.

• 1816 : Obtient une chaire de philosophie à Heidelberg.

• 1817 : Professeur à l'université de Berlin, capitale de la Prusse où il acquiert sa figure définitive de « Maître penseur de l'Allemagne », ses leçons sur la philosophie du droit, de l'histoire, ses cours d'esthétique ont un grand succès.

• 1831 : Meurt à Berlin lors d'une épidémie de choléra.

« L'Allemagne n'est plus un État... Il n'y a plus de disputes pour savoir sous quel concept rentre la constitution allemande. Ce qui ne peut plus être conçu n'est plus... Ainsi reconnaît-on l'arbre auquel ont appartenu les fruits tombés du fait qu'ils gisent à ses pieds ; mais ni la place qu'ils occupent sous lui ni son ombre qu'il recouvre ne les préservent de la pourriture ni de la force des éléments auxquels ils appartiennent désormais. »

Écrits 1800-1802.

QUELQUES MAÎTRES PENSEURS DE LA PHILOSOPHIE HEGEL

THÈMES MAJEURS

• ***« La vérité n'est pas une monnaie frappée qui, telle qu'elle, est prête à être dépensée et encaissée »*** (Phénoménologie - Préface).

Connaître, c'est penser ce qui est vrai. Mais comment est-ce possible ? Les résultats obtenus par les sciences positives de la nature nous ont persuadé du pouvoir de la mathématique sur le domaine entier de la vérité. N'est connaissable que ce qui est mathématisable. Dans le moyen d'approche que constitue la méthode en général, la vérité dont le sujet se rend « maître et possesseur » est prise pour un objet et un résultat. Les cartésiens identifient méthode et « manière des géomètres » et en effet, la démarche méthodique consiste à progresser de vérité en vérité, c'est-à-dire à cumuler des unités vraies en vue du résultat qui devient à son tour, comme unité vraie, un objet manipulable. Déjà, nous prenons l'habitude de nous représenter la pensée — notre pensée cependant — comme un instrument, et la vérité, comme un objet séparé de nous. L'envers de l'efficacité cartésienne, c'est l'aliénation de la conscience devenue pure fonction. Le « je pense » est une conscience qui ne se reconnaît plus dans la vérité qu'elle pose, qui ne se connaît plus comme existence manifestant la vérité. Le sujet de l'industrie du vrai est un sujet vide. Rendre à la pensée moderne la dimension réflexive dont elle s'est privée, rendre la pensée à soi-même, telle sera pour Hegel la tâche de la philosophie.

« Les pensées vraies et la pénétration scientifique peuvent seulement se gagner par le travail du concept. Le concept seul peut produire l'universalité du savoir. Elle n'est pas l'indétermination ordinaire et l'indigence mesquine du sens commun, mais une connaissance cultivée et accomplie ; elle n'est pas l'universalité extraordinaire des dons de la raison se corrompant dans la paresse et dans l'orgueil du génie ; mais elle est la vérité qui a atteint la maturité de sa forme, authentique. La vérité susceptible d'être possédée par toute raison consciente de soi ». Phénoménologie de l'esprit. Préface.

• ***« L'absolu seul est vrai »*** (Logique)

Parce qu'elle use de soi comme méthode où seul le résultat compte, la connaissance scientifique est une pensée unilatérale ; une pensée qui a les vérités qu'elle pense, sans conscience de la pensée qu'elle est. Cette pensée sans sujet, qui n'est qu'en soi vérité, Hegel la nomme abstraction. La philosophie, au contraire, doit être la pensée qui se produit comme vérité. Un tel acte de penser, Hegel le nomme spéculation. En effet, quand il se connaît dans sa vérité, le sujet pensant à partir de soi et sur soi, accomplit l'acte de la pensée. Conscience à la fois du savoir qu'il connaît c'est-à-dire, vérité, et de la vérité qu'il est, c'est-à-dire certitude, le sujet est devenu en et pour soi vérité. Cet acte de devenir vérité est celui d'une pensée à « double sens », dialectique. ***Si la pensée scientifique est une vérité positive, c'est-à-dire unilatérale, la pensée dialectique de la conscience philosophique, étant toute la vérité, est savoir absolu.***

La dialectique est donc le mouvement d'une pensée, qui fait de la vérité, une expérience complète, un système. L'expérience philosophique de la conscience consiste à se représenter sous leur point de vue tous les autres savoirs, manifestations extérieures de la vérité. La dialectique est un mode de la pensée, son mode critique et réflexif. Ce n'est pas, ainsi que le voudront les corrections historicistes et positivistes d'un Engels par exemple, la loi ultime des êtres, loi d'on ne sait quelle évolution qui serait à l'être total du monde ce que la gravitation universelle de Newton n'a été que pour le monde physique. La philosophie n'est pas une discipline scientifique mais l'expérience d'une raison qui se possède et accède à la liberté.

HEGEL

« L'histoire universelle : cette masse immense de vouloir, d'intérêts, d'activités, constitue les instruments et les moyens du génie de l'univers pour accomplir sa fin, l'élever à la conscience et le réaliser ; et cette fin ne consiste qu'à se trouver, à venir à soi et à se considérer comme réalité ». Philosophie de l'Histoire (Préface).

• ***« L'expérience de ce qu'est l'esprit : un moi qui est un nous, un nous qui est un moi »*** (Phénoménologie de l'Esprit).

Hegel modifie profondément la conception qu'on avait de la rationalité. Le connaître et l'agir, facultés théoriques et pratiques de la raison, distinguées par Kant, il les unit dans une même compréhension. « La Raison est Esprit ». ***Le pouvoir de la raison est l'action par laquelle, s'appropriant le monde, elle l'élève à la vérité et prend conscience de soi***. Aussi, l'action n'est-elle pas un simple mouvement corporel intra-mondain, ni une interprétation neutre, sans rapport avec le monde. L'action est le travail de la raison sur le monde. Son action est une opposition et une transformation : l'histoire, au cours de laquelle la nature devient Esprit. La raison, c'est-à-dire le sujet, n'est donc pas une pure conscience contemplative, un « je pense » pour lequel les objets restent dans l'indifférence. La raison est un « Moi », une conscience qui se forme comme conscience de soi. Mais cette conscience ne peut devenir soi, que par l'intermédiaire des autres, lorsqu'ils sont devenus pour elle, le même que soi : non plus les autres comme objets particuliers mais comme la singularité même de ce qui existe. La raison ne connaît en fait de réalité que le monde qu'elle élabore parce que c'est en formant une communauté de consciences par l'action effective qu'elle parvient à se connaître.

Le rapport, traditionnel dans la philosophie, de la connaissance et de l'action se trouve donc retourné. La raison ne cherche pas à connaître pour agir. En tant qu'elle est action, la raison connaît. Toute connaissance est mouvement de reconnaissance, révélation de la vérité à soi-même. Tel est le travail de la philosophie ou de l'esprit conscient de soi, qui, dans les réalités du monde de l'esprit : l'histoire, le droit, l'art, la religion, révèle la vérité ; ***le système des sciences philosophiques est ainsi une réflexion sur la culture.*** « Saisir et comprendre ce qui est, telle est la tâche de la philosophie, car ce qui est, c'est la raison. Reconnaître la raison comme la rose dans la croix du présent et se réjouir d'elle, c'est là la vision rationnelle qui constitue la réconciliation avec la réalité. Réconciliation que procure la philosophie à ceux à qui est apparue un jour l'exigence intérieure d'obtenir et de maintenir la liberté subjective au sein de ce qui est substantiel. » (Principes de la philosophie du droit - Préface).

MAÎTRES LIVRES

1807 La Phénoménologie de l'esprit.
1817 Précis de l'encyclopédie des sciences philosophiques.
1821 Principes de la philosophie du droit.
1832 Leçons sur l'esthétique.
1837 Leçons sur la philosophie de l'histoire dont l'introduction a été éditée sous le titre : la Raison dans l'histoire.

IMPACT.

• ***Sur la philosophie : Le système hégélien*** qui s'efforce de réunir l'esprit et la nature, l'universel et le particulier, l'idéal et le réel ***est pris pour référence aussi bien par les penseurs-conservateurs que les révolutionnaires,*** les croyants que les athées. Les hégéliens de « droite » se feront les champions du libéralisme, les hégéliens de « gauche » prenant appui sur la théorie de la religion et de la société dépasseront ses conclusions et se feront les chantres de la transformation révolutionnaire de la société. Parmi ces derniers, à côté de **Feuerbach, Marx** construira son œuvre à partir des catégories hégéliennes, en particulier celle du caractère formateur et libérateur de l'action.

Kierkegaard, le fondateur de l'existentialisme, édifiera sa philosophie sur la subjectivité en réaction à Hegel pour qui la subjectivité n'était qu'un « moment » dans le déploiement de la raison universelle.

• ***Sur l'orientation anthropologique de la pensée contemporaine*** en introduisant ces trois lieux : le travail, la vie, le langage, où poser la question de la culture.

Hegel

QUELQUES MAÎTRES PENSEURS DE LA PHILOSOPHIE

MARX

ITINÉRAIRE

• Né à Trèves, père avocat descendant d'une lignée de rabbins, baptisé dans le culte protestant, en raison des lois antisémites du roi de Prusse. Études à l'université de Bonn, de Berlin, docteur en philosophie à Iéna en 1841. Décide de renoncer à l'enseignement pour se consacrer au journalisme.

• 1842 : Fonde la Gazette Rhénane, suspendue très rapidement.

• 1843 : S'installe à Paris où il fonde les Annales Franco-Allemandes. Expulsé en 1845 après un article dans *Vorwaerts,* journal des réfugiés allemands. Se réfugie en Belgique, puis expulsé de Belgique revient en France pendant la révolution de 48 ; il doit à nouveau en partir.

• 1848 : Rédige avec son ami Engels le manifeste du Parti communiste à la demande de la Ligue des communistes de Londres.

• 1849 : S'installe à Londres avec sa famille.

Il avait épousé en 43 Jenny Von Westphalon, dont le père fut ministre de l'Intérieur du roi de Prusse. Vie difficile, à la limite de la misère, expulsé de son domicile, Engels le soutient matériellement. Il prépare le Capital dans un climat de pauvreté permanent.

• 1864 : Création de l'Internationale ouvrière, aux débuts difficiles, rivalités personnelles nombreuses, rédige de nombreux articles.

Sa notoriété s'étend à toute l'Europe, en particulier à la Russie.

• 1883 : Meurt à Londres. Engels terminera d'après ses notes les deux derniers livres du Capital.

QUELQUES MAÎTRES PENSEURS DE LA PHILOSOPHIE MARX

THÈMES MAJEURS

• ***« Ce n'est pas la conscience qui détermine la vie, mais la vie qui détermine la conscience » :*** critique de l'homme abstrait des philosophies traditionnelles; les idées des hommes s'expliquent par leurs conditions matérielles. L'homme entretient avec ses semblables des rapports économiques dans la domestication de la nature, des rapports d'intérêts, mais si cette vérité n'apparaît pas, c'est qu'elle est travestie en problèmes juridiques, religieux ou politiques par la classe dominante et ses idéologues. La situation des hommes et leurs rapports mutuels sont le résultat des conditions historiques et non d'un quelconque destin ou d'une nature humaine toujours identique à elle-même. Il faut donc saisir l'homme concret, aliéné d'abord sur le plan matériel puisque son travail est asservi et exploité, aliéné aussi sur le plan spirituel, dépossédé qu'il est des réalisations culturelles de l'humanité. Il faut donc critiquer la philosophie idéaliste qui a véhiculé depuis l'antiquité cette image creuse et vide d'un homme séparé de son existence réelle. La critique des idées, cependant, ne suffit pas, c'est l'ordre social qu'il faut transformer afin de supprimer toutes les conditions qui font de l'homme un être avili et méprisé.

« On ne part pas de ce que les hommes disent, se représentent, ni non plus dans ce qu'ils sont dans les paroles, la pensée, l'imagination et la représentation d'autrui... non, on part des hommes dans leur activité réelle ».
L'Idéologie Allemande

• ***« L'histoire de toute société jusqu'à nos jours, c'est l'histoire de la lutte des classes » :*** il faut, là encore, déchirer le voile de l'histoire officielle qui met au premier plan le rôle des grands hommes et des idées. Derrière toutes les révolutions, les guerres s'affrontent depuis le début de l'humanité, exploitants et exploités, maîtres et esclaves dans l'antiquité, seigneurs et serfs au moyen âge, bourgeois et prolétaires aujourd'hui. Cette guerre sans merci est, selon les époques, travestie en guerre de religion ou guerre nationale, mais ce sont là des faux semblants. Notre époque — en raison de l'industrialisation qui concerne les masses ouvrières, qui détruit les classes moyennes, et de son type d'organisation : le capitalisme (propriété privée des moyens de production) — porte ce conflit à son point extrême et rend impossible son travestissement habituel. Les détenteurs du pouvoir économique, c'est-à-dire les propriétaires des moyens de production, hier féodaux possesseurs du sol, aujourd'hui bourgeois propriétaires des machines et les détenteurs de leur seule force de travail, les prolétaires, se livrent un combat acharné, qui doit aboutir à la transformation révolutionnaire de la Société. A l'inverse des révolutions du passé, qui mettaient aux prises seulement des minorités, il s'agit maintenant de la lutte de l'immense majorité contre une minorité d'ailleurs condamnée par les contradictions mêmes d'un système qui repose sur la poursuite du profit : le jeu même de la concurrence condamne les entreprises à voir baisser leur taux de profit, et par conséquent à être asphyxiées. En témoignent les crises de surproduction, le chômage, et même si le système parvient à prolonger son existence par l'ouverture de nouveaux marchés, en colonisant des pays étrangers, il ne pourra se perpétuer indéfiniment.

« La bourgeoisie a joué dans l'histoire un rôle éminemment révolutionnaire ».
Manifeste du Parti communiste

MARX

« La critique de la religion s'achève par la leçon que l'homme est pour l'homme l'être suprême, donc par l'impératif catégorique de bouleverser tous les rapports où l'homme est un être dégradé, asservi, abandonné, méprisable; ces rapports, on ne saurait mieux les rendre que par l'exclamation d'un Français à l'annonce d'un projet d'impôt sur les chiens : pauvres chiens! on veut vous traiter comme des hommes! »
Argent, État, prolétariat, 1844.

• ***« La classe ouvrière sera révolutionnaire ou ne sera pas » :*** ce qui constitue une classe sociale, c'est une communauté d'intérêts, mais aussi la conscience d'appartenir à une même classe — or, cela est impossible dans les sociétés rurales où les individus sont isolés, et donc ne se perçoivent pas comme nombre d'un tout. Seul le système moderne d'organisation de la société — qui repose sur l'industrialisation et la concentration des hommes, rend possible cette prise de conscience. Le prolétaire, c'est l'homme qui incarne — parce qu'il n'a rien — le désir le plus profond d'humanité. On peut supposer que, malgré les crises diverses, son niveau de vie augmentera, car, d'après *le Capital,* le prix de toute marchandise est déterminé par la quantité de travail nécessaire à sa production — et le travail humain a lui aussi une valeur déterminée : le salaire correspond à ce dont l'homme a besoin pour se nourrir, fonder une famille et, en somme, reproduire sa force de travail. C'est la société qui détermine en fonction de ses richesses et aussi de critères idéologiques le minimum vital. Il n'est donc pas exclu que ce minimum vital atteint, le prolétaire se satisfasse de sa condition. C'est ici qu'apparaît l'inspiration morale de cette philosophie : l'homme ne vit pas seulement de pain, mais de dignité, et cette dignité n'est pas celle d'un individu isolé, mais celle de l'homme qui vit dans une société parmi d'autres. L'impératif moral devient alors de lutter contre un système qui exploite l'homme; la dictature du prolétariat aura un sens aussi bien scientifique qu moral : établir une société où l'organisation rationnelle du travail, l'appropriétion collective des moyens de production constitueront le prélude d'une société vraiment humaine où l'homme sera réconcilié avec lui-même et avec les autres, riche de tous les biens et de tout le savoir accumulés par l'humanité tout entière.

MAÎTRES LIVRES

- 1844 Économie politique et philosophie.
- 1847 Misère de la philosophie en réponse à la philosophie de la misère de Mr Proudhon.
- 1848 Manifeste du Parti communiste
- 1850 Les luttes de classes en France.
- 1859 Contribution à la critique de l'économie politique.
- 1867 Le Capital (1re partie).

QUELQUES MAÎTRES PENSEURS DE LA PHILOSOPHIE
MARX

IMPACT

• **Historique majeur,** puisque les dirigeants de la moitié de la planète se réclament des idées marxistes, quant à son système d'organisation politique. Cet impact s'explique par la conjonction d'une analyse de la société, qui dévoile ses ressorts les plus profonds et qui, donc, propose une intelligibilité en profondeur — même si elle est discutable — et d'un ensemble d'impératifs éthiques : la critique de l'économie politique est en même temps la critique philosophique et morale de la situation faite à l'homme dans les sociétés industrielles du XIXe siècle.

• **Idéologique :** la méthode d'interprétation qui récuse comme illusoire l'idée que les individus ou les sociétés se font de leur nature et qui exige de dépasser le plan des représentations, fournit un moyen de démystifier les fictions forgées par l'ignorance ou l'intérêt.

Il ne faudra pas juger d'une société par les images que donne sa constitution ou son discours politique, mais par la situation réelle des hommes au sein de cette société. **Méthode critique** qui vaut pour toutes les sociétés, y compris celles qui se réclament du marxisme.

« Marx a enseigné que la science sociale ne se bâtit pas plus sur le plan des événements que la physique à partir des données de la sensibilité : le tout est de construire un modèle, d'étudier ses propriétés... pour appliquer ensuite ces observations à l'interprétation de ce qui se passe empiriquement et qui peut être fort éloigné de ces prévisions ».

C. Lévi-Strauss.

Marx et Engels

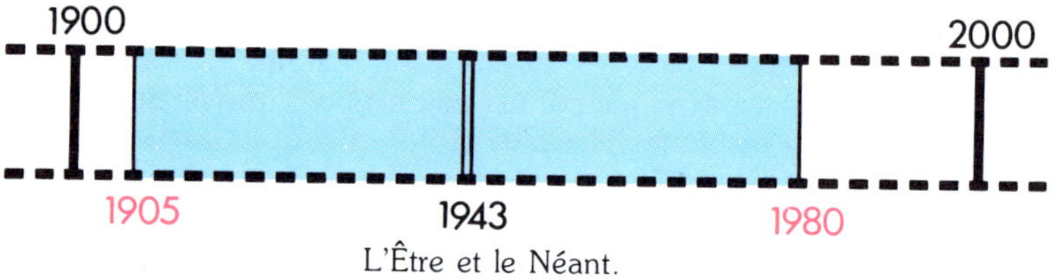

SARTRE

ITINÉRAIRE

« Ma vérité, mon caractère et mon nom étaient aux mains des adultes : j'avais appris à me voir par leurs yeux ; j'étais un enfant, ce monstre qu'ils fabriquent avec leurs regrets ».
Les Mots

- 1905 : Naissance à Paris ; orphelin de père à deux ans, il est formé par son grand-père maternel, oncle du Docteur **Schweitzer** (Prix Nobel de la Paix).
- 1915-1919 : Études au lycée Henri IV à Paris puis, après le remariage de sa mère, à La Rochelle.
- 1924 : Reçu à l'École Normale Supérieure, se lie avec **Nizan, Merleau-Ponty, Lévi-Strauss, Raymond Aron.** Il rencontre à la Sorbonne **Simone de Beauvoir** qui deviendra la compagne de sa vie.
- 1929 : Agrégation de philosophie, puis service militaire.
- 1931-1939 : Professeur de philosophie au Havre (qui deviendra le « Bouville » de la Nausée), à Laon, à Neuilly.

« Jamais nous n'avons été plus libres que sous l'occupation allemande... puisque le venin nazi se glissait jusque dans notre pensée, chaque pensée juste était une conquête... puisque nous étions traqués, chacun de nos gestes avait le poids d'un engagement ».
Situations III.

- 1933-1934 : Pensionnaire de l'Institut français de Berlin où il se familiarise avec la pensée des philosophes **Husserl** et **Heidegger**.
- 1939-1941 : Mobilisé, fait prisonnier, puis « libéré » en se faisant passer pour civil.
- 1942-1944 : Professeur de khâgne au lycée Condorcet.
- 1945 : Placé en congé illimité, séjourne aux États-Unis comme journaliste puis fonde à Paris la revue « Les Temps Modernes ».

- 1945-1960 : Acquiert la célébrité par son œuvre romanesque (« Les Chemins de la Liberté ») et théâtrale (« Huis-Clos », « Les mains sales », « le Diable et le Bon Dieu »). Ces œuvres portent à la connaissance d'un large public les thèmes de l'existentialisme. Nombreux voyages « politiques » aux États-Unis, en Afrique, en U.R.S.S., Israël, Cuba... Ses engagements politiques, en faveur du Mouvement de la Paix après la guerre, contre l'invasion soviétique en Hongrie en 1956, contre la politique algérienne du gouvernement français (Manifeste des 121), contre les condamnations sans nuance du gouvernement israélien, provoquent périodiquement des réactions passionnées.

- 1964 : Refuse le Prix Nobel de littérature au grand scandale de « l'establishment ».

• 1967 : Fonde avec **Bertrand Russel** à Stockholm le tribunal des « crimes de guerre » dont le but était de rechercher si les Américains violaient le droit international au Vietnam.

• 1968 : S'engage aux côtés du mouvement étudiant de mai, donne son soutien à des publications gauchistes « La Cause du peuple », « Libération ».

• 1970-1972 : Se consacre à la rédaction d'une biographie monumentale de **Flaubert** « L'idiot de la famille ».

• 1974 : Sa quasi-cécité le contraint à abandonner l'écriture et la vie politique active.

• 1980 : Meurt à Paris, son cortège funèbre rassemble une foule considérable.

« Toutes les opinions sont respectables quand elles sont sincères et Dieu lui pardonnera sûrement à cause de cela. Quant à son œuvre littéraire, je la trouve remarquable et je suis fier qu'il appartienne à ma famille ».

Commentaire du **Dr Schweitzer** *sur le refus du Prix Nobel par son cousin.*

THÈMES MAJEURS

• *SITUATION ET LIBERTÉ*

« On ne fait pas ce que l'on veut et cependant on est responsable de ce qu'on est ».

Cette affirmation paradoxale est au centre de la philosophie sartrienne qui s'efforce de concilier deux approches partielles de la réalité humaine que l'opinion commune juxtapose sans en dégager la portée véritable : conscience de toutes les déterminations auxquelles il est difficile, voire impossible d'échapper, et affirmation pourtant de la responsabilité pleine et entière de ce que l'on est.
Il ne faut pas interpréter cette formule dans un sens stoïcien. Pour le stoïcisme, l'esclave peut être beaucoup plus libre que le maître ; certes, il ne fait rien de ce qu'il veut, mais il connaît la plénitude de la liberté intérieure ; il est maître des choses par le jugement qu'il pose sur elles. Or ce n'est pas ainsi que **Sartre** pose le problème ; d'abord, il refuse à l'existence humaine tout fondement métaphysique (Dieu, les Idées, l'Inconditionné) ; il se place d'emblée au niveau de la conscience dans sa réalité subjective. Mais il considère que la conscience n'existe pas en soi : « Toute conscience est conscience de quelque chose » et « l'existence pour l'homme précède l'essence » ; le terme même d'existence révélant ce mouvement de sortie de soi (de l'intériorité).
Il n'y a pas d'âme, pas d'essence qui tantôt imagine, tantôt veut, tantôt agit, tantôt perçoit : ***l'homme n'est pas son âme (sa pensée), il n'est que ce qu'il fait.*** Ce n'est pas dans le rapport de l'être et de la volonté que se situe la liberté humaine, puisque l'être peut se définir comme projet. Si l'on n'est que ce que l'on veut, ce que l'on projette d'être, comment ne pas faire ce que l'on veut ?

« L'essentiel, c'est la contingence... Exister c'est être là simplement. Les existants apparaissent, se laissent rencontrer mais on ne peut jamais les déduire ».
La Nausée.

L'esclave, pour **Sartre**, est libre mais pas du tout au sens où l'entendent les Stoïciens, car il est absurde d'opposer la liberté intérieure et la liberté de l'action. L'esclave a dans l'action même, un choix à effectuer : il peut se lancer dans la révolte, il peut choisir de se donner la mort, tenter l'évasion. Il peut aussi choisir la servitude.

Pourtant, l'objection paraît évidente ; l'esclave ne choisit pas sa condition d'esclave. « On ne fait pas ce que l'on veut ». C'est-à-dire que nous sommes contingents ou que la vie est absurde. Nous sommes en effet façonnés par un monde historique que nous ne choisissons pas ; nous sommes nés à une époque donnée dans un contexte social donné, et nous n'y pouvons rien. S'il a 20 ans quand la mobilisation générale l'envoie au front combattre l'ennemi, pèse sur lui une série de contingences : c'est un homme, on ne mobilise pas les femmes dans son pays, il est citoyen d'un pays en guerre, donc mobilisable et à ce titre, tous ses projets sont suspendus, et il court même le risque absolu : celui de sa mort.

Si tu avais été juif en 1936 en Allemagne, c'est en tant que juif que tu aurais été, que tu le veuilles ou non, déterminé au pire sens du terme, objet de menaces, de pressions... là aussi jusqu'à la mort. D'une manière plus profonde, plus insidieuse parce que plus intérieure, je ne me choisis pas : je suis petit ou grand, laid ou beau, intelligent ou stupide, je ne peux rien changer dans mon hérédité, de mon passé, de mon enfance.

« On ne fait pas ce que l'on veut » signifie simplement que l'on ne choisit ni le monde dans lequel on se trouve jeté, ni sa propre personne. C'est ici que s'ouvre le champ de la liberté, la faculté de ***se choisir non « dans son être » mais dans « sa manière d'être »,*** c'est-à-dire dans la façon dont « j'assume » mon être. La liberté n'est pas le privilège de quelques-uns, ce n'est pas une conquête, on ne peut pas ne pas être libre : on ***« est condamné à être libre »***.
Rappelons l'exemple précédent : celui qui a 20 ans quand survient l'ordre de mobilisation est libre de déserter, de se suicider, donc de proclamer que cette guerre n'est pas la sienne et qu'il ne la veut pas.

C'est ***« la bonne conscience »***, le conformisme, la peur de l'engagement personnel qui se masquent sous les mots de devoir, de légalité et de nécessité. Dans une guerre, si l'on excepte les enfants, « il n'y a pas de victimes innocentes ». Selon une même logique, **Simone de Beauvoir** a écrit : « on ne naît pas femme, on le devient ». Ce qui ne signifie pas, bien sûr, qu'une femme est biologiquement semblable à un homme, mais que des millénaires de civilisation l'ont persuadée qu'elle devait se soumettre, qu'elle était inférieure.
La détermination qui limite notre liberté n'a pas de sens en elle-même, elle n'a que le sens que nous lui conférons. La notion d'obstacle à la volonté est purement subjective : de même qu'un rocher peut être (selon ce que je compte en faire) un obstacle sur mon chemin, un refuge derrière lequel je puis me cacher ou un moyen d'observation du paysage, de même le fait que je sois né à telle époque, dans tel milieu, petit ou grand, laid ou beau... peut paralyser ou stimuler mon effort. L'***inauthenticité*** serait de ne pas choisir, de se ***« laisser choisir » par les valeurs de son milieu,*** par une inclination du caractère, par ses passions.

QUELQUES MAÎTRES PENSEURS DE LA PHILOSOPHIE SARTRE

En un certain sens, la liberté de l'homme est absolue, mais elle n'existe « qu'en situation », c'est-à-dire face à toutes les déterminations qui peuvent jouer tant de l'extérieur que de l'intérieur.

• *L'Engagement, le paradoxe de la morale*

L'homme est « condamné à être libre », mais il n'est pas seul au monde ; il ne peut être libre qu'avec ou contre les autres. Si l'existence est absurde, si les valeurs ne sont qu'illusion ou mystification pour qui ou pour quoi agir ?

L'expérience de la guerre et de ses atrocités, la découverte du totalitarisme, la présence dans le monde dit « libre » de formes ouvertes ou dissimulées d'exploitation de l'homme — du prolétaire aussi bien que du colonisé —, révèlent la présence massive et incontournable du mal. La bonne conscience, la fuite dans l'anonymat du « on » n'est plus possible à moins de se ranger dans la catégorie des « salauds », ces « gros pleins d'être » qui feignent de trouver l'existence naturelle et qui continuent à vaquer à leurs affaires et à leurs amours. Certains choisissent — à titre individuel — de faire le bien : accomplir scrupuleusement leur devoir de père, de citoyen, voire secourir un voisin dans la détresse, mais cela n'empêche aucunement ***la mauvaise foi***. Les hommes ne sont pas placés côte à côte comme des petits pois dans une boîte : ils entretiennent entre eux des relations étroites, même si elles sont masquées par l'idéologie individualiste, même si elles sont exposées à une réification.

« Refuser n'est pas dire non, c'est modifier par le travail. Il ne faudrait pas croire que le révolutionnaire refuse en bloc la société capitaliste : comment le pourrait-il, puisqu'il est dedans. Tout au contraire, il l'accepte comme un fait qui justifie son existence révolutionnaire. « Changez le monde » dit Marx. « Changez la vie » dit Rimbaud. A la bonne heure : changez-les si vous pouvez. Cela veut dire que vous accepterez beaucoup de choses pour en modifier quelques-unes ».
Saint Genet,
comédien et martyr.

Sartre reprend ici les analyses du marxisme qui sont focalisées sur la pleine conscience des réseaux multiples de détermination constitutifs de la trame sociale de l'existence. Toutefois le marxisme privilégie l'action et la prise de conscience collectives : je ne peux modifier la situation de l'homme dans le monde pour rendre chacun maître de son existence que si je m'engage consciemment dans une action collective (la révolution) qui transformera les bases de la société, par exemple en supprimant la propriété privée des moyens de production. En définitive, je devrais pour réaliser cette fin, utiliser tous les moyens à ma portée, y compris le mensonge et la violence. Ici éclate le paradoxe de la morale que l'œuvre littéraire de Sartre, (théâtre, romans, essais) s'attache à exprimer : ou bien je vais traiter (selon l'expression kantienne) quelques-uns de mes proches comme des fins et je vais garder les « mains pures », mais je me condamne à accepter tout ce qui ne dépend pas de moi ; ou bien je vais m'engager dans un parti strictement révolutionnaire et par-là même je me condamne à traiter tous les hommes en moyens pour une fin (la société sans classe, réconciliée) dont je ne verrai jamais la réalisation effective, et ce faisant j'aurai les « mains sales ».

QUELQUES MAÎTRES PENSEURS DE LA PHILOSOPHIE SARTRE

« Celui qui prend conscience en lui de cette contradiction explosive — entre ce qu'il est pour lui-même et ce qu'il est aux yeux d'autrui — celui-là connaît la vraie solitude, celle du monstre raté par la Nature et la société ; il vit jusqu'à l'extrême, jusqu'à l'impossible, cette solitude latente, larvée qui est la nôtre et que nous tentons de passer sous silence ».

« L'angoisse commence pour un homme quand il ne peut plus avoir d'autre témoin que lui-même ; c'est alors qu'il boit le calice jusqu'à la lie, c'est-à-dire qu'il éprouve jusqu'au bout sa condition d'homme ».
Situations II

C'est dans les situations extrêmes lorsqu'aucun modèle ne vient orienter notre choix que l'homme fera authentiquement acte de liberté. Sartre revient à plusieurs reprises dans son œuvre sur l'exemple de la Résistance. Les résistants, lorsqu'ils étaient pris n'avaient le choix qu'entre le silence (l'héroïsme) et la dénonciation (l'abjection) : entre les deux extrêmes de la condition humaine au-delà desquels il n'y a plus rien. Mais l'existence humaine doit à tout instant être rachetée, sauvée, justifiée contre toutes les tentations de l'existence « brute », naturelle, qualifiée (aussi bien dans « l'Être et le Néant » que dans « Les Mouches ») d'« obscène », « fade » et « visqueuse », qui procède par classification, distinctions bien tranchées du bien et du mal, du permis et du défendu.

« Notre intention est de concourir à produire certains changements dans la société qui nous entoure. Nous nous rangeons du côté de ceux qui veulent à la fois changer la condition sociale de l'homme et la conception qu'il a de lui-même ».
Présentation des Temps Modernes.

L'existence humaine n'a de sens et de valeur que pour autant qu'elle accepte ou du moins qu'elle tente de réconcilier, dans une action particulière, les deux termes de la dichotomie. « Ou bien, la morale est une faribole ou c'est une totalité concrète qui réalise la synthèse du Bien et du Mal... la séparation abstraite exprime simplement l'aliénation de l'homme. Reste que cette synthèse dans la situation historique n'est pas réalisable. Aussi toute morale qui ne se donne pas explicitement comme impossible aujourd'hui, contribue à la mystification et à l'aliénation des hommes.

Le « problème moral » naît de ce que la morale est pour nous en même temps inévitable et impossible. L'action doit se donner des normes éthiques dans ce climat d'indépassable impossibilité. » (Saint-Genet, comédien et martyr).

Au travers de ces analyses, se dessine en filigrane l'inspiration éthique qui anime cette philosophie : la liberté est l'unique source de la grandeur humaine, mais c'est en prenant parti dans les luttes et les combats de son époque que le philosophe peut « finalement rejoindre l'éternel et c'est la tâche de l'écrivain que de faire entrevoir les valeurs d'éternité qui sont impliquées dans les débats sociaux et politiques ». (Présentation des « Temps Modernes »).

QUELQUES MAÎTRES PENSEURS DE LA PHILOSOPHIE
SARTRE

MAÎTRES LIVRES

Ne sont mentionnées ni l'œuvre romanesque, ni l'œuvre théâtrale.
1940 L'imaginaire.
1943 L'être et le néant.
1953 Saint-Genêt, comédien et martyr.
1960 Critique de la raison dialectique.
1964 Les mots.
1972 L'idiot de la famille.

IMPACT.

Rétrospectivement, les prises de position politiques de Sartre paraissent erratiques. Fruit d'une approche somme toute plus morale que politique, elles l'exposaient, au mieux, au reproche d'être naïf, et bien souvent à des querelles avec ses anciens compagnons de route.

Ses multiples talents et sa générosité ont en effet rassemblé plusieurs générations de « paroissiens » à Saint-Germain-des-Prés. L'existentialisme sartrien a rallié après 1945 beaucoup de ceux des intellectuels qui refusaient le confort des engagements militants... ou d'une vie sans histoire ni politique. La collection de sa revue témoigne, plus qu'aucune autre en France à son époque, d'un grand souci d'ouverture aux réflexions et à la littérature des hommes et des femmes habitant l'étranger, y compris ce que l'on nomme aujourd'hui les pays de l'Est et le Tiers monde.

« L'écrivain engagé sait que la parole est action : il sait que dévoiler c'est changer et qu'on ne peut dévoiler qu'en projetant de changer. Il a abandonné le rêve impossible de faire une peinture impartiale de la société et de la condition humaine ». Situations II.

Sartre

CHAPITRE 3
RÉPERTOIRE DES AUTEURS

Certains auteurs sont simplement indiqués dans cet index, ils sont traités dans un article développé au chapitre précédent.

N'omettez pas de vous y reporter. Vous pouvez aussi consulter au début de la 3e partie les textes clés des grands auteurs (chapitre 1, section 1). L'astérisque (*) signale des ouvrages particulièrement importants.

« Aucune conception n'est œuvre et c'est l'occasion d'avertir tout artiste qu'il perd son temps à chercher parmi les simples possibles, quel serait le plus beau, car aucun possible n'est beau, le réel seul est beau. »

Alain

Alain (Emile Chartier dit), 1868-1951.
Professeur, journaliste, défenseur de la liberté individuelle.
Système des Beaux-Arts - 1926.
Éléments de philosophie - 1941.

Alembert d', 1717-1783.
Mathématicien, fondateur avec **Diderot** de l'Encyclopédie.

Alquié Ferdinand, 1906.
Philosophe contemporain français.
* Le désir d'éternité - 1943.
Descartes : l'homme et l'œuvre - 1956.

Althusser
Philosophe contemporain français, renouvelle les recherches marxistes.
Pour Marx - 1965.
Lire le capital - 1965.

Anselme St, 1033-1109.
Théologien, archevêque de Canterbury, formule la preuve ontologique de l'existence de Dieu.
* Monologium.
* Prologium.

Aristote, 384-322 av J.C.
Philosophe grec. Voir chapitre précédent.

Aron Raymond, 1905-1983.
Sociologue, journaliste.
Introduction à la philosophie de l'Histoire - 1938.
L'opium des intellectuels - 1957.
* Dimensions de la conscience historique - 1961.

Augustin St, 354-430.
Théologien, évêque d'Hippone. Il faut comprendre pour croire mais le salut dépend de la grâce. Inspirera la Réforme et le Jansénisme.
Les Confessions.
La cité de Dieu.

Bachelard, 1884-1962.
Philosophe, épistémologue.
Le nouvel esprit scientifique - 1934.
La formation de l'esprit scientifique - 1938.

Aron

RÉPERTOIRE DES AUTEURS

Bacon Francis, 1561-1626.
Philosophe anglais, instigateur de la recherche expérimentale, combat le formalisme d'**Aristote**. Classification des sciences d'après les facultés de l'esprit humain.
Novum organum - 1620.

Barth Karl, 1886-1968.
Théologien allemand, met l'accent sur le caractère inaccessible de l'essence divine.
Commentaire de l'Épitre aux romains - 1918.
Dogmatique - 1927.

Barthes Roland, 1915-1980.
Essayiste, s'attache à l'étude des mythes et des signes dans la vie sociale.
Mythologies - 1957.
Système de la mode - 1967.

Barthes

Bayle Pierre, 1647-1706.
Pamphlétaire, essayiste.
Dictionnaire historique et critique - 1696.

Benedict Ruth, 1887-1943.
Ethnologue américaine. Chaque civilisation présente un aspect propre lié à un comportement caractérisque qui donne à chaque société son unité et qui détermine la structure psychologique des individus.
*Échantillons de civilisation - 1934.
Continuités et discontinuités dans le conditionnement culturel -1938.

Bentham Jérémie, 1748-1832.
Philosophe anglais, fondateur de l'utilitarisme.

Benveniste Émile, 1902.
Linguiste, professeur de grammaire comparée.
Problèmes de linguistique générale - 1960.

Berdiaeff Nicolas, 1879-1948.
Philosophe d'origine russe, banni en 1922, l'un des inspirateurs de l'existentialisme chrétien.
Cinq méditations sur l'existence - 1936.
Esprit et réalité - 1943.

Bergson Henri, 1859-1941.
Philosophe spiritualiste français.
*Essai sur les données immédiates de la conscience - 1889.
Matière et mémoire - 1896.
L'évolution créatrice - 1907.
*Les deux sources de la morale et de la religion - 1933.
La pensée et le mouvant - 1934.

« Au lieu de diluer sa pensée dans le général, le philosophe doit la concentrer sur l'individuel. L'objet de la métaphysique est de ressaisir dans les existences individuelles et de suivre jusqu'à la source d'où il émane le rayon particulier qui, conférant à chacune sa nuance propre, la rattache par là à la lumière universelle. »

Bergson

Berkeley, 1685-1753.
Philosophe irlandais, théoricien de l'immatérialisme.
Traité des principes de la connaissance humaine - 1710.
Trois dialogues entre Hylas et Philonous - 1713.

Bettelheim

« Le sacré est ce qui donne la vie et ce qui la ravit, c'est la source d'où elle coule, l'estuaire où elle se perd. »
R. Caillois

Camus

Bernard Claude, 1813-1878.
Physiologiste, fondateur de la médecine expérimentale.
*Introduction à l'étude de la médecine expérimentale.

Bettelheim Bruno, 1903.
Psychanalyste américain, d'origine autrichienne, déporté à Dachau, fonde à Chicago un institut qui traite les enfants autistiques.
*La forteresse vide. 1967

Blanché Robert.
Logicien contemporain.

Bloch Marc, 1886-1944.
Historien, spécialiste du Moyen-Âge, fusillé par les Allemands.
La société féodale - 1939.
*Apologie pour l'histoire - 1952 (posthume).

Bourbaki.
Pseudonyme collectif désignant un groupe de mathématiciens français qui ont entrepris de reconstruire les mathématiques en partant de leur point de départ logique.
Éléments de mathématiques - 1954.

Buber Martin, 1878-1965.
Professeur de science religieuse et d'éthique juive, représentant du personnalisme religieux.
Le je et le tu - 1923.

Caillois Roger, 1913. 1978.
Philosophe, sociologue.
Le mythe et l'homme - 1938.
L'homme et le sacré - 1949.

Camus, 1913-1960.
Philosophe, essayiste français.
L'étranger - 1942.
Le mythe de Sisyphe - 1942.
L'homme révolté - 1950.

Canguilhem, 1904.
Philosophe et historien des sciences, en particulier de la biologie.
Le normal et le pathologique - 1943.
La connaissance de la vie - 1952.

Carnap Rudolf, 1891-1970.
Philosophe et logicien autrichien, enseigne à Prague puis à Chicago.
La structure logique du monde - 1928.
*Principes philosophiques de la physique - 1951.

Cassirer Ernst, 1874-1945.
Philosophe allemand qui s'efforce d'étendre à l'ensemble de la culture l'esprit de la critique de **Kant**.
Le système de Leibniz dans ses fondements scientifiques - 1902.
Philosophie des formes symboliques - 1932.
*La philosophie des Lumières - 1932.

RÉPERTOIRE DES AUTEURS

Chestov Léon, 1866-1938.
Essayiste russe, l'un des inspirateurs de l'existentialisme « toute pensée profonde commence par le désespoir. »
La philosophie de la tragédie - 1927.
Kierkegaard et la philosophie existentielle - 1936.

Chomsky Noam, 1928.
Linguiste américain, propose une mathématisation de la linguistique; reprend les thèses de **Descartes** sur le langage.
Structures syntaxiques - 1957.
*Le langage et la pensée (traduction française) - 1968.

Clausewitz Von, 1780-1832.
Général prussien qui combattit contre Napoléon, théoricien de la guerre.
De la guerre, publié à titre posthume - 1850.

« La guerre n'est rien d'autre que la continuation des rapports politiques par d'autres moyens... La politique fait de cet élément tout puissant qu'est la guerre, un simple instrument ».
Clausewitz

Comte Auguste, 1798-1857.
Philosophe français, fondateur du positivisme.
Cours de philosophie positive - 1842.
Système de politique positive - 1854.

Condillac, 1715-1780.
Disciple de **Locke**, fondateur du sensualisme : toutes nos connaissances dérivent de nos sensations.
Traité des sensations - 1754.

Condorcet, 1743-1794.
Philosophe, mathématicien, homme politique.
Esquisse d'un tableau historique des progrès de l'esprit humain -1793.

Confucius, 551-479. av. J-C.
Fondateur de la « doctrine des lettres ». Philosophe chinois. Donne aux idéaux traditionnels un sens nouveau en mettant l'accent sur le perfectionnement moral de l'individu, tout en se défiant de l'ascèse et de la métaphysique.

« Accomplir son devoir envers les hommes, honorer les esprits mais s'en tenir à distance, cela peut s'appeler sagesse. »
Confucius

Cournot Antoine, 1801-1877.
Mathématicien, philosophe, économiste.
Recherches sur les principes mathématiques de la théorie des richesses - 1838.
Considérations sur la marche des idées et des événements dans les temps modernes - 1872.

Darwin Charles, 1809-1882.
Donne à la théorie de l'évolution un fondement scientifique.
De l'origine des espèces par voie de sélection naturelle - 1859.

Darwin

Descartes René, 1596-1650.
Philosophe français, (voir chapitre précédent).

Derathé Robert.
Philosophe contemporain, spécialiste de la philosophie politique.
* Rousseau et la science politique de son temps - 1950.

RÉPERTOIRE DES AUTEURS

Diderot Denis, 1713-1784.
Philosophe, romancier, fondateur de l'Encyclopédie.

Dilthey Wilhem, 1837-1911.
Philosophe allemand, théoricien de l'histoire, critique l'assimilation des sciences de l'homme aux sciences de la nature.
Introduction à l'étude des sciences humaines - 1883.

« Nous expliquons la nature, nous comprenons l'homme. »
W. Dithley

Diogène Laërce, IIIe s. après J.C.
Compilateur, réunit les enseignements des philosophes antiques.
* Dix livres sur les vies et sentences des philosophes illustres.

Ducrot Oswald.
Linguiste français contemporain.
Dire et ne pas dire - 1972.

Durkheim Émile, 1858-1917.
Fondateur de la sociologie.
La division du travail social - 1893.
* Règles de la méthode sociologique - 1895.
Le suicide - 1897.
Les formes élémentaires de la vie religieuse - 1912.

« Il faut considérer les faits sociaux comme des choses ».
E. Durkheim

Einstein Albert, 1879-1955.
Physicien, auteur de la théorie de la relativité.
Comment je vois le monde - 1934.
* L'évolution des idées en physique - 1938.

Eliade Mircea, 1907.
Ethnologue
Le mythe de l'éternel retour - 1941.
Traité d'histoire des religions - 1948.
Le sacré et le profane - 1966.

Empédocle, 5e siècle av. J-C.
Disciple de **Parménide** et d'**Héraclite** : l'eau, le feu, l'éther et la terre sont à l'origine de toutes choses.

Épictète, 50-130.
Philosophe grec, (voir chapitre précédent).

Épicure, 341-270 av. J-C.
Philosophe grec, (voir chapitre précédent).

Engels Friedrich, 1820-1895.
Fondateur avec **Marx** du matérialisme dialectique.
L'origine de la famille, de la propriété privée et de l'État - 1884.

Érasme, 1464-1556.
Né à Rotterdam, «Prince des humanistes», défend contre Luther le libre arbitre.
* Éloge de la Folie - 1511.

Feuerbach Ludwig, 1804-1872.
Philosophe humaniste athée.
L'essence du christianisme - 1841.
L'essence de la religion - 1845.

« Ce qui est originaire, premier dans la réalité est ce qui est dérivé, subordonné en philosophie, et inversement ce qui est dernier dans la réalité est ce qui est premier en philosophie ».
Feuerbach

Fichte, 1762-1814.
Philosophe allemand, disciple puis critique de **Kant**.
La doctrine de la Science - 1804.
Discours à la nation allemande - 1808.

Fontenelle, 1657-1757.
Publiciste français.
Dialogue des morts - 1683.
Entretiens sur la pluralité des mondes - 1686.

Foucault Michel, 1926-1984.
Philosophe, professeur au Collège de France.
* Histoire de la folie à l'âge classique - 1961.
Les mots et les choses - 1966.
L'archéologie du savoir - 1969.

Fourier Charles, 1772-1837.
Utopiste, fondateur des phalanstères.
Théorie de l'unité universelle - 1822.

Francastel Pierre, 1900.
Critique d'art, universitaire.
Peinture et société - 1952.

Frege, 1848-1925.
Mathématicien allemand, fondateur de la logique mathématique.
Fondements de l'arithmétique - 1884.
Recherches logiques - 1916.

Freud Sigmund, 1856-1938.
Fondateur de la psychanalyse.
* L'interprétation des rêves - 1900.
Psychopathologie de la vie quotidienne - 1901.
Cinq leçons de psychanalyse - 1909.
Totem et tabou - 1912.
Moïse et le monothéisme - 1938.

Friedmann Georges, 1902-1977.
Sociologue français, spécialiste des problèmes posés par les formes modernes du travail.
La crise du progrès - 1936.
Où va le travail humain ? - 1950.

Galilée, 1564-1642.
Fondateur de la physique moderne.
Dialogue sur les 2 principaux systèmes du monde - 1632.

Genette Gérard.
Linguiste contemporain français.
* Mimologiques - 1976.
Palimpsestes - 1982.

Girard René.
Essayiste contemporain français.
Mensonge romantique et vérité romanesque - 1961.
La violence et le sacré - 1972.

« Dans le cours des siècles, la science a infligé à l'égoïsme naïf de l'humanité deux graves démentis : la première fois lorsqu'elle a montré que la terre, loin d'être le centre de l'univers, ne forme qu'une partie insignifiante du système cosmique... le second démenti fut infligé à l'humanité par la recherche biologique lorsqu'elle établit sa descendance du règne animal... Un troisième démenti sera infligé à la mégalomanie humaine par la recherche psychologique de nos jours qui se propose de montrer au MOI qu'il n'est seulement pas maître dans sa propre maison... »

Freud

« L'intention du Saint Esprit est de nous enseigner comment on doit aller au ciel et non comment va le ciel ».

Galilée

Goethe

Goethe, 1749-1832.
Écrivain, dramaturge allemand dont l'œuvre constitue un des sommets de la littérature universelle.
Les souffrances du jeune Werther - 1774.
Faust - 1790.
Les affinités électives - 1809.

Gombrich E-H.
Essayiste anglais, spécialiste de l'histoire de l'art.
* L'art et l'illusion - 1959.

Gusdorf Georges, 1912.
Philosophe contemporain français.
* Mythe et métaphysique - 1953.
Introduction aux sciences humaines - 1974.

Hegel Friedrich, 1770-1831.
Philosophe allemand, (voir chapitre précédent).

Heidegger Martin, 1889-1976.
Philosophe allemand, l'un des maîtres de la philosophie contemporaine (voir fiche lecture 1re partie, chapitre 2, section 4).
* L'être et le temps - 1927.
Kant et le problème de la métaphysique - 1929.
Qu'est ce que la philosophie? - 1956.

«Le multiple savoir n'enseigne pas à penser».
Héraclite.

Héraclite, 576-480 av. J-C.
Présocratique, créateur du terme « philosophe », partisan du mobilisme universel.

Herder, 1744-1803.
Philosophe des Lumières, disciple de **Kant**.
Essai sur l'origine du langage - 1771.
Idées sur la philosophie de l'histoire de l'humanité - 1784.

Hippocrate de Cos, 450-354 av. J-C.
Fondateur de la médecine grecque. L'organisme forme un tout, la maladie est la rupture de l'équilibre du vivant.

Hobbes Thomas, 1588-1679.
Philosophe anglais, (voir chapitre précédent).

Hume David, 1711-1776.
Philosophe écossais, (voir chapitre précédent).

Husserl Edmund, 1859-1938.
Mathématicien allemand, philosophe, fondateur de la phénoménologie.
Philosophie de l'arithmétique - 1891.
Recherches logiques - 1901.
Leçons sur la conscience intime du temps - 1925.
*Méditations cartésiennes - 1936.

Jacob François.
Biologiste contemporain.
La logique du vivant - 1970.

Jacobi Friedrich, 1743-1819.
Philosophe romantique allemand.
Lettres à Mendelsohn sur la doctrine de Spinoza - 1785.

Jakobson, 1896-1982.
Linguiste américain, d'origine russe.
Essais de linguistique générale - 1963.

James William, 1842-1910.
Philosophe américain, théoricien du pragmatisme : est vrai ce qui est utile, efficace.
Le pragmatisme - 1907.

Jankelevitch Wladimir, 1903-1985.
Philosophe, musicologue contemporain.
Le traité des vertus - 1949.
Le « je ne sais quoi et le presque rien » - 1957.
La mort 1966.

Jankelevitch

Jaspers Karl, 1883-1969.
Philosophe et psychiatre allemand. « L'existence n'est pas un concept, elle est seulement un signe ».
Psychopathologie générale - 1913.
*Les grands philosophes - 1957.

Jung Carl, 1876-1961.
Psychologue allemand, d'abord disciple de **Freud**, puis fonde sa propre école qui se consacre à l'étude des archétypes et de l'inconscient collectif.
Métamorphoses et symboles de la libido - 1912.
L'homme à la découverte de son âme - 1945.

Kant Emmanuel, 1724-1804.
Philosophe allemand, (voir chapitre précédent).

Kendé Pierre.
Sociologue hongrois, réfugié en France.
L'abondance est-elle possible? - 1971.

Kierkegaard Sören, 1813-1855.
Philosophe danois, fondateur de l'existentialisme, adversaire de **Hegel**.
Crainte et tremblement - 1843.
Miettes philosophiques - 1844.
Traité du désespoir - 1849.

Kojeve Alexandre, 1902-1968.
Historien de la philosophie propose une interprétation de **Hegel** inspirée de la philosophie de **Heidegger**.
*Introduction à la lecture de Hegel - 1947.

Koyré Alexandre, 1892-1964.
Philosophe, historien des sciences.
Études galiléennes - 1938.
Études newtoniennes - 1965 (posthume).

Lacan

Lacan Jacques, 1901-1981.
Médecin, psychanalyste, disciple de **Freud** dont il propose une lecture nouvelle, fonde l'École freudienne de Paris, suscite de multiples controverses.
Écrits - 1966.

Laporte, 1886-1948.
Historien de la philosophie.
Le rationalisme de Descartes - 1945.

Leibniz Gottfried-Wilhelm, 1646-1716.
Philosophe, mathématicien allemand.
Discours de métaphysique - 1685.
* Nouveaux Essais sur l'entendement humain - 1700-1709.
Monadologie - 1714.

Leroi-Gourhan, 1911.
Préhistorien, anthropologue.
Hommes de la Préhistoire - 1955.
*Le geste et la parole - 1965.

Levi-Strauss

Levi-Strauss Claude, 1908.
Philosophe, anthropologue.
Structures élémentaires de la parenté - 1949.
Tristes tropiques - 1955.
* Anthropologie structurale - 1958.
La pensée sauvage - 1962.
Le cru et le cuit - 1964.

Levy-Bruhl Lucien, 1857-1939.
Sociologue, disciple de **Dürkheim**.
La morale et la science des mœurs - 1903.
La mentalité primitive - 1922.

Locke John, 1632-1704.
Philosophe anglais, voir chapitre précédent.

Lukacs Georg, 1884-1971.
Philosophe marxiste hongrois, propose une interprétation hégélienne de **Marx**.
Histoire et conscience de classe - 1923.

Lucrèce, 97-55 av. J-C.
Poète, disciple d'**Épicure**, athée et matérialiste.
De natura rerum.

RÉPERTOIRE DES AUTEURS

Machiavel, 1469-1527.
Théoricien de la politique comprise comme indépendante de considérations éthiques.
*Le Prince - 1513.
Les discours sur la 1re décade de Tite-Live - 1520.
L'art de la guerre - 1521.

Maimonide Moïse, 1135-1204.
Médecin, théologien et philosophe juif, exerça une grande influence sur les philosophes chrétiens du 13e siècle.
Tente de concilier la Bible et la philosophie d'**Aristote**.
Le guide des Égarés.

Maine de Biran, 1766-1824.
Philosophe français: c'est l'expérience de l'effort qui révèle l'indissolubilité du vouloir et de la conscience.
* Influence de l'habitude sur la faculté de penser - 1803.

Malebranche Nicolas, 1638-1715.
Philosophe français, disciple de Descartes.
De la recherche de la vérité - 1675.

Malthus Th. R., 1766-1834.
Economiste anglais.
* Essai sur le principe de population - 1798.

Marcuse Herbert, 1898-1979.
Philosophe américain d'origine allemande, développe une critique de la société industrielle, l'un des maîtres à penser de la jeunesse contestataire.
* Eros et civilisation - 1955.
* L'homme unidimensionnel - 1964.

Marx Karl, 1818-1883.
Philosophe allemand. (Voir chapitre précédent.)

Mauss Marcel, 1878-1950.
Sociologue et ethnologue français dont la méthode «cherche à réduire la complexité concrète du donné pour atteindre des structures plus simples».
* Essai sur le don, forme archaïque de l'échange - 1924.
* Une catégorie de l'esprit humain: la notion de personne, celle du moi - 1938.

Merleau-Ponty Maurice, 1908-1961.
Philosophe, disciple de **Heidegger**.
La structure du comportement - 1942.
Phénoménologie de la perception - 1945.
Sens et non-sens - 1948.
Éloge de la philosophie - 1953.

Monod Jacques, 1910-1976.
Biologiste.
* Le hasard et la nécessité - 1970.

Maïmonide

Marcuse

« Il est inutile de contester que la philosophie boîte. Elle habite l'histoire et la vie mais elle voudrait s'installer en leur centre au point où elles sont événement, sens naissant. Elle s'ennuie dans le constitué... elle est l'utopie d'une possession à distance. »
Merleau-Ponty.

Montesquieu

« Il nous reste un seul chemin à parcourir : l'Être est. Et il y a une foule de signes que l'Être est incréé, impérissable car seul il est complet, immobile et éternel. »
Parménide.

Piaget

Morin Edgar,
Philosophe, sociologue contemporain.
L'homme et la mort - 1950.
Le paradigme perdu : la nature humaine - 1973.

Montesquieu Charles de, 1689-1755.
Écrivain, philosophe.
* Lettres persanes - 1721.
L'esprit des Lois - 1748.

Mounier Emmanuel, 1905-1950.
Philosophe personnaliste chrétien, fondateur de la revue Esprit.

More Thomas, 1478-1535.
Homme d'État, humaniste anglais, créateur du terme utopie : système idéal de gouvernement.
L'Utopie - 1516.

Newton Isaac, 1642-1707.
Mathématicien anglais, physicien, formula l'hypothèse de la gravitation universelle.
Principes mathématiques de la philosophie naturelle - 1687.

Nietzsche Friedrich, 1844-1900.
Philosophe allemand dont l'œuvre suscite des controverses passionnées, voir 1re partie, chapitre 2, section 4, fiche de lecture.
L'origine de la tragédie - 1870.
Humain trop humain - 1878.
Le gai savoir - 1882.
* Ainsi parlait Zarathoustra - 1885.
Par-delà le bien et le mal - 1886.

Parménide, 510-440.
Présocratique. « L'être est, le non-être n'est pas. »

Parain Brice, 1897-1971.
Spécialiste des problèmes philosophiques posés par le langage.
Recherches sur la nature et les fonctions du langage - 1942.

Pascal Blaise, 1623-1662.
Mathématicien, philosophe, apologiste du christianisme.
Entretien avec M. de Sacy sur Epictète et Montaigne - 1655.
* Pensées - 1658 - 1662.

Piaget Jean, 1896-1980.
Fondateur de la psychologie génétique.
Le langage et la pensée chez l'enfant - 1923.
Traité de logique - 1949.
* Introduction à l'épistémologie génétique - 1950.

Platon, 427-347 av. J-C.
Philosophe, disciple de **Socrate**, voir 1re partie, chapitre 2, section 4 et chapitre précédent, article **Socrate**.

Plotin, 205-270.
Fondateur du néoplatonisme. La philosophie est une doctrine de purification de l'âme.

RÉPERTOIRE DES AUTEURS

Popper Karl, 1902.
Logicien, philosophe anglais d'origine autrichienne, détermine les critères permettant de distinguer science et philosophie, science et idéologie.
* La logique de la découverte scientifique - 1934.

Proudhon, 1809-1864.
Autodidacte, socialiste libertaire.
Qu'est-ce que la propriété? - 1840.
Les systèmes des contradictions économiques ou philosophie de la misère - 1846.

Protagoras, 485-410 av. J-C.
Fut le premier sophiste « l'homme est la mesure de toute chose. »

Pyrrhon, 365-275 av. J-C.
Fondateur de l'école sceptique.

Pythagore, 570-500 av. J-C.
Philosophe, présocratique, mathématicien mystique : les nombres sont les principes des choses.

« Rien n'est plutôt comme ceci que comme cela. »
Pyrrhon.

« Toutes les choses qu'il nous est donné de connaître possèdent un nombre et rien de peut être conçu ni connu sans le nombre. »
Pythagore.

Reich Wilhelm, 1897-1957.
Philosophe allemand qui a tenté une synthèse entre **Marx** et **Freud**.
La lutte sexuelle des jeunes - 1932.
La psychologie de masse du fascisme - 1933.

Ricardo David, 1772-1823.
Économiste anglais disciple de **Smith**, créa la première théorie systématique de l'économie, inspirateur de **Marx**.
* Principes de l'économie politique - 1817.

Ricoeur Paul, 1913.
Philosophe contemporain français.
Philosophie de la volonté - 1949.
* De l'interprétation - 1965.

Rostand Jean, 1894-1977.
Biologiste, écrivain.
L'aventure humaine - 1953.
Pensées d'un biologiste - 1939-1954.
* Esquisse d'une histoire de la biologie - 1945.

Rougemont Denis de, 1906.
Essayiste.
* L'amour et l'occident - 1939.

Rousseau Jean-Jacques, 1712-1770.
Écrivain, philosophe, voir chapitre précédent.

Russel Bertrand, 1872-1970.
Mathématicien, philosophe anglais.
Principes des mathématiques - 1903.
La méthode scientifique en philosophie - 1916.
Introduction à la philosophie mathématique - 1919.

Sapir Edward, 1884-1939.
Linguiste, anthropologue américain.
Le langage - 1921.
Culture et personnalité - 1949.

Sartre Jean Paul, 1905-1980.
Philosophe français, voir chapitre précédent.

«La langue est un système de signes exprimant des idées»
De Saussure

Saussure de Ferdinand, 1857-1913.
Créateur de la linguistique moderne.
* Cours de linguistique générale - 1916.

Scheler Max, 1874-1928.
Philosophe allemand, disciple de **Husserl**.
Le formalisme en éthique - 1916.
Nature et formes de la sympathie - 1923.

« Ce que nommons nature est un poème qui renferme un écrit secret et merveilleux ».
Schelling

Schelling Friedrich, 1775-1854.
Philosophe allemand, l'intuition intellectuelle dépasse les limites de la connaissance théorique et permet d'atteindre l'absolu.
L'Idéalisme transcendantal - 1800.
Philosophie et religion - 1804.

Schopenhauer

Schopenhauer Arthur, 1788-1860.
Philosophe allemand, disciple de **Kant**, adversaire acharné de **Hegel**. L'essence du monde est un vouloir-vivre universel et aveugle dont seule la contemplation esthétique peut nous délivrer.
* Le monde comme volonté et comme représentation - 1818.

Smith Adam, 1723-1790.
Économiste anglais, fondateur de l'économie politique.
La richesse des nations - 1772.

Spinoza Baruch, 1632-1676.
Philosophe hollandais, voir chapitre précédent.

Stirner Max, 1806-1856.
Théoricien allemand de l'anarchisme social et de l'égoïsme moral, précurseur de **Nietzsche.**
L'unique et sa propriété - 1844.

Thalès, 640-548 av. J-C.
Géomètre, astronome, physicien grec.

« Croyez que la cause réelle, la cause efficace qui fait perdre aux hommes le pouvoir, c'est qu'ils sont indignes de le porter. Est-ce-que vous ne sentez pas un vent de révolution qui est dans l'air ? »
A la chambre des députés, 27 janvier 1848.
Tocqueville.

Thomas d'Aquin St, 1227-1274.
Théologien, entreprend de concilier **Aristote** et la pensée chrétienne.
Somme théologique.

Tocqueville Alexis de, 1805-1859.
Écrivain, publiciste.
* De la démocratie en Amérique - 1840.
L'Ancien régime et la révolution - 1856.

Todorov Tsvetan.
Linguiste contemporain.
Théories du symbole - 1977.

Vendryes, 1875-1960.
Linguiste.
* Le langage, introduction linguistique à l'histoire-1923.

Voltaire (François-Marie Arouet, dit), 1694-1778
Écrivain, philosophe français
Lettres philosophiques - 1734
Candide - 1759.

Weber Max, 1864-1920.
Sociologue, philosophe de l'histoire et de l'engagement politique, critique du marxisme.
L'éthique protestante et l'esprit du capitalisme - 1905.
Le savant et le politique - 1922 édité à titre posthume.
* Essais sur la théorie de la science - 1924 édité à titre posthume.

Wittgenstein Ludwig, 1889-1951.
Philosophe autrichien, l'un des membres principaux (avec Carnap) du Cercle de Vienne : la logique symbolique permet d'apprécier la vérificabilité des énoncés logiques et scientifiques, en particulier mathématiques.
Tractations logico-philosophicus - 1921.

Wolfflin Heinrich, 1864-1945.
Historien de l'art allemand.
Principes fondamentaux de l'histoire de l'art - 1929. (voir fiche de lecture 1re partie chapitre 2 section 3).

Zénon d'Elée, 5e siècle av. J-C.
Disciple de **Parménide**, formule des arguments restés célèbres contre le mouvement.

Zénon de Cittium, 322-265 av. J-C.
Fondateur du stoïcisme.

« Il faut concevoir l'État contemporain comme une communauté humaine qui dans les limites d'un territoire déterminé revendique avec succès pour son propre compte le monopole de la violence physique légitime ».

Max Weber.

Zénon

CHAPITRE IV : VOCABULAIRE

Si vous désirez approfondir la compréhension de certains termes, nous vous recommandons les ouvrages suivants (dont certains ont été déjà indiqués plus haut) :

- très classique, le « Nouveau vocabulaire philosophique » d'A. Cuviller (Armand Colin) ;
- tenant particulièrement compte du mouvement actuel de la philosophie, le « Nouveau Vocabulaire des Études philosophiques » de S. Auroux et Y. Weil (Hachette) ;
- accordant une large place au vocabulaire des sciences humaines sans pour autant négliger le vocabulaire proprement philosophique, le « Vocabulaire de la philosophie et des sciences humaines » par L.-M. Morfaux (Armand Colin) ;
- consacré au vocabulaire de l'épistémologie et accompagné d'un choix de textes replaçant les termes dans leur contexte philosophique original, le « Précis de vocabulaire » de M.-C. Bartholy et P. Acot (Magnard).

Les dimensions de cet ouvrage ne permettent pas de vous fournir un véritable lexique philosophique. Vous trouverez tout de même ici un vocabulaire de quelques 200 termes philosophiques. Il comporte le sens usuel de chaque terme et, dans certains cas, le sens qu'il prend dans telle ou telle philosophie particulière.

Tous les termes de ce vocabulaire élémentaire doivent être maîtrisés à la fin de l'année. Vous trouverez en haut de chacune de ces pages la place d'ajouter les termes dont vous auriez vous-même cherché la définition.

N.B. : le signe ≠ indique « notion contraire ».

ABSOLU :

Sans limite, sans condition : pouvoir absolu ; qui a en soi-même sa raison d'être ; qui ne peut être transgressé : principe absolu.

ABSTRAIRE :

Considérer séparément ce qui n'est pas séparé dans la réalité.

ABSURDE :

Qui viole les lois de la logique.

ACCIDENT :

Qui n'appartient pas à l'essence d'une chose.

ACQUIS

Que l'on ne possède pas à la naissance ; ≠ inné.

VOCABULAIRE

ADÉQUAT

Parfaitement approprié à son objet.

AGNOSTICISME :

Doctrine selon laquelle ce qui est au-delà de l'expérience est inconnaissable.

ALGORITHME :

Système de symboles permettant d'effectuer un calcul.

ALIÉNATION :

Vente ou cession d'un bien ; maladie mentale ; état de l'individu qui cesse de s'appartenir, qui est traité comme une chose.

ALLÉGORIE :

Représentation d'une idée au moyen d'images (Allégorie de la caverne).

ALTERNATIVE :

Situation dans laquelle il n'existe que deux partis possibles ; ensemble de deux propositions dont l'une est vraie si l'autre est fausse.

AMBIVALENCE :

Caractère de ce qui comporte deux composants de sens contraires.

AMORALISME :

Conception de la vie étrangère à toute valeur morale.

ANALOGIE :

Ressemblance établie entre deux ou plusieurs objets différents ; identité du rapport qui unit 2 à 2 les termes de plusieurs couples.

ANALYSE :

Division d'un tout en ses parties ; traitement spécifique des névroses inventé par Freud.

ANIMISME :

Conception qui attribue une âme aux choses.

ANOMALIE :

Déviation par rapport au type normal.

ANTHROPOCENTRISME :

Conception qui place l'homme au centre de l'Univers.

ANTHROPOLOGIE :

Ensemble des sciences qui étudient l'homme ; science de l'homme qui étudie particulièrement les sociétés « primitives. »

ANTHROPOMORPHISME :

Conception qui se représente toutes choses (Dieu, la nature, l'animal) sur le modèle de l'homme.

ANTINOMIE :

Opposition entre deux propositions contradictoires qu'il est possible de démontrer toutes deux (l'antinomie de la Raison Pure).

ANTITHÉSE :

Opposition entre deux propositions ; contraire de la thèse.

APHORISME :

Formule exprimant sous une forme condensée une pensée, voire une doctrine.

APODICTIQUE :

Caractère du jugement qui énonce une nécessité logique et non un simple fait.

APOLOGÉTIQUE :

Discipline ayant pour but de défendre la religion.

APORIE :

Difficulté paraissant sans issue.

A-PRIORI :

Indépendant de l'expérience.

A-POSTÉRIORI :

Connaissance établie à partir de l'expérience.

ARCHÉTYPE :

Modèle original ; représentation inconsciente archaïque (psychanalyse jungienne).

ARGUMENT :

Raisonnement à l'appui d'une proposition.

ART :

Ensemble de procédés qui tendent à une fin ; ensemble de connaissances et de règles dans un domaine déterminé ; ce que l'homme ajoute à la nature ; création d'œuvres dans le domaine esthétique.

ASSERTORIQUE :

Caractère du jugement qui énonce un fait.

ASTROLOGIE :

Fausse science affirmant que le caractère et le destin des hommes sont influencés ou déterminés par les corps célestes.

ASTRONOMIE :

Science des corps célestes.

ATARAXIE :

État de l'âme que rien ne trouble.

ATHÉISME :

Doctrine qui nie l'existence de Dieu.

ATTRIBUT :

Terme qui est affirmé ou nié d'un sujet.

AUTHENTICITÉ :

Qualité d'un fait conforme à la vérité ; qui émane d'une personne en propre ; qui n'est pas feint.

AUTONOMIE :

Indépendance ; caractère de la volonté qui se détermine à agir par pur respect de la loi morale dans la doctrine kantienne ; ≠ hétéronomie.

AXIOLOGIE :

Théorie des valeurs.

AXIOME :

Proposition évidente par elle-même ; proposition indémontrable placée au début d'une théorie déductive.

BEHAVIORISME :

Doctrine qui définit la psychologie comme l'étude du comportement.

BESOIN :

Exigence de la nature ; exigence née de la vie sociale.

BIEN :

Ce qui est agréable ou utile ; ce qui possède une valeur morale ; le Souverain Bien : celui qui est au-dessus de tous les autres.

BONNE VOLONTÉ

Volonté d'agir par respect de la loi morale dans la doctrine kantienne.

BON SENS :

Qualité innée de l'esprit selon **Descartes** qui permet de distinguer le vrai du faux.

ÇA :

Ensemble des pulsions inconscientes qui constituent le fond de la personnalité selon **Freud** (en allemand : Das Es).

CARTÉSIEN :

Qui se rapporte à **Descartes;** disciple de **Descartes.**

CASUISTIQUE :

Étude des cas de conscience, c'est-à-dire des questions morales.

CATÉGORIE :

Formes a-priori de la connaissance, concepts purs de l'entendement correspondant aux fonctions logiques du jugement (philosophie kantienne) ; qualités que l'on peut attribuer à un sujet : pour **Aristote** : substance, quantité, qualité, relation, lieu, temps, situation, action, passion, possession.

CATHARSIS :

Purification des passions par la crainte et la pitié lors de leur représentation théâtrale ; méthode thérapeuthique qui, sous hypnose, permet au malade de retrouver ses souvenirs et de faire disparaître les symptômes de sa maladie.

CAUSE :

Ce qui détermine l'existence et la nature d'un être ou d'un phénomène; Pour la philosophie rationaliste du XVIIe siècle un événement A est la cause d'un événement B lorsque l'existence de A entraîne nécessairement celle de B; à cette formulation classique la science contemporaine oppose l'idée que la causalité n'est rien d'autre que la prévisibilité d'un événement.

CONNOTATION :

Valeur affective, idéologique d'un mot par opposition à sa valeur cognitive ; ≠ dénotation.

CONSCIENCE :

Connaissance immédiate qui accompagne nos impressions et nos actions; connaissance immédiate du bien et du mal.

CONSENSUS :

Accord des membres d'une société sur les principes de leur organisation.

CONTINGENT :

Ce qui peut être, qui n'est ni nécessaire ni impossible.

CONTRADICTION :

Opposition entre deux propositions incompatibles.

CONTRAIRES :

Propositions qui ne peuvent être vraies en même temps, mais qui ne peuvent être fausses toutes deux.

CONTRAT :

Pacte imaginé par certains penseurs politiques pour fonder le droit sur l'accord des volontés individuelles.

CONVENTIONNALISME :

Doctrine selon laquelle les règles du langage, les règles sociales résultent de conventions.

COSMOS :

Monde considéré comme un tout organisé, hiérarchisé et harmonieux.

CRITICISME :

Doctrine kantienne qui étudie les conditions de validité et les limites de l'usage de la Raison Pure.

CULTURE :

Appartient à la culture tout ce qui est acquis et produit par l'homme en tant qu'il est un être social.

CYNISME :

École philosophique du IVe siècle avant J.-C. dont le fondateur **Antisthène** proclamait le plus violent mépris pour les valeurs admises.

DÉDUCTION :

Raisonnement qui consiste à tirer d'une ou plusieurs propositions celles qui s'ensuivent selon des lois logiques.

DÉFINITION :

Proposition dont le premier membre est le terme à définir, le second étant composé de termes connus qui permettent de déterminer les caractères du premier.

DÉMIURGE :

Architecte de l'Univers selon **Platon**.

DÉMOCRATIE :

Régime politique dans lequel la souveraineté est détenue par le peuple directement, ou par l'intermédiaire de ses représentants.

DÉMONSTRATION :

Opération qui établit à partir de propositions déjà démontrées la vérité d'une proposition appelée conclusion.

DÉPLACEMENT :

Processus par lequel l'énergie psychique détache un sentiment d'un objet pour l'investir dans un autre qui lui est relié par association ; l'un des mécanismes fondamentaux du rêve.

DÉSIR :

Prise de conscience d'une tendance vers un objet, tension vers un but. Selon **Freud** la satisfaction d'un désir peut être symbolique.

DÉTERMINISME :

Ensemble des conditions nécessaires pour qu'un phénomène se produise; doctrine qui affirme que des événements antérieurs expliquent nécessairement les événements et les actions observées.

DEVOIR :

Obligation juridique liée à une société particulière dont le non-respect entraîne la sanction; obligation morale valant pour elle-même.

DIALECTIQUE :

Méthode qui permet à l'âme de s'élever par degrés des apparences sensibles aux Idées **(Platon)** ; usage illégitime de la Raison qui prétend dépasser les phénomènes **(Kant)** ; méthode rationnelle qui permet de dépasser une contradiction **(Hegel)** ; méthode du matérialisme historique **(Marx)**.

DISCURSIF :

Mode de connaissance qui atteint son objet par les étapes d'un raisonnement ; ≠ intuitif.

DISTINCT :

Une idée est distincte quand on ne peut la confondre avec une autre ; ≠ confus.

DOGMATISME :

Adhésion à des dogmes; affirmer des certitudes avant d'avoir procédé à une critique de la faculté de connaître selon **Kant**.

DOGME :

Point de doctrine considérée comme intangible, qui repose sur la Révélation.

DOUTE :

Suspension définitive du jugement; méthode ayant pour but de découvrir la vérité selon **Descartes.**

DROIT :

Ensemble des lois valant dans un pays donné à un moment donné (droit positif) ; ensemble des lois nécessaires et immuables qui s'impose à tout esprit (droit naturel).

DUALISME :

Doctrine selon laquelle la réalité est formée de deux substances irréductibles : La matière et l'esprit ; ≠ monisme.

VOCABULAIRE

ÉCOLOGIE :

Étude des relations des organismes vivants avec leur milieu.

EMPIRISME :

Doctrine selon laquelle toute connaissance provient de l'expérience.

ENDOGAMIE :

Règle qui limite la recherche du conjoint à l'intérieur du groupe ; ≠ exogamie.

ÉPISTÉMOLOGIE :

Étude de la genèse et de la structure des sciences ; obstacle épistémologique : résistance au développement de la connaissance scientifique qui vient des prénotions familières, de la connaissance sensible **(Bachelard)**.

ÉSOTÉRIQUE :

Doctrine qui se transmet par tradition orale à des disciples ; incompréhensible pour qui n'appartient pas au cercle des initiés.

ESSENCE :

Propriété caractéristique qui fait que la chose est ce qu'elle est.

ESTHÉTIQUE :

Qui relève proprement de la sensibilité définie comme faculté de recevoir des impressions ; discipline qui a pour objet l'étude des œuvres d'art.

ÉTHIQUE :

Doctrine morale.

ETHNOLOGIE :

Étude des sociétés « primitives ».

ÉTIOLOGIE :

Étude des causes, par exemple des maladies.

EUDÉMONISME :

Doctrine selon laquelle la recherche du bonheur constitue la moralité.

ÉVIDENT :

Qui s'impose immédiatement à l'esprit.

EXISTENTIALISME :

Doctrine qui affirme que pour l'homme, et pour l'homme seulement, l'existence précède l'essence.

EXPÉRIMENTATION :

Méthode qui consiste à mettre une hypothèse à l'épreuve selon un protocole précis.

FATALISME :

Doctrine qui affirme que tous les événements sont fixés par le destin et qu'il est impossible de les modifier ; ne pas confondre avec le déterminisme pour lequel, si l'on connaît la cause, on peut en agissant sur elle, modifier l'effet.

FINALISME :

Doctrine qui prête des intentions, des buts à la nature ; ≠ mécanisme.

FIXISME :

Doctrine selon laquelle les espèces vivantes ne se transforment pas au cours des âges et sont radicalement distinctes les unes des autres ; ≠évolutionnisme.

FONDEMENT :

Point de départ logique duquel se peut déduire un ensemble de connaissances.

FORMALISME :

Système de conventions en mathématiques ; doctrine qui définit la moralité par la conformité des actions à une règle universelle sans tenir compte de leur contenu **(Kant)**.

FORME :

Principe d'organisation et d'unité de tout être **(Aristote)** ; ensemble des relations logiques existant entre les propositions d'un raisonnement, abstraction faite de leur contenu ; théorie de la Forme, « Gestalt-Theorie » : théorie selon laquelle les propriétés d'un fait psychique ou d'un être vivant ne résultent pas de l'addition de ses propriétés mais de l'ensemble des relations de ses éléments.

FORTUIT :

Qui arrive ou paraît arriver par hasard.

FRUSTRATION :

État d'une personne qui se refuse ou à qui est refusée la satisfaction d'une pulsion **(Freud)**.

GENÈSE :

Processus par lequel quelque chose parvient graduellement à l'état considéré.

GÉNOTYPE :

Ensemble des caractères héréditaires transmis par les gènes sur lesquels le milieu n'a aucune influence ; ≠ phénotype.

GNOSÉOLOGIE :

Théorie de la connaissance.

HASARD :

Fait fortuit ; combinaison ou rencontre d'événements qui appartiennent à des séries causales indépendantes les unes des autres.

HÉDONISME :

Doctrine selon laquelle la recherche du plaisir constitue le but de l'activité humaine.

HERMÉNEUTIQUE :

Ensemble des règles de l'exégèse biblique ; théorie de l'interprétation.

HÉTÉRONOMIE :

Caractère de la volonté qui trouve à l'extérieur d'elle-même (dans les règles sociales par exemple), le principe de son action ; ≠ autonomie.

HEURISTIQUE :

Méthode visant à découvrir des faits ou à trouver des idées.

HYPNOSE :

Sommeil provoqué artificiellement ; traitement utilisé par la psychanalyse à ses débuts.

HYPOTHÈSE :

Point de départ d'une démonstration ; explication d'un phénomène que l'expérimentation a pour fonction de prouver.

HYSTÉRIE :

Névrose présentant des symptômes variés tels que paralysie ou phobie.

IDÉAL :

Ce qui n'existe que dans et par la pensée ; modèle qui sert de norme à l'action ; Idéal du moi : instance de la personnalité qui résulte de l'identification aux parents, aux éducateurs, aux idéaux (psychanalyse).

IDÉALISME :

Doctrine qui affirme la réalité des idées, indépendantes et supérieures au monde sensible **(Platon)** ; idéalisme transcendantal : doctrine qui définit les phénomènes comme de simples représentations et non comme des choses en soi **(Kant)**.

IDÉE :

Représentation intellectuelle ; ≠ sentiment ; essence, modèle des choses sensibles **(Platon)**.

IDENTITÉ :

Caractère de ce qui peut être considéré comme unité et unicité. Principe d'identité : une même proposition ne peut être à la fois vraie et fausse sous le même rapport.

IDENTIFICATION :

Action par laquelle un sujet assimile une propriété de l'autre et se transforme sur son modèle (psychanalyse).

IDÉOLOGIE :

Système d'idées ; système d'idées ayant pour fonction de travestir la réalité, ayant pour but de servir les intérêts de la classe dominante.

ILLUSION :

Erreur qui provient d'une apparence ; croyance, dans la constitution de laquelle le désir joue un rôle essentiel **(Freud)** ; erreur naturelle et inévitable de la Raison qui consiste à croire que les idées de Dieu, du Monde, du Moi correspondent à des connaissances (philosophie kantienne).

IMMANENT :

Qui est à l'intérieur de l'être considéré ; ≠ transcendant.

IMMATÉRIALISME :

Doctrine de **Berkeley** selon laquelle seuls existent les esprits : la nature n'existe que dans la mesure où elle est perçue.

IMMORALISME :

Doctrine qui prône des règles de conduite contraires à celles de la morale courante.

IMPÉRATIF :

Proposition exprimant un ordre soit conditionnel, soit catégorique **(Kant)**.

IMPLICITE :

Impliqué par ce que l'on énonce sans être formellement exprimé ; ≠ explicite.

IMPLIQUER :

Entraîner comme conséquence.

IMPULSION :

Tendance spontanée à l'action, indépendante de la raison et de la volonté.

INCONSCIENT :

Instance de la vie psychique caractérisée par le refoulement (psychanalyse).

INDUCTION :

Opération qui consiste à passer du cas singulier à une proposition générale.

INNÉ :

Qui existe dans un être dès sa naissance, qui appartient à sa nature ; ≠ acquis ; idées innées : qui nous sont données par Dieu et qui, claires et distinctes, sont les éléments essentiels de la connaissance **(Descartes)**.

INNÉISME :

Doctrine cartésienne des idées innées ; admet l'innéité de certaines idées, de certains principes, de certaines formes de comportement.

INTENTIONNALITÉ :

Caractère particulier de la pensée de tendre vers... « Toute conscience est conscience de quelque chose » **(Husserl)**.

INTROJECTION :

Processus inconscient par lequel l'image d'une personne est incorporée au moi et au sur-moi (psychanalyse).

INTROSPECTION :

Observation du sujet par lui-même.

INTUITION :

Mode de connaissance immédiat ; « Conception d'un esprit pur et attentif, conception si facile et si distincte qu'aucun doute ne reste sur ce que nous comprenons » **(Descartes)**. « C'est au moyen de la sensibilité que les objets nous sont donnés, seule elle nous fournit des intuitions mais c'est l'entendement qui pense ces objets » **(Kant)**.
Saisie globale et immédiate (parfois illusoire) d'une réalité complexe ≠ démarche discursive. « Sympathie par laquelle on se transporte à l'intérieur d'un objet pour coïncider avec ce qu'il a d'unique et par conséquent d'inexprimable » **(Bergson)**.

IRRATIONNEL :

Contraire à la raison et à ses normes.

JUGEMENT :

Fait de poser une relation déterminée entre des termes.

LANGUE :

A la fois produit social de la faculté du langage et ensemble de conventions adoptées par le corps social pour permettre l'exercice de cette faculté chez les individus **(de Saussure)**.

LATENT :

Ce qui est caché ; ≠ manifeste. Le contenu latent du rêve est l'ensemble des significations auquel parvient l'interprétation à partir du contenu manifeste c'est-à-dire le rêve tel que le sujet en fait le récit **(Freud)**.

LIBIDO :

Pulsion, en particulier pulsion sexuelle **(Freud)**.

LOGIQUE :

Étude des règles formelles de la pensée.

MAÏEUTIQUE :

Méthode socratique d'interrogation, art d'accoucher les esprits.

MANICHÉISME :

Doctrine du persan **Manès**, IIIe siècle après J.-C., alliant Christianisme et Bouddhisme, qui affirme l'existence de deux principes égaux et antagonistes le Bien et le Mal auxquels correspondent d'une part les réalités spirituelles, d'autre part la matière.

MATÉRIALISME :

Doctrine affirmant la réalité exclusive ou l'antériorité de la matière par rapport à l'esprit ; Matérialisme dialectique : doctrine de **Marx** affirmant que la superstructure sociale, politique et idéologique d'une société est déterminée par sa base économique, sans toutefois nier qu'il existe entre elles des interactions.

MÉCANISME :

Théorie scientifique qui explique les phénomènes physiques par les seules lois du mouvement. Cette théorie est à opposer aux explications de type finaliste.

MÉTAPHORE :

Procédé qui consiste à transporter un mot de sa signification propre à une autre signification en vertu d'une comparaison qui se fait de manière implicite dans l'esprit (exemple : le feu de la jeunesse ; le printemps de la vie, le poids des années).

MÉTAPHYSIQUE :

Discipline rationnelle ayant pour objet la connaissance de l'être absolu, des causes premières de l'Univers.

MÉTHODE :

« Art de bien disposer une suite de plusieurs pensées pour découvrir la vérité quand nous l'ignorons ou pour la prouver aux autres quand nous la connaissons déjà » (**Arnaud** et **Nicole :** Logique de Port-Royal)

VOCABULAIRE

MÉTONYMIE :

Procédé qui consiste à employer le nom d'une chose pour celui d'une autre : par exemple la cause pour l'effet ou l'effet pour la cause le signe pour la chose signifiée, le contenant pour le contenu (boire un verre d'eau).

MONADE :

Substance simple, atome de la nature, élément des choses (terme propre à **Leibniz**).

MONISME :

Doctrine qui affirme l'existence d'un seul principe fondamental, qu'il s'agisse de la matière ou de l'esprit ; ≠ dualisme.

MORPHEME :

Élément formatif des mots (suffixe, désinence).

MYTHE :

Récit fabuleux d'évènements passés ; affabulation collective au service d'une idéologie ; construction intellectuelle à caractère pédagogique.

NATURE :

Principe de développement et des caractères d'un être **(Aristote)** ; ensemble de ce qui est considéré comme un tout soumis à des lois.

NÉCESSAIRE :

Caractère de ce qui ne peut êrtre autrement ; ce qui est établi en vertu des seules règles logiques.

NÉVROSE :

Maladie nerveuse sans base anatomique connue, liée étroitement au psychisme de l'individu, sans altération profonde de sa personnalité (« 2 + 2 = 4, mais ça m'ennuie » = névrose ; « 2 + 2 = 5 » = psychose).

NIHILISME :

Doctrine qui nie l'existence de la vérité, des valeurs morales, et qui prône une liberté absolue pour l'individu.

NOMINALISME :

Conception selon laquelle la science se réduit à un langage et à des règles purement conventionnelles.

NORMAL :

Ce qui se rencontre dans la généralité des cas ; conforme à la norme conçue comme idéal.

NORME :

Type idéal permettant de juger ce qui est.

NOUMÈNE :

Terme propre à **Kant** : « Chose en tant qu'elle n'est pas objet de notre intuition sensible ; peut être pensée mais non connue ».

OBJECTIVITÉ :

Propriété de ce qui est établi sans aucun jugement de valeur.

OBJET :

Tout ce sur quoi s'exerce l'activité du sujet ; ce qui est placé devant, ce qui est perçu avec un caractère stable, indépendant du sujet.

ONIRIQUE :

Qui relève du rêve.

ONTOLOGIE :

Étude de l'être ; preuve ontologique : preuve de l'existence de Dieu qui se fonde sur la notion d'être (**Saint Anselme**).

OPINION :

Jugement que l'on adopte sans avoir la certitude de sa vérité ; type inférieur de connaissance.

OPTIMISME :

Doctrine de **Leibniz** selon laquelle le monde est le meilleur des mondes possibles, doctrine raillée par **Voltaire** dans Candide.

ORIGINE :

Point de départ chronologique d'un phénomène, d'une institution ; principe, raison d'être de quelque chose.

PANTHÉISME :

Conception selon laquelle tout est Dieu, ce qui équivaut à identifier Dieu et la nature.

PARADIGME :

Modèle ; pour **Platon** par exemple, l'Idée est le paradigme du réel.

PARADOXE :

Opinion contraire à l'opinion commune.

PARALOGISME :

Raisonnement erroné dans son enchaînement.

PATHOLOGIQUE :

Qui relève de la maladie.

PÉRIPATÉTISME :

École ou doctrine d'**Aristote.**

PHANTASME :

« Scénario imaginaire où le sujet est présent et qui figure de façon plus ou moins déformée par les processus défensifs l'accomplissement d'un désir et en dernier ressort d'un désir inconscient » **(Laplanche et Pontalis :** vocabulaire de psychanalyse**).**

PHÉNOMÈNE :

Dans la doctrine Kantienne : Ce que les choses sont pour nous, relativement à notre faculté de connaître (≠ noumène) ; ce qui apparaît à la conscience ; ce qui est pris comme objet d'étude dans les sciences.

PHÉNOMÉNOLOGIE :

Doctrine de **Husserl** selon laquelle il s'agit avant d'expliquer ou d'analyser scientifiquement, de décrire, de « revenir aux choses mêmes ».

PHOBIE :

Crainte de caractère pathologique.

PHONÈME :

Plus petite unité sonore perceptible.

PLAISIR :

État agréable ≠ douleur ; principe de plaisir : selon la doctrine freudienne l'évolution des processus psychiques est déclenchée par l'apparition d'une tension désagréable ou pénible que le sujet s'efforce de dissiper soit directement soit indirectement (sublimation) de façon à obtenir une diminution de cette tension.

POLYSÉMIE :

Propriété pour un terme d'avoir plusieurs significations.

POSITIF :

« Le mot positif désigne le réel par opposition au chimérique » **(A. Comte) ;** droit positif : celui qui existe dans un état donné à un moment donné ; religion positive : celle qui existe en fait ≠ droit naturel ; religion naturelle.

POSITIVISME :

Doctrine d'**A. Comte** selon laquelle il faut renoncer à la métaphysique et se consacrer aux sciences positives dont le progrès apportera le bonheur à l'humanité.

PRAGMATISME :

Doctrine selon laquelle l'efficacité d'une idée est le critère de sa vérité.

PRATIQUE :

Qui concerne l'action par opposition à la production et à la théorie ; qui concerne l'action morale.

PRAXIS :

Terme utilisé par **Marx** pour désigner la relation dialectique entre l'homme et la nature, en particulier dans le travail : en transformant la nature, l'homme se transforme lui-même.

PRÉNOTION :

Idée qui ne résulte pas d'une démarche scientifique ou d'une réflexion élaborée, mais d'un schéma fondé sur des images familières et sur la simple expérience.

PRIMITIF :

Premier chronologiquement ou rationnellement; peuples primitifs : « primitif désigne un vaste ensemble de populations restées ignorantes de l'écriture et soustraites de ce fait aux méthodes d'investigation du pur historien » **(Lévi-Strauss)**.

PRINCIPE :

Commencement, origine ; ce qui constitue la raison d'être d'un phénomène; proposition constituant une norme morale, une règle de conduite.

PROGRÈS :

Accroissement quantitatif; évolution d'un processus, d'un état social vers un terme que l'on identifie à un bien.

PROJECTION :

« Opération par laquelle le sujet expulse de soi et localise dans l'autre (personne ou chose) des qualités, des sentiments, des désirs voire des « objets » qu'il méconnaît ou refuse en lui ». **(Laplanche et Pontalis** : vocabulaire de psychanalyse).

PROLÉGOMÈNES :

Préliminaires.

PROPOSITION :

Énoncé qui exprime une relation entre deux ou plusieurs termes.

PSYCHOSE :

Maladie mentale généralement à base organique, qui produit une altération profonde de la personnalité
Exemple : schizophrénie.

PULSION :

Processus dynamique qui fait tendre l'organisme vers un but (psychanalyse).

PUR :

Qui ne doit rien à l'expérience (philosophie kantienne).

RAISON :

Faculté de bien juger, de discerner le vrai du faux, le bien du mal **(Descartes)**. Tout ce qui dans la pensée ne vient pas de l'expérience (philosophie kantienne).

RATIONALISME :

Doctrine selon laquelle la connaissance dérive pour tout ou partie de la raison et non de l'expérience ; ≠ empirisme.

REFOULEMENT :

Processus psychique qui éloigne de la conscience certains faits, certains désirs, certaines pensées (psychanalyse).

RÉIFICATION :

Fait de considérer comme une réalité une abstraction.

RELATIVISME :

Doctrine selon laquelle la vérité, la valeur n'ont pas d'existence propres mais sont définies par l'homme : l'homme est mesure de toutes choses selon l'expression du sophiste **Protagoras**.

RELIGION :

« Une religion est un système solidaire de croyances, de pratiques relatives à des choses sacrées, c'est-à-dire séparées, interdites, croyances et pratiques qui unissent en une même communauté morale appelée Eglise tous ceux qui y adhèrent » **(Durkheim)**.

RÉMINISCENCE :

Souvenir de ce que l'âme a contemplé avant la naissance (philosophie platonicienne).

RÉSISTANCE :

Force qui empêche les faits psychiques inconscients de devenir conscients (psychanalyse).

RÊVE :

« Production psychique qui a une signification et qu'on peut insérer parfaitement à la suite des activités mentales de la veille », « Réalisation (symbolique) d'un désir (refoulé) » **(Freud)**.

RIGORISME :

Conception morale selon laquelle il n'existe pas d'actes indifférents (philosophie kantienne).

SCEPTICISME :

Doctrine selon laquelle l'homme est incapable de parvenir à la vérité.

SÉMANTIQUE :

Partie de la linguistique qui étudie les significations des mots.

SENS :

Organes récepteurs (les cinq sens) ; ce que signifient les mots ; orientation d'un mouvement. Signification implicite liée à l'intention de l'émetteur où à l'interprétation du récepteur ou aux deux à la fois.

SENSUALISME :

Doctrine d'**Épicure** faisant l'apologie du plaisir ; doctrine de **Condillac** selon laquelle la connaissance dérive de la sensation.

SIGNE :

Ce qui représente une chose, une idée, en vertu d'une convention.

SOCIÉTÉ :

Groupe humain organisé ; par rapport à l'individu, la société est logiquement et historiquement première.

SOCIOLOGIE :

Étude des faits sociaux ; Science humaine qui étudie les faits sociaux : « est fait social toute manière de faire, fixée ou non susceptible d'exercer sur l'individu une contrainte extérieure ; ou bien encore ce qui est général dans l'étendue d'une société donnée tout en ayant une existence propre, indépendante de ses manifestations individuelles » **(Durkheim)**.

SOPHISME :

Raisonnement d'apparence logique utilisé pour abuser un adversaire.

SOPHISTES :

Philosophes grecs contemporains de **Socrate**, partisans du conventionalisme et du relativisme.

SPÉCULATION :

Activité intellectuelle sans but pratique ; activité de la pensée portant sur des objets inaccessibles à l'expérience (philosophie kantienne).

STÉRÉOTYPE :

Idée préconçue qui résulte d'habitudes, de jugements, d'attentes d'un groupe social donné.

STRUCTURALISME :

Conception développée dans les sciences humaines, en particulier dans la linguistique et l'ethnologie, affirmant que la totalité préexiste aux éléments, qui ne trouvent leur signification que dans leurs rapports à cette totalité.

STRUCTURE :

Organisation des parties ou des éléments qui forment un tout (la structure d'un organe, d'une phrase) ; organisation d'un ensemble quelconque dont les éléments n'ont de sens que par rapport à cette organisation.

SUBLIMATION :

Processus par lequel l'énergie sexuelle est détournée de son but spécifique pour donner naissance à des tendances intellectuelles, esthétiques etc. (psychanalyse).

SUBSTANCE :

Ce qui est en soi, qui sert de support aux attributs.

SURMOI :

Instance de la personnalité née du complexe d'Oedipe, source aussi bien de toutes les réalisations culturelles supérieures de l'homme que du refoulement. (psychanalyse).

SYLLOGISME :

Raisonnement déductif qui à partir de deux propositions appelées prémisses tire une conclusion logiquement impliquée par ces prémisses.

SYMBOLE :

Ce qui représente ou signifie autre chose en vertu d'une analogie ; (par exemple la balance symbole de la justice, le lion symbole de la force).

SYSTÈME :

Tout organisé dont les éléments dépendent étroitement de l'ensemble ; ensemble d'idées coordonnées et ramenées à quelques principes fondamentaux.

TÉLÉOLOGIE :

Étude des fins, en particulier des fins humaines, c'est-à-dire du but auquel tend un acte ; par extension étude des fins que se proposerait la Nature conçue comme Providence.

THÉOLOGIE :

Discipline ayant Dieu pour objet ; la théologie révélée prend appui sur le fait historique de la révélation, la théologie naturelle prétend démontrer l'existence de Dieu en se fondant uniquement sur des données rationnelles.

TRANSCENDANT :

Qui est d'une nature supérieure, par exemple le Dieu de la Bible est transcendant au monde ; ≠ immanent.

TRANSCENDANTAL :

« Je nomme transcendantale toute connaissance qui en général s'occupe moins des objets que de nos concepts a priori des objets » **(Kant)** ≠ empirique.

TRANSFERT :

Désigne le fait que dans la cure psychanalytique le malade reporte sur l'analyste des désirs inconscients provenant de ses expériences antérieures, en particulier de celles de l'enfance (psychanalyse).

UTOPIE :

Construction intellectuelle d'une société ou d'un avenir meilleur généralement considérée comme irréalisable.

VALEUR :

En morale, ce qui permet d'affirmer que certaines choses sont dignes d'estime ou ces choses elles-mêmes. Dans le domaine de l'économie politique, on distingue la valeur d'usage c'est-à-dire l'utilité d'un bien, de sa valeur d'échange c'est-à-dire de son prix.

VÉRITÉ :

Caractère du jugement conforme à la réalité ; caractère d'une proposition ou d'une représentation qui correspond à un fait.

WELTANSCHAUUNG :

Terme allemand qui signifie vision intuitive du monde, conception du monde.

INDEX DES PRINCIPAUX NOMS PROPRES

INDEX DES SAVOIR-FAIRE

INDEX DES NOTIONS

CRÉDITS PHOTOGRAPHIQUES

BIBLIOGRAPHIE

Nous remercions très vivement nos Confrères pour leurs aimables autorisations de reproduction :

Éditions Aubier-Montaigne :
Phénoménologie de l'esprit, HEGEL, tome I **(p. 206).**
La philosophie de l'histoire, Kant, bibliothèque Médiations, 1965 **(p. 209).**
Les Belles Lettres :
De la nature, LUCRECE, coll. Guillaume Budé, tome II, 1960 **(p. 208).**
Les Éditions Sociales :
Écrits sur la religion, MARX et ENGELS, 1960 **(p. 207).**
Librairie Ernest FLAMMARION :
Traité théologico-politique, SPINOZA, coll. G.F. **(p. 52).**
L'évolution des idées en physique, EINSTEIN et INFELD **(p. 115).**
Éditions Gallimard :
L'homme du ressentiment, M. SCHELER, Coll. Idées, 1970 **(p. 101).**
L'Être et le temps, HEIDEGGER, 1964 **(p. 107).**
Du Contrat Social (1re version), J.-J. ROUSSEAU **(p. 114).**
La mort d'Ivan Illitch, TOLSTOÏ, coll. Pléiade **(p. 177).**
Nouvelles conférences sur la psychanalyse, FREUD, coll. Idées, 1975 **(p. 186).**
Discours sur l'origine de l'inégalité, J.-J. ROUSSEAU, coll. Pléiade, tome III, 1964 **(p. 191).**
Du Contrat Social, J.-J. ROUSSEAU, livre II **(p. 191 et 200).**
Lettres de la montagne, J.-J. ROUSSEAU **(p. 209).**
Gai Savoir, NIETZSCHE, coll. Idées, 1964 **(p. 210).**
Métapsychologie, FREUD, coll. Idées, 1969 **(p. 210).**
P.U.F. :
Le nouvel Esprit Scientifique, BACHELARD, 1964 **(p. 60).**
L'entendement humain, LEIBNIZ, coll. SUP, 1969 **(p. 109 et 206).**
La morale ou la science des mœurs, LEVY-BRUHL, coll. Félix Alcan **(p. 109).**
Critique de la Raison Pure pratique, KANT, 1949 **(p. 187).**
Traité de pédagogie, KANT, coll. Félix Alcan **(p. 189).**
Textes choisis, les Stoïciens, 1962 **(p. 193).**
Critique de la Raison Pure théorique, KANT **(p. 195).**
La Pensée et le Mouvant, BERGSON, éd. du Centenaire **(p. 211).**
Union Générale d'Édition :
La raison dans l'histoire, HEGEL, coll. 10/18 **(p. 115).**
Librairie Philosophique J. VRIN :
La Politique, ARISTOTE **(p. 48 et 205).**
Critique de la faculté de juger, KANT, 1965 **(p. 54).**
Qu'est-ce que s'orienter dans la pensée ? KANT **(p. 114).**
Métaphysique des mœurs (2e partie : Doctrine de la vertu), KANT, 1968 **(p. 192).**
De la recherche de la Vérité, MALEBRANCHE, tome III, 1946 **(p. 209 et 218).**

N.B. : les renvois de pages concernent notre ouvrage ORGANIBAC-PHILOSOPHIE.

Impression I.M.E. - 25-Baume-les-Dames - Dépôt légal : Juin 1990 - N° éditeur : 8437